U0128040

女媧大傳

李亞東　著

昌明文化

目　錄

自　序

　　我們中國是世界四大文明古國之一，我們偉大的中華民族是世界上最古老的民族之一。因而像古印度、古巴比倫、古埃及另外三個文明古國一樣，我國古代也有著豐富的神話。

　　神話是什麼？馬克思說它是「在人民幻想中經過不自覺的藝術方式所加工過的自然和社會形態」。拉法格說它「既不是騙子的謊言，也不是無謂的想像的產物，而是人類思想的樸素的和自發的形式之一。只有當我們猜中了這些神話對於原始人和它們在許多世紀以來，喪失掉了的那種意義的時候，我們才能理解人類的童年」。這就是說，神話是基於社會生活的藝術誇張與渲染，並夾雜著空想與幻想，但也或多或少地反映著歷史的影像，然而它不太可能轉化為歷史。

　　但令人遺憾的是，我國古代豐富的神話到了後來大部分散失了，只保留下來一些零星的片斷，東一處西一處地分散在古人的著作裡。不僅毫無系統條理，而且充滿矛盾之處，因而不能與相當完整地保存下來的古希臘和印度神話相比美。對此，我國近代大學者沈雁冰早在其〈中國神話研究〉一文中，就深有感觸地說過：「中國神話不但一向沒有集成專書，並且散於古書的，亦複非常零碎，所以我們若想整理出一部中國神話來，是極難的。」正是由於這難作梗，直到今日我

1

國古代神話仍然沒有一部系統的史詩性的作品問世。

對於我國古代神話沒有系統的史詩性作品問世，我認為主要是由兩個原因造成的。一是由於歷史學家從古代神話中探求史前傳說時代的歷史，從其矛盾不一中推出結論說，傳說時代我們中華民族存在著數個部族集團，我國古代本來就零碎不一的神話個個歸屬於不同的部族集團。從而使得我國古代本來就零碎不一的神話更加零碎不一，形成不了系統。二是或許因為我國古代神話大部分散失造成了斷代，加之流傳中在不同的地域之上和不同時代的人群中造成了錯舛；也或許是我國傳說時代的歷史恰被歷史學家們的結論言中，在那時的華夏大地上確實存在著數個部族集團，各個部族集團傳說著不同的自己的神話，造成了我國古代神話的無法系統，無以條理，合則矛盾百出，分則肢離破碎。因此，造詣精深的學者深諳此點，不去系統；學力不足的凡夫雖苦破碎，卻不敢系統。由此，使得我國古代神話一直沒有系統的史詩性作品問世。

作者不量學識淺薄，斗膽試圖將中國古代神話進行系統，寫出一部試探性的系統的史詩性中國古代神話系列小說的預謀，最初萌生於在北京大學做學生之時。那時，作者在學習中對中國古代神話產生了濃厚的興趣，便想搜求一些系統的神話作品閱讀。但正如沈雁冰先生所說，無奈遍求無有系統之書，有的僅是隻言片語的傳說記載，而且個個不一，懸殊甚巨；自相矛盾，支離破碎；互不聯貫，不成體系。於是，作者便斗膽不量學力，「初生牛犢不怕虎」地萌生了寫作一部系統的古代神話作品，以補我國缺乏史前這一史詩性作品的天真稚幼的奇想。但由於寫作此書工程浩大，學識不足，力不勝任，末了只有望而卻步。

一晃擱置數載，1984年至1985年作者在寫作《少林寺演義》一

書時，寫作系統神話作品的奇想又像心藏玉兔，在懷中不時咚咚撞動起來。與此同時，進一步萌生了這樣的想法：把《少》稿寫成現實主義的，把《神》稿寫成浪漫主義的；雙雙結構相因，篇幅相似，手法迥異，並蒂出書。後來仔細閱讀上海文化出版社 1955 年版《中國上古史演義》，與浙江文藝出版社 1985 年版《上古神話演義》，看到前書注重用辯證唯物主義講神話，後書篇幅浩大內容豐富；但覺得前書沒有了神話色彩，後書不適合今人閱讀口味。為此，決計取前人之長，開闢新的路徑，寫出一部系統的適合今人閱讀口味的浪漫主義的古代神話作品來。但具體行動起來，究竟如何系統神話，怎樣落筆，寫成什麼樣子等一系列難題，便一齊擋在了作者面前。加之日常工作繁忙，出版界不景氣和黃潮的氾濫衝擊，給作者在對上述難題躊躇不決之外又加上了信心動搖，因而再次把寫作此書擱置下來。

克服寫作困難需要來自作者內心或者外部的巨大壓力，今天正是這樣的巨大壓力使作者重新構劃出了書的整體構架：變原來設想的一體結構為系列結構，但分為系列合則仍為一體。即系列中的每一部都可單獨成為有機的整體，又可合起來成為一個有機統一的大整體。並通過長期地認真探索和艱苦地寫作努力，終於先後陸續寫出了這個系列的八卷書稿。今天這個系列的八卷中的首卷《盤古開天地》，已經呈現在了讀者面前；隨後，這個系列的後七卷書稿也將陸續與讀者見面。《盤》書的問世，可以說是初步實現了作者藏之於心十餘載的殷殷夙願；但至於它的成敗得失，作者卻自已不敢妄議，只有請最具權威的作者的「上帝」廣大的讀者，去評說裁決了。

一個人有高興的時候，也有愁苦的時候。當其高興之時對於一件困難的事情可以奮起去做好；當其愁苦之時，對於一件困難的事情不僅會同樣而且可能會更加奮起去做好。這「高興」就是「起昇」，這

「愁苦」就是「跌落」；其起昇與跌落的差距即落差越大，就越有可能建樹起大功大德。即所謂只有身經波濤跌宕、大起大落、大難不死之人，方可建樹起卓著千古的大功大德。如果一個人一生中沒有大高興或大愁苦，一直處於風平浪靜不起不落的中間狀態，那麼他就必然只能成為平平庸庸的俗流之輩，絕對建樹不起大功大德。

正因為這樣，我們可以概括地說，一部人類社會發展的歷史，便是歷朝歷代身經大起大落之人的歷史。功是他們的功，德是他們的德。對此，我國漢代大學者司馬遷，早就在其著名的〈報任安書〉中做出了深刻精闢的論述。他寫道；「古者富貴而名磨滅，不可勝記，唯倜儻非常之人稱焉。蓋文王拘，而演《周易》；仲尼厄，而作《春秋》；屈原放逐，乃賦《離騷》；左丘失明，厥有《國語》；孫子臏腳，兵法修列；不韋遷蜀，世傳《呂覽》；韓非囚秦，《說難》《孤憤》；《詩》三百篇，大底賢聖發憤之所為作也」。至於司馬遷自己，則在他四十七歲之年因替名將李陵戰敗被俘投降匈奴辯解，獲罪下獄受到宮刑的嚴處。司馬遷受此酷刑後心情敗落，心中充滿了無盡的悲苦和怨恨，一日日在世忍辱苟活，「是以腸一日而九回，居則忽忽若有所亡，出則不知其所往。每念斯恥，汗未嘗不發背沾衣也」。為此他發憤著述，終經十餘載辛苦耕耘，寫成了被魯迅先生譽之為「史家之絕唱，無韻之《離騷》」的千古名著《史記》。作者的這部中國古代神話系列小說，對於全社會來說當然不是什麼「大功大德」，亦無所謂功、德可言；更不敢與古代先賢並列，以掠其美；也決無與先賢並列之意，只僅僅是為了說明問題。但它對於作者自己來說，卻無疑是樹在自己人生之途上的一通「功德之碑」。至於是「起」是「落」給作者樹立自己的這通小小「功德之碑」帶來的動力，只有作者自己知曉。

做文人不易，出作品更難。記得我對人說過：「出一本書比生養

一個孩子還難。若與生養孩子同時起步開始醞釀寫作一本書，往往孩子養到可讀小學的年齡了，你寫的那本書還沒有問世。」那作品的醞釀構思階段，恰如生養孩子的「十月懷胎」期；那作者書寫作品階段，恰如母親生產時的劇疼和失血；那出版成書期，則恰如數載哺養幼兒期。但是末了，「孩子則是自己的好」，只要自己認可就行；作家的作品則要公之於世，得到全社會公眾的認可方成。因此，寫作品出作品都是殊為不易、艱辛難為的事情。

　　然而面對此難，作者又大都往往偏偏為殊為不易、艱辛難為而為之！這當然不可排除少數作者「十年不鳴，一鳴驚人；十年不飛，一飛沖天」的名利之舉，但大多數作者則仍如司馬遷在〈報任安書〉中所說：「此人皆意有所鬱結，不得通其道，故述往事，思來者。乃如左丘無目，孫子斷足，終不可用，退而論書策以舒其憤，思垂空文以自見。」他們皆都深知「失去的珍貴」：一時失之交臂，終生必難再求！故而感懷著文，迎難書之。譬如，我國清代大作家曹雪芹就正是為此迎難而寫的。

　　眾所周知，曹公出生於貴族世家，他的前半生曾在南京和北京歡度過一段「錦衣紈綺」、「飲甘饜肥」的宮庭貴族生活，但到晚年則一下子跌落到了「蓬牖茅椽，繩床瓦灶」、「舉家食粥」的困苦境地。正是在晚年這段跌至社會底層的艱難困苦歲月中，曹公滿懷對自己一生遭際的悲憤，不顧創作過程中的千般艱辛萬盅勞苦，有感而發，隱「味」書中，「滴淚為墨、研血成字」，於「悼紅軒中，披閱十載，增刪五次」，終於寫成了「字字看來都是血，十年辛苦不尋常」的不朽巨著《紅樓夢》。

　　曹公寫作《紅樓夢》「滴淚為墨，研血成字」，「字字看來都是血」，作者雖不敢把自己的這部拙作與《紅樓夢》相比，同時也絕無相比之

意，而且也根本就無可比性，但作者寫作此書的苦處和艱辛卻都不亞於曹公。這除了有某些因素與曹公之苦相似之外，還因為作者水準低下，因此寫作中比曹公更苦更難。苦也罷，難也罷，作者都要把這部作品寫下去，以讓眾人品評，以給祖國文壇添磚，以拋磚引玉，以望傑構於來朝，以慰作者胸中那顆「滴血成字」的殷殷苦心。

1990 年 5 月 1 日下午於周口

人物簡介

女媧　仙妃娘娘的凡間之名，人類始母。生得人首龍身，面若蟠桃，眉似彎月，眼如秋潭，櫻唇皓齒，長髮披肩。其龍身披滿金鱗，婀娜多姿。

雖貴為玉皇大帝之女，卻生性低調，追求奉獻，不求索取。主張依靠自己的力量克服困難，不靠別個幫助解決問題。手使長劍。

樸父　天界崦嵫神山鎮山之神。天界鑄劍名師，聞名天界的誠樸正義之神。因到凡界賞玩，被女媧敕封為凡間之王。手使長劍。

花蛇　仙妃娘娘天界侍女。生相俊美，酷肖仙妃娘娘。頭腦聰慧伶俐，深得仙妃喜愛。與仙妃雖為主僕，卻情同姐妹。手使長槍。

黑龍　凡間冀州之王，坐鎮北方冀州地界。生得人首龍身，模樣與女媧最為接近。原為扼守咸池神將，生性狡惡狠毒貪婪。手使黑鐵雙錘。

燭陰　凡間幽燕之王，坐鎮幽燕地界。生得人面蛇身，渾身赤

紅，有一身使不完的本領。性格像其名字一樣陰晦可怖。原為天界被押罪神。手使雙鐧。

神鼇 凡間中原之王，坐鎮中原地界。生得龜頭龜身。歲近中年，經歷豐富，閱多識廣。神功頗為高強，不是等閒之輩。原為扼守咸池神將，生性險譎狡毒。手使惡鐵單刀。

鷙鳥 凡間西域之王，坐鎮西域地界。生得豹首鳥身，長得豹頭虎目，鳥身虎肢。一見其貌，便知其為邪惡之輩。原為扼守咸池神將。手使方天長戟。

旱魃 凡間三楚之王，坐鎮三楚地界。生得豬頭人身，長得豬頭牛鼻，眼如鈴鐺，口方唇紫，獠牙盈丈。頭如糧鬥裝在肩上，頭生數十丈長的白毛，令見者生畏。原為扼守咸池魔將。手使狼牙惡棒。

魑魅 凡間吳越之王，坐鎮吳越地界。生得牛頭熊身，長得頭生牛角刺天，青面獠牙相凶。獅鼻虎耳惡貌，身粗朧如狗熊。性如其貌邪惡至極。原為扼守咸池魔將。手使雙刃三尖刀。

魍魎 凡間齊魯之王，坐鎮齊魯地界。生得魔面人身，長得頭生一雙蝸牛角，紅髮披肩如衣裳。獨眼長在腦袋上，方方正正紅似火。象鼻捲曲嘴圈白，獠牙如劍吐紅舌。肩生四臂長四手，東撓西抓不停歇。渾身疙瘩如蟾蜍，褐不溜湫難言色。性如其貌邪惡至極。原為扼守咸池魔將。手使渾鋼長鉤。

一、仙妃臨凡

　　盤古大神開天闢地化育萬物之後，在我們中華民族今日居住的這片大地上，接著便進入了人們俗說的「鴻蒙初開」年代。

　　就在這「鴻蒙初開」年代的一天清晨，玉皇大帝臨朝靈霄寶殿剛剛坐定，托塔天王李靖便出班稟報道：「啟稟萬歲陛下，臣近日聽聞眾神傳言，講說下界渾沌天帝身死之後化變的那團混沌迷霧，數十萬年前被生於其中的盤古大神用一把大斧從中間一劈為二，近日上邊的半團迷霧上昇為天，下邊的半團迷霧下沉為地。天則氣清碧渺，地則水陸參差……」

　　「有這等奇事！」李靖剛剛說到這裏，早聽得玉皇大帝站離御座，開口急問道，「是真的嗎？」

　　「啟稟萬歲老伯，下界正如我父所言，果有此等奇事，」玉皇大帝話音剛落，未等托塔天王李靖回答出口，早有托塔天王李靖的三太子哪吒搶先答道，「小兒年幼好奇，昨日曾到下界看視一番……」

　　「小兒都是看到了什麼？」玉皇大帝急問道，「快向老伯講來。」

　　「但見那裏江河行地，日月經天。畫裡日頭璀璨奪目，夜裡銀月皎潔耀眼。更有畫裡雨過彩虹萬丈，夜裡天上銀星萬點。」哪吒太子於是繼續道，「還有地上群山聳峙，各抖巍峨。更有平原遼闊，萬里

平川。山上萬樹競茂，川上千草鬥繁。」

「啊，真是太美了！」玉皇大帝高興道，「小子還看到了什麼？」

「看到那山，有名者東西有六座神山，居中有五座凡山。六座神山，居西者叫崑崙山，上可接天。居東者坐落大海之中，一曰岱輿，二曰員嶠，三曰方壺，四曰瀛洲，五曰蓬萊，皆在水間。」哪吒太子這時如數家珍道，「五座凡山，居中者叫中嶽嵩山，居南者叫南嶽衡山，居東者叫東嶽泰山，居西者叫西嶽華山，居北者叫北嶽恒山。據傳說，那五嶽皆為盤古大神的身軀所變，其頭為東嶽，腹為中嶽，左臂為南嶽，右臂為北嶽，足為西嶽。」

「真是太神奇了！」玉皇大帝聽到這裏，禁不住奇詫得又一屁股坐回到了御座，慨歎道，「竟有如此神奇之事！」

「下界之事不僅如此之奇，而且那裏還萬物對稱，運行有序，」托塔天王李靖接著稟報道，「比如，那裏有陰就有晴，有日就有月，有山就有谷，有天就有地，有上就有下，有白就有黑，有熱就有冷，如此等等，言說不盡。」

「噢，那裏還秩序井然！」玉皇大帝不禁贊叫道「真是太神奇了。」

「是的。再如，那裏白天過後是黑夜，黑夜過後是白天，如此周而復始。那裏過了冬天是春天，過了春天是夏天，過了夏天是秋天，過了秋天是冬天，春夏秋冬四季往復，如此周而復始。」托塔天王李靖繼續道，「那裏有生就有死，生者必死，死者必生，生生死死，死死生生，如此周而復始，從不止息……」

「下界造化之奇如果真如天王與太子之說，就太奇妙了，實則令朕為之奇異萬分也！」奇詫的玉皇大帝聽到李靖說到這裏，更為奇異萬分，隨著旨令李靖道：「天王聽旨。朕令你速速傳旨天界各路天官諸方天將及宮妃娘娘，齊集靈霄寶殿之前，隨朕一起前往下界凡間，

盡睹下界造化之奇，以觀萬物造化之功！」

托塔天王李靖聞旨不敢怠慢，即傳玉皇大帝旨令達於四方。須臾，便召齊諸路天官、八方天將、以及宮妃娘娘，聚集在了靈霄寶殿門前。托塔天王李靖睹之，急稟報給了玉皇大帝。玉皇大帝聞稟，即起駕親率眾天官、天將、宮妃娘娘離開天宮，浩浩蕩蕩向下界看視造化之奇而去。

玉皇大帝引領眾天官天將宮妃娘娘一陣疾行，便來到了下界上空距離大地近處。玉皇大帝按住雲頭向下界四方巡視著落地點，看到大地西方聳立著一座上可接天的巍峨山脈。他雙目盯視那山片刻，正欲引領眾天官、天將、宮妃娘娘向那山脈奔去以睹神奇，卻見哪吒太子雙腳踏動一對「劈劈啪啪」竄躍著火苗的風火輪，來到玉皇大帝面前，一指那高聳的山脈道：「帝伯，那高聳的山脈便是凡界西方神山昆侖山。」

「好，朕正要引領眾神前去看視呢！」玉皇大帝高興道，「小子在前帶路。」

「遵命！」哪吒太子口中應著，腳下踏動風火輪便向那山行去，邊行邊對玉皇大帝道，「據說昆侖山高峻無比，共有九重，一重一重疊起來就像城闕一般。從山腳到山頂，高度有一萬一千里零一百一十四步二尺六寸。頂部可以上達天庭，還在頂部為您老伯建有一座帝都，專供老伯下界住宿之用哩！」

「好，好。咱們快去那裏看看。」玉皇大帝聞聽心喜，口中說著踏動雲頭，在哪吒太子的引領下，一陣便來到了昆侖山下。

玉皇大帝與眾天官、天將、宮妃娘娘駐足昆侖山下舉目看視，果見巍巍昆侖神山非同凡俗。它高峻暫且不說，先說在其山腳四周，被一條叫做弱水的深淵包圍著。在弱水深淵的周圍，又環繞著昇騰著焰

火的火山。火山上生長著一種永遠燃燒不完的樹木，它們晝夜都在燃燒，不僅暴風吹來它越燒越旺，而且驟雨澆來它也越燃越烈。它熊熊燃燒著，發射出一片燦爛的光輝，照耀得整座昆侖神山分外美麗壯觀。

在這大火之中，還生長有一種比牛還大的老鼠。這老鼠長有千斤重的身體，兩尺長的毛，毛細得像蠶吐的絲。這老鼠住在火中便渾身通紅，但一到火外卻變得渾身雪白。如果它離開了那火用水一潑，它就會遇水而死。這時若把它的毛剪下來紡織成布，用這布做成衣裳，這衣裳便永遠不用洗濯。穿髒了只要脫下來放在火裡一燒，它就會變得與新的一樣潔白，是昆侖山上有名的火浣布。

玉皇大帝引領眾天官、天將、宮妃娘娘看到這裏，齊贊昆侖神山之奇。然後他們穿過火山，涉過弱水，來到山腳跟前，沿著山道向山上一路攀登看視而去。

玉皇大帝一行攀到山半腰處往上正行，突見在昆侖山半腰東北一面，向外延伸在半空中懸掛著一座偌大的花園。花園由於懸掛在半空之中，所以眾神便取渾沌懸圃花園之名，也把它叫做懸圃。管理懸圃花園的大神名叫英招，它長著鳥的身子人的面孔，背上生有一雙翅膀，通身老虎斑紋。他經常飛行在空中，周遊四海，發出大聲的嘯叫。

這時英招大神正守護在懸圃花園門口，看見玉皇大帝引領眾天官、天將、宮妃娘娘來到，忙把他們迎入了園中。玉皇大帝一行在懸圃之中盡情看視，盡睹園中之奇，而後又向四周舉目巡視，眼見懸圃四周風景更是壯觀至極。

從懸圃向南看去，只見巍巍昆侖籠罩在一片耀眼的光輝裡，山頂那座莊嚴華美的帝宮隱約可見。向西看去，那裏有一個水光連天的大湖澤。湖上煙波浩淼，神異無限。周圍萬木蔥蘢，挺拔鬥偉。這湖澤叫做稷澤，後日周部族的始祖后稷，將居住在這裏。

　　向北看去，那裏有雄偉高峻的諸毗山，山上居住著離侖槐鬼。向東看去，有一條飄帶似的瑤水名泉向昆侖山飄繞而去，直通到山體附近的瑤池，為瑤池神水之源。那瑤水纖塵不染，清藍幽秘。把守瑤池者是一個無名神靈，他形體若牛，有八隻眼兩個腦袋。長著馬的尾巴，嘴裡發出吹號般的叫聲。哪裏見到了它，哪裏就會發生戰爭。

　　看完懸圃花園，玉皇大帝一行繼續向山上攀登，以到山頂看視。他一行須臾登到山頂，只見山頂徑接登臨天宮之途。山頂四周圍繞著玉石欄杆，每一面都有九口井、九扇門。進入門內，便是為玉皇大帝建造的巍峨下方帝宮。

　　帝宮由五座城池十二座宮殿組成。宮殿大門朝東敞開，由於它迎著旭日的光輝，所以叫做開明門。門口由一隻名叫開明獸的神獸守衛，他身子長得如老虎般大小，頭生九首，首生人面，威風凜凜地站在門前守護著這座帝都。整座宮殿由陸吾大神管理，陸吾的相貌極其威猛。他長著人的面孔，老虎的身子和足爪，九條尾巴。

　　在宮院中山頂最高處，長有一株高萬丈粗五圍的建木天梯，是下界神靈登上天庭之途。建木的西邊有珠樹、玉樹和璿樹，並有鳳凰和鸞鳥。鳳凰和鸞鳥都頭上戴著蛇，腳下踏著蛇，胸脯上掛著蛇。

　　建木的東邊有沙棠樹和琅玕樹。琅玕樹上能生長像珍珠般的美玉。這些美玉是鳳凰和鸞鳥的食物，它們由天神離朱看守。離朱長有三顆腦袋，六隻眼睛。離朱住在琅玕樹旁的服常樹上，三顆腦袋輪流休息，六隻眼睛便輪流看視著樹上的動靜。

　　建木的南邊有絳樹、雕鳥、蝮蛇、六首蛇和視肉。視肉非常奇特，它沒有四肢百骸，只是一堆肉。其狀若牛肝，僅在當中長有一雙小眼睛。它的肉割掉一塊就會長出一塊，因而總是原來的樣子。

　　建木的北邊有碧樹、瑤樹、珠樹、文玉樹、玗琪樹和不死樹。不

5

死樹上結有不死果，吃了不死果可以長生不老。在不死樹下有一眼清芬甘美的醴泉，泉的四周生長奇花異木，與瑤池同為昆侖神山的兩處勝地。

「真乃神奇無限也！」玉皇大帝看到這裏，禁不住連聲讚歎宇宙造化之奇。接著他抑制不住心中的奇異之情，連片刻時光也不捨得停歇，便讓哪吒太子引路去向東方大海之中，看視東方五座神山。哪吒領命，即在前方引路，玉皇大帝一行隨後向東方大海行去。

剛剛行至半途，玉皇大帝突見腳下一座高山聳立在大地之上，鶴立雞群般地突上了雲頭。於是他忙問身旁的托塔天王李靖此山為何山，哪吒太子聞聽搶先代父答道：「小兒稟報帝伯，此山就是凡界五座凡山之一的北嶽恒山，傳為盤古大神右臂所變。」

玉皇大帝聞稟即言道：「既然此山也為名山，我們又路過這裏，何不先去一遊。正好遊過一座神山再遊一座凡山，兩相比較，更生奇趣！」隨行天官、天將、宮妃娘娘聽了玉皇大帝此言，齊讚玉皇大帝主意甚好。玉皇大帝聽了高興，便即領眾天官、天將、宮妃娘娘按落雲頭，遊觀北嶽恒山之奇而去。

北嶽恒山位於今日塞北高原的位置上，若以今日地理方位而論，它南臨全晉，北控朔方，地險山雄，確為塞北第一山。恒山山脈為東北西南走向，連綿數百里，為今日海河支流桑乾河和滹沱河的分水嶺。其主峰天峰嶺在今日山西省渾源縣城南約四公里處，海拔二千零一十七米，山高為五嶽之冠。

玉皇大帝引領眾天官天將宮妃娘娘一行，選擇登山遊觀的最佳位置按落雲頭，正好落在今日渾源縣城南四公里處的恒山主峰天峰嶺腳下。他一行隨即沿一條幽深的峽谷向天峰嶺攀去，以觀山景。

玉皇大帝一行沿行的這條峽谷由北向南走向，長約三里，後日被

人們分為金龍口、石門峪口和磁窯口三段。玉皇大帝一行邊走邊看，眼見金龍口谷深山崇，兩邊懸崖壁立，鬥峙如門。群峰突起，爭相為高。最窄處寬不足十米，仰首只見一線藍天。

金龍口中，渾河之源唐峪河集千溝萬壑之水，自南向北穿峽而去。水勢濁浪排空，奔騰咆哮，恰似一條奔馳的金龍，一瀉而下，勢不可擋。穿過金龍口，便來到了石門峪口。這裏高排石壁懸雙闕，獨聳危峰接九霄，地勢更為險要。從石門峪口再往上行，就到了磁窯口。

磁窯口峽谷的東岸，便為恒山山門。玉皇大帝一行穿過山門繼續往上攀登，但見恒山山勢益崇，不僅懸石似飛，斷崖欲墜，而且溝壑深邃，山道陡立。他們雖然個個身為上神，但這時一起步行登攀起了這樣的山路，不一會兒便也全都累得熱汗淋漓氣喘吁吁起來。然而玉皇大帝一行看興濃鬱，一個個繼續向上攀登不止。

上邊山道不知被誰鑿刻修建過，它刻石為階，石階一直通往雲霧迷漫的高處，就像一條通天的階梯。玉皇大帝一行拾階而上，步步登高，頃刻就見輕雲薄霧在身邊繚繞，山石林立若隱若現，身邊景致奇異萬端起來。他一行隨之興趣倍增，向上攀登更疾。

須臾走完石階路，峰迴路轉，便進入了右為高入雲天的陡壁，左為不見溝底的深壑，四處狂風驟起颳得山若虎嘯的路段。進入這一路段，玉皇大帝眾神雖然個個聞聲顫慄，但也個個覺得涼風爽身，全都愜意地駐足讓那颯颯涼風吹了起來。與此同時則又都舉目四望，觀起山覽起景來。

玉皇大帝眾神舉目觀望，只見山上蒼松遒勁翠柏挺拔。它們有的倒掛於千尋絕壁之上，有的聳立於丹崖石罅之中。有的像一把翠傘停於鳥道之側，有的似一座角亭樹於山泉之旁。有的如騰空飛越的蒼龍出沒於雲山霧海之上，有的似形態奇異的仙橋橫跨於溝澗之間。真

個是惟妙惟肖，千姿百態。山上不僅松柏蒼翠，而且林木鬱深，更有檜、榆、柳、樺、核桃、桃、杏等各種林木，以及品種繁多的灌木，遍佈山嶺，遮天蔽日。山上還長滿凡草，那草後日可入藥者就有好幾十種。

玉皇大帝一行在此涼爽片刻，哪吒太子在前忙催玉皇大帝一行繼續上攀，以觀恒山主峰天峰嶺嶺頂秀色。玉皇大帝一行觀賞至此更奇凡界造化之功，聞聽便繼續向嶺頂攀登。登上嶺頂的道路更為難行，路上懸崖參差，灌木叢生。但好在如此險途不過兩里之遙，他們須臾便攀到了嶺頂。

玉皇大帝一行站立嶺頂舉目看視，見到嶺頂沒有樹木，只有叢生的野花雜草。山風送爽，氣候十分愜意。隨後移目四望，只見凡間河山盡收眼底，萬峰由南而來，桑乾河東流而去，關山雄姿百態。山間白雲繚繞，薄霧縹緲。山川之色朦朦朧朧，似隱似現，更顯得壯麗神奇。玉皇大帝眾神不禁看得心曠神怡，浮想聯翩，全都呆站在了嶺頂之上。

玉皇大帝一行在嶺頂呆站許久，還是活潑的哪吒太子在旁忍抑不住沉悶的等待，催促玉皇大帝道：「老伯，我們還是快去東方五座神山，再看神奇吧。那裏比這裏更是奇異十分哩！」

玉皇大帝聞言驚醒，即又駕起雲頭，引領眾天官、天將、宮妃娘娘一行離開北嶽恒山，徑向坐落在東方大海中的五座神山飛奔而去。

坐落在東方大海中的岱輿、員嶠、方壺、瀛州、蓬萊五座神山，實在神奇無限。首先，它們坐落在歸墟之中。歸墟可非尋常去處，它是海洋中的一個能夠盛容百川之水的無底大壑。這大壑，是我們中華民族的古老祖先想像出來的。他們看到，百川之水日夜不息地匯入海洋，都擔心海洋被百川之水漲滿溢上陸地。為了解除這個擔心，便創

想出了這個在渤海東邊億萬里處，深得無底的大壑。由於這大壑可以永遠平靜地盛容百川之水，不使海洋溢出，因而把它叫做歸墟。

歸墟已是充滿神奇，坐落在歸墟中的五座神山就更加神奇了。它們每座山的高和周圍都是三萬里，山與山的距離通常是七萬里，山頂平坦的地方也有九千里。山上都有黃金鑄造的宮殿，白玉砌成的欄杆，神仙們在上面居住，飛禽走獸都是素白的顏色。

山上到處生長著能夠結出珍珠和美玉的玉樹。那珍珠和美玉，食之皆可長生不老。山上的神仙們都穿著素白的衣裳，每個背上都生有小小的翅膀，可像鳥兒一樣自由地飛翔在五座神山之間。

更為神奇的是，五座神山都漂浮在海水水面，下面沒有生根。所以平時還好，一旦遇到風浪它們便漂流不定。住在山上的神仙們對此都十分苦惱，既苦惱神山被漂流得常常無處尋覓，又擔心遇到大的風浪把無根的神山漂入北極，沉沒到大海之中。因而都正在思忖著，去求玉皇大帝想個解決的辦法。

恰在這時，玉皇大帝一行飛到了神山上空鳥瞰歸墟海面，看見五座神山高聳水上，飄飄搖搖，神奇無限，即按落雲頭登上岱輿神山看視神奇。玉皇大帝一行看到，岱輿神山果然名不虛傳。其上不僅多金玉，神仙禽獸皆呈素潔之色，樹樹綴滿食之皆可長生不老的金玉之果，而且山上雲氣時現。雲氣現時，或若宮室臺觀，或似城堞人物，或如車馬冠蓋，全都歷歷可見，生成海市蜃樓之幻景。

觀過岱輿，玉皇大帝一行又觀員嶠神山。員嶠神山巔頂有一座方湖，廣有千里。湖東有一塊巨大的雲石，廣有五百里之巨。山上多大鵲，鵲高丈餘，口銜不周之粟。並有七寸長蠶，身生麟角，作繭盈尺。玉皇大帝一行觀之更奇，隨後又觀方壺、瀛州、蓬萊三座神山而來。

方壺神山位居歸墟中心，其上為群龍居所。山上有金玉琉璃之宮，亦有玉石泉水潺潺長流。山上居住神仙數十萬，耕田種芝草，如種稻狀。瀛州神山之上生長神芝仙草，並有玉石，高達千丈。其石出泉味甘如酒，名為玉醴泉，飲之數升輒醉，可長生不死。蓬萊神山周圍五千里，外有圓海纏繞。圓海水呈黑色，故謂之冥海。此海無風而洪波百丈，使之不可往來。

玉皇大帝一行觀到這裏，連贊下界造化之奇。然而未等玉皇大帝一行話音落下，便聞山下傳來了山居神仙們的祈求之聲道：「玉皇大帝萬歲陛下，下界神山眾小神祈求萬歲陛下想個法兒，莫使東海神山隨波逐流，以免沉入北極。」

玉皇大帝正奇下界造化之功，突聞此求忙到山下看視，方知是神山居住的眾神仙害怕神山沉沒，丟掉居處求他想法而來。為此，他當即旨令隨行的海神禺強道：「朕命你為他們想個法兒，定住這五座神山。」

玉皇大帝傳旨後即領眾天官、天將、宮妃娘娘離開蓬萊神山而去，留下的海神禺強則立刻想出了固定五座神山的法兒。他隨即調遣十五隻大黑烏龜來到歸墟之中，讓它們用頭把五座神山頂戴起來，固定住了神山。

但後來過去若干萬年的一天，不料昆侖山北方出了個龍伯國，龍伯國裡有個大人。他閒暇無事四處垂釣，幾步便走到了這東海歸墟神山之上。垂下釣鉤，站在岱輿與員嶠二山之上釣起魚來。正在山下頂戴神山的六隻烏龜早餓得不行，頃刻間全都上鉤被釣了上來。那大人轉瞬釣得六隻烏龜高興地回到家中，把六隻烏龜全都吃掉了。

岱輿與員嶠兩座神山失去烏龜的頂戴，隨後便雙雙漂進北極沉沒於海中，使山上居住的眾神仙失去了家園。他們為此再次紛紛稟告玉

皇大帝，玉皇大帝聞知氣惱，便立刻縮小了龍伯國國土，縮短了龍伯國人的身子，以免再鬧出亂子，但只是為時已遲。

玉皇大帝一行離開東海神山返向西方陸地看視，不一會兒便來到了南嶽衡山上空。玉皇大帝從空中眼見南嶽衡山高聳挺拔，南北綿延八百餘里，七十二座山峰聳立其間。其主峰祝融峰狀若馬頭，芙蓉、天柱等十六峰緊相偎依恰似鳥身，南面的石廩、觀音、岣嶁、回雁等二十峰，和北面的紫蓋、香爐等十六峰，又像鳥兒展開的雙翅，從而使得八百里南嶽如同鳥兒飛去的樣子。再有八百里衡嶽無山不樹，無樹不綠，千峰萬壑，堆綠疊翠。加上晚霞飛舞，白雲繾綣，更使得南嶽衡山如翔高天，情趣萬千。

「侄兒，下界那欲飛的高山，」玉皇大帝看到這裏，禁不住忙又詢問哪吒道，「是何去處，為何這般神奇？」

哪吒忙答道：「老伯，它就是凡間五座凡山之一的南嶽衡山，傳為盤古大神的左臂所變。」

「怪道這般神異！走，看看去。」玉皇大帝聞聽說著，便領眾天官、天將、宮妃娘娘按落雲頭，來到了衡山最高峰，即海拔一千二百九十米的祝融峰南天門前。

站在南天門前，玉皇大帝向南遙望，只見九曲湘江之水碧若飄帶，五向五背祝融峰巔。其相向的部分恰若五條巨龍一般，都面朝南嶽形成「五龍朝嶽」之妙景。玉皇大帝睹之，連連讚歎道：「造化之功，妙不可言。造化之奇，實在秘而難宣！」

接著，玉皇大帝又盛讚下界陰陽輪回，生死成圈，如此等等，秩序井然，實乃奧秘難言！讚畢，看看紅日西沉日色漸暮，東方天邊一輪銀月冉冉昇起，褐藍色的天幕上隨之亮起了萬盞銀燈般晶亮的星斗，又是一番讚歎。然後遊興不盡道「一日時間太短，朕未能盡睹下

界之奇，只能改日再來也！」言畢，即戀戀不捨地引領眾天官、天將、宮妃娘娘離開南嶽，踏動雲頭返回天宮而去。

玉皇大帝一行天黑離去，隨同玉皇大帝臨凡原來居住在天宮咸池的仙妃娘娘，這時卻掉隊留在南嶽衡山，未隨玉皇大帝一行歸去。仙妃娘娘剛才隨同玉皇大帝一起南觀九曲湘江碧水之餘，獨自返身向衡嶽北方觀去，看見在北方紫蓋峰下，又東有吐霧峰西有香爐峰相向擁峙。香爐峰上有谷地，谷地的出口很窄。紫蓋峰上的泉水匯為三支，全都流入谷地之中。

谷地裡又有陽泉、洗心泉、洞真源和仙人池等泉眼。這些泉眼全都深不可測，因而山上淌來多少水，它們就能吞進多少水，口子流出多少水，它們就能吐出多少水。流出的水從石壁上直瀉而下，成為一條高二十餘丈的水簾瀑布掛在山間。瀑布跳珠吐玉，銀光閃閃。瓊浪翻湧，聲若驚雷，形成了南嶽瀑布水簾之奇觀。

仙妃娘娘性喜山林幽邃，酷愛湖光水色。因而眼見如此水簾奇景，豔羨凡間水色不已，便獨自離開祝融峰向紫蓋峰尋看此景而來。玉皇大帝一行天黑返歸天宮而去，她卻獨自一個看得入迷，留在了凡間南嶽紫蓋峰登臨途中。

二、搏土造人

仙妃娘娘登紫蓋峰看視瀑布水簾，一陣便來到了瀑布水簾跟前。這時雖然天色已暮，但早有一輪皎月掛上東天。如水的月光灑滿紫蓋峰頭，把夜幕籠罩下的紫蓋山峰照耀得如同白晝一般。仙妃娘娘踏著月光站在瀑布水簾近前，眼見瀑布水簾在月光下瓊浪翻湧吐珠跳玉，更是別有一番情趣。

仙妃娘娘素來酷愛水色，如此夜觀瀑布水簾，越觀興趣越濃。加之沒有別個打擾，不由得忘記了長夜漫漫，竟然一口氣觀看到了東天晨曦初現時分，仍然興趣不減，獨自聚精會神地觀望不止。

這時，隨著東天晨曦的出現，一輪火紅的朝日迅疾躍出大海，滾輪輪地滾上了半天，向大地灑下了萬道金輝。隨著朝日的金輝灑到紫蓋山峰，灑到正在觀看瀑布水簾的仙妃娘娘身上，便也灑到了瀑布水簾之上。於是瀑布水簾翻湧瓊浪蕩起的漾漾水氣，則迅疾把射來的朝輝反射開去，在紫蓋峰前架起了一道七彩的長虹。長虹與瀑布水簾交相輝映，頃刻間便構成了一幅更加美妙無限的奇景。

這奇景更使癡看一夜瀑布水簾的仙妃娘娘著迷，她舉目向彩虹看去，只見彩虹由赤橙黃綠青藍紫七彩構成，色彩豔麗無比。為此她連連叫絕，稱羨凡間造化之美。

隨後她又凝眸審視彩虹不止，直到朝日昇高變成半空的炎陽，彩虹隨著太陽的變化消逝了去，方纔口中叫絕喊妙不止地思謀起自己已經看視瀑布水簾整整過去一個宵夜，下步是否返歸天宮的事兒。

仙妃娘娘站在瀑布水簾下隨著翻湧的瓊浪思緒翻飛，首先想到玉皇帝父一行昨晚已經歸回天宮而去，自己在此已經觀看瀑布水簾一宵。若是再不返歸天宮，玉皇帝父一定十分掛念自己。但她又想到自己在此一夜不僅觀見了瀑布水簾之奇，而且睹見了七彩長虹之妙，如果按照哪吒太子所說，凡間的五座凡山昨日才遊觀兩座，還有三座自己未睹奇顏。

按照已經觀看過的兩座凡山推斷，另外三座凡山之上還會有許多奇景妙致自己未見。為此她想既然黑夜已經過去，自己昨晚未歸，今日白天就乾脆暫且不歸，一睹下餘三座凡山之奇豈不更妙！想到這裏，她決計趁此白天盡觀下界凡山之妙，而後再行返回天界。為此她便立刻駕起雲頭，飛離紫蓋峰南嶽衡山，一路西北徑向西嶽華山觀看而來。

仙妃娘娘並不知道西嶽華山坐落何處，只是心想西嶽華山一定會在大地的西方。因而她在天空一邊徑往西北方向飛行，一邊遙觀大地之上的山形。如此一陣飛行，遠遠地她便見到在大地的西方，即昆侖神山以東相距千里之遙的地方，有一座氣勢巍峨的大山，坐落在一條浩蕩的長河之南。大山共有五峰，每峰各據一方，聳然對峙。

其中那今人稱謂的東峰朝陽峰、西峰蓮花峰、南峰落雁峰，全都直插雲霄，緊緊環抱著中峰玉女峰。北峰雲臺峰，則獨立於三峰之下，中間有一脈若斷若續的山嶺相連，疏密有度，神韻天成。從上鳥瞰，週邊諸山如蓮瓣，中間三峰如蓮蕊，整座山如同一朵青色的蓮花，淩空怒放。仙妃娘娘觀看大地西方無山可與此山比高，無山可與

此山比美，便認定其為西嶽華山，徑直飛落山中游觀而來。

　　仙妃娘娘沒有認錯，此山正是西嶽華山。它所以後來名叫華山，正因為其形狀若一朵盛開的蓮花，古代「華」、「花」二字相通，故而名之。華山素以巍峨雄險著稱，它勢飛白雲外，影倒黃河中。除了落雁峰等五大主峰以外，在這些聳入雲天的主峰四周，還起伏環拱著千姿萬態的眾多小山。

　　這些小山與五大主峰交相輝映，羅列翠黛。並且到處生成危崖絕壁，深峽邃谷，飛瀑清泉，構織出一幅雄美壯麗的圖畫。仙妃娘娘被這幅圖畫所吸引，選在山北華山峪口按落雲頭。沿著峪口透迤曲折的山道，一路向南登攀遊觀落雁峰而去。

　　仙妃娘娘穿過華山峪口，便進入了華山峪。華山峪至今仍是登臨華山的必經之途。她邊走邊看，只見華山峪谷壁陡立，峪底礫石堆積。峪中之路就在礫石堆積層和岩坎上蜿蜒盤繞，穿梭於峽谷澗水之間。峪中之路雖然難行，但仙妃娘娘須臾便穿過了峪谷，來到了西峰腳下的雲門青柯坪。

　　來到這裏，仙妃娘娘頓覺天開地闊，心中豁然開朗。仔細看視，見到青柯坪是華山峪水流的源頭，坪面較大，四方開闊，環境幽雅。從坪上舉目遠眺，白雲、香爐、大羅、毛女諸峰羅列環繞。回首仰望，西峰懸崖天垂，真個是仰見突兀撐青空，雲帶環山素繫腰。這時正值凡界夏日，峰上水簾瀑布飛流直下，猶如白練。蒼松翠柏，叢密成屏。

　　仙妃娘娘看罷青柯坪向四周遊觀，沿途看到坪西高峰為北斗峰，峰間有個北斗坪，坪周圍松竹錯雜，雅靜幽邃。由青柯坪西上六里許有石圈門洞，那洞即是後來人們稱叫的總天一門「南天門」。

　　由青柯坪向東南行，不遠即至絕路。迎面直岩嶄立，峭壁千仞。

後人說的「回心石」，即在這裏。過去回心石沿著東山腰上的一條小道，緊擦石壁而行，再向北折是一條陡而長的石罅。石罅如同天垂石梯，除一線天光之外，周圍不見外景，便是有名的太華咽喉千尺幢。

千尺幢呈陡峭槽形，如刀割鋸截，高約三十米。仙妃娘娘踏石前行，仰望天際，只見一線天開。俯視腳下，心覺身臨深淵。行至頂端有個洞口，直徑不過兩米左右。由洞口往下看，如一口深井，所以今稱天井。

天井懸在懸崖頂上，像一扇小小的天窗。如果將這天窗關閉，就再無第二條道路可達峰頂。爬過千尺幢，便至百尺峽。峽中有一巨石，狀若魚脊，夾在兩壁之間。三面臨空，無依無靠。形勢之險，略遜於千尺幢。仙妃娘娘在峽中行走，眼見兩壁更窄，似欲合攏，甚是驚心動魄。

爬過百尺峽，仙妃娘娘又到雲臺峰、蒼龍嶺、玉女峰、蓮花峰、落雁峰和朝陽峰依次看視。只見雲臺峰山勢崢嶸，三面懸絕，巍然獨秀，其狀若雲，恰似一座雲臺。蒼龍嶺體青背黑，如蒼龍騰空。玉女峰亭亭玉立，若玉女弄簫。蓮花峰峰頂狀若一枝含苞待放的花蕾，直插雲表，猶如青色芙蓉。

落雁峰為華山最高峰，站在峰頂視線所及，真個是唯有天在上，更無山與齊，擡頭紅日近，俯首白雲低。遠眺晴空萬里，胸襟開闊，頓覺神清氣爽，困乏盡消。四周遍佈蒼松翠柏，墨綠蔥茂，常有白雲相繞。南望秦嶺，青翠層巒，列如峻屏，橫煙飛霧。

朝陽峰峰頭陡峭，松柏參天。向南遠望，峰巒起伏，猶如萬里波濤，壯觀非凡。峰頂有朝陽臺，可觀瑰麗的日出景象。峰東北面有今人說的仙人崖，崖壁徑直垂立，黃白相間。旭日照射，赤光燦爛。遠而望之，形若巨掌。看到這裏，仙妃娘娘禁不住連連讚歎再三，抑不

住遊興徑往中嶽嵩山看視而去。

中嶽嵩山，氣勢磅礴，坐落在千里中原大地腹心。它東西綿延六十多里，由太室和少室二山構成。仙妃娘娘騰雲飛抵嵩山上空，眼見千里中原腹地就數此山最高，便斷定此山就是中嶽嵩山，邊向下看視邊按落雲頭遊覽而來。

仙妃娘娘從空中看到，若與華山相比，太室山鮮有奇峰，東西起伏如眠龍之狀，實可說「中嶽如臥，華山如立」。其山體雄偉而豐腴，廣闊以能容。少室山則森削而秀麗，挺拔以自異。仙妃娘娘落腳在少室山北麓，一落腳便向山頂登攀看視奇景而來。

少室山真個是景象奇異，仙妃娘娘感觸殊深。她覺得實有「十步異形，百步殊態」之妙，真可謂景象萬千！少室山較太室山險峻，但山姿各不相同。從山南北望，只見奇峰峭立，形如一朵盛開的蓮花。其主峰名為禦寨山，高達一千五百一十二米。觀罷少室山，仙妃娘娘又觀太室山。

太室山主峰名為峻極峰，高一千四百九十四米。其峰頂敞平開朗，猶如寶幢之蓋。四周多懸岩峻阪，斷嶠重峰，唯中居高巔。這時正值晴霽時分，仙妃娘娘端立峰頂北眺黃河，只見萬里黃河明滅一線，奔騰東去。環顧四周群山，只見萬座山巒拱立列翠，爭雄奪偉。仙妃娘娘又禁不住連聲稱絕，決計盡睹天下奇山，便又踏動雲頭向東嶽泰山飛觀而去。

東嶽泰山，拔地通天，巍然屹立於中原大地東部。其主峰名叫玉皇頂，海拔一千五百四十五米。氣勢磅礴，莽莽蒼蒼。仙妃娘娘飛至泰山上空，眼見其挺拔九天，便認定其為泰山，按落雲頭遊觀而來。仙妃娘娘沿著登山之道向山頂攀登，但見泰山雄偉多姿，壯麗奇絕。真個是步步有景，舉目成趣。

　　她沿途觀龍泉，觀水簾洞，觀步天橋，觀快活天，觀朝陽洞，觀對松山，攀十八盤，登玉皇頂。她見到對松山雙峰對峙，古松疊翠，婀娜多姿。她見那十八盤險峻奇絕，實可稱天門之梯。她見到玉皇頂聳立泰山之巔，東可觀日出，西可觀夕照，南可觀皎月，北可觀黃河。真個是上下奇景入眼觀，八方異象收眼簾。

　　游觀至此，仙妃娘娘實現了她觀遍下界神山凡山之願，按照打算應該返回上天神界去了，但這時她卻再度留戀起了凡塵。因為凡間神山凡山雖然各個奇絕無限，充分展示了造化之奇，但她總覺得還有一點不足的缺憾。即凡山雖奇，但缺少生機，到處都是一片死寂，應該添點活物增加些熱鬧，使座座凡山都熱鬧起來才是。

　　如若不然，像自己遊觀三山那樣，就連自己這樣性喜空山幽境之神，竟也覺得實在太孤寂了！所以想到這裏，她便改變了立即返回上天神界的打算，要繼續在下界漫遊觀看，以思考怎樣給寂寥的凡界添加熱鬧的事兒。

　　仙妃娘娘就這樣在思考中走下泰山，隨意漫遊一路西南往中原腹地行來。上神腿快，千餘里路程倏忽之間已經走完，來到了中嶽嵩山以東數百里中原腹地，一個後人叫做宛丘的地方。宛丘為一土丘似的小山包，坐落在千里平原之上。平原為鬱茂的森林和遍地的野草鮮花覆蓋，獨此為森林和野草鮮花簇擁的宛丘之上，光禿禿的未生一棵草木，奇特地兀立在樹木花草叢中。

　　萬里黃河挾裹著泥沙，咆哮著從北面擦丘流過。宛丘翹首凝望著咆哮的黃河，從自己背面向東奔去。仙妃娘娘行到宛丘跟前，登上丘頂舉目看視一番，頓覺此丘甚為奇異！其上寸草不生雄居千里中原腹心，背靠黃河坐北面南，真個是一方得風得水的神居寶地。當然是不是寶地也都罷了，反正仙妃娘娘目睹至此，便在丘上逗留下來，繼續

思索起了怎樣為寂寥的凡界增添熱鬧的事兒。

　　仙妃娘娘在丘上思啊想呀，在苦苦思索的煎熬中艱難地過去了三天。三天裡她雖然想出了數不清有多少種為凡間增添熱鬧的法兒，但卻因為都不稱意，加之全都無法實施，竟使得此事像一座高山一樣，橫亙在了她的面前，使她一時無法逾越。

　　與此同時在這三天裡，她獨遊三座凡山時的孤寂在心頭烙下的深刻印痕，不僅絲毫沒有褪去，而且這新的逗留之地宛丘及其周圍的孤寂，又使她更覺孤寂萬分。為此在這難熬的漫長三天裡，也不知道她曾經多少次開口喟然長歎道：「孤寂的凡界啊，你孤寂得實在是要令神靈窒息呀！」

　　但這時，她卻是依舊想不出為凡間增添熱鬧之法。加上身邊的孤寂，真個是弄得她越思越愁，越愁越歎，越歎心中越加焦灼，好不容易才熬到了第四日早上。這日，仙妃娘娘在宛丘之上再也坐不住了。都已經過去四天了，她還沒有想出造個什麼樣的活物，才能使凡界熱鬧起來的法子，她怎能再坐得住身子呀！

　　仙妃娘娘想不出法子，以為是自己的思路鑽進了偏處，便站起身子走下宛丘，順著黃河岸邊，慢慢踱步洗換起了腦筋。她在黃河沿岸邊踱邊思，來回東西折轉，時間又在她的焦思中過去半日，可她仍然沒有想出為凡界造出何物添加熱鬧。為此，她的心緒達到了焦灼似火、沮喪萬般的境地。

　　焦愁之中，仙妃娘娘無奈之時決計用黃河之水洗洗臉，以解除焦思的疲勞，清醒一下因焦思而繃得太緊的腦子。她轉身先佇立水邊，接著彎腰就要去用雙手掬水洗臉。就在她彎腰掬水，手未觸到面前的河水之時，平靜的水面卻像一面鏡子一樣，把她的形象整個兒地映現在了河水之中。

　　她看到，水中與她對面，清晰地映現出了一位人面龍身的神女身形。那神女面若蟠桃，眉似彎月，眼如秋潭，櫻唇皓齒，長髮披肩。那龍身，披滿金鱗，嬝娜多姿。看到這裏，正在焦愁無奈的仙妃娘娘突覺焦愁頓解，心中的天窗頓開閃射進了無限的光。隨之她忘記了自己是要彎腰掬水洗臉，而禁不住在河邊放懷「咯咯咯」一陣暢笑起來。

　　仙妃娘娘當然歡笑不已，她看到水中映現的自己的形象，終於從中受到啟發，找到了自己為給凡間添加熱鬧，欲要創造的活物的模樣！這果真如同後人所寫詩句：「眾裡尋他千百度，驀然回首，那人正在燈火闌珊處。」

　　「對，快快造出如此活物，給凡界添過熱鬧，自己快回天界，以免玉皇帝父掛心！」仙妃娘娘找到了自己欲造活物的模樣心中高興，一陣暢笑過後自語說過就做，但在她決計行動之時，卻又再次犯起難來。因為這時她又碰到了用什麼做材料，才能製造出她那般模樣的活物的又一難題。面對這一難題，她又在水邊犯起愁來。

　　愁難之時，焦灼的仙妃娘娘又禁不住在河邊來回踱起了步子，以期謀得解此難題之法。只見她踱啊踱呀，踱來踱去又是踱過半日，偏斜在東天的朝日已經昇高到頭頂變成了中午的炎陽，她仍是沒有謀得解難之法。

　　仙妃娘娘為此更加焦急，踱步更加快疾。就在這時，只見正在踱步的仙妃娘娘突然看到眼前一亮。那亮光強勁明亮十分，耀得她雙眼陡一眩暈。仙妃娘娘被這突現的亮光耀眩雙眼心中大為奇詫，立即停下正踱的步子凝眸向那光亮閃處看去。

　　仙妃娘娘這一看真是更覺奇異，因為她看到那明亮的閃光，竟然出自水邊一顆小小的沙粒。而且在那顆放光的小小沙粒之中，端正正地站著一個神狀的奇小活物。那活物上部長著一顆橢圓形的頭顱，頭

顱上生七竅，七竅分為雙眼、雙耳、兩個鼻孔和一張嘴巴。頭顱之下長著頎長的身子，那身子占這活物整個身體的三分之二還多。身子上左右各生一條臂膀，臂膀末梢各生一手，手生五指。在身子的下部生有兩條頎長的腿，兩腿下端各生一腳，腳上各生五趾。

看到這裏，仙妃娘娘大為奇異這沙中活物造化之異，並立刻聯想到了如此活物，比自己剛才設想的自己的模樣更好。因為若依自己的模樣造出活物來，那活物便沒有其身體下部勻稱有力的雙腿，就只能像自己一樣有一個龍的身子。

龍身雖好，但卻不能像雙腿那樣勻稱地支撐上部的身子。所以她開口盛讚沙粒中閃現的小活物的完美，認定它若能長大，定可給寂寥的凡界添加無限的熱鬧。便欲從那沙粒中直接取出那小小活物，不用再去犯愁製造活物的材料。

「娘親快來釋出孩兒！」仙妃娘娘正在心想使用何法，方可從此沙粒中取出這小小活物，卻又見到那沙粒中的小活物突然手舞足蹈起來，並開口對她喊叫道，「孩兒長大定為娘親添加熱鬧，解除孤寂！」

仙妃娘娘目睹此景耳聽此言，心中更覺奇異萬分：不知沙粒中的小小活物，為何竟知自己此刻心緒！斷定此物定然不同凡俗身有靈氣，便進一步開動腦筋，加快了心想釋出此物之法的步伐。

但就在她正在心想釋出此物之法未得之時，那閃光的沙粒卻倏然逝去了剛才奪目的光焰，連同其中的活物再也沒有了蹤跡。奇跡發生了，又是一個不解的奇跡！仙妃娘娘為此又頓然陷入了奇異萬分的心境之中，心想起了這究竟是怎麼回事兒。

仙妃娘娘又如此在心想中過去一個時辰，忽然她覺得心頭一亮，猶如一道流星的光跡劃過她沉思的心田一般，給她正在沉思的心頭帶來了一線光明。她明白了，那沙粒中小活物的閃現，正預示著他從泥

土中生長出來，是要告知自己欲造凡間活物，用泥土做材料即可成就，前來幫助自己解決用何材料可以做成活物的難題。

明白至此，仙妃娘娘決計自己立刻就用泥土搏捏成一個那小活物模樣的泥物，那泥物說不定就會變成那活物，給凡間添生熱鬧，除去孤寂。頓然間，焦愁的仙妃娘娘真個是心頭天窗洞開，欣喜之情難以用言辭表達。只見她立即用瀟灑伶俐的迅疾動作，代替剛才因沉思而遲緩的緩慢動作，來到黃河水邊，挖起一塊濕泥，便用雙手搏捏製作起小活物來。

搏捏製作之中，仙妃娘娘盡力回想剛才那沙粒中閃現活物的模樣，用泥巴先搏個身子，搏個頭，搏出雙腿，捏出雙腳，搏出雙臂，捏出雙手。末了，又按照沙粒中閃現活物的模樣，為這泥物的頭部用指甲刻出七竅。一瞬間，那泥物便有了眼睛，有了鼻子，有了耳朵，有了嘴巴。

看著這泥物，仙妃娘娘笑了。她笑這泥物的造型之巧，笑這泥物的模樣酷若神靈，笑這泥物惹見者喜愛，笑這泥物靈氣橫生。她更笑這泥物若是真能活了起來，定然既可給凡界添滿熱鬧，又可主宰偌大凡界！

喜笑之餘，仙妃娘娘並未放下心來。只見她把那小泥物久久放在手中把玩不舍，而且邊把玩邊想像著剛才沙粒中所現小活物的模樣，一點點將手中泥物雕琢修改，以使這小泥物長得更加俊美，生相更加瀟脫。

就這樣仙妃娘娘把玩著、修改著，習習的夏日順河熱風，吹颺著她把玩在手掌心中的小小泥物。不知不覺中，那泥物已經由軟變硬，由濕變乾起來。泥物變乾奇跡又生，只見仙妃娘娘正在把玩修改掌心中漸漸變乾的小泥物，那泥物竟然先是慢慢睜開了雙眼，隨著動了動

鼻翼，接著嘴巴張了幾張。

　　仙妃娘娘目睹此景大為驚奇，心疑是自己焦愁心切，生出恍惚，感覺看花了眼睛，看錯了眼前的這小泥物。因而她不敢相信自己的眼睛，急忙用右手將雙眼揉了一遍，再去看視那左手掌心上的小泥物。

　　這一看真個是更加神奇，只見那小泥物雙眼撲閃閃閉合，鼻孔呼呼吸入呼出了空氣，手腳一起晃動，嘴巴緊開慢合，接著竟然神奇萬般地連連喊叫起了「娘親」之聲。

　　仙妃娘娘目睹此景耳聽喊聲，方纔相信了眼前發生的一切。知道那泥物已經真的活了起來，變成了一個真實的活物。寂寥的凡間，由此便可真的添生了一分熱鬧。同時這活物不僅與沙粒中所現活物般般無異，而且比那活物更加俊美十分！為此她真的是心中大喜過望，口中隨著那小活物的「娘親」喊叫之聲，連忙應聲道：「唉——唉——」

　　仙妃娘娘的如此應聲頓然又增奇跡，只見那小泥物變成的小活物聽到仙妃娘娘的應聲，身子各個部位倏然間隨聲驟長，生長迅疾得竟然發出了竹筍拔節般的「啪啪」響聲。仙妃娘娘睹之大奇，在其驚詫的觀望眼神之中，那小泥物又在「劈劈啪啪」的生長響聲之中，倏然間長成了一個身材窈窕，嫵媚動人的活脫脫的大姑娘，亭亭玉立在了她的面前。

　　仙妃娘娘驚喜地向那大姑娘看去，只見她生得明眸大眼，眉如柳葉，鼻梁高聳，小口櫻唇，臉呈瓜子之狀，色若五月的鮮桃。她身材頎長苗條，腰如迎風弱柳，膚似出水嫩藕。素手纖纖若筍，指頭尖尖似玉。這時她正雙眸凝滿深情地望著驚喜的仙妃娘娘之面，開口深情地叫了一聲「娘親！」仙妃娘娘聞聲驚醒，又心喜無限地應了一聲「唉——」

三、神女隱名

　　仙妃娘娘一聲「唉」字出口，那大姑娘便頓感娘親之情溫柔萬端。仙妃娘娘的身體便像一塊巨大的強力磁石一樣，那溫柔之情更像充滿強大引力的磁力一般，將大姑娘一下子吸入了其懷抱之中。仙妃娘娘隨即把大姑娘緊緊地摟抱在了懷中，同時用手托頭摸腦，用嘴吻臉親背，溫柔著這個自己親手創造出來的凡界第一個生靈的心田。

　　仙妃娘娘母女如此親熱許久，大姑娘方纔從仙妃娘娘對她的溫中清醒過來，慢慢鬆開緊緊摟抱住仙妃娘娘的雙臂，擡起深深埋在仙妃娘娘懷中的披散著長長秀髮渾圓可愛的頭，雙目凝眸深情地望著仙妃娘娘，放開「噹啷噹啷」銀鈴般脆響的喉頭，說出了充滿甜情蜜意的話語道：「娘親，是您創造了女兒，女兒便永遠是您的孩子。但天界眾多的天神總共只有一個『神』的名稱，女兒作為您的孩子，應該有個什麼樣的名稱呢？」

　　仙妃娘娘聞聽大姑娘此言，也才從溫情的氣氛中清醒過來。然而這大姑娘的話語實在到來得太突然了！因為仙妃娘娘剛剛創造出了她，還正在看著她的出現心中驚奇不已呢！可她卻陡出此言，提出了這般成熟的問題，怎能不令正在驚奇的仙妃娘娘聽了，更加驚奇萬分呢！

　　但是，驚奇歸驚奇，仙妃娘娘聽了大姑娘此問，真個是對大姑娘如此聰慧，提出了如此成熟的問題心喜十分。因為她太喜歡自己的孩子，聰明睿智了！所以，她立刻愜意地看視大姑娘一眼，方纔說道：「娘的好女兒，你竟然是這等聰明！剛剛長大就問自己叫什麼名稱。對名稱的事兒，娘實在沒有來得及考慮，等娘親想想再說吧。」

　　「好，娘親。那您就快點想，」大姑娘聽了仙妃娘娘此言，心中極不滿足地即在仙妃娘娘懷中晃動著撒嬌道，「快給女兒起個名稱，好嗎？」

　　「好，娘這就想。」仙妃娘娘望著大姑娘明亮睿智的一雙大眼，會心地一笑，而後故作嗔怪地說著，即真的心想起了給自己創造的這小活物，起個什麼名稱的事兒。

　　先前，仙妃娘娘只顧思考給下界創造出個什麼樣的活物添加熱鬧，後來又只顧心想用什麼材料才能造出那樣的活物，實在沒有去想過給自己創造出的活物起個什麼名稱的事兒。所以這時這名稱的問題，那大姑娘便提出得實在太突然了。但是作為母親，仙妃娘娘不願涼了自己剛剛創造出來的自己的第一個孩子的心，她隨著便立刻焦灼地思考起了給這下界的第一個活物起個什麼名稱的事兒。

　　該給這活物起個什麼樣的名稱呢？仙妃娘娘苦苦地思索著，思索著。她想到，眾多的天神生活在天上，用一個「神」字即可總括。這凡界將來必定眾多的自己創造的如此活物，也應該有一個簡潔的一個字的名稱才好。那麼，這一個字的名稱叫什麼好呢？仙妃娘娘又是一番思慮，末了則把思慮的焦點，彙聚在了這活物的形狀之上。即想從其形狀之上做文章，給這活物起個合適的名稱。

　　仙妃娘娘由此出發進一步想到，這活物若把四肢伸張開來，酷似一個「大」字。她便想為這活物起個名稱叫「大」，但又覺得叫「大」

不理想。那麼叫什麼好呢？她又想到自己何必叫這活物伸開胳膊呢？這活物的一雙胳膊，平時不都是自然下垂的嗎！而若一雙胳膊自然下垂，其形狀就恰好像個「人」字。

想到這裏，仙妃娘娘便有心叫這活物為「人」。因為叫人，既簡潔又明瞭，同時又恰好與上界的神相對應。上天為神，下界為人，秩序井然。然而她仍然一時下不了決心，心中又連續一邊默念著「人、人、人」，一邊慎重地思考著掂量著。

又是一陣思考掂量過去，仙妃娘娘末了終於拿定了主意，認定叫這活物為「人」甚好。於是她心喜無限，立刻拍著懷中大姑娘渾圓可愛的頭，說道：「女兒，娘親給你起好了名稱，你看好不好？」

「是娘親起的名稱，」大姑娘也實在嘴甜，聽了仙妃娘娘此言，忙心喜地擡起頭來笑言道，「一定都好！」

「那不一定。娘親起的名稱也不一定就好，也可能不好，」仙妃娘娘聽到此言心中更喜，但這時卻斂起笑容認真道，「孩兒，你先猜猜看，瞧孩兒猜透猜不透娘親的心思。」

大姑娘聽了，只好認真地猜了起來道：「叫地。」

「不。」仙妃娘娘搖頭否定道。

大姑娘接著又猜道：「叫水。」

「不。」仙妃娘娘又言否定道。

「叫土。」大姑娘於是又猜道。

仙妃娘娘仍然否定道：「不。」

「娘親，您不要再叫孩兒費心勞神地去猜了好吧，瞧您快把孩兒給急瘋了，」大姑娘連猜三次全都沒有猜中，心中忍不住急知之情不願再猜下去，便又向仙妃娘娘撒起嬌來道，「娘親還是快快告訴孩兒，讓孩兒早一刻高興起來吧！」

「好吧，娘親不讓孩兒猜了，」仙妃娘娘被撒嬌的大姑娘糾纏不過，末了只好無奈道，「瞧你猴急的樣子，就對你說了吧。娘親給你起的名稱，叫人。」

「人，人，人。」大姑娘聽了仙妃娘娘此言，頓然收住撒嬌之態，認真起來，口中連連重複仙妃娘娘之言道。隨後她深入玩味人的含意，許久方纔突然心喜地狂叫起來道：「叫人，這個名稱太好了！叫人，娘親給孩兒起的這個名稱太好了！」

與此同時，她心喜若狂地脫出仙妃娘娘的懷抱，口中邊喊方纔之言，腳下則邊狂喜地向黃河岸上的大地遠處狂奔而去，身後撒下一連串「叫人，這個名稱太好了」的喊聲，震盪著鴻蒙開創以來一直沉寂的洪荒大地。使得盤古大神開闢的洪荒大地之上，從此再也不是沒有活物的一片洪荒沉寂了。

仙妃娘娘耳聽大姑娘的喊叫之聲，眼望大姑娘心喜狂奔遠去的背影，喜悅之情頓時溢滿了心田。她高興，高興洪荒初開的大地之上，終於第一次有了人聲，有了第一個人。高興她創造的下界這第一個人神奇無限，這個人不僅酷似神形，而且頭腦聰慧機靈，同時生相漂亮可愛。

大姑娘奔跑得離開了她的視界，她看不到了，她便努力搜求大姑娘烙印在其腦海中的形象，以安慰自己連日來苦思苦索的那顆苦心。仙妃娘娘就這樣搜求著狂奔而去的大姑娘的形象，想像著她窈窕的身材，嫵媚動人的面容。想著想著，心中卻不禁陡地生出一下悸動，頓然使她停止了對腦海中烙印的大姑娘形象的搜求，重又陷入了苦苦的沉思之中。

仙妃娘娘連日苦思這時終於造出了凡人，心中的焦灼頓然消散開去，加之這時那大姑娘又奔跑開去身邊平靜下來，所以她身覺清靜心

中輕鬆，驟然間心中卻不由得湧上了一種難抑的孤寂感覺，使她心中不禁猛地生出了一下悸動。這種難抑的孤寂感覺，頓然使她重又陷入了苦苦的沉思。

因為正是這難抑的孤寂感覺，使她在自己思想深層的潛意識中察知，自己雖然身為天神，但由於身為女流之輩，所以自己無論如何也都壓抑不住潛意識層中自發的對男神的無盡嚮往之情。使得自己即使生活在同流之輩群中，也難免會生出無盡的孤寂感覺。而要解除這種孤寂的感覺，就只有和自己醉心嚮往的男神在一起。只有那樣，自己心中的雜念方可盡消，使自己的心境平靜安然，熨燙舒展開來。

正因為如此，天界之上的神們常說，沒有男神便沒有天界，沒有女神也沒有天界。天界的眾神所以生活得那般豐富多彩，正是因為有男神也有女神，共同組成了那豐富多彩的天界。而剛才自己所以心生悸動，產生難抑的孤寂感覺，正是因為自己心中輕鬆下來，突然思念起了男神之故。

這樣玉皇帝父主宰的天界因為陰陽相對，男女相諧方纔豐富多彩。自己身為女神尚且忍抑不住對男神的迫切需求，那麼自己欲使下界自己創造的孩兒不感到孤寂，生活得豐富多彩以給凡界真正添加起熱鬧，又怎能只造出奔去的大姑娘模樣的女人，而不給他們再造出她們需要的男人呢！

同時這凡界也與天界一樣，有生就有死，有天就有地，有日就有月，有陰就有晴。一切的一切也總是兩兩相對，既互為矛盾又相互統一，既相互排斥又相互吸引。自己僅僅給凡界創造出了那大姑娘模樣的女人，而不再創造出與她們相對的她們需要的男人，她們清靜之時豈不就會也像自己一樣，頓感難抑的孤寂！

為此，仙妃娘娘想啊想呀，她又在苦苦地思索著，自己再製造出

一個什麼樣的男人，以使凡界陰陽相配，剛柔相濟，以解除人間的孤寂，以使自己製造的孩兒生活得豐富多彩起來。那樣自己才好放心地早日歸回天界，早日解除玉皇帝父對自己的掛心。

但是，自己要創造的男孩兒，究竟應該是個什麼模樣呢？仙妃娘娘為此又苦苦地思索著，久思不得成形。因為她沒有接觸過男神，還不知道神秘的男神究竟是何等模樣，只是心中憑想像，定出了她欲造男孩的大致輪廓。即自己製造的男孩，應該像男神一樣充滿陽剛之氣，橫溢堅毅之態。以與女孩的嫵媚柔美靦腆多情相對稱，成為女孩依仗的靠山，女孩則是他們的歸依。但對男孩的具體模樣，她卻久久思慮不出。為此，仙妃娘娘久久地陷入了苦思之中。

正在仙妃娘娘如此久思不得其解之時，突然又見眼前閃過一道亮光。仙妃娘娘驟見亮光心中一奇，忙舉目循光向那光源看去，看見放光的仍是一顆沙粒。那沙粒像先前那顆放光的沙粒一樣，其中又清亮亮地閃現出了一個小小的人兒。

仙妃娘娘舉目細看，只見那沙粒中閃現的雖是一個與先前同樣大小的小人兒，但與先前那小人兒卻不是一個模樣。先前那小人兒是一個姑娘，此刻閃現的小人兒則身溢陽剛之氣，充滿堅毅之態，渾身肌肉堅硬，雙腿之間還多出一件小東西。

初看之時，仙妃娘娘還對這沙粒不以為然，看到這裏她心中突然明亮起來。看到了是這沙粒又在啟示自己，要造的男孩就是這等模樣。仙妃娘娘頓然心喜萬分，即欲前去撿起那顆沙粒細瞧，但那沙粒又像剛才那顆放光的沙粒一樣，驟然失去了光亮，變得與周圍的沙粒一般無異。

仙妃娘娘雖然沒能撿到那顆沙粒，但那沙粒中閃現的男孩的模樣，卻明晰地烙印在了她的腦海之中。於是她又立刻彎腰水邊挖起一

塊濕泥，再次搜求起自己腦海中那男孩的模樣，照著那模樣用泥巴摶捏起來。她仍舊是先摶捏出泥人的頭、身和四肢，接著又精細地摶捏出手腳，並在雙腿之間摶捏上了那件小東西，最後才摶捏出七竅。末了又仔細修飾雕鑿一番，以使這小泥人長相更加英武健美。

仙妃娘娘如此把摶捏成的小泥人捧在手中轉眼修改多時，順河熱風又在其不知不覺中把泥人風乾。小泥人被風乾後頓又閃動了雙眼，翕動了鼻翼，張合起了嘴巴，隨著伸腰踢腿揮臂，便一陣活動起來。仙妃娘娘見之大喜，連忙開口疼愛地叫道：「孩兒，我的好孩兒！」

「孩兒在，娘親！」小泥人聽到仙妃娘娘此喊，忙啟動其刀削斧鑿般棱角分明的嘴唇，鏗鏘答道。隨著話音落下，小泥人即又軀肢驟長，如同竹筍拔節般「劈劈啪啪」響了起來。一陣響聲過去，仙妃娘娘看到其剛才手中的小泥人，已經長成了一位英武勇健的大小夥子。

仙妃娘娘心中大喜，忙又細瞧大小夥子一番，只見他長得身材頎長，肌肉壯實。雙臂過腰，膀大腰圓。雙臂孔武有力，十指揮握自如。雙腿雄健剛勁，雙腳落地生根。頭部顱平腦方，雙眉似劍飛舞。雙眸閃爍生輝，鼻樑高聳，唇紅齒白。真個是一身陽剛之氣，一臉堅毅之態。

仙妃娘娘看到這裏，心中真個是比疼愛剛才那嫵媚動人的大姑娘，還要疼愛這位大小夥子十分。因而她又連忙喊叫一聲「孩兒」，隨著便張開雙臂把這大小夥子抱入了懷中。

仙妃娘娘母子如此抱在一起，禁不住雙方全都勒緊雙臂，親吻撫摸許久。最後還是大小夥子心中有話要問，率先擡起頭來，凝望著仙妃娘娘詢問道：「娘親，孩兒出生了，但孩兒應該叫個什麼名稱呢？」

「孩兒，娘親早已給你們這些孩子起好了名稱，」這次仙妃娘娘聞問沒有再去苦苦思索，而是立即開口回答道，「你們叫做人，與天

上的神相對。」

大小夥子聽了，頓時又像剛才那大姑娘一樣，高興得頓時喊叫起來：「叫人，娘親給孩兒起的這個名稱太好了！」口中喊著，又要脫出仙妃娘娘的懷抱奔跑出去。

「娘親，我回來了！」然而就在這時，忽聽一聲清脆的喊聲從河岸上傳來道，「您在哪——裏？」

仙妃娘娘聞此喊聲，急忙循聲扭過頭去回答道：「孩子，娘親在這兒。」

「噢，娘親在河邊。叫孩兒好找呀！」隨著仙妃娘娘的話語落音，便聽那清脆的聲音又說道。隨著，便見先前那位狂奔而去的大姑娘，從河岸上奔跑著來到了河邊仙妃娘娘跟前。突然看見仙妃娘娘正懷抱著一位英武勇健赤身裸體的大小夥子，頓時驚詫得呆站在了仙妃娘娘面前，半天沒有說出話來。

正在仙妃娘娘懷抱中的大小夥子，還未從仙妃娘娘的懷抱中脫出身來，突見是一位赤光圓潤渾身如玉的大姑娘喊著娘親奔了過來，也奇異得頓時停住了欲要脫出仙妃娘娘懷抱的動作，凝眸仔細審視起了這位突然來到的大姑娘，半天沒有說出話來。

仙妃娘娘看到大姑娘和大小夥子姐弟兩個互不相識，雙方尷尬在了那裏的場景，心中真個是十分好笑。但她知道這有情可原，因為她姐弟倆被自己創造出來之後，還從未見過一面，不知道他們是同胞姐弟。於是她立刻「咯咯」笑著打破尷尬局面道：「姑娘，他是你的弟弟陽人啊！」

驚呆在仙妃娘娘面前的大姑娘聽聞仙妃娘娘此言，方纔從驚異中清醒過來，瞥咕著一雙水靈靈會說話般的大眼睛，閃動著長長的睫毛，似信非信地半嗔半喜道：「那俺怎麼沒有見過他！他是陽人，俺

是什麼人呢？」

「瞧你，剛剛長大，就會埋怨娘親了，」仙妃娘娘聽了大姑娘此言，即又笑了起來道，「娘親對你說吧，他是陽人，你就是陰人。世界正因為有陰有陽，才成其為世界。人在凡界生存，也需要有陰有陽才行啊！」

大小夥子與大姑娘聽了仙妃娘娘此言，方纔醒悟過來道：「原來如此！那他是我的好弟弟。她是我的好姐姐。」

二人頓時說得仙妃娘娘忍俊不禁，看著他姐弟兩個認真的樣子，又是一陣「咯咯咯」地盡情笑了起來。大小夥子和大姑娘看見，也頓時隨著仙妃娘娘暢笑起來。

「不過，小夥子你雖為陽人，姑娘你雖是陰人，但這陽人、陰人總不好聽。」笑畢，仙妃娘娘接著嚴肅道，「所以娘親心想，你陽人叫做男人，陰人叫做女人。你姐弟倆覺得可以嗎？」

大小夥子和大姑娘聽了，齊聲叫「好」。仙妃娘娘於是安排他二人道：「你二人既為姐弟，雙方就要互相照應，互相幫扶，互相疼愛啊！」

男小夥和大姑娘聽了，又齊聲答道：「娘親不用安排，我姐弟倆也會互相照應的。」言畢，大姑娘水靈靈的大眼骨碌碌一轉，卻詢問起了仙妃娘娘道：「娘親，那您叫什麼名字呢？您也叫女人嗎？」

仙妃娘娘這時突聞女兒此問，實在出乎意料女兒會問得這般突然，頓然間怎麼回答，實在使她犯起難來。因為她如果回答自己是女人，她就哄騙了自己的女兒，那樣不好。若是回答自己不是女人，則就要暴露出自己身為神女的身份。

那樣自己就又與這雙小兒女拉開了距離，使這雙聰慧的小兒女從此擔心，自己遲早會要離開下界，丟下他們而去天界。那樣，就會損

傷他們對自己摯愛依靠的心靈。因此，自己這時怎樣回答兩個孩兒，就使她一時犯起難來。

「娘親，這還不好回答嘛！」大姑娘眼見仙妃娘娘犯難，覺得娘親不該犯難，便又撒嬌地開口催促道，「還值得犯什麼難啊？」

「孩子，娘親不是女人，」仙妃娘娘聞催，無奈只有懷著既怕哄騙了孩子，又怕傷害了孩子心靈的矛盾心情，忙按實情回答道，「因為娘親不是凡界的凡人，而是天上的天神。」

仙妃娘娘的這番話語雖然說得極其平靜恬淡，但這短短的話語，卻還是如同投入平靜湖面的千斤巨石一般，在這雙正在凝神靜聽的大小夥子和大姑娘心頭，頓然激起了千層巨浪。驚得他倆「啊」一聲驚叫，一齊瞪大雙眼驚視著面前的仙妃娘親，全都驚呆在了那裏。

仙妃娘娘眼見自己一語驚呆了自己的一雙小兒女，心中頓然憐惜十分，急忙伸出雙臂，一臂摟住一個呆怔的兒女，開口哄勸道：「孩兒莫怕！娘親雖為上界的天神，但你們都是娘親的孩子，娘親捨不得離開你們。」

「娘親說的全是假話，哄騙孩子。娘親既為天神，就早晚都要回歸天界，」大姑娘聽了仙妃娘娘此言，方纔從呆愣中清醒過來，率先開口反駁道，「到了那時，在這偌大的下界大地之上，孤零零地拋下我們姐弟兩個，那是多麼孤單多麼怕人呀！」說著，她竟一頭埋進仙妃娘娘的懷裡，傷心至極地「嗚嗚嗚」哭了起來。

「娘親，您既然身為上界的天神，就不該創造出俺姐弟兩個凡人。將來您走了，孤零零地留下我姐弟兩個在下界受苦！」大小夥子這時也是忍抑不住滿腔的話語，口中說著，眼中則隨著閃射出了憤怒的光焰。

仙妃娘娘望著兩個小兒女的不同表現，心知他們雖然表現方式不

同，但內心所想卻都是害怕自己歸回天界。為了使這雙小兒女放下心來，她只有再次表示道：「孩兒倆儘管放心，娘親既說不走就一定不走。娘親不僅不走，而且今後還要為你姐弟兩個創造出更多的弟弟妹妹，與你姐弟兩個一起在下界熱鬧生活。孩兒倆要相信娘親！」

「娘親，您說話可要算數！」大姑娘聽到這裏，方纔止住哭泣轉換笑顏道，「我們當然相信您，我們要好多好多的弟弟妹妹與我們在一起。」

「算數，娘親的話一定算數！因為世上沒有娘親哄騙孩兒的道理！」仙妃娘娘聽罷，連忙肯定道，「若是孩兒孤寂受苦，娘親也心疼不忍呀！」

「娘親既然不走了，就別再說此事了，孩兒也就放心了。」大小夥子眼見仙妃娘娘已經說到了如此動情地步，便忙止住仙妃娘娘的話語道，「但是孩兒心想，娘親既然來自上天神界，您給孩兒講講天上神界的事兒，讓俺姐弟兩個聽聽好嗎？」

「娘親，弟弟說得對，」大姑娘聽到弟弟此言，沒等仙妃娘娘開口便即插話催促道，「您就快給俺姐弟兩個講講吧。」

仙妃娘娘聽到這裏，心知兩個孩兒心中驚怕已消，又見他們一齊焦渴地等待聆聽自己講說天上神界的事兒，遂立刻滿足小姐弟倆的要求道：「好，娘親就給你倆講講天上神界的事兒。」說著，她便講說了起來。

她講天宮，講玉皇大帝，講自己的居地咸池，講她在咸池施恩賜不死之草救活中央天帝渾沌，講她刑場出證為渾沌、倏、忽三帝洗雪冤屈，講渾沌天帝身死之後精靈不死，化育出盤古大神開闢出如此天地，講玉皇大帝心奇造化之異臨凡觀賞，講自己羨留凡塵遍觀諸山，講自己為何又怎樣搏土造出了他姐弟二人，講她下步準備造出更多他

俩的小弟妹來，以免他姐弟倆在凡界孤寂等等。

仙妃娘娘如此這般一口氣講說足有兩個多時辰，開講時剛剛後晌，末了已至金烏欲墜時分，方纔打住了講說。聽得大小夥子和大姑娘兩個早已如癡如醉，呆愣在了那裏。這時他們突聞仙妃娘娘打住了講說，方纔如夢方醒過來，齊贊仙妃娘娘道：「娘親，您的功勞太大了！盤古大神開天闢地，您為大地上創造出了我們凡人，您將來就是我們凡人的始母，我們要永遠記住您的偉大功勳！」

「不，孩兒。娘親創造你們，既不是為了創什麼功，也不是為了建什麼勳，而只是為了不使這美好的凡界，繼續寂如墳墓，」仙妃娘娘這時忙言道，「因而孩兒不要這樣去想，更不要這樣去做。」

大姑娘對仙妃娘娘此言回答得朗利，但聽她接口便言道：「請娘親放心，您安排我倆不要這麼去想，更不要這樣去做，我倆都能做到。但只是我倆做不做都是一樣，因為那樣去做與不那樣去做，都磨滅不了您創造出凡人的偉大功勳！」

「真不愧娘親給你造出了一張利嘴，」仙妃娘娘聽到這裏，嗔怪地一笑道，「瞧你多會說話。」

大姑娘對仙妃娘娘此言聞若未聞，接著認真詢問道：「娘親，您在天界總稱為神，但您自己有沒有個名字呢？如果有朝一日俺玉皇大帝外祖父臨凡來到下界，孩兒遇上了他，我們不知道您的名字，怎去向他說清我們是他的外孫呢？」

大姑娘的如此詢問，一時間真的再次使仙妃娘娘犯難無法回答起來。她雖然回答「仙妃」二字即可，但她不願意那樣回答。她所以不願意那樣回答，是因為她在天界就是一位不計功名的神女，她不想說出自己的真名。

在天界，仙妃娘娘雖然貴為玉皇大帝之女地位極高，但她卻從來

不願在別個面前炫耀自己，不願拋頭露面，而喜歡自己默默無聞地躲在一個幽僻之處，做一些自己力所能及的對別個有益的事情。她只願多多地對別個做出奉獻，而不願向別個有絲毫索取。所以這時她雖然為下界創造了凡人，建樹起了不世功勳，創下了齊天偉績，但她仍不願意將自己的真名留在凡間，使凡人以後曠日持久地對她敬奉。為此她一時難以回答，不由得再次犯起難來。

「娘親既然讓孩兒相信您，就應該反過來相信孩兒才對。」大小夥子看出了仙妃娘娘心有難處，這時插言催促道，「娘親現在將名字告訴孩兒，難道孩兒後日還會壞了娘親的事兒不成？」

仙妃娘娘聽了大小夥子此言，雖知其看透了自己的心思，再不講說又會刺傷孩兒倆的心靈，但她這時仍是決計不告訴孩兒自己的真名。可她決計不告訴真名又一時沒有想出假名，因而只有懷著矛盾的心情閉口不答，依舊心想著對自己合適的假名。

大姑娘這時也看出了仙妃娘娘的為難，但她求知心切催促道：「娘親，您快點說吧，連名字都不告訴俺孩兒兩個，您還怎麼叫孩兒相信您呢！看來您是一定要走，怕俺姐弟知道名字前去找您，您是成心不要俺姐弟倆呀！」說著，竟又一頭撲進正在沉思的仙妃娘娘懷中，立即失聲悲哭起來。

仙妃娘娘目睹此景心中一急，這急即刻間使她生出了智慧，想出了一個合適自己的假名來。想好了可以告訴孩子的假名，仙妃娘娘便立刻綻開笑顏戲言道：「乖乖，瞧瞧娘親剛才想與你倆鬧個玩兒，想不到孩兒倆就真個信以為真起來。乖，快別哭了，娘親這就告訴你倆。」

仙妃娘娘說著，便用雙手輕輕地撫弄起了撲在懷中正在悲哭的大姑娘的頭。正哭的大姑娘耳聞仙妃娘娘此言，頓止哭聲仰起她那張天

真的臉，笑問起來道：「娘親，您說的可是真的呀？」

「真的，娘親從來不對孩子講說假話，」仙妃娘娘立刻肯定道，「不過，娘親想先讓你姐弟猜猜，娘親叫什麼名字。」

「對，先讓姐姐猜猜。」大小夥子這時也已轉怒為喜，笑著對大姑娘講說起來道，「娘親給我們人起名稱的時候，不是就叫姐姐猜了嘛！」

大姑娘聽了，立即接口道：「好，我猜。可我猜什麼呢？」末了，她不由得為難地猜不下去，急難得眼中險些淌出了淚來。

仙妃娘娘目睹此景，便不再為難女兒，一笑道：「好了，既然女兒猜不著，娘親就不再讓你倆猜了。娘親告訴你倆，娘親的名字叫女媧。」

大小夥子和大姑娘聞聽，頓時高興得跳躍起來喊叫道：「我們知道了，娘親的名字叫女媧。女媧是我們的母親，我們是女媧的孩子！」

就這樣，仙妃娘娘的女媧之名，便一代接一代地在凡人中傳延下來，直到今天。

這時大小夥子和大姑娘聞聽女媧之名，高興狂呼一陣之後冷靜下來，突然一起想起娘親有名字，他們兩個也應該有個名字才對。如若不然，娘親以後再造出了眾多的弟弟妹妹，僅叫男孩女兒誰個答應！想到這裏，他倆又一齊來到女媧身旁，乞求女媧娘親給他們每人起一個名字。

女媧這時心中也想到，自己以後還要造出更多的孩子，每個孩子沒有名字也是不行，便答應為他倆每人先取一個名字。但取什麼名字好呢？女媧卻一時想不起來。突然，她想起了此處的地名叫宛丘，便立即有了主意道：「孩兒倆聽著，娘親給你倆取好了名字。你男孩叫小丘子，你女孩叫宛妹子。這名字怎樣？」

小丘子和宛妹子聽了，頓時心喜萬分，先是各自複誦著自己的名字道：「小丘子！」「宛妹子！」接著，又互相念說對方的名字道：「小丘子。」「宛妹子。」末了，他二人又各自高興地喊叫著：「我叫小丘子──」「我叫宛妹子──」

隨著，他倆心喜狂若地向河岸上無邊的曠野中奔去。在他倆身後的萬里黃河河道之中，久久地回蕩著他倆的呼叫聲：「我叫小丘子──」「我叫宛妹子──」

四、玉帝添凶

　　小丘子與宛妹子高興地跑去之後，女媧娘娘坐在黃河岸邊，隨後遙望著自己創造的這雙小泥人，如今活蹦亂跳，高興地在河邊曠野中狂奔不止，在沉寂的凡界大地上灑下了一串銀鈴般的笑聲。這笑聲劃破大地的沉寂，給凡界洪荒大地帶來了勃勃生機，同時也給自己解去了遊觀三座凡山時的孤寂。

　　女媧娘娘心中為此高興不已，決計今後繼續製造凡人，以讓他們占滿偌大的凡界大地，使偌大的凡界大地到處都撒滿歡聲笑語充滿熱鬧。想到就做，女媧這時見到小丘子和宛妹子玩耍去了，便即趁這閒置時間從水邊取來濕泥，坐在岸邊摶捏起了小泥人。

　　然而這時紅日已經西沉，她剛剛捏好一個半小泥人，夜幕便已罩住了大地。女媧只好停下她的創造工作，等待明天再做。於是她起身上岸登上宛丘，喚回玩耍而去的小丘子與宛妹子，母子三個便在宛丘之上，共度起了凡界這第一個沒有孤寂的夜晚。

　　這個夜晚實在是沒有孤寂只有熱鬧，因為小丘子和宛妹子回到丘上之時，天已完全黑了下來。這時高高的天空上，不僅昇起了一輪銀盤似的皎月，而且綴滿了大小不一明暗不同的眾多繁星。小丘子與宛妹子這時當然見到什麼都覺心奇，回到丘上便嘰喳不停，向女媧詢問

起了天上的明月和星星的事情。

伴著灑滿宛丘的如銀月光，女媧娘娘對他們的詢問一一作答。她給他們講月亮的故事，講二十八宿，講北斗七星，講星座的奧秘，講了很多很多。小丘子與宛妹子聽得入迷，久久不願意睡去。就這樣，歡娛時日短，轉瞬暗夜便已度過，到了翌日天明。

看到天明，心中對一切都充滿新奇的小丘子和宛妹子不願再睡，齊起身催叫女媧娘娘與他們一起觀看日出。因為他二人這時都還沒有見過日出，這是第一次，所以都覺得特別新奇。女媧理解姐弟倆對凡界萬物充滿新奇的心情，聽到他倆喊叫，便即起身與他倆同看日出。

這時，她們站在丘上順著黃河向東看去，只見蒼莽的黃河從宛丘北邊向東流去，越流越遠，一直遠到了與東方的高天會合在了一起。在黃河之水與高天會合之處，河水蒼莽，晨曦迷蒙，水天一色。那裏先是紅霞蕩漾，接著一輪火紅的圓球便冉冉露出一線臉來。

隨後那火紅的圓球越露臉兒越大，轉瞬便脫開了蒼莽的河水，躍上了高天最底線。而後形漸變小色漸變成緋紅，在雲海中滾動。然後一剎那，那小球便迸射出萬道金輝，照亮了萬里大地。小丘子和宛妹子先是看得目瞪口呆，末了則看得興奮不已，全都高興得歡叫起來道：「太神奇了，真是太奇妙了！」

歡叫一陣，聰慧的宛妹子突然想起，她昨日正午看到的太陽小而熱，而這時看到的太陽卻大而涼。兩相對比，其心中大為迷惑不解。因為太陽熱就應該離得近，離得近太陽就應該大。太陽涼就應該離得遠，離得遠太陽就應該小。而宛妹子的眼睛看到的，卻恰恰與這些相反。這是為什麼呢？

「娘親，剛才女兒看到太陽剛剛出來時老大老大，大了應該離我們近才瞧著大，但若說它大時離我們近卻為什麼光線不亮？」為此宛

妹子立刻止住了歡叫，驚奇地詢問女媧娘娘道，「而昨天中午，我怎麼瞧著太陽小得多，光線卻亮得耀眼。可若說那時它距離我們近，為什麼看著卻那樣小？這太陽究竟是早晨還是中午距離我們更近呢？」

小丘子這時雖然還沒有見到過正午的太陽，但聽了宛妹子如此詢問之言，聯想到自己昨日後半晌看到的斜陽的情狀，也覺得宛妹子問的確有道理。他也不知道這是為何，便也止住了歡叫，等待宛妹子把話問完，即開口催促女媧道：「娘親，姐姐問的是呀，太陽究竟何時距離我們近？孩兒也不知道，請娘親快快告訴孩兒。」

女媧聽了宛妹子與小丘子此問，真的對他倆頭腦如此聰慧，如此善於思考驚異十分，忙高興地回答道：「問得好，我聰明的孩子。不過這個問題好回答得很，那就是太陽距離我們，早晨與中午一樣遠近。」

「那為什麼早晨看著它大？」宛妹子不滿意女媧娘娘此答，即又開口道，「中午看著它小？」

「早晨所以看著它大，是因為它的光亮還沒有照射到大地上，我們的眼睛能夠清楚地看到它造成的，」女媧繼續回答道，「中午所以看著它小，是因為它的光亮照射到了大地上。我們的眼睛被其強光照射，不能看清它所造成。」

宛妹子與小丘子聽聞女媧此答，立刻齊聲叫絕道：「太奇妙了，太奇妙了！」

「孩子們，只要你們肯動腦筋，凡界奇妙的事情多著哩！」女媧娘娘高興道，「你倆耍玩去吧，娘親還有造人的工作要做。但是你倆玩耍去後，一定要在天黑之前趕了回來。以免天黑，娘親放心不下。」

「請娘親放心！」小丘子倆聽了，齊叫一聲，便與昨日一樣，高興地歡叫著向曠野遠處奔去。女媧看著宛妹子倆奔去的矯健身影，臉

上又露出了由衷的笑意。

　　隨後，女媧娘娘即下丘來到河邊，繼續做起了造人的工作。她先是接著昨日未完的工作，摶捏好了第二個小泥人。然後便開始了摶捏第三個小泥人。如此她一個一個地摶捏，整整摶捏了一天。看看天快黑了，便忙將摶捏好的小泥人收攏起來。

　　女媧娘娘隨後將收攏來的小泥人，先是東排兩排每排十個小泥人，接著又南排兩排每排十個小泥人，隨後又西排兩排每排十個小泥人，然後再北排兩排每排十個小泥人。最後還有八個小泥人，她把他們排在了中間。女媧娘娘排好小泥人，數數正好八十八個。而且見到他們恰好男、女泥人各占半數。為此女媧娘娘心中高興十分，便即朝排好的小泥人吹過一口氣去。

　　女媧娘娘如此一口氣吹去，眾小泥人遇氣頓然全都神奇地有了生命，隨著生長起來。須臾之間，他們便全都長成了歡蹦亂跳的小夥子和大姑娘。小夥子個個長得英武俊美，大姑娘個個長得嫵媚動人。女媧娘娘正在為自己一口氣給眾小泥人送去了生命而高興，長大成人的大小夥子和大姑娘們，這時則全都高聲叫喊著「娘親」，一起向她圍攏過來。

　　「唉——」女媧聽到高興地答應一聲，便張開雙臂抱住了圍到跟前的兩個孩子，親吻撫摸起來。女媧如此摟抱住圍在前邊的兩個孩子親吻多時，早急壞了圍在周圍擁不到女媧面前的其他孩子，他們急得齊往前擁。女媧正被擁擠得站不住身子，突聞一個孩子催叫女媧道：「娘親，既然您創造出了我等，就該給我等起個名稱呀！」

　　「對，你們先別擁擠，聽娘親給你們起的名稱，」女媧正無解脫擁擠之法，這時聽聞其言有了方法大叫道，「你們總的名稱叫人。陽人叫男人，陰人叫女人。」

　　眾小夥子和大姑娘聽到先是一陣歡叫，歡聲未止又聽女媧講說道：「下面，娘親再給你們每人起一個名字。聽著，你叫高山，你叫綠葉……」就這樣，女媧給圍在周圍的八十八個孩子，每人起了一個名字。圍在周圍的這群大小夥子和大姑娘聽到各自的名字，都先是默默地記誦著，隨後則高興地高聲歡叫起來。

　　叫畢，這群歡蹦亂跳的小夥子和大姑娘，又都圍到女媧身旁，詢問起了女媧的名字和來歷。女媧正欲回答還未開口，小丘子和宛妹子則在落日的餘輝中，狂奔著返回到了宛丘，開口替女媧回答眾弟弟妹妹們道：「諸位弟弟妹妹，我倆是你們的哥哥和姐姐。娘親昨日創造了我倆，對我倆講說了一切。娘親的名字叫女媧，娘親是上界的天神，我等兄妹盡是地上的凡人。」

　　那群大小夥子和大姑娘聽了小丘子和宛妹子此言，先是全都狂叫起來道：「娘親叫女媧，娘親叫女媧！」隨後，便齊催女媧給他們講說天界天神的事兒，並讓她講說凡間與天上的不同。

　　女媧這時心中仍然沒有決定自己永駐下界，她只是心想自己再在凡界幾日，為凡間多造一些凡人，以充占偌大的大地，然後便返回天界咸池自己的駐地。為此她眼見這時太陽已經沉下遠方的山林，夕陽的餘輝還未褪盡，一輪皎潔的新月已經掛上了東天，如銀的月光灑滿了大地。她便在這夕陽的餘輝和如銀的月光照耀下，引領兩天來創造出的九十個男女孩子登上河岸，來到宛丘丘頂坐下，根據他們的詢問，認真地又給他們講起了天界的事兒及大地的來歷，並仔細向他們講說了自己的身世，以讓這些自己親手創造出的孩子知道自己的來歷。

　　女媧講啊講呀，孩子們聽啊聽呀。天界的生活和大地的來歷，這些充滿神奇色彩的事兒女媧講說不盡，女媧的孩子們對這些充滿神奇的講說越聽越奇。因而女媧一直講到月亮西墜旭日東昇之時，也就

是整整講說了一個夜晚，眾孩子們還是心不滿足，催她繼續向下講說不息。

「孩子們，天亮了，娘親實在不能再給你們講說了。」但是天亮了，女媧還有繼續創造孩子的工作要做。她要把這工作在白天裡付諸實施，因而她不能再繼續講說下去。便對仍不滿足，催她繼續講說的眾孩子說道，「因為娘親還要趁著白天，給你們創造出更多的小弟弟和小妹妹。你們暫且先去玩耍吧，待到晚上你們歸來，娘親勞作之餘再給你們講說不遲。」

眾孩子都是明白事理之人，聽到女媧此說，便都起身齊聲謝過女媧娘娘，像小丘子和宛妹子昨日一樣，立即狂叫著向無垠的原野奔耍而去。女媧聽著這數十名孩子狂奔歡叫留下的喧囂之聲，望著他們遠去的歡快背影，心中更是高興不已。

孩子們全都去了，女媧便又走下宛丘來到黃河水邊，摶泥捏造起了小泥人。這日直到天黑時分，女媧又整整捏造出了九十個小泥人。她又一口氣把他們吹活過來，使他們須臾便長大成了大小夥子和大姑娘。女媧又是一個個給他們起了名字，晚上講述天界和凡間的事兒，天亮讓他們奔耍而去。

就這樣，女媧日復一日地辛勤創造不息，到了第九日晚上，總共創造出了八百一十個孩子。數以九為至尊，過九便會變為兩位。因而天界之上天宮中門上釘有九排門釘，靈霄寶殿門前的臺階造為九級，玉皇大帝的皇服之上繡著九條金龍。女媧心想自己造人已滿九日，按數已為最多日，為此她決計第十日停止造人勞作，好好休息，與孩子們一起玩耍一日。到第十一日她便告別孩子，離開下界返回天界咸池。

想到這裏，女媧便在第十日天亮之時，放孩子們全都出去玩耍，但要求他們都要在天正午時歸回宛丘，下午她要與孩子們一起玩耍。

眾孩兒們聽聞女媧此說雖然不知其意，但也全都答應下來告別女媧玩耍而去。頓然之間，使得偌大的宛丘之上，便孤零零地只剩下了女媧一個。

經過九日辛勤勞作，女媧首次安靜地休歇下來，心中便立刻倒海翻江般地想了很多。她想到自己獨遊三座凡山時的孤寂，想到自己數日來的奇妙創造，想到自己如果告知孩子們自己就要離去，眾孩兒定會痛苦萬分。更想到自己如果不告而別，孩子們找不到自己必將更加痛苦。當然也想到了自己走後，孩子們難卜的未來。她想啊想呀，想了很多很多。她預定的這一晌休歇就當然不是在休歇，而是在繁忙地思索，痛苦地煎熬她自己！

女媧就這樣獨自一個坐在宛丘之上，眼望北面滔滔流淌東去的黃河，頭腦中像流淌不息的黃河之水一樣想啊想呀，從日出想到早晨，從早晨想到早晌，又從早晌想到半晌，心想的主題時時刻刻都是圍繞她放心不下的孩子。

不料就在這半晌時分，女媧心中仍在想著她放心不下的孩子之時，她放心不下的孩子之一，她首先創造出來的小丘子急匆匆奔上丘來，遠遠的便急忙忙喊叫起來道：「娘親，事情不好了！」

女媧正在凝神靜思，突聞小丘子如此急叫之聲，心中驟然一驚！隨著放心不下地急舉目向匆匆奔來的小丘子看去，她看到小丘子這時滿身血跡滿臉傷痕，渾身出滿了汗水沾滿了泥土。泥土汗水傷痕和著血跡，再加上小丘子滿臉驚怕十分的表情，若不是其開口喊叫，真個是變得連造他的女媧娘娘這時也難以認出他來。

女媧看到這裏，頓然驚怔在了那裏。她這時實在想像不出究竟發生了什麼事情，使得小丘子變成了這等模樣。小丘子這時則隨著剛才那聲急叫，已經跑到了驚怔的女媧面前，拉住女媧的手驚怕地連聲急

言道：「娘親，大事不好了！」

「孩子，別怕！」小丘子的急促話語驚醒了驚怔的女媧，她忙開口安慰道，「發生了啥事，慢慢向娘親講說，好讓娘親為孩兒做主！」

驚怕萬分，奔逃得上氣不接下氣的小丘子耳聽此言，方纔稍稍平靜道：「娘親．今天我們遇到了怪物！」

「噢！遇到了什麼怪物？」女媧聞聽驟然一驚道。她剛才眼見小丘子的模樣，想像不出他究竟遇到了什麼事情，開始十分著急。後來她冷靜下來一想，覺得可能是他眾兄妹打起了架，也就不把事情看得那麼嚴重了。這時突又聽到小丘子講說，他們遇上了怪物，禁不住心中猛又一驚。

「是什麼怪物孩兒叫不上來，只是那怪物渾身長滿黃白相間的條紋，」小丘子聽到女媧詢問，忙答道，「比我們人個大身猛，口中長著獠牙，向我們猛撲狠咬。」

「還這麼厲害！你們打它不過嗎？」女媧這時又問道。

「我們抵擋不住。與我一起玩耍的十多個弟弟妹妹，全被那撲來的一群怪物撲咬身死，被它們吃掉了！」小丘子繼續稟報道，「只有孩兒我逃跑得快，方纔沒有被怪物吃掉，跑回來稟報娘親。」

女媧聽到這裏，邊想像著小丘子說的那怪物模樣，邊詢問小丘子道：「前幾天你們去玩，碰到過這怪物嗎？今天是第一次還是第二次？」

「以前孩兒與宛妹子到處耍玩，一次也沒有碰到過這樣的怪物，」小丘子回答道，「今天我們耍玩還沒有前幾天去的地方遙遠，而且又是前幾天去過的地方。不知道那地方今日為何突然出現了此等怪物，從何處來的此等怪物。」

女媧聽了小丘子此言，心想自己臨凡以來，至今在大地上還一直沒有見到過除自己創造的凡人以外的任何活物。而且按照小丘子剛才

所言，那兇猛的怪物極像天界禽獸園中的老虎。便心中大奇那老虎究竟從何處而來，何時而來。為了弄清根底，她又繼續詢問道：「除了那怪物，你們還見到過有別種模樣的怪物沒有？」

「前幾天沒有見到過，倒是今天剛才我在逃回的路上，看見好像有一個拳腳大小的活物，」小丘子聞問，想了一陣道，「身生雙翅，渾身長滿美麗的羽毛和長長的花尾巴。在我頭頂上空隨我飛翔，嘴裡還不斷地發出鳴叫的聲音。」

「這就怪了！怎麼今天在這大地之上，突然生出了獸又生出了鳥？」女媧聽了更為驚奇道，「它們究竟是誰創造出來的？難道也像自己創造出了凡人一樣，在這大地上還留有別的天神未歸，創造出了這些鳥獸不成……」

女媧心中正在如此往下深想，突聞又從宛丘下面傳來一連串女聲急叫道：「娘親——您在哪兒？快救孩兒！」

正在深思的女媧和小丘子聽出，那是綠葉姑娘的高聲急叫，禁不住全都一驚，齊起身向那聲音傳來處奔去。女媧與小丘子來到綠葉喊叫處一看，綠葉姑娘渾身被惡獸撕咬得血肉模糊。大概是因為驚怕至極，方纔使她支撐著血肉模糊的身子逃回到宛丘近前。看見宛丘一陣急叫氣泄身傷，癱倒在地昏迷了過去。

「綠葉，我的孩子！」女媧目睹此景，急忙伏身抱起血肉模糊的綠葉姑娘，隨後小丘子也高喊道「綠葉，我的妹妹！」

女媧與小丘子喊叫許久，綠葉姑娘方纔緩緩地睜開已經散光的眼睛，看到自己躺在女媧懷中，立刻雙眼落淚無聲哭泣起來，口中喃喃道：「娘親，你的孩子今日遇到了一群兇猛的怪物，它們撲食了我的十余位弟弟妹妹。只有女兒一個逃了回來。」話剛落音，已是氣絕身亡在了女媧懷抱之中。

女媧眼見綠葉身死，頓然傷痛萬分。許久她才放下綠葉站起身來，心中不解道：「究竟是何來如此怪物呢？」

「娘親，今天這大地上太可怕了，到處都出現了兇猛的怪物，」然而，時間沒有容許女媧再去多想，就見渾身血跡的高山，身背一具渾身被怪物撕咬得血肉模糊的屍體，急匆匆奔到女媧面前，輕輕放在地上道，「孩兒們鬥不過它們，與我一起玩耍的十幾位弟弟妹妹，全被它們撲食淨盡。只有我與這位小妹妹逃了出來，但這小妹半途又被兇猛的怪物咬傷身亡了。」

女媧目睹此景聞聽此言，心中更奇更恨那怪物十分。為此她即讓小丘子與高山就地挖坑，埋葬了綠葉與高山背回的小妹屍體。然後留下小丘子在宛丘守護，等待眾弟弟妹妹歸來。她則帶著高山即欲前去原野之上，尋看怪物的根底。

然而就在女媧欲行未行之時，突聞頭頂空中一陣風響，隨著傳來了美妙動聽的鳥語之聲。女媧聞聽急忙擡頭看視，見到是一隻比天界美麗善言的鸚鵡身小十倍的小鳥，一陣鳴叫著正從她們頭頂上空飛掠向前。女媧正欲開言，則聽小丘子開口急叫道：「娘親，這就是剛才孩兒說的另一種活物，不過還與孩兒見的不大一樣。」

「噢！」女媧聽了，不由得驚奇地叫出聲來。她知道這是會在空中飛行的鳥，因而她更加奇異這鳥和小丘子所見另一種鳥，究竟都是來自何處？它們為何與那怪物一起，都今日突然出現在了凡間大地之上！女媧如此見鳥心奇，便放下與高山一道前去尋看怪物，問明根底的事兒，而決計改問與怪物一起出現、飛來的鳥兒事情的根底。

「小鳥慢行！」想到這裏，女媧對著飛去的小鳥開口急叫道，「娘娘有話問你。」

那正飛的小鳥若是聞聽小丘子如此喊叫，當然不會為他停飛，

因為他是凡人。而小鳥這時聽到是女媧仙妃娘娘喊叫於它，便不敢怠慢，急忙聞聲返回落在了女媧手上，開口道：「娘娘問鸚鵡何話？鸚鵡好作回答。」

「你果然就是鸚鵡？娘娘知道你在天界，」女媧聽到小鳥自稱鸚鵡，心中大為奇詫道，「不知今日你怎麼突然來了凡間？與你一起來的還有何物？」

女媧如此一語，真個是立刻打開了多嘴多舌的鸚鵡小鳥的話匣子，只聽它一陣講說起來道：「原來娘娘有所不知，我等盡是天界鳥兒的縮身。」

「噢，竟然是這樣！」女媧聞聽更驚道，「那麼，是誰讓你們這樣的？」

「事情是這樣。鸚鵡聽聞，前些時玉皇大帝曾到凡界大地看視一日，除了盡睹下界造化之奇之外，就是看到這剛剛開闢的大地之上無一活物。」鸚鵡小鳥繼續道，「玉皇大帝回到天宮一連思慮數日，至今日早朝終於思慮成熟，決計將天界之上生養過多的鳥獸蟲魚，分出三分之二到凡界大地上放養，以避免這些活物在天界過於擁擠。」

「原來如此！」女媧心中驟明道，「怪道事生如此驟然。」

「玉皇大帝於是在靈霄寶殿今晨頒下聖旨，我等鳥兒便與眾多獸蟲魚兒一道，遵旨到凡界生養而來，」鸚鵡小鳥接著道，「不料想來到凡界在這宛丘附近，我等碰上了這種神樣的活物，他們今日被獸類撲食不少。」

鸚鵡這時說的神樣活物，便是女媧娘娘創造的凡人。女媧聽了鸚鵡此言，方纔心中盡明道：「怪道這樣，原來如此！」

多嘴的鸚鵡不等女媧把話說完，即又插嘴嘰喳道：「娘娘另外還有所不知……」

49

「還有什麼不知，」女媧這時急問道，「小鳥快快講來。」

「據鸚鵡所知，除了我等鳥獸蟲魚遵旨下凡生養之外，」鸚鵡回答道，「玉皇大帝今晨早朝之上，還廣施聖恩，大赦了一批犯神罪魔。」

「噢！」女媧聞聽更是一驚，急言道，「都有哪些犯神罪魔？」

「像被鎖在崦嵫山上的燭陰，還有原歸娘娘轄教為娘娘扼守咸池山道的旱魃、魑魅、魍魎三魔，」鸚鵡繼續言說道，「和那鷟鳥、神鼇與黑龍三神，也全都今晨遇赦，被遣到凡界來了。」

鸚鵡所言皆為事實。玉皇大帝今日早朝，不僅將天界生養鳥獸蟲魚的三分之二放牧到了下界，而且赦免了燭陰、鷟鳥四神和旱魃三魔七個犯神罪魔，並把他們遣來到了下界。但他七神魔由於全不知道仙妃娘娘身在凡界，更不知道仙妃娘娘創造了凡人，因而他們來到下界之後，這時只顧在各大名山大川之上遊玩，還沒有來到這宛丘地方，見到隱名稱做女媧創造了凡人的仙妃娘娘。

女媧這時當然是不聽鸚鵡此言還罷，聽了鸚鵡此言頓時大驚失色道：「呀，這就壞了大事了！玉皇帝父呀，你添凶於凡間，可給女兒出下大難題了！這可如何是好啊？」

女媧這時所以這樣驚怕犯難，並非她害怕凶獸惡神邪魔，而是為她剛剛創造出的幾百個孩子擔心。因為她知道天界虎豹狼熊的厲害，更知道燭陰那些惡神邪魔的邪惡，而她創造的凡人若不靠她女媧的力量，是抵擋不住的。

正在女媧如此犯難之時，突然又見宛妹子幾幫出去玩耍的孩兒，全都被猛獸撲食將盡，剩餘者陸續狼狽不堪地逃了回來。女媧見之心中更是犯急，隨之她放走鸚鵡小鳥，把歸來的孩子引上宛丘安置下來，便深思起了應對之策。

本來，女媧是打算自己今日休歇一晌，下午便要告別孩兒，明日

就要回歸天界去的。可是事情突生玉皇帝父添凶凡間之變，頓然打亂了她回歸天界的計畫，使得她一時去留難決起來。

因為她若回歸天界，那些今日從天界下凡來的凶獸惡神邪魔，就必然會把她辛勤創造出來的幾百個孩子殆害淨盡，使美好的凡界成為一個邪惡一統的世界，這是她絕對容忍不得的。但如果自己不歸回天界，她又將如何保護自己創造的孩子？並且何時才是歸期呢？

女媧心中就這樣矛盾著思想著，真個是越想越愁，越愁越想。末了她下定決心，為了保得凡界不被邪惡一統，保得自己創造的凡人不被殆害，使他們佔據下界保得凡界的美好，她不怕從此留駐凡間，永遠不回天界。心想至此，她反倒心中安靜下來，接著繼續心想起了保護凡人鬥勝邪惡的法兒。

女媧又是想了很久，當然前思後想都沒有良謀。最後她認定，只有自己多多創造出凡人，使凡人的數量在凡界佔據上風，人多力量大，凡人就可以集中力量，鬥勝凶獸惡神和邪魔。心想出了這一法兒，女媧便接著心想起了如何多造凡人的問題。

怎樣才能創造出更多的凡人？女媧想到，自己前些日日出而作日入而息，終日不停地摶造，也剛剛摶造出九十個凡人。而從眼前的現實需要看，一天僅僅摶造出九十個凡人，是遠遠不能滿足戰勝邪惡需要的。但是要在一天之內創造出更多凡人，又有別的什麼法子呢？女媧苦苦地思索著，思索著。

在思索中，女媧想到自己創造的人全都來自泥土，那麼也就是說只要有泥土，就可以創造出人來。據此她突然靈機一動想到，或者不用將泥土摶捏成人形，而用甩泥的方法也可以造出人來。想到就做，女媧立即來到身旁一棵老樹之上，折下一根長長的柔韌青藤，隨著便手持青藤下丘向黃河水邊走來。

轉瞬來到水邊，女媧即把青藤的一頭伸入泥水之中，而後將手持的一頭也按入泥水，先讓青藤蘸滿泥漿。接著則猛地向岸上甩去，並隨著口中向青藤甩出泥點吐出一口靈氣，以驗看這樣是否可以甩造出人來。

這時正值正午，赤日當空。女媧甩上岸來的泥點在空中即被烈日曬乾，接著又被女媧用氣一激，一點點便落地即長。隨著，眨眼間便長成了大小夥子和大姑娘，口中歡叫著「娘親」，高興地向四外無垠的曠野奔去。

女媧目睹此景，心中大喜。她本欲數清自己一藤甩造出了多少個孩子，但由於孩子眾多奔走疾急，不等女媧數清有的已經去遠，使她無法數清。數不清也好，因為她已找到了快速製造出眾多凡人的方法。隨著她便蹲身水邊，用這方法一藤接著一藤，向岸上甩泥製造起了眾多的孩子。

女媧蹲在水邊日復一日地甩呀甩呀，此後也不知道甩過了多少日子，創造出了多少孩子，反正大地上凡人越來越多，終至達到了可與凶獸惡神邪魔相抗衡的境地。但是心繫孩子的女媧仍是放心不下，依舊在水邊日復一日地甩呀甩呀，創造著更多的凡人。

就這樣，也不知道女媧娘娘此後甩造凡人經歷了多少年月，後來黃河改道北流，竟在宛丘周圍留下了一個偌大的巨湖。宛丘周圍本為平川沒有湖澤，但是因為宛丘周圍平川上的泥土全被女媧甩造成了凡人，方纔在那片平川大地之上留下了宛丘巨湖。那湖當時究竟有多麼巨大，今人雖已無從查考，可從它遺留在今日河南淮陽縣古陳州城周圍的萬畝城湖遺跡看，知那時的宛丘巨湖絕非萬畝這個數字。

五、花蛇遇險

　　女媧娘娘為讓凡人戰勝凶獸惡神邪魔，開始甩泥造人之後轉眼又已過去半月光陰。玉皇大帝歸回天界之後，久等至此一直不見隨己臨凡的仙妃御女歸來，心中甚是不能放下，便派守候在咸池岸畔仙妃昔日的侍女花蛇姑娘到下界尋找仙妃。

　　花蛇姑娘也正在期盼著仙妃娘娘歸來，至此久盼不見其歸心中焦急之時，突聞玉皇大帝傳此御旨心中大為高興。一來她正想前去尋找久去不歸自己放心不下的仙妃娘娘，二來她也恰好可以借此時機，到下界看視一番凡間造化之奇，以飽眼福。為此她聞旨即動，立即離開天界下凡尋找仙妃娘娘而來。

　　花蛇姑娘不愧為仙妃娘娘的貼身侍女，她身材苗條頎長，走起路來如弱柳扶風，再配上那身綴滿七彩飄帶的衣裳，真個是婀娜多姿，酷肖仙妃。其臉蛋生得更俊，真個是眉若柳葉，眼若秋水，鼻如玉雕，嘴如櫻桃，牙如白玉，臉形狀若瓜子，色呈仙桃之美。再配上一頭如瀑布似流水一般的鬆軟溢香秀髮，真個是在神界令見者著迷，使睹者垂涎三尺。

　　仙妃娘娘既喜歡花蛇姑娘生相俊美，酷肖自己，又喜歡她頭腦聰慧伶俐，因而特意使為侍女。正因為仙妃喜歡花蛇，所以她倆雖為

主僕，但卻情同姐妹。這時花蛇到下界尋找仙妃娘娘心中焦急，一陣踏雲駕霧便來到了凡界上空，向地面巡視一番。大概是因為有緣的緣故，花蛇姑娘恰好選在大地中心中嶽嵩山以東中原地面，按落雲頭一路向東，步行穿越森林草原，漫無目標地尋找起來。

一路之上，花蛇姑娘雖然心中十分焦急，想著早些尋到仙妃娘娘，但她初臨下界，看到眼前大地遼闊，長河縱橫，明湖如鏡，森林蔥鬱，百草葳蕤，繁花競豔，更有鳥鳴叢林，兔行草中，蝶戲花間，再配上藍天白雲，紅日金輝，真個是景色如畫，意境若詩。看得她禁不住口中連連贊叫不止道：「怪不得仙妃娘娘樂而忘返，凡間真個是不是神間勝似神間也！」

就這樣花蛇姑娘走著贊叫著，她面前的蔥鬱森林，驀地隨著其腳下的腳步驟然斷去，一條蒼莽長河陡地閃現在了她的眼前。花蛇駐足看視，只見長河氣勢渾宏，水流滔滔東去，隱隱可見對岸林廊無際。接著她先順河向西望去，但見長河九曲十彎，明滅時現，高接雲端。真個是河若天際流，水從雲中來。

她又順河向東看去，只見長河越流越寬，徑入東天而去，氣勢浩然！花蛇低頭看視水邊，但見水中游魚嬉戲，蝦蟹時現。更有各色水鳥駐足水邊，各個凝眸水中，突出長啄捕食魚蝦。捕得後長鳴盡興，聲蕩水間。花蛇姑娘不睹此景猶可，目睹此景更是豔羨不已！達到了口難出聲，因為沒有言辭可以表達。久久站在河邊，沉浸在了這下界妙境之中。

花蛇如此沉浸在河邊不知過去多長時間，身後密林深處突然傳來一陣酣烈打鬥之聲，方纔使她驟然驚醒，口中禁不住「啊」一聲驚奇不解道：「怎麼？在這如此妙境之中，竟也會有兇殘之事發生！」

花蛇這時希望是自己的耳朵聽出了幻音，不要有兇殘的事情在這

妙境中發生，毀壞了這裏的詩情畫意。然而她不希望也是不行，因為那打鬥之聲，已經越來越加酣烈地傳進了她的耳朵。使得她再也不能停怠，而急起身離開河岸，循聲徑向那密林中打鬥之處看視而來。

花蛇一陣疾行，須臾便來到了打鬥現場近處，看見一場惡鬥正酣。她初來乍到下界，不知道下界生有凡人，眼見是一群如同天界天神模樣，只是身量小去十倍有餘的十幾個小小活物，正在與一群比天界神獸身小十倍的虎狼豹狗鬥在一起。那凶獸數有十餘，個個惡猛狠毒。那十幾個小活物抵擋不住，群獸一陣猛撲，已將他們撲倒大半。

隨之，眾惡獸便對各自撲得的血淋淋的小活物，一陣撕咬吞食起來。剩餘小活物不忍凶獸撕咬吞食自己的同類，便各個手持樹枝石塊，驚怕地口中尖嘯著，向正在撕咬吞食其同類的凶獸圍打上來。凶獸吃食正香，眼見剩餘小活物前來打擾，怒火陡昇。齊放下正食的小活物，一陣山崩海嘯般嘯叫，向圍鬥上來的小活物撲了過去。

小活物自知抵擋不住，見之大驚，齊出嚇破了膽般的一陣尖嘯，四散奔逃而去。凶獸們則緊追不捨，眨眼又已有數個小活物被它們撲獲。花蛇姑娘這時雖然不知那小活物是仙妃娘娘在下界創造的孩子，但她看到那小活物模樣似神，聰慧伶俐，貌善身弱，不是惡者，已是對之心喜十分。為此她目睹凶獸撲食那小活物兇狠惡毒，心中忍抑不住氣惱，便心懷天界公平之理，出於憐惜弱者之心，向眨眼便要把弱小的小活物撲食淨盡的惡獸，開口厲喝一聲道：「惡獸看招！」

身隨其聲，花蛇已一招「鷂子翻身」，躍到為首一隻正追小活物的大惡虎跟前，「颯」地出腳一挑，把那惡虎挑飛到了半空。接著「撲通」一聲重重摔下，摔得口中發出一聲尖厲的絕命悲叫，已是七竅出血死在了地上。其他正在追撲逃命小活物的惡獸，聽到大惡虎的悲叫之聲，齊驚得扭頭看視。見此場景個個大驚，忙丟下正追的小活物和

剛才撲得的小活物，連對摔在地上的大惡虎也不敢顧及，便一聲嘯叫，急向密林深處逃命而去。

未被惡獸撲傷的剩餘五個小活物，突見花蛇姑娘到來出手打退了惡獸，救下了他們性命，方纔心中驚怕盡消。但卻換上了對花蛇姑娘的驚奇，不解花蛇姑娘從何而來，為何具有此等神力。全都驚詫地瞪大著驚異的眼睛望著她，呆怔在了那裏。

「惡獸已去，你等還不快走，都呆怔這裏做什麼！」花蛇姑娘見之，「咯咯」一笑道。花蛇的笑語驚醒了呆怔中的眾小活物，他們驚醒之後齊向花蛇面前聚來，倒地便拜道：「謝過姑娘救命大恩！請問姑娘大名，以讓我等銘記心頭，將來好作報答！」

「姑娘救得你等不為後日酬報，只是為了扶弱懲強！姑娘無名，故而無以相告。」花蛇姑娘目睹此景耳聞此言，更是覺得這些小活物不僅貌若天界神靈，而且禮法語言也均若天界無二。不由得又覺奇異又覺心喜道，「只是姑娘從未見過你等這般活物，你們告訴姑娘一下你等的名稱，為誰所造，從何而來，便算報得姑娘的救命之恩罷了。」

「這個好說。娘親給我等起的名稱叫人，」被花蛇救得活命的五人中的一位快嘴小夥子聽了，立刻開口回答道，「我們人為娘親女媧所造，從東方宛丘而來。」

「人，人！女媧，女媧！宛丘，宛丘！」花蛇聽罷此言，禁不住連連回味話中三個名詞道。但是儘管她回味再三，這其中的三個名詞，也沒有一個與她要尋找的仙妃娘娘能夠聯上。因為這時她還不知道創造了凡人，駐在東方宛丘之上的女媧娘娘，就是她要尋找的仙妃娘娘。

不過，花蛇把女媧與仙妃聯繫不上也罷，她心中卻覺得人這種神樣的小活物造得神奇，人的名稱取得美妙！為此她決計去向東方宛

丘，看視人的發源地究竟是何等模樣，造人的女媧娘娘又是何等模樣！於是她讓跪在面前的遇救五人起身他去之後，自己則立刻邁動雙腳，一路徑向東方尋找宛丘與女媧而來。

花蛇如此往東一陣疾行，又不知走出多少路程，眼前突被一道高丘擋住了去路。她繼續前行以越過高丘向東行進，行至丘前方見丘下一條曲彎的小溪水流潺潺，沿著高丘根腳一路向東唱著歌兒流淌而去。小溪水流雖小，但水清見底，水面平穩如鏡。花蛇來到水邊一看，既可見到水底游魚戲水，蝦蟹交鬥，還可清晰地照見自己如花的容顏。

愛美是姑娘的天性，花蛇突見水中現出了自己如花的容顏，便禁不住沉醉在了對自己姣好容顏的自我欣賞之中。端站水邊對照水面，欣賞並修飾起了自己如花的容顏，以使之更加姣美。

花蛇如此端站水邊修飾欣賞自己的容顏許久，不知何時又突聞從高丘頂上，驀然傳來一陣人群吶喊之聲，驚得惡狼連連嗥叫，隨著又響起了酣烈的打鬥之聲。花蛇不聞此聲還罷，聞聽此聲心中頓然想起剛才惡獸撲食凡人的場景，她擔心那場景再次在此丘頂發生。

為此她顧不得再去欣賞修飾自己如花的容顏，立刻躍身跳過小溪，一陣奔跑來到了高丘頂巔，循聲向鬥處看去，卻見到那場景與自己擔心的恰好相反。因為，這一次不再是惡獸撲食善弱的凡人，相反，卻是三十多個凡人彙集一群，正在窮追猛打兩隻逃跑不掉的惡狼。

那三十餘人分散開來，各人手持木棍石塊，團團把兩隻惡狼圍在正中，一陣圍打起來。兩隻惡狼逃跑不掉當然也不願不拼就死，只見它們奮力拼搏，死鬥以突重圍。但無奈來人眾多，石塊和木棍雨點般向它倆劈頭蓋腦打去，它倆無論多麼兒猛都是抵擋不住，轉眼已被眾人打倒在地。

花蛇眼見眾人打死了惡狼，便也放下心來，靜立一邊觀看眾人打死惡狼派何用場。花蛇在旁剛站片刻，便見打死惡狼的眾人先是一陣歡喜雀躍，隨著一齊圍到死狼跟前，用手撕的撕，用牙咬的咬，用石頭棱角砍的砍，如此好是費了一陣手腳，方纔把帶毛的狼皮撕開，剝出鮮血淋漓的肉來。而後便你撕一塊他扯一塊狼肉，各自美餐吃食起來。

看到這裏，花蛇方纔明白人們圍打惡狼的目的，是為了充饑裹腹，也進而明白了惡獸撲食凡人，也是為了同樣的目的。人與獸雙方互為食物，這打鬥必然不可止息。為此，她不禁哀聲歎息起來道：「美好的下界，如此就難免不處處陷入不平靜的打鬥之中了！」

花蛇如此一語，早驚得站在近處正在美餐狼肉的人們頓停吃食，齊圍上前來驚問道：「姑娘怎麼突現在此，口出此番無奈之言，嚇了我等一跳！」說著，他們也不等花蛇開口回答，便齊讓花蛇與他們一齊前去美餐狼肉。

花蛇推辭不食，開口詢問他們道：「請問宛丘距離這裏還有多遠？位在何處？」

人們聽到花蛇此問又見其不食狼肉，心中頓覺奇異。人群首領於是上前詢問道：「怎麼？姑娘不知道宛丘在哪兒？難道你不是來自宛丘？」

「你說的對。我真的不是來自宛丘，而是來自天界，」花蛇聽了此言立即作答，接著反問那首領道，「我問宛丘是要前去宛丘，尋找一位名叫仙妃的娘娘，你們知道她在哪兒嗎？」

「怪道姑娘敢於獨行凡間，不怕惡獸侵害，原來你身為神體！不過你到宛丘也尋不到仙妃，」那首領聽罷花蛇此問，頓然大為驚異道，「因為那裏沒有仙妃娘娘，只有創造我們凡人的女媧。我們的女媧娘

娘雖然講說她也是神女，但她不叫仙妃而叫女媧。」

「女媧也是神女，不過她不叫仙妃而叫女媧！」聰明的花蛇聽了首領此言，不由得陡地心中生起聯想道，「難道這其中有什麼隱秘，女媧就是仙妃不成！」

花蛇這時雖然不敢立刻下如此斷語，但她覺得這女媧定有奧秘，於是她決計不再停留，要立即前往宛丘看個究竟。決心下定她又詢問那首領道：「前去宛丘，從哪兒走最近？」

那首領聞問，即忙向前一步站到花蛇身邊，擡手向東一指道：「宛丘距離這裏已經不遠，你瞧，從這裏就可以看到了。」

花蛇順著那首領的手指向東看去，只見在渾宏蒼勁的長河與高天匯合之處，河畔上聳立著一座禿頂的高丘。花蛇正看，耳聽那首領又言道：「那河畔上的高丘，就叫宛丘。創造我們凡人的女媧娘娘，正在河邊創造我們的弟弟妹妹。」

花蛇這時已經清楚宛丘在處，遂立刻告辭指路的那首領和美餐狼肉的人群，下丘徑往東方宛丘行去。花蛇又是一陣疾行，轉眼便來到了距離宛丘一半之處。眼見距離宛丘已近，花蛇急著見到女媧娘娘，以看她是否就是仙妃，因而腳下行走更疾。

然而花蛇如此正行，前邊樹林中突又響起一聲裂人心膽的女聲驚叫，嚇得身為神體的花蛇也禁不住心中一栗，頓然止住了正行的腳步。隨著她又聽到虎嘯狼嚎群獸撲打之聲驟起，並伴隨著女哭男嚎的驚叫之聲。

花蛇聽到如此驚心動魄群獸狂嘯人群哀嚎之聲，頓知又是凡人遭難大勢不好，受到了惡獸的撲食。為此她不敢怠慢，即躍身循聲上前沖入鬥場，看見惡獸已將被圍人群撲翻將盡，只有五個人還在拼死與惡獸抗爭。於是她心中大惱，出手便與撲食人群的惡獸鬥在一處。

　　一時間，只見她對將被惡獸撲食的剩餘五人左護右擋，對撲來惡獸前打後擊，倒也護住五位男女未被惡獸撲住。但是，她如此護住了五位元男女情況並不妙，因為她剛才只顧救人心切，而沒有看到周圍樹林中隱伏的巨大危機，即那裏集來了眾多的凶獸。

　　眾凶獸今日所以集聚於此，是因為它們為了撲食凡人作為美味，從四面八方追擊歸來的凡人聚到了這裏。因而花蛇這時雖然護住了五位凡人，卻頓時激怒了聚來的眾獸。那聚在最前面的虎狼對花蛇的作為看得清楚，因而率先生怒頓然嘯嗥起來。

　　前面的虎狼一聲嘯嗥實在緊要，一時間真個是一獸嘯嗥群獸回應，頓聽面前樹林中也不知道有多少惡獸一齊嘯嗥起來。那嘯嗥之聲真個是聲震林莽，大有摧山撼地之勢！花蛇雖然身為天神，聽到如此巨大的惡獸群嘯之聲，也禁不住心中一驚！

　　花蛇心驚急舉目向周圍密林中看去，這一看真個是更使她心中驚怕十分！因為林中黑壓壓地佈滿了惡獸，這時都在憤怒地昂首張口嘯嗥。惡獸有虎，有狼，有獅，有豹，有一應食肉的惡獸。若是它們一齊撲了上來，別說她花蛇只生一副臂膀，就是渾身生滿臂膀也是抵擋不住的。所以，花蛇雖為神女，這時身置此境也禁不住驚怕十分。

　　然而驚怕也是不行，因為這時憤怒嘯嗥的惡獸不講花蛇怕也不怕，口中嘯嗥著，腿腳已經邁動著，一齊向她與其守護的五位凡人撲來。那群獸走動之聲，也不亞於群獸嘯嗥之聲，驚心動魄。只聽到群獸一動，密林中頓起呼呼惡風，直颳得樹搖地動，花蛇與五位凡人一陣顫悸。

　　就在花蛇與五位凡人顫悸未定之時，撲在前面的惡獸已經撲上前來。其來勢之猛銳不可擋，情狀之凶有必食花蛇與五位凡人之勢！花蛇目睹此景，心中倏然閃過自己立刻騰雲，一走了之的念頭。但她看

到自己身邊還有五位凡人身陷重圍，自己騰雲又不能把他五人帶上雲頭，自己騰雲去後五位凡人必被惡獸撲食淨盡。

為此她不忍心離開五位勢弱的凡人自己騰雲離去，立即止息了閃上心頭的騰雲離去念頭，急出手迎住撲向前來的惡獸，護住五位凡人，與之惡鬥起來。只見她面對惡獸毫不留情，即刻間拳腳齊出，拳到惡獸喪命，腳到惡獸身死。眨眼間已打得眾惡獸倒地一片，護衛著五位凡人未被惡獸所傷。使眾惡獸甚為驚異，禁不住一陣愣怔。

然而在前的惡獸目睹此景雖然驚怕，後面佈滿密林的眾多惡獸，卻不知道上前即死的可怕場景，它們從後面依舊憤怒地嘯嗥著向前撲來。擁擠得在前的惡獸後退不得，只有繼續向花蛇與五位凡人猛撲過來。因而在前的惡獸剛剛愣怔片刻，無奈又被後邊的惡獸擠上前來。

處此境地花蛇也是無奈，只有護定五位凡人，繼續拳腳並用，毫不留情地向撲來的惡獸打去。就這樣花蛇左打右搏，前擊後戳，片刻已將惡獸打死得堆成了獸丘，又過片刻那獸丘已堆得高過了樹頂。但豈奈惡獸眾多，花蛇儘管神力無限，惡獸前赴後繼多如螻蟻硬是打死不盡，花蛇打鬥不息不由得漸漸疲憊起來。這時一個疏忽防護不住，五位凡人又被惡獸撲去一個。

花蛇見之心中好惱，氣得重又抖擻神力向惡獸一陣猛打。但無奈惡獸仍是打殺不盡，仍見它們依舊佈滿密林，憤怒地嘯嗥著潮水般向花蛇與四個凡人在處兇猛撲來。花蛇當然也不退讓，繼續護定四個凡人猛打惡獸。她打啊打呀，此後也不知道又打死多少惡獸，仍見惡獸依舊數量不減地向前撲來。花蛇打鬥時間已久，神力消耗過多，手腳漸漸慢了下來。

花蛇的手腳遲慢必然助長惡獸之威，眾惡獸見之便瘋狂十分地向花蛇與四個凡人撲了過來。惡獸的瘋狂猛撲，更使得花蛇的手腳顯得

遲慢。她一遲慢，四個凡人又被惡獸撲去了兩個。花蛇目睹此景雖然心中更惱十分，但無奈身力已疲，硬是抵擋不住猛撲過來的惡獸。漸漸地，已是陷入了不僅難保剩餘兩位凡人，而且到了就連自身也難以保住的危難境地。

眾惡獸當然不講花蛇是否抵擋得住，依舊潮水般向花蛇與二凡人在處撲來。花蛇無奈又欲騰雲離去，但她仍因帶不動二凡人與自己一齊騰雲離去，只好依舊護定剩餘二凡人與自身，疲憊地與惡獸交鬥著。交鬥片刻她又打死數隻惡獸，不料手腳一慢防備不住，身後一隻惡獅陡然撲來。其後背已被惡獅前爪猛地抓了一把，疼得她「啊呀」一聲驚叫躍起身來，方纔未被惡獅撲住。

花蛇雖然如此躲過了惡獅的撲食，但身受傷疼更加身疲力泄，再與惡獸交鬥只能打著獸身，卻難奪去惡獸性命。眾惡獸見之，便更加肆無忌憚地瘋狂向花蛇撲來。一時間，只見眾惡獸這個抓她一爪，那個咬她一口。轉眼間已傷得她渾身是血，前顏盡改。但她仍是惡鬥不息，拼死護定二凡人不放。在惡獸群中奪生，生死繫於須臾。

「惡獸住手，娘娘來也！」在此急難之時，突聞密林深處傳來一聲厲喝。隨著這聲喝叫，眾惡獸陡地停下了逞兇，安靜下來。這喝聲當然出自女媧娘娘之口，因為只有作為上神的她，特別是作為玉皇大帝的御女，面對從天界剛剛來到凡間的眾惡獸，才能具有如此一言九鼎的威力。所以其一聲喝叫，便立刻制止住了眾惡獸的惡行。

花蛇見此場景當然大喜過望，這不僅是因為她與二凡人立即得救，而且她也從女媧的那聲厲喝中，聽出了那喝聲正是出自其要尋找的恩主仙妃娘娘之口。同時她也看到了那站在可以看到之處的來者，正是仙妃娘娘。所以那來者女媧，才有如此巨大的聲鎮眾獸的無比神力。

然而時間沒有容許花蛇真正高興起來，更不要說其去與仙妃娘娘哪怕隔空交流一語，甚或跨越面前那不遠的距離前去見到仙妃娘娘，眾惡獸又是一聲嘯嗥眾聲嘯嗥著，竟向女媧和花蛇與二凡人在處撲殺上來。

「惡獸，仙妃娘娘你們也都敢撲，我看你們盡是找死！」花蛇頓然大驚，為了防守急又出手與惡獸鬥在了一處。打鬥之中，她聽到從不遠處的仙妃娘娘在處，也傳來了酣烈的打鬥之聲。為此她心中大惱，不禁一邊開口喝叫著，一邊出手與惡獸打鬥更疾。

眾惡獸剛才被女媧一語鎮住停止了逞兇，這時所以敢於突又不顧一切地向女媧和花蛇在處撲殺過來，是因為虎豹很快明白過來，這裏是凡界不是在天界，天界的規矩在這裏應該改改，天神在這裏可以不被認得。同時它們也正在為玉皇大帝把它們放到凡界，心中氣惱得無處發洩。這時恰好碰到了仙妃有了發洩物件，便領頭齊聲嘯嗥著，不顧一切地向仙妃與花蛇在處撲殺上來。

女媧見之當然也不相讓，即出手迎著惡獸打了起來。這是一場惡戰，一時間只見眾惡獸隻隻兇猛，數量眾多。女媧娘娘出手狠猛，手手不空。眨眼間，已打得眾惡獸虎號狼嚎起來。圍在花蛇周邊的眾惡獸聞之，禁不住也個個心驚，一陣驚怔在了那裏。趁此時機，花蛇急忙開口大叫道：「娘娘救我，仙妃娘娘救我！」

正鬥的女媧突聞花蛇如此喊叫之聲，頓然驚愕在了那裏。女媧怎能不驚？在此凡界大地之上，突然有人喊起了她的天界之名呀！她不知道喊她的姑娘，為何知道她叫仙妃，她想，知道自己名叫仙妃者必然來自天界。她雖然聽出那喊聲如同出自侍女花蛇之口，但她仔細審視那喊叫的姑娘，只見她渾身血跡滿臉傷痕，卻辨不出其是花蛇姑娘，因而頓時怔在了那裏。

　　女媧這麼一怔大為緊要，因為她一停手腳眾惡獸都立刻心定清醒過來，又齊一陣嘯嗥向女媧與花蛇兩處猛撲過來。花蛇身已乏力抵擋不住，生命危在須臾。女媧身在遠處一時又被眾惡獸所圍，前來救助不得。

六、女媧賞封

連日來，女媧一直日復一日地在宛丘之下，黃河水邊用青藤甩泥造人，早已累得腰酸背疼。今日她算計自己數十日來甩造新人無數，若不散開走遠已可與近處的惡獸抗衡，才敢於稍稍松下心來，登丘休歇一日，以便明日更好地甩泥造人。

但不料她正坐在丘上安心休歇，突聞丘西遠處密林中群獸發出了摧山撼地般的群嗥之聲，那聲音震得她渾身直顫。她從惡獸的群嗥聲中聽出了獸群的龐大，猜想又一定是她創造的孩子們與眾惡獸鬥在了一起。

為此她安坐不住，急起身下丘一陣西行來到惡鬥場上，正看見花蛇護定她的兩個孩子小丘子和宛妹子，渾身血跡滿臉傷痕地與惡獸鬥在一處。花蛇已是筋疲力竭，只能與惡獸周旋而沒有了還擊之力，處在生命危在須臾的境地。

女媧目睹此景不敢怠慢，急忙大喝一聲制止住了惡獸逞惡，隨著便欲前去花蛇在處。但不料她腳未邁開，眾惡獸竟又突然嘯嗥著向自己撲殺上來。女媧心中大惱，口中厲罵道：「惡獸，敢對娘娘逞惡！」隨著出手便向獸群打了過去。

惡獸撲來狠猛，而且前赴後繼不畏生死。女媧奮力打鬥，招招使

狠，以便儘快殺開一條血路，救援危在須臾的花蛇姑娘。但無奈惡獸盈林，女媧打殺前者，後者即又成了前者。轉眼打殺的惡獸堆成了高丘，仍是打殺惡獸不退，向被惡獸圍困的花蛇姑娘在處前去不得，女媧心中十分焦急。

特別是她打鬥中心裡仔細品味，那喊她的「仙妃」之聲如同出自花蛇之口，在下界又無人知曉自己名叫仙妃之時，便更急自己前去花蛇在處不得，也無法弄清事情的根底。焦急中，女媧打算騰雲飛向花蛇被困之處，但無奈惡獸眾多兇猛，成群結隊地向她撲來。加之它們由於剛到凡界，個個身上尚且遺有一定神力，因而鬥殺起來格外費力。由此使得女媧欲要騰雲而不得，女媧為此心中更惱，向惡獸出手更疾。打得惡獸屍身堆成的高丘，眨眼長得更高起來。

惡獸重行撲殺後花蛇的處境更加險惡十分，因為剛才她已鬥得筋疲力竭，生死危在須臾之間。這時又遇眾惡獸狠猛十分地撲殺上來，她便更是沒有了抵擋之力。她對小丘子和宛妹子守護不住，一隻惡虎倏然撲向宛妹子，宛妹子躲身不開被虎爪抓傷左臂，疼得「啊呀」一聲驚叫。花蛇見之急忙攔開惡虎，方纔保住宛妹子沒被惡虎撲死。

宛妹子的驚叫之聲傳向遠處，使正鬥的女媧心中一悸。孩子是娘親的心頭肉，宛妹子的疼叫之聲如同在她心頭戳進了尖刀，使她再也忍抑不住心中的氣惱！頓然間，只見她不再只顧出手踢腳打殺圍來惡獸，而對圍來惡獸採取了能躲則躲可避則避之招，一路蹦跳躍縱，迅疾向花蛇被圍處趕去。

虧得女媧動作神迅快疾，一陣蹦跳縱躍，或從獸背或從空地向前躍去，方使得突見女媧來到的惡獸反應不及，女媧才得以迅疾來到花蛇跟前。女媧來到花蛇跟前顧不上與之言說，急出手打殺圍來惡獸，方救得花蛇與小丘子三個脫開險境，置身在了自己的護衛之下。

但是女媧這時也已惡鬥猛獸多時，加之數十日來甩泥造人的辛勞已使她身力疲憊，因而身力也已漸漸不足起來。女媧身力雖然漸弱，但一時護衛自身尚且有餘。只是這時她在惡獸的猛撲中，不僅要護衛好自身，還要護定受傷的宛妹子和筋疲力竭的花蛇及小丘子。如此以來，就顯得其身力不能應對裕如了。

特別是剛才她與花蛇分為兩處，將惡獸的注意力引在兩邊，惡獸的攻擊力有所分散。這時她兩個集中在了一起，眾惡獸便一齊向她們集中撲來，便使得惡鬥更加酣惡，轉眼間已見女媧鬥得力不從心起來。

女媧力不從心也必須奮力惡鬥，方可保得花蛇三個不死。因而轉眼她又鬥過半個時辰，打殺惡獸無以數計。但這時終因她勢單力孤，惡獸充盈山林，她硬是殺將不盡，無以引領花蛇三個脫身，眼看著已是漸漸沒有了還擊之力，陷入了招架也已不能的困厄境地。

「娘娘休再顧及我等，快快騰雲脫身去吧！」花蛇目睹此景，急忙開口催促道，「以免為我等賤身，傷了娘娘性命。」

「娘親快去，我等死亦無妨，」花蛇話音剛落，在旁的小丘子和宛妹子又同時開口急叫道，「若是傷了娘親，誰個能夠再造出我等的弟弟妹妹！」

女媧聽到花蛇三個言說固然有理，但她也不捨得拋下花蛇三個餵食惡獸於不顧，而自己保命騰雲脫此險境。因為女媧雖然自己可以騰雲離去，但她也像花蛇一樣，卻不能把肉體凡胎的小丘子與宛妹子帶上雲頭，與自己一同騰雲離去。

再者事情到了這時，則也到了即使女媧願意騰雲離去，也已是不可能的境地。因為她這時身已乏力，更無力打退周圍的惡獸，為自己贏得哪怕是騰雲前所需的片刻時光。不能贏得如此短暫時光，她就騰不上雲頭。因為眾惡獸會撲來撕咬住她，使她無法騰上雲頭，所以她

已騰雲離去不得。

女媧這時既不願拋下花蛇三個於不顧，又無力騰雲脫此險境而他去，所以她聽聞花蛇三個之言聞若未聞，拼盡最後一點身力繼續與惡獸交鬥不止。然而她畢竟身力已乏越鬥越不是惡獸的對手，惡鬥中一個動作稍有遲慢，雙肩早被一隻吊睛白額大虎從背後用雙爪猛地扒住。

女媧雙肩被惡虎雙爪猛然扒住，其心知惡虎來勢兇猛，自己若一回頭就必被惡虎咬住咽喉。為此她不敢回頭，為了擊退惡虎即出右拳，向惡虎腹部狠猛打去。豈料其拳尚未打到虎腹，右邊一隻惡豹早張口咬住了她打向虎腹之拳。

女媧右拳半途被咬驟然疼痛萬分，心中一驚動作一慢，前面又已撲來一隻惡獅，張開血盆大口徑向女媧咽喉處咬來。女媧看見，心知此獅一口咬下自己必死無疑，不禁嚇得「啊呀」一聲大叫。隨著，便只有無奈地閉上雙眼，靜待咽喉被咬身死歸天。

「惡獅住口！」就在女媧剛剛閉上眼睛之時，卻聽鬥場上空風聲驟起，隨著一聲厲喝傳來，刀劍聲響颯然而至。接著便響起了刀劍砍入獅虎肉體之聲，和著獅虎的絕叫之聲。女媧只顧閉目等死突聞如此聲響心中大奇，還沒有顧得上睜開因等死而閉上的雙眼看視，已聽到神鼇、黑龍、魍魎和魑魅二神二魔齊聲喊叫道：「娘娘休怕，我等救您來了！」

女媧聞聲急忙睜眼看視，還沒有看清面前所站神魔，就聽到遍野的惡獸齊發驚嘯之聲，隨著便如洪水潰退一般，「颯」地向四外奔跑逃命而去。女媧聽到，急對前來眾神魔大叫道：「讓它們站住，娘娘有話訓示它們！」

「站住！等待仙妃娘娘訓示。誰個敢逃，我等就宰了誰！」前來眾神魔聞聽，齊聲喝叫道。說著，他們為執行女媧之命，早數神數魔

飛身到了群獸週邊，出手連連打殺逃在前頭的惡獸數百隻，方纔止住了惡獸的奔逃。

女媧這時已經看清，是在天界為自己扼守咸池山道的六位神魔，在此危難之時前來救下了自己，真個是頓然心喜萬分。特別是她看到，黑龍六神魔個個與自己記憶中的模樣絲毫未改，黑龍龍身人首，神鼇龜頭龜身，鶖鳥豹首鳥身，旱魃豬頭人身，魖魅牛頭熊身，魍魎魔面人身，個個威武勇猛，更是心喜不盡，禁不住開口連聲道：「你們來得好，來得正是時候！若再遲來一步，娘娘我就沒命了！」

「祈娘娘恕罪！」黑龍六神魔聽了急言道，「我等來遲一步，讓娘娘受驚了！」

女媧對黑龍六神魔如此言說聞若未聞，接著開口詢問他們道：「早就聽說你等遇赦到了凡間，為何此刻才到這裏？」

「啟稟娘娘陛下，我等確已遇赦來到凡間數日，但只因我等不知娘娘也在下界，更不知娘娘身在此地。」黑龍六神魔聞問，忙答道，「故此我六神魔來到凡界之後，盡擇神山名川玩賞，結果玩遍了昆侖及東方大海中的五座神山，又遊遍了地上五嶽凡山。」

「噢，你們玩得好痛快呀！」女媧聽到這裏道，「後來為何到了這裏？」

「後來，我等對凡間那種神樣叫人的小活物心生奇異，詢問得知他們來自中原腹地宛丘，創造他們的母親名叫女媧。」黑龍這時代表他六神魔繼續道「我們聽後雖然不知女媧即是娘娘，但猜想這位能夠造人的女媧決非凡間俗女。便心懷奇異，一路尋訪宛丘女媧而來。」

「為此而來，因為凡人，」女媧心喜道，「若是沒有凡人，看來你們是難以到達這裏的。就像那些惡獸，若是沒有凡人，它們也是不會齊聚於此的。」

　　「是的。不料想剛到此處便見惡獸盈野，耳聽惡鬥之聲正激，」黑龍接著道，「近前一看見是娘娘為惡獸所困，便出手殺上前來。只是我等來遲一步，乞娘娘恕罪！」

　　「你等救了娘娘，功績可昭日月！」女媧聽到這裏，由衷慨歎道，「娘娘對你等深表謝忱！」

　　「護衛娘娘是我等的本分，娘娘不必此言！」黑龍六神魔聽了，齊言道，接著他們話鋒一轉，詢問女媧道，「但不知娘娘為何身在這裏，被惡獸所圍身陷如此厄境？」

　　「娘娘上次臨凡一直未歸，身陷如此厄境，是為了營救我花蛇，」女媧聽了正欲回答，卻聽站在女媧身後渾身血跡、滿臉傷痕的花蛇率先道，「怎麼，你等剛剛離開咸池數日，就不認識我花蛇了不成？仙妃娘娘也剛剛離開天界不到一月，難道也不認識了自己的侍女不成？」

　　說著，花蛇由於一直不見有神魔問她，便以為眾神魔剛過這麼短短幾天便不認識了她，心中甚覺自己受了委屈，竟自傷心地「嗚嗚」哭了起來。

　　「怪道姑娘剛才喊我仙妃娘娘，聲音像你花蛇！原來，姑娘果然不是我女媧在下界創造的孩子！」女媧聽了花蛇此言，方纔醒悟過來道，「好花蛇，你別哭了。你不要埋怨我等不認識了你，你讓小丘子與宛妹子瞧瞧，誰個還能認出你來！」

　　女媧話音剛落，黑龍六神魔也即開口道：「蛇妹子不必埋怨，實在是血跡傷痕變換了你的容顏，使得我等不識姑娘面目了。」

　　花蛇姑娘聞聽此說，方纔知道女媧與黑龍六神魔認不出她來，並非女媧不認她這個昔日的侍女了，也並非黑龍六神魔不認她這個昔日咸池的女神了，而是她自己與惡獸鬥得失去了自身昔日的容顏。於是她立刻破涕為笑，開口彌補剛才的誤會道：「侍女錯怪仙妃娘娘了，

也錯怪諸位神魔大將了！我只顧與惡獸苦鬥，沒有想到自己變得面目全非了！」

「蛇妹子，你怎麼來到了這裏？」花蛇話音剛落，女媧立即對她詢問道，「陷身在了惡獸群中？」

「娘親，原來你們都是天上的天神，怪道這位大姐剛才那麼了得！」花蛇聽了女媧詢問還未開口，活潑的宛妹子卻在一旁搶先道，「要不是這位大姐剛才搶來出手相救，孩兒我與小丘子早就餵罷惡獸了。」

女媧聽了，即對宛妹子止之道：「你先別說，讓花蛇姑娘說完。」

宛妹子這才止住了言說，花蛇於是講說起來道：「娘娘在下界近月不歸，玉皇大帝掛念不已，故而派遣侍女前來尋找娘娘歸回天界。」

花蛇剛剛說到這裏，已嚇壞了在旁的小丘子和宛妹子。但見他倆聽了花蛇此言，立刻驚怕地打斷其言急叫道：「娘親不能走！娘親不能走！娘親走了，我們凡人就全都沒有活命了！」

女媧聞聽，忙故作輕鬆地「咯咯」一笑，隨著安慰小丘子與宛妹子道：「娘親不走，娘親捨不得自己的孩子，你倆放心吧。」

宛妹子這時仍然放心不下，忽閃著一雙水靈靈的大眼懷疑道：「娘親說的全是真的？不會有假吧！」

女媧對宛妹子莞爾一笑，道：「娘親從來不欺騙自己的孩子。你就放心地聽吧，讓花蛇姑娘把話說完。」

其實，女媧這時口中雖在如此故作輕鬆地講說，心中卻在倒海翻江般地洶湧不已！她在下界一晃已經快一個月時間了，她是多麼思念上界的親神，多麼想立刻返回天界啊！但她卻放心不下她創造的孩子，她原來只是心想創造出凡人，為凡間添些熱鬧即回天界。卻想像不到她造出人來，是非竟是如此繁多。使得她離開凡間歸回天界，放心不下走又不成起來。為此她的心一直都處在激烈的矛盾鬥爭之中，

特別是這時聽了花蛇之言，心中更是鬥爭激烈萬分。

花蛇聽到女媧讓她講說，接下來便講說起了她到下界尋找仙妃的經過。她講自己三次扶弱鬥獸，詢問被救凡人得知宛丘有一女媧，便一路到此宛丘探看究竟。不料剛才至此眼見眾獸食人，又出手相救被群獸所圍。正在自己危急萬分之時，恰好仙妃娘娘來到，方纔救得她一命不死。

女媧與黑龍六神魔聽罷花蛇此講，見她與黑龍六神魔來到凡間經歷大致相同，便齊開口笑言道：「這真是不經磨難，難見真主啊！」

花蛇聽了，也禁不住一陣「咯咯咯」地暢笑起來。

「娘親，您既然為我們凡人造出了神樣的身軀，就再賜給我們凡人一身神樣的身力，該有多好啊！」小丘子與宛妹子在旁眼見眾神魔暢笑之狀，禁不住心中艷羨十分。小丘子於是即趁此機，向女媧要求道，「若是那樣，您的孩子我們，就再也不會害怕邪惡的猛獸了！」

女媧聽了，這時卻是無奈道：「孩兒說的雖是，想的也美，但這都是不可能辦到的事情！因為你們由娘親用泥土造在凡間，所以你們就只能具有凡人所具有的身力，而絕不可能會長出神樣的身力來。若是你等也都長出神樣的身力，人與神就沒有了區別，乾坤的秩序就會大亂。那樣，你們的外祖父玉皇大帝，是絕對不會容許的！」

小丘子與宛妹子聽到這裏，全都失望十分道：「娘親就不能想想辦法，與孩兒不曾謀面的外祖父好好通融通融嗎？」

「娘親自從鳥獸蟲魚被你們外祖父牧放下界之日，就已經體察到了你們外祖父的良苦用心，那就是他主宰的宇宙大世界的每一個角落，不論是在天界還是凡間，都有一個大鏈條，統治著在其中存在的萬事萬物，」女媧對小丘子兩個此言聞若未聞，接著繼續講說道，「在其中存在的萬事萬物，都是這個大鏈條上的一環。正是那萬事萬物環

環相扣，才構成了宇宙的秩序。如果有一環出錯，這一秩序就會混亂，造成偌大宇宙失去和諧。」

「噢，原來是這樣！」小丘子與宛妹子聽得似懂非懂，但也只有一邊頻頻點頭，一邊口中喃喃道，「原來是這樣！」

「正因為這樣，在凡間才有生就有死，有晴就有陰，有白就有黑，」女媧這時不管小丘子二人是否聽懂，依照其想繼續道，「也正因為如此，我剛剛造出你等凡人，你們外祖父就將天上的鳥獸蟲魚牧放到了下界而來。他牧放鳥獸蟲魚下界何干？」

「何干？若是沒有這些惡獸前來，」宛妹子又是率先開口道，「像前幾日多好呀！」

「那是不可能的。因為如今想來，就是你們外祖父看到凡間那無形的大鏈條上還有缺環。他牧放鳥獸蟲魚正是要把那缺環補上，把大鏈條連接起來，」女媧接著講說道，「娘親創造的你們凡人，也已被你們的外祖父穿在了這個大鏈條上，成了其中的一環。因而你們外祖父怎會容許你等凡人再變為神呢？若是那樣一變，這大鏈條豈不就又要亂了起來嗎！」

女媧如此侃侃講說不止，小丘子與宛妹子固然聰慧機靈，卻也難以盡解其中奧秘，只是聽出凡人的處境改變不得了，於是雙雙開口慨歎道：「若是這樣，娘的孩子在凶獸面前，就永無出頭之日了！」

「不能說你們人在凶獸面前永無出頭之日。因為從那大鏈條看，應該是獸怕人，人怕獸。獸吃人，人食獸。人與獸互為制約，始成凡界，」女媧聞聽解說道，「因為凡界本來就是動盪的，不安的。乾坤本來就是變化的，對立的，又是互相制約的，統一的，凡界上的人與獸因而也是對立的，統一的。所以，凡界也就會因之而動盪不安。」

「這太可怕了！」花蛇這時也是不解，聽到這裏插言道，「凡人

若是凡界之王，該有多好呀！」

「那就一成不變了，那就不好了！正是這動盪不安，決定著凡界不會一成不變，也決定著凡人的生活道路坎坷艱辛，多變難測！」女媧立即回答道，「因而我的孩子，你們往後的日子是苦多甜少的。它既會充滿鮮花和美好，也會充滿困苦和艱辛！你們要想存活下去，必須立定吃苦的念頭，做好吃苦的準備。沒有這念頭和這準備，你們就將無法生活下去！」

小丘子倆雖然不能盡解女媧娘娘話中之意，但聽女媧言說有理，又信娘親不會欺哄自己的孩子，聽到這裏連連言諾道：「我們定聽娘親的話，立定吃苦的念頭，做好吃苦的準備，以迎接生活的挑戰！」

女媧聽罷小丘子倆此言，剛要言說「這樣就是娘親的好孩子！」但她話還沒有出口，卻聽花蛇又言道：「娘娘，瞧您說的這番話語，讓漫山的惡獸都聽迷了。娘娘怎樣處置它們呀？」

「娘娘對它們有話要說，娘娘這就對它們講！」女媧聽了花蛇此言，方纔想起還有漫山的凶獸沒有打發，即對花蛇說著，隨又轉對正在靜聽其講說的漫山惡獸，講說起來道：「豺狼虎豹獅熊眾獸們，娘娘剛才與凡人的那番話語，想必你們也都聽到了。今天你們記著，你們獸類也只不過是剛才娘娘說的那個大鏈條上的一環，而且是低於凡人的一環。」

「嗷——」眾惡獸聽到這裏一聲嘯噪，顯示出了它們心底的不滿。

黑龍眾神魔見之，齊揮械鎮之道：「嗯——誰敢！」

眾惡獸見之不敢再動，女媧方纔繼續道：「因而你們專與凡人作對並沒有什麼好處，同時凡人都是娘娘我的孩子，我是不會讓他們盡被你們吃食而不顧的！所以你等要認清利害，沒有吃食要去吃食低於你們的小動物，即去吃魚吃獸吃蟲吃樹上的果實，而不要以人為食！」

「嗷——」眾惡獸這時又是一聲嘯嗥，顯示它們的不滿。

「這次你等因為凡人吃著香酥可口，追蹤而來聚到了我宛丘近處，因為不知娘娘不再追究！」女媧這時嚴厲道，「但是從今往後，娘娘奉勸你等恪守如此訓教，要與人在凡界之上和睦相處，不互相捕食以免事端。這樣對你們人、獸都有好處！」

眾凶獸聽了女媧如此訓教，心中雖然都不以為然，但由於處在黑龍眾神魔的武力高壓之下，表面上也只有俯首聽命，口中唯唯稱是。

「為了實現人獸和睦相處，娘娘認為對於與人為惡之獸必須進行嚴懲！由誰來嚴懲為惡之獸呢？」女媧目睹此景，心知自己僅此一番言語實難說動凶獸之心，仍是放心不下，腦瓜連轉數轉，突然生出了以獸制獸之計道，「由你們自己！你們中由誰來代娘娘執法呢？由老虎。為此，現在娘娘敕封老虎為百獸之王！」

女媧如此一語，頓然驚得漫山除老虎之外的所有惡獸，都目瞪口呆起來。因為它們全都知道，老虎平素的作為和屬害，一個個不由得心中既不服氣又驚怕起來。老虎聞此敕封，則既心喜受封為王，又恐怕自己的耳朵聽錯了女媧之言，口中喃喃自語道：「啊，封我為百獸之王！」

老虎的喃喃聲被女媧聽到，女媧見其因為突被封為百獸之王，心喜過分得懷疑起來，立即點頭肯定道：「對，娘娘敕封你為百獸之王，受百獸朝拜的獸王！」

老虎聽罷女媧此言，方纔去掉剛才的懷疑信以為真，頓時心喜得難以自抑，得意洋洋起來。心喜一陣它怕女媧空口無憑，靈機一動開口道：「娘娘既然封我為百獸之王，就該有個憑據才好。不如娘娘在我額頭上畫個標識，以讓百獸尊我為王！」

女媧欣然應允，當即俯身用手指蘸滿地上的黃泥，然後起身在老

虎額頭上，畫上了三橫一豎一個「王」字，以別於其它凶獸。老虎見到自己身上有了憑據，更加心喜萬分，連忙俯身叩拜再三。

女媧為老虎畫完「王」字事情並未完了，只見她立即又對叩拜在地的老虎吩咐道：「虎王，既然你已為百獸之王，你就要統領好你的百獸子民，與人為善，對與人為惡之獸，一定要代娘娘嚴懲不貸！」

「請娘娘放心，虎王一定不負娘娘的信任和重托！」老虎當即表態道。言畢，即向女媧再拜辭行，引領漫山的凶獸離散去了。

眾凶獸在虎王的引領下離去之後，女媧則從離去眾獸對虎王不以為然的神態中，感覺到了眾凶獸與凡人為善，和睦相處的問題仍然沒有解決。鬧得不好眾凶獸不服虎王，甚至會鬧得對凡人更惡十分。為此她放心不下，即又思慮再三，生出一計在心中說道：「我把下界大地劃片分封給黑龍六神魔，和那人頭蛇身的燭陰惡神。使他們一可各得其所，二則使他們分片管轄凶獸，定可確保凡人無恙！」

「眾神魔聽令：娘娘剛才救封了虎王，現在對你等七神魔進行救封！」心想至此女媧當即開口，對正在看視離去眾獸的黑龍六神魔道，「以便你等神魔各有疆界各得其所，並且各司其職各負其責，好生保護娘娘的孩子。娘娘的孩子今後在誰的疆界上得不到保護，娘娘就拿誰是問！」

黑龍六神魔突聞女媧此言，急忙一齊跪倒在地叩拜道：「謝娘娘厚恩，我等定然不負娘娘厚望！」

女媧隨之封賞道：「娘娘救封黑龍為冀州之王，坐鎮北方冀州地界。救封鷥鳥為西域之王，坐鎮西域地界。救封神鼇為中原之王，坐鎮中原地界。救封旱魃為三楚之王，坐鎮三楚地界。救封魑魅為吳越之王，坐鎮吳越地界。救封魍魎為齊魯之王，坐鎮齊魯地界。救封沒有前來的燭陰為幽燕之王，坐鎮幽燕地界。」

黑龍六神魔受完此封，全都心喜無限，叩拜女媧再三，聞知女媧無事，便即各個辭行赴任而去。看著黑龍六神魔匆匆離去的背影，站在女媧身旁的花蛇開口提醒女媧道：「娘娘，甭看他們這時全都歡喜而去，後日非將事情鬧得更糟不可！」

女媧這時也從黑龍六神魔的行動中，隱隱察覺出了花蛇所言跡象，而且更從黑龍七神魔的過往履歷中，深知花蛇的話語弄得不好真會變成現實。但她這時則雖然心有所想，表面上卻不露聲色道：「也可能會好。」

花蛇聽聞此言心知不便往下再說，便即轉話題催促女媧道：「娘娘現在封賞安排完畢，可以放心地歸回天界去了吧！但不知娘娘打算何時動身？」

「沒有歸期。娘娘去了，」女媧淡淡回答花蛇之言道，「誰個能夠駕馭得了黑龍七神魔！」

「娘娘說的對！」花蛇聽到女媧如此一言，說出了自己欲要言說的根底，立即贊同道，「那好，既然娘娘不走了，我侍女花蛇也就不走了，就在下界陪伴娘娘了！」

女媧聞聽花蛇此言，頓然高興十分道：「也好，正好娘娘在下界沒有臂膀幫扶。走，我們歸回宛丘去。」

女媧說著，即領花蛇與小丘子兩個，一路歸回宛丘而來。

七、旱魃屈膝

　　花蛇跟隨女媧回到宛丘，她兩個雖為主僕，但由於昔日在天界即已情同姐妹，今日久別在下界相見，女媧對她因而更加親密十分。只見她倆回到丘上來到丘頂也不歇息，便立刻雙方開口互相詢問起了別後之情。

　　隨後她們從天界談到凡間，從女媧談到花蛇，整整暢敘了一晝一宵，轉眼已經到了次日天明。女媧眼見天色已明，與花蛇也已暢敘完了別後之情，心中不由得又掛心起了她的孩子凡人與凶獸之間的仇惡關係。

　　她知道，前日她雖然訓斥了眾獸，封賞了虎王，讓老虎主宰眾獸以保護自己的孩子。並讓旱魃七神魔分地制約虎王，以保凡間人獸不再相食。但她在當時就想到，旱魃七神魔決不會再像在咸池時那樣馴服於自己，而有可能互相爭搶起來爭奪下界凡王之位，並為此放下制約虎王之事而不顧。

　　同時她在當時也看到，眾獸對虎王並不真心誠服。眾獸不能真心誠服虎王，虎王就不能真正主宰眾獸。事情若此，眾獸說不定就會因為不服虎王或者遷怒於自己，對凡人加害倍惡十分。或者為爭獸王之位，對凡人加害兇狠十分，以逼迫自己撤掉虎王的獸王之位。如果這

樣，人獸就不僅仍然不能平安相處，而且處境還會惡化十分。

另外即使眾獸聽從虎王之令，但老虎也終究難以盡改為惡獸性，長期與凡人為善。旱魃七神魔誠心制約虎王，他們也絕對不會長久對虎王誠心制約。如果旱魃七神魔行起惡來，他們不再制約虎王；或者虎王對眾獸發號施令，與之仍如先前共同行起惡來，那樣凡人的處境就會更加險惡萬端了。

想到這裏，女媧便愈加放心不下，為自己辛勤創造孩子的處境越加擔心。當然，前日她剛剛訓過眾獸封過虎王，並敕封旱魃七神魔各踞轄地制約凶獸，方使得今日人獸平安相處。但是居安思危，禍患豈可不加防範，如果剛才自己想到的事情果真發生了呢！

「花妹子，我倆不能只是坐在這裏說話，娘娘還要繼續造人，」為此想到防患未然，女媧便再也坐不住了身子，立即開口對花蛇道，「以多多地造出人來，好在萬一時與眾獸抗爭。以多鬥惡，以保凡人不受更大的災難。」

「娘娘，難道我們解決人獸相爭，除了多造凡人以與惡獸抗爭之外，就沒有別的辦法了嗎？」花蛇聽了女媧此言，一雙水靈靈的大眼睛一閃，半是言說半是詢問道，「比如，難道我們不可以強健凡人的體魄，使其具有神樣的筋力嗎？如果那樣，眾獸不就只可供凡人享食，凡人就不被眾獸所害了嗎！」

「花妹子所言極是，娘娘我何嘗不想這樣！但正如我剛才回答宛妹子之言一樣，這是絕對不可能的事情！」女媧立即回答道，「這是因為，奇異無限的宇宙造化之功，造就了上界的天神就是上界的天神，下界的凡人就是下界的凡人。神人有天壤之別，二者豈可同日而語！」

「若如娘娘此說，就是人神如果具有同等功力，就沒有了人神之

分！」花蛇這時不待女媧說完，打斷其言道：「因此，我們只有多多造人與惡獸抗爭一法，舍此則是別無它途可走的！」

「是的！」女媧即言肯定道，「花妹子所言極是。」

花蛇聽到這裏，無奈贊同道：「若如此說，妹子我就隨娘娘一道造人去！」

女媧聽了心喜，即對花蛇道：「好，我倆一起造人，可以造得更多。」言畢，便與花蛇一起走下宛丘，到河邊造人而來。

她們來到河邊，女媧俯身撿起放在水邊的青藤，立刻蘸水甩泥造起人來。花蛇哪裏見過如此場景，她看見女媧將青藤一甩，即把水中泥巴拋成點點甩上了半空。那小泥點在半空中隨著被風一吹太陽一曬，落到岸上已經乾燥。

女媧見之「呼」一口氣吹去，便見那乾燥的小泥點立刻開始蠕動，隨之便如拔節竹筍長高起來，眨眼便全都長成了小夥子和大姑娘，齊聲歡叫著「謝過娘親」，高興地向四野狂奔而去。女媧就這樣把手中的青藤甩個不停，那成群的新造凡人便陸續向四方奔走而去。

花蛇看得大為奇異，呆愣半天方纔清醒過來，開口盛讚道：「娘娘真是神力無邊！太神奇了，真是太神奇了！原來凡人竟是娘娘這樣創造出來的！」說著，她向女媧索要青藤，欲要學著女媧的模樣甩泥造人。

女媧眼見花蛇索要青藤，便向前邊密林處一指，要她前去那裏採折。花蛇聽了即到密林採來青藤，蹲到水邊學著女媧的模樣，開始了甩泥造人。然而她甩呀甩呀，她甩到岸上的泥點雖然眾多，模樣也與女媧娘娘所甩泥點無異，但只是無論她怎樣向泥點吹出氣去，那泥點卻就是沒有一個能夠活動起來，當然也就不會有哪怕一個長大成凡人。

花蛇開始還不氣餒，一次不成兩次不成，她還以為自己甩泥的方

法不對，就仔細學著女媧的模樣繼續再甩。但在她久甩不成，眼見自己造不出凡人之後，心中方纔不得不氣餒到了極點。未了只有站在一旁，用羨慕萬分的敬佩目光，看著女媧娘娘辛勤甩泥造人。

她看啊看呀，她看到女媧娘娘為了多多地造出凡人，不捨得歇息片刻，天天都是累得渾身大汗淋漓不止，疲憊之態越來越加顯現。為此她不由得對女媧娘娘心疼十分，這日在旁禁不住開口勸說道：「娘娘太累了，歇息一會兒再甩吧！」

「不，不能歇息，」女媧聽了花蛇之言，手中依舊甩泥造人不止，口中回答道，「要多造凡人，防患於未然呀！」

花蛇眼見勸說女媧娘娘歇息不成，只有不再勸說苦苦陪伴她在河邊甩泥造人。如此一連數日過去，她看到女媧一直甩泥造人不止，隨著日子的推移越來越顯疲憊，心中更是疼痛不已。特別是她看到女媧如此勞累，自己卻只能坐在一旁陪伴看視，而不能替其分擔絲毫勞累之時，便不由得更是日漸坐身不住，心想起了為女媧分擔勞累之法。

她知道女媧的心思，即她所以如此辛勞造人，就是為了多多地造出人來以與惡獸抗爭，確保凡人在弱肉強食強者生存的凡界上，不被惡獸撲食淨盡，而勝過惡獸成為凡界的主宰。出於這一心思，女媧主要擔心惡獸吃食凡人，為此花蛇決計出外巡視一番，以看人獸是否平安相處。

如果看到自從上次女媧訓示眾獸，敕封虎王和眾神魔之後，眾獸在眾神魔和虎王的管束下能夠與人平安相處，回來稟報女媧娘娘，便一定可以解除其心中的部分牽掛，使她稍稍放慢甩泥造人的進程，緩解其勞作之苦。

心想至此，花蛇這日便把心中所想告知女媧，欲要前去巡看凡界。女媧這時也正為不知人獸近日相處情形放心不下，花蛇的打算正

合其意。為此她聽了花蛇所想，便當即同意她離開宛丘，巡看人獸相處情形而去。

花蛇告辭女媧一路先向西行，她過嵩山，走華山，越昆侖，而後折轉向南，一路奔往南嶽衡山巡視而來。沿途之上，花蛇見人就問人獸近日相處情狀，眾人皆言近日人獸相安無事，都覺得獸類驟生此變，實在突然。

花蛇便將眾獸此變的原因盡向眾人講明，眾凡人聽了花蛇此說，都謝女媧娘娘的盛恩，但也都說不敢放心，擔心惡獸不會與人長此平安相處。乞求花蛇告知女媧娘娘，為孩兒們早打主意，生出保護凡人的良法。花蛇對眾人之言細心傾聽，銘記於心，向眾人表示一定回稟女媧娘娘，並安慰眾人放心。

花蛇如此邊行邊看邊問邊講，轉眼十數日過去，這日來到了八百里南嶽衡山之中。在衡嶽山中，花蛇隨處巡看，問詢眾人。眾人所言近日人獸相處情狀仍如先前，花蛇聽了心覺寬慰，便在山中游觀起來。只見她登祝融峰，攀芙蓉峰，上天柱峰，觀石廩峰，看觀音峰，轉眼時過數日，已是遊遍了衡嶽七十一峰。這日一早，又來到衡嶽第七十二峰紫蓋峰下，觀看起了衡嶽奇景瀑布水簾。

花蛇站在瀑布水簾落下的谷底向上仰視，只見水簾瀑布從高處傾瀉而下，果如從天而降，真有疑是銀河落九天的感觸！花蛇如此觀看瀑布水簾，真個是越看越奇，越奇越迷，轉眼已是半個時辰過去。然而時間雖是過去了半個時辰，花蛇觀看水簾瀑布的興趣卻仍是不減，整個身心依舊沉醉在奇妙的水簾瀑布奇景之中，進入了無我的忘我之境。

「花蛇姑娘！」就在這時，突聞一聲高聲喊叫在其背後響起。那喊聲雖然甜蜜親切溫情萬般，但它卻像一聲霹靂驀然炸響，震得花蛇

渾身一栗！花蛇看得太專心了，因而哪怕是一聲極小的聲響，這時在她聽來也恍若驚雷，震得她心中難禁一驚。

花蛇轉瞬驚定，即辨出了喊她的聲音不是出自別個之口，而是出自她熟悉的昔日扼守咸池第一魔洞守將旱魃。暢遊遇故舊，花蛇頓時心喜萬分，忙循聲扭頭看視。果見那旱魃魔將，這時正站在她的身後，口中甜蜜地叫著她的名字。眼光則凝聚全部心神，火辣辣地照射在她的身上，大有把她全部看進眼中之勢。臉上則溢露著火燒火燎般貪饞欲望之色。

花蛇目睹此景，心中頓生身受巨大褻瀆的厭惡之感，但又不便發作道：「噢，原來是旱魃魔王。你怎麼也在這裏？」

「怎麼，姑娘能在這裏，小魔難道就不能在這裏嗎！」旱魃聽了花蛇此言，即忙大獻殷勤道，「不瞞姑娘您說，小魔不僅身在這裏，也知道姑娘身在這裏。就連姑娘您連日來都在哪裏，小魔也盡知沒有遺漏。」

旱魃此言並非言過其實，而全是千真萬確的真實情形。天界的神靈魔怪不僅也像凡人一樣心中充滿著七情六欲，而且比凡人的七情六欲更為豐富狂烈。因而旱魃魔怪早在天界守衛咸池之時，便對漂亮的花蛇心中產生了如火的戀情。只因天界有神魔不得通婚之規，旱魃雖對花蛇戀情似火，也無奈只有一直按在心中不敢外泄。然而其戀情之火雖是不敢外泄，可那火卻是無論如何也都在其心中不能熄滅，而且還越是壓抑燃燒越旺。

因而不知道有多少個白天，那戀情之火燒得旱魃坐臥不安，心生不見花蛇一面無以度過一日之感。與此同時，若是偶然得見花蛇一面，又生出無限的局促恐懼之情，使得他連正視花蛇一眼也不敢。所以過後又大為後悔自己勇氣不足，沒有看清花蛇之面。

　　也不知道有多少個夜晚，那戀情之火又燒得旱魃無法入睡，對花蛇想入非非。多少次剛一閉上眼睛，就覺得花蛇就伴睡在自己身邊，高興得他伸臂去摟。結果撲個空，方知是夢中好事，只能一陣空喜歡。

　　就這樣這邊旱魃對花蛇戀情如火，那邊花蛇對旱魃卻是壓根兒就沒有放在心上，而且心中也從來沒有生出過一絲兒戀情。所以儘管旱魃對花蛇戀情似火，花蛇對旱魃卻平淡如常。旱魃對花蛇只能是單相思空喜歡，從來沒有得到過花蛇的一絲厚待，也從來沒有得到過花蛇的一絲好意。

　　但是儘管花蛇在天界對旱魃如此，旱魃對花蛇卻是愛到了如癡如醉的程度，並不在乎花蛇不理會他。他相信只要自己矢志追求，花蛇的心腸即便是石頭，也一定會變軟開花。所以在天界他因天規所限不能表達自己之愛，便始終初衷不改，苦心孤詣地單相思著花蛇。

　　前些日仙妃娘娘隨玉皇大帝下凡一直未歸，旱魃心上的天規禁鎖稍釋，他曾經趁那時機多次靠近花蛇，並向花蛇大獻殷勤。但無奈只是不敢稍表心曲，仍是絲毫未能贏得花蛇的厚待和情意。

　　可他仍不氣餒，他責怪自己沒有向花蛇表露心曲，痛恨天規不該如此限制。決計再向花蛇去獻殷勤，借機鼓足勇氣不被天規縛束盡表心曲。以感動花蛇的石頭心腸，向自己開出愛情之花。

　　但就在旱魃決計再向花蛇去獻殷勤未獻之時，這日突然傳來了玉皇大帝大赦天界的御旨。旱魃三魔與神龜三神昔日皆為天界犯魔罪神，皆因得到玉皇大帝的寬容，方纔來到咸池為仙妃娘娘扼守咸池通路。今日聞旨遇赦，並被盡數放至下界心中大喜。然而歡喜總是伴陪著悲傷，旱魃歡喜遇釋下凡之餘，突然想到花蛇並不前去下界，禁不住又悲傷起來。

　　然而這時不論旱魃歡喜還是悲傷，他都必須到下界去。因而那時

離開咸池到下界而來的旱魃，心中真個是遇釋不如不遇釋，因為他實在捨不得離開他單相思著的戀侶花蛇姑娘。為此他又決計在他們三魔三神離開咸池花蛇前來送行之時，尋機向花蛇訴說戀情。但無奈花蛇前來送行之時，他與其根本沒有單獨相處的時機，他的打算便在天界未能實現即來到了下界。

剛到下界時，旱魃當然依舊對花蛇日思夜念。但他覺得自己到了下界，就從此再也見不到花蛇姑娘了。因為過去神魔一般進不了咸池，以後喜愛清靜的仙妃娘娘也絕對不會讓一般神魔進入咸池。自己進不了咸池，花蛇姑娘作為一般小神更無機會來到下界，自己便無緣見到花蛇之面。所以他心中不由得痛苦萬分，也絕望萬分。

然而想不到數日前，他在救援女媧時突然看到也到下界來了的花蛇姑娘，禁不住心中大喜過望。他想到自己既然來到了下界，便解除了天界神魔不得通婚的天規。為此他決計在這解禁的下界，要向花蛇盡表心曲，絕不能再像在天界時失去時機。

為此他在女媧敕封他為三楚魔王之後，並未立即前來這三楚地界赴任。而是一直潛隨在花蛇之後，以尋找與花蛇單獨相處的時機。但無奈他一連隨窺數日，花蛇都一直與女媧形影不離，使得他沒能找到單獨相處的機會。這時他心中害怕封地被別個搶佔，將來被花蛇恥笑其無能，他才不敢再待，決計先去封地稍作看視，再返回尋找時機向花蛇訴說戀情。

旱魃為此離開宛丘到其封地巡看一番過去數日，心中害怕花蛇離開下界返回天界去了，忙急火火離開封地向宛丘尋看花蛇而來。旱魃來到宛丘一看，果然真的不見了花蛇姑娘，頓然心中大驚害怕花蛇回了天界，並深深追悔自己離開宛丘如此數日！

為此他不敢稍作停怠，當然也不敢進前直接詢問女媧娘娘，而通

過多方打探方知花蛇並未離開下界，而是四處巡看人獸關係去了。旱魃聞知此情心中轉喜，雖然他暫且不知花蛇去了何方，但他可以再作打探。隨之他便離開宛丘，一邊探問，一邊盲目地先向北方尋找花蛇而去。

旱魃向北當然尋找不到花蛇，尋找數日沒有消息他便折轉西南，一路向行人打探方知花蛇向西巡看去了。旱魃不敢怠慢忙向西方尋找，一路打探沿著花蛇走過的道路，攀嵩山，登華山，走昆崙，而後竟向三楚地界南嶽衡山尋了過來。

旱魃這時不敢相信自己的尋找路徑正確，因為他不敢相信花蛇真的會向自己的封地巡來。若是真的這樣，自己就實在是太幸運了。為此他又高興萬分，想著花蛇真的來到了自己的轄地，自己就可以任意作為了。

就這樣旱魃懷著高興與擔心交織的心情，一陣尋到了其三楚轄地，末了終在衡山紫蓋峰下的瀑布水簾奇景跟前，尋到了自己日思夜念的花蛇，看見她正迷醉在對瀑布水簾的靜觀之中。

睹見此景，旱魃真個是尋不見花蛇時心急如火，這時見到花蛇了又禁不住驚怕十分，頓然失去了去見花蛇的勇氣。然而他心中的戀情之火又燒得他不去面見花蛇不可，於是他緊張的心跳得如同懷中抱著的一隻欲逃的兔子一般，腳下踟躕著，戰戰兢兢艱難地來到了花蛇身後。

站在了花蛇身後，旱魃看著花蛇姑娘迷醉於瀑布水簾的癡迷情態，卻又久久不敢開口驚擾於她。唯恐驚擾了她打斷了她的情趣，自己會被怪罪。弄個自己尋找數日追求數百年，方得此機又使美事難成。為此他等啊待呀，一直站在花蛇身後足足等了有半個時辰，末了終於抑制不住心中奔突燃燒的戀情之火，開口輕輕地溫情萬般地喊叫

起了「花蛇姑娘」。

花蛇聞聲見是旱魃，詢問聞知其盡知自己行蹤，不由得怒容即現道：「怎麼，你旱魃魔怪竟敢偷窺本姑娘行蹤沒有遺漏！」

「不，不！」旱魃這時眼見花蛇臉怒言惡頓知自己失言，急忙開口解釋以作挽回道，「小魔絕對不敢偷窺姑娘行蹤！」

「這就對了。量你小魔也是不敢！」花蛇仍是怒氣不息道，「那你為何講說盡知本姑娘行蹤？」

「那是因為小魔前日出去遊觀，一路聞知姑娘到過嵩山，走過華山，去過昆侖，」旱魃不敢實言，唯恐壞了好事，為此順勢騙言道，「不料想今日恰在小魔的封地之上，遇到了姑娘，實在是小魔之幸！姑娘光臨，令小魔南嶽衡山生輝，給小魔三楚轄地增光也！」

「小神只顧一路遊玩，忘記已經到了魔王地界！」花蛇聽了旱魃此言，方纔松一口氣譏嘲道，「小神到了魔王地界，沒有先去拜見魔王，實乃小神之罪，乞魔王諒解！」

旱魃聽出了花蛇的譏嘲話意，但他為了泄出心中的愛火顧不得這些，立即語含深意試探道：「姑娘到了小魔三楚地界，便是到了自己家裡，何須此言！」

然而旱魃此言說者有意，花蛇卻聽者無心。只聽花蛇無意戲言道：「若是這樣，那你三楚魔王要怎樣款待本姑娘呢？」

這一次事情恰好相反的是，花蛇說者無意，旱魃卻聽者有心。只見他聽罷花蛇此言，心覺正中自己下懷，猜想花蛇對自己有意。只是其性格一貫開朗，故意把話語說得句句戲笑罷了。為此他心喜過望，認為言明真情的時機已到，遂立即色膽包天開口向花蛇明言起來道：「既然到了家裡，什麼就都成了姑娘的……」

「魔王什麼意思？」花蛇這才一愣道，「什麼到了家裡？也對，

這是魔王的家裡！」

「小魔是說，既然到了家裡，就沒有了款待之說！」旱魃這時已是不顧一切，厚著臉皮繼續道，「花蛇姑娘，小魔愛死您了，您急死小魔了！小魔在天界數百年來，一直愛著您喲！小魔最最親愛的花蛇姑娘，這次您就不要走了，我倆要永遠在一起，就住在這三楚地界上……」

旱魃對花蛇也是愛得太刻骨銘心了，愛的時間太久長了，愛得太狂烈了。而且其向外流淌愛情的閘門，長期以來一直被緊緊關閉著。因而這時閘門被驟然打了開來，一時間真個是關閉不住，使旱魃說了個沒完沒了。驀然間把心中毫無它想的花蛇，驚愣在了那裏，許久沒有反應過來，才使得她沒有開口去打斷旱魃的話語。

然而花蛇還是很快從震驚中清醒了過來，她實在不知道旱魃所說是哪裏的事兒，同時對旱魃此說充滿了厭惡痛恨之情，隨著開口打斷道：「魔王瘋了，都是胡說些什麼！這都是哪兒跟哪兒的事兒呀！快快給本姑娘閉嘴！」

旱魃聽了先是一怔，隨著忙從愣怔中清醒過來。他當然不會停下其言，因為他不能再去喪失這一難得的時機，他要把心裡的話語全對花蛇講說清楚，繼續道：「小魔一點兒也不瘋，一點兒也不胡說！小魔說的都是壓在心底裡數百年來的話，這話千言萬語歸結為一句，就是親愛的花蛇姑娘，小魔愛您！因而，就請姑娘收下小魔的這份誠摯愛情，這是小魔的一顆心呀！」

「你這是黑心，噁心！」花蛇聽到這裏容不得忍不得了，即刻勃然大怒吼叫起來道，「住嘴，快給本姑娘閉住你那臭嘴！滾開，快給本姑娘滾開！別再在這裏玷污本姑娘的耳朵！」說著，她竟彎腰掬起水簾之水，洗濯起了自己的雙耳。

然而，旱魃不論花蛇如何臭罵，也不講花蛇洗不洗雙耳，只是依舊在旁表訴戀情道：「我親愛的花蛇姑娘，小魔絕對不能再離開！若是再離開了您，小魔就得死！小魔就是要說，要把心全說給您聽。您聽我說，我愛您，我永遠永遠地愛您！」

花蛇聽到這裏更覺噁心至極，但她眼見旱魃情狀知道再對其說也是無用，無奈便不再言說而用雙手捂住雙耳，邁步離開旱魃向遠處走去，想一走了之。旱魃當然不容花蛇就此離去，只見他眼見花蛇邁步離去不敢怠慢，即躍身趕到前面攔住花蛇不懈道：「親愛的花蛇，我愛您，我真心誠意地愛您！」

花蛇聞若未聞，眼見旱魃攔在前面，即轉身向後離他而去。旱魃見之仍是不放，複又趕到花蛇面前攔住講說起了戀情。花蛇見之更惱，又複返身走去。旱魃見之，又攔了上去。如此反覆再三花蛇氣惱至極，無奈厲聲怒喝道：「魔怪，我警告你，你若膽敢再行無理，我告知女媧娘娘，非要你的好看不可！」

旱魃聞聽花蛇此言，方纔心中陡然一驚！因為女媧數百年來的嚴厲管束，使他產生的敬畏心理這時猛然湧出，使他頓然清醒過來，一時失去了剛才的狂熱之態，愣怔在了那裏。

花蛇見之不敢怠慢，忙趁此機先是一溜小跑離開旱魃，隨著急駕雲頭徑向北方宛丘方向行去。飛到宛丘近處心想旱魃不會追來，方纔按落雲頭一路邊走邊看，邊巡訪起了人獸關係。

花蛇向前剛剛行走數里，不料正行之間，突然又見旱魃站在面前攔住了去路。旱魃剛才雖被花蛇說出的「女媧」二字驚懾，但他很快清醒了過來。想到這裏是下界而不是天界，女媧也不能再像在天界一樣能夠管束得了自己。便又按耐不住心中戀情之火的狂燒，即忙追趕花蛇而來。追趕多時不見花蛇蹤影，便也駕起雲頭一陣猛追，追到這

裏追上了花蛇，便又按落雲頭攔在了花蛇面前。

花蛇見之心中更惱，立刻開口厲喝道：「魔怪，你今個還有完沒完？再鬧，我就對你不客氣了！」

旱魃這時依舊不惱不怒，繼續厚著臉皮道：「小魔這不是鬧，這是真心實意的愛！小魔求您開恩！」

花蛇聽聞旱魃此說，見其死纏不放，也真是一時無可奈何起來。無奈之中，她只有再次轉身返向而走。

旱魃這時眼見訴說真情不得應允，數求花蛇不得真情，也頓時陷入了無可奈何之境。無奈之中，他只有再次攔到花蛇面前，「撲通」一聲雙膝跪了下去，開口跪求起來道：「親愛的花蛇姑娘，您再不應允小魔之求，小魔就只有跪死在您的面前了！」

花蛇噁心至極，對旱魃此舉見若未見聞若未聞，連看一眼也沒有，即又返身向相反的方向走去。

八、黑龍傷身

　　女媧在花蛇離去之後日日勞苦造人，動作重複，單調乏味，便心想起了花蛇在身邊時有說有笑的歡樂。為此她後悔前些日不該讓花蛇離開自己巡看人獸關係而去，方使得自己如今落得個無以談吐心曲。女媧如此越想花蛇越感孤寂，越感孤寂就想得越多起來。

　　心想之中她進一步想到，自己因為時刻放心不下孩子，看來從今往後難以離開下界返回神界。在下界，花蛇歸來雖然可以與自己談吐心曲，但終究主僕有別，並且同為女神難以盡吐心曲。另外自己雖然造出了眾多的孩子，給自己添加了無盡的歡樂，但自己作為母親與孩子雖親，也畢竟難以盡吐心曲。

　　為此想到這裏，女媧心中不由得驀地一悸，隨著兩面臉頰倏然飛上了紅暈。腦海中禁不住閃過了這樣的念頭，即在下界尋找一位男性伴侶，以解孤寂之憂。是呀，如果能夠在下界尋得一位男性情伴，那該多好呀！他既可以做到孩子和花蛇都做不到的事情，而且自己也可以向他吐露對孩子和花蛇都不能吐露的心曲了！同時，他還可以助自己半臂之力，幫助自己治理好凡界。

　　想到這裏，女媧心中禁不住悸動進入狂烈，這狂烈的悸動使得她頃刻間不由得心慌意亂，出氣急促，不覺停下了手中甩泥造人的動

作。頭腦中努力往自己潛意識層裡開掘，以期掘出一個自己潛意識中曾經愛過的男性情侶，哪怕是自己昔日對他只有過一絲情愛！

然而女媧此後在自己潛意識層裡掘啊尋呀，掘尋雖久卻一直沒能掘出一個自己愛過的男性伴侶來，哪怕是自己昔日曾經對他生過一絲情愛。女媧確實不能開掘出曾經的情愛，因為在此之前作為玉皇大帝的御女，她一直錯誤地把萌動情愛之心看作是卑下的，有損玉皇帝父尊嚴，有害自己形象的下流之舉。因而她對自己心中的情愛萌芽狠狠地壓抑著，一直未敢萌動情愛之心。因此這時即使她努力在潛意識中開掘，也不能掘出一絲兒愛的痕跡來。

掘不出愛的痕跡，女媧不禁一時苦惱十分。因為愛情這東西昔日你對它壓抑得越狠，這時一旦爆發出來它就愈加濃烈十分。這濃烈的愛情之火，一時間燒得女媧真個是心亂十分意亂十分。接著使她不由得氣惱起了自己為什麼昔日沒有過一絲兒情愛，貽誤了自己的大好青春！

女媧如此情火中燒，又在潛意識中開掘不出一絲兒愛的痕跡，壓抑不住心中濃烈燃燒情火的她，便決計在下界長住就在下界尋求一個情伴。但是接著，她就遇到了選誰作為情伴的問題。因為凡界凡人雖多，但都是自己的孩子，而且自己是神，便不可能在其中挑選。這樣餘下來可供選擇的物件，就只剩下了黑龍、鷺鳥和燭陰三位神王。

因為神黿和魍魅身為女性，另外天界有神魔不得通婚的規矩，所以旱魃與魍魎雖然身為男性，也只能排除在自己選擇的物件之外。既然可供選擇的物件只剩下了黑龍三位神王，女媧雖然覺得命運對自己十分苛刻，但她還是決計從中選出一位情侶。那麼選擇誰好呢？隨著她對黑龍三神王便一個個作起了掂量。

她首先掂量起了黑龍。黑龍身為龍身，首為人首，長得與她女媧

的模樣最為接近，因為她也是人首龍身。然而，黑龍為她扼守咸池通路數百十載，她瞭解黑龍狡惡狠毒貪婪的性格，那性格正是誠直慈善的女媧所不能容忍的。女媧清楚地知道，黑龍當年所以被玉皇大帝判罪，並交給自己讓他為自己扼衛咸池通路，就是因為他狡惡狠毒犯下了大罪。

那時，黑龍在右司時大神忽手下當差，但他時刻覬覦忽大神的右司時大神之位。為了謀得此位，一日他心生惡計，殺死前來送信的玉皇帝父的傳信大神，接著誣陷傳信大神為忽大神所殺。殺死傳信大神玉皇帝父當然不容，黑龍思謀玉皇大帝追究下來，忽大神必被撤去職位，自己便可趁機攀上此位。豈奈玉皇帝父明斷是非，判定殺死傳信大神者為黑龍，將黑龍定為死罪本要斬處。無奈眾神為之求情方纔將其赦去一死，交由自己管束令其扼守咸池通路。

黑龍到其咸池之後，又在他引領樸妻取走不死仙草不久，為了謀奪西方一個神國國王之位，強迫其剛剛懷孕不久的妻子小青蛇，佯嫁於那個神國的國王。以期將來生子繼承王位，自己謀得其國。小青蛇不允，氣惱得自縊而死。掂量至此，女媧一下子將黑龍排除在了欲選情侶之外。

女媧排除了黑龍，便接著權衡起了鷙鳥神王。鷙鳥長得豹頭虎目，鳥身虎肢。一見其貌，便可知道其為邪惡之輩。鷙鳥昔日也實在邪惡十分，正因為其邪惡在天界犯下大罪，後被玉皇大帝交給仙妃令其扼守咸池通路。

那是在鷙鳥官至玉皇大帝靈霄寶殿御前掌燈之時，一日看到遠方一個小神國的特使，來向玉皇大帝進貢珍玩玉女，玉皇大帝收下了進貢珍玩，卻沒有收下進貢的三名玉女。而且賞賜給那特使一批比其進貢珍玩更為貴重十分的珍玩，讓其帶上賞品與玉女歸國而去。

鷙鳥站在御前掌燈看得清楚，對那特使攜去的珍玩和玉女禁不住垂涎三尺。為此在玉皇大帝退朝之後，他便立即追隨那特使一行而去。追到一個僻靜之處，鷙鳥突出殺手打死特使，搶得珍玩與三位玉女，攜回住處盡情享用起來。

特使身死遲遲不歸，使得那遠方小國國王放心不下，便又遣特使前來問詢。玉皇大帝聽聞此變心中震驚，立刻查清了鷙鳥所犯罪行，本欲斬殺，後赦免其罪交由仙妃讓其扼守咸池通路。女媧心想鷙鳥邪惡至此，當然也把他排除在了選擇情侶之外。

末了女媧權衡起了燭陰。燭陰憑長相著實令女媧喜愛，他人面蛇身，渾身赤紅，並有一身使不完的本領。但只是其性格像其名字一樣陰晦可怖。昔日他在玉皇大帝後宮掌燈時節，斗膽搶走御女的惡舉，至今仍在女媧心中記憶猶新，為此她擔心他本性難移。特別是他這數百年來被鎖在崦嵫山上，女媧與他毫無接觸。因而不知其性格根底，女媧又只能將其排除在了選擇之外。

凡間只有這三個可供選擇的物件，如此又盡被女媧排除去了，接下來女媧便沒有了選擇之地。不選擇了嗎？不！胸中的情火奔突燃燒，女媧無奈決計在這三神之中選定伴侶，為此她對他們三神作起了橫向權衡。山中無虎猴稱王，瘸子裡邊挑將軍。女媧反覆比較黑龍三神的長短，她覺得鷙鳥多惡，燭陰多陰，黑龍雖狡但不為邪惡，為此她最終選定黑龍作為自己的情侶。

女媧所以選定黑龍作為情侶，除了是瘸子裡邊挑將軍的無奈之舉，還因為女媧認為她與黑龍成為情侶之後，她可以借機對黑龍進行改造，使其去掉狡惡改掉狠毒，成為一個正直良善之神。決定既出，女媧便對黑龍改變了看法。

後人常言情人眼裡出西施，在神界同樣有情神眼裡無歹神之說。

由此黑龍的長處便成了女媧眼裡的長處，其短處也立刻變成了女媧眼裡的長處，即使黑龍說了錯話，女媧也會認為其說很有個性，是至理名言。就這樣女媧選定了黑龍，便愛上了黑龍，只是不知道黑龍是否也愛自己。

被敕封為冀州之王的黑龍，是否會愛她女媧呢？神界有言愛著的女神都犯傻，這時的女媧由於被心中的情火燒得渾身躁動不已，因而使得她似乎忘記了一切，即決計前往冀州一探黑龍的根底。想到就做，女媧這時也顧不及了再去造人，隨著便離開宛丘一路向北，徑向冀州尋找黑龍而來。

女媧轉瞬來到冀州地界，但是冀州地界廣大，到哪裏去尋找黑龍呢？她想到黑龍性喜深潭巨淵，說不定會住在北嶽恒山之上的深潭巨淵之中。女媧為此先到北嶽恒山尋找一遍，卻沒有找見黑龍的蹤影。黑龍到哪裏去了呢？山中找不到黑龍，女媧心中思念黑龍求不得立刻見到黑龍之面，便又順著黑龍性喜深潭巨淵的思路立刻下山往東，徑向坐落在冀州地界腹心的荷澤尋去。

事情果然不出所料，女媧剛剛尋到荷澤岸邊，身子剛一閃出茂密的叢林，眼睛還沒有來得及向澤中看視，便率先聽到一聲少女清脆喊聲：「娘親，您怎麼來了這裏？」

女媧對這喊叫聲熟悉至極，沒等其聲落音眼睛也沒有來及看視喊者，便已聽出喊者正是宛妹子姑娘。於是她邊舉目循聲看視，口中邊說道：「是宛妹子！你在這裏？」隨著女媧的話音落下，其眼睛也看到了正自羞怕萬分的宛妹子。

女媧看得清楚，宛妹子仿佛剛剛從黑龍懷抱中脫出，立在一旁站、坐都不是滋味。就如同一個剛剛鑄下大錯的孩子無處立身，只等大人的懲處一般。宛妹子的臉上，兩頰緋紅，羞愧萬般。而其正要尋

見的黑龍大神，這時則恍若驚呆，依舊無可奈何地坐在水邊草地之上，怔怔地說不出話來。

女媧目睹此景，立即知道了這裏剛才發生的一切。隨著那剛才的場景，便一幕幕躍上了她作為女兒家極其敏感的心頭，心中禁不住生出一陣酸楚。是呀，這下界對於她女媧實在太苛刻了，本來可供她選擇的情侶物件只有三個姑且不說，而且這時竟連她選定的情侶，又與其孩子宛妹子耍在了一處！

好在女媧的心地是慈善寬容的，她既沒有責備宛妹子，也沒有斥罵黑龍，而只是和藹地開口對宛妹子說道：「宛妹子，去找你小丘子弟弟玩耍去吧。娘親有話，要與黑龍大神講說。」

「謝過娘親，孩兒去了！」機靈的宛妹子正無臺階脫開這尷尬的場景他去，這時聽了女媧之言即言道。說著，即一溜煙離開澤畔，隱沒在了茂林之中。使得荷澤岸邊，立即只剩下了仍在尷尬中的黑龍，和剛到這裏的女媧兩個。

這時，荷澤上空天碧如洗，豔陽斜掛。荷澤之中無垠的湖水湛藍碧透，輕波微漾。水面上和風習習，吹颳得湖邊茂綠的樹木輕輕婆娑翻舞。真個是水清天碧，風輕日柔，沒有一絲兒噪音，沒有一絲兒干擾。令遊者心曠神怡，意境恬淡十分，是個今人難以尋到的談情說愛絕妙去處。

但是，站在澤邊的女媧卻久久沒有口出一語。這不是因為她心中的酸楚還未退去，也不是因為她要訓斥黑龍做了剛才的事兒。而是她心中情火猛燒，陡地見到了自己心中期盼的心上情人，頓然驚怕十分。從而使得她一時無言表達自己的真情，久久尷尬在了那裏。

黑龍也久久沒有口出一言，他看到女媧看到了剛才的場景，他在等待著女媧對他的訓斥。他心中也在氣惱，女媧沖散了他與宛妹子的

這第一次約會，使它剛有個開頭卻沒有了結尾。然而黑龍久等不見女媧開口，隨著他便仔細觀看起了女媧的舉動。

他看到，女媧這時的表情很不自然，呈現出欲言不言面露羞恐之色。他是一位過來之神，情場經驗使他從女媧的如此表情中，立即察知了女媧心中的奧秘，即其心懷難以向自己啟齒的熱切情愛。察知至此，黑龍心中當然也禁不住翻起了一波激動的浪濤。

但是對於黑龍來說，女媧這時送來的情愛也確實太突然了，突然得以至於使他簡直在懷疑，自己是否看錯了女媧。然而他帶著懷疑的目光，又去審視女媧再三，他那過來者的目光，仍是確切地告訴他說，自己沒有看錯。沒有看錯也罷，黑龍心中雖然對此翻起了一波激浪，可他卻也依舊沒有開口言說，任憑女媧尷尬在那裏。

這是因為，黑龍昔日長期與女媧待在一起。作為管束自己的上司女神，女媧在黑龍心目中的形象，是崇高和威嚴的象徵。她崇高威嚴得如同高山冷鐵，使得她在黑龍心目中，絕對不會有情愛產生。

雖然女媧長得臉蛋俊美，身姿綽約，又出身高貴，既具有達官顯貴家族出身的華貴風範，又具有女性懾神心魄的性愛魅力。同時黑龍在小青蛇自縊死後立刻成了鰥夫，伴侶的頓然缺失使他對做愛更加焦渴十分。但他對女媧總是生不出情愛，激不起絲毫性感。因為崇高和威嚴的重壓，窒息了他心中的情愫。所以對於黑龍來說，昔日他絲毫沒有想像過自己去愛女媧，或者女媧會愛自己。當然今日也更沒有必要，去想這個問題。

正是基於此想，黑龍來到下界抑止不住心中的戀情衝動，同時又看不上神鼇女神和魑魅女魔，且也沒有去想而且不敢去愛花蛇姑娘，更不要說去愛女媧娘娘，便在無奈之時將其愛情，全都傾注到了凡胎肉體的宛妹子身上。致使剛才發生了他與宛妹子之間，這場有始無終

的神人幽會。然而這時，他想做到的事情失去了，他不想得到的事情卻到來了，他該怎麼辦呢？他心中就當然不能不立刻一陣翻起了激浪。

本來，黑龍是位狡詐貪婪之神。他特別對權柄貪婪十分，為奪權柄他昔日在天界犯下了罪行。因而來到下界之後，黑龍貪婪權柄的性格並沒有絲毫改變，特別是在他受到女媧敕封為冀州神王之後，其貪婪權柄之心便更加膨脹起來。他很快想到了如何攝取比冀州神王更大的權柄，即一統下界為王的問題。

為了取得一統下界凡王的地位，以與天界的玉皇大帝上下對應享受尊貴和權威，黑龍連日來一直在苦苦地思謀。他想著要取得如此地位，就必須率先聯合幾位神魔之王食掉弱小之王，然後再逐個食掉其他原先聯合的神魔之王，以最終將其他六位神魔之王全都削去權力，而集於自己一身。到了那時，再與女媧言講讓其授於權柄，自己便就可以成為下界之王了。

黑龍想到這裏，正在謀劃的方略還沒有具體實施，卻突然間走來了女媧送來了情愛，震驚之餘他又禁不住心喜萬分！因為女媧送來情愛，正好給了他實施攝權方略的更好方法。他想到，女媧身為下界之主，上天玉皇大帝的御女，自己若是接受了女媧的情愛，便成了女媧的丈夫。那樣自己便成了下界之主的主人，上天玉皇大帝的快婿，這樣豈不比大動干戈一統下界，輕易萬分！

「娘娘到此小神未迎，乞娘娘恕赦小神之罪！」心想至此，黑龍再也不講自己心中對女媧愛與不愛，而熱情接受女媧送來的愛情道，「剛才小神所做與宛妹子之事不對，乞娘娘容讓小神更改。小神定然不負娘娘愛待之心！」

女媧從來沒有做過這等羞煞天神的事情，所以她窘在那裏正無以表達心中之愛，這時聽了黑龍此言，方纔從窘境中解脫出來道：「神

王不必此言，娘娘不過是隨便前來看看！」她仍然不敢開口直接表達心中的情愛，而拐彎抹角道。

「娘娘，昔日在天界小神身為犯神，因而不敢心生非分之想，」然而黑龍雖然心中不愛女媧，但這時卻抱著不可言說的險惡目的，把握准了女媧的心結，立即開言口蜜腹劍道，「今日來到下界，這時荷澤岸邊又只有你我兩個，說錯了算我小神沒說，並請娘娘任意痛責。小神壓在心底多年有一句話，今日說於娘娘，那就是我愛娘娘！」

女媧突聞黑龍如此直露之言，一時間真個是又喜又羞起來。喜的是黑龍一語說出了她的肺腑之言，羞的是她男、女二神如此萌動情心，她身為女兒家經受不住。因而只見她的雙頰立即飛上了紅暈，口吶語吃久久沒有說出話來。

「娘娘，小神斗膽冒犯，乞娘娘饒恕小神之罪！」狡詐的黑龍目睹此景，心知自己已經一語中的，事實確已證實女媧是向自己求愛而來。為此他便進一步逢場作戲地說著，即又進一步來了個假戲真做，翻身「撲通」跪倒在了女媧面前，靜待女媧娘娘的處罰。

女媧目睹此景，禁不住「撲哧」一下笑出了聲來。剛才已經說過，女媧初萌情心愛上了黑龍，便對黑龍傾注了全部情愛。她不僅愛上了黑龍的長處，而且也愛上了黑龍的短處甚至錯處。所以剛才聽了黑龍那番直露表白，這時目睹黑龍跪在地上的情態，她都認為是黑龍的直爽和誠懇，由此使她不由得更加愛上了黑龍。為此她隨即開口笑言道：「傻子，還不快快起來。若是別個看見，豈不笑掉大牙！」

黑龍聽了女媧此言，心知女媧雖然沒有用語言明確表達自己的情愛，但她已用女兒家隱晦含蓄的言辭顯露了自己的愛心。於是黑龍心頭急又轉動，想到自己的目的達到就在眼前，不敢掉以輕心，即又進一步做戲跪地不起道：「娘娘，小神不敢起來。娘娘不拉小神站起，

小神就跪死在這裏！」

女媧聽了又是羞澀地一笑，隨著便按黑龍之言，左手掩住偏轉的臉面，右手則怯生生地向跪在地上的黑龍伸去，以拉黑龍站起。黑龍目睹此景不敢急忙行動，心中笑看著女媧的纖纖素手慢慢地伸到了自己面前，方纔穩穩地伸出自己的大手一把抓住女媧的素手。隨著猛地一個「鯉魚打挺」翻身站起，陡地便與女媧緊緊地擁抱在了一起。

女媧猛不防被黑龍陡地抱住，接觸的一刻，渾身真個是頓如遭到了二十萬伏的強力電擊一般猛地一顫。接著她覺得羞不可當，猛地伸手推開了黑龍，慍怒嗔怪道：「瞧你，哪有這樣動手動腳的！好好站好，我們說說話兒遊玩遊玩不好嘛！」

「娘娘恕罪，只因小神對娘娘愛得太深，小神克制不住了自己，」黑龍這時當然還是不敢硬來，害怕壞了好事。隨之開口繼續假言道，「方纔喪失理智演出了羞煞天神的一幕。好，好，一切照娘娘說的去做！」

女媧於是招呼黑龍坐下，他倆便在澤邊草地之上，伴著融融的春風暢敘起了心曲。女媧心無他想，面對情侶暢敘不留，直說得話語如同滔滔江河一瀉千里，奔流不息。就這樣還覺得話沒說完情未訴盡，肚子中仍有滿腹的話語要對黑龍訴說。

黑龍則心藏狡詐，對女媧繼續逢場作戲。因為他只有一個目的，即把女媧弄到手中，以借女媧之威奪得下界的一統王位。為此他對女媧之言洗耳恭聽，逢迎阿諛，弄得女媧越說興味越濃，而他則盡聽女媧講說，絕不開口表述心曲。

在深宮中長大的女媧畢竟缺少世事磨礪，因而城府不深。這時只顧在情火的燒灼下盡吐真情，而不辨黑龍的逢場作戲之舉，更不能察覺出其欲借自己之力，欲要達到謀奪凡王之位元的險惡目的。就這

樣，誠心摯愛黑龍的女媧，把不能對孩子們講說的話語，連同不能對花蛇講說的話語，都一股腦兒對黑龍說了個盡夠，其心中得到了從未有過的極大的滿足和快慰。

心情的美好推而廣之，使大自然也變得格外美好。為此女媧心中覺得，這日的天空格外藍，荷澤之水格外清，身邊的茂林格外綠，地上的野草格外翠，微颸的和風格外柔，空中的空氣格外清新沁脾⋯⋯

就這樣，女媧愛情萌動陷入了兒女情長之中，與黑龍說啊訴呀，遊啊玩呀，轉眼時間已經過去數日。常言歡娛對日短，這時的數日時光對於女媧來說，真個是短得一日連一個時辰也不及。她抱怨太陽走得太快，抱怨凡間的時間流逝得太疾，抱怨白晝與黑夜的交替太急。然而時光並不因為女媧的抱怨而延遲，數日還是轉眼間在女媧的歡娛之中過去。

這數日時光對於女媧來說雖然不及一日，但晝夜的頻繁交替還是使女媧知道她到荷澤已過數日。這日她突然感到來此荷澤時日已長，不知道自己的孩子們在這數日中，是否又生難處去找自己？為此她頭腦猛醒，告辭黑龍欲要歸回宛丘去照看自己的孩子。黑龍故作情意纏綿不放女媧離去，但又故作明智讓女媧快回宛丘照看孩子，以在女媧面前表現自己襟懷豁達，爭取女媧的喜愛。

女媧當然對黑龍二舉心中稱意，對黑龍情深意厚也是不忍離去，但她不去又是不行，因而也生出無限的綿綿情意。黑龍看得真切，趁機對女媧道：「娘娘不必如此，真心相愛又豈在朝朝暮暮。我們再會有日，今天我送您！」

黑龍說著，即送女媧上路向南返歸宛丘而去。一路之上，黑龍送過一程又一程，一直送到了宛丘近處黃河岸邊，黑龍為了表演，仍是遲遲不願意停步。女媧當然也是纏綿悱惻不願意黑龍離去，但末了眼

見渡過黃河宛丘即到，方纔情絲難割地勸說黑龍停止再送，而後自己過河返回宛丘而去。

黑龍被女媧勸止站在黃河北岸遙看女媧遠去的背影，口中禁不住發出一陣「嘎嘎」會心的狡詐獰笑之聲。他想不到女媧就這樣成了自己的掌中之物，看到了自己就要身為下界一統凡王的彼岸。為此他笑罷轉身快步離去，徑向北方冀州地界行去。

不料黑龍高興地向北剛行一程，來到一片茂林深處，正覺此處茂林陰森無比心中一驚，已聞「嗖」的一聲利器戳擊風聲傳來。隨著黑龍便口出「啊呀」一聲疼叫，與此同時猛地翻身向左邊滾了開去。

九、侍女傾心

暗戳黑龍者不是別個，正是昔日被玉皇大帝鎖在崦嵫山上，剛剛遇救下凡不久，被女媧救封為幽燕神王的燭陰。燭陰與黑龍一為幽燕神王一為冀州神王，二者昔日並無冤仇，近日沒有接觸。今日燭陰所以暗中偷出毒鐧戳向了黑龍，則因為燭陰是一位生性貪色之徒。

眾所周知，昔日燭陰就是因為貪色，搶去御女犯下重罪被玉皇大帝鎖囚至今，前不久剛剛遇救。來到下界之後，他貪色之性不改，自認為出身高貴，同時在天界時的許多禁令在下界又不除自解，便把愛的目標移上了女媧之身。

燭陰的性格像其名字一樣陰晦可怖，他既把愛的目標移向了女媧，其陰晦的心中自有他的想法。首先，他認為女媧長相嬌美，可以盡情地滿足他對色的貪欲。其次，女媧出身高貴，自己攀上了她就成了玉皇大帝的乘龍快婿。再次是他得到了女媧，就成了下界的主宰，可以與玉皇大帝在天界的地位相媲美。

想到這些，邪惡的燭陰深為後悔自己沒能參加那日女媧的救封大典，自己因為貪玩沒能像別的神魔一樣，前去參與那場英雄救美的美事，即從眾獸口中營救女媧與花蛇兩個脫險。自己若不是貪玩也去參加，便可借機表現贏得女媧的歡心，更有甚者表現突出去贏得女媧的

103

芳心。但是他喪失了那樣的絕佳機會，他陷入了無奈，因為他找不到了那樣絕佳的時機。

無奈之中，他便不在其北方幽燕轄地坐鎮停留，而於數日前離開幽燕轄地，前往宛丘沒有機會尋找機會，沒有機會創造機會，以伺時機攀取女媧之愛而來。不料他來到宛丘之日，正值女媧離開宛丘北去冀州幽會黑龍之時。燭陰這時對女媧愛得急切，不見女媧心中焦急，一番打探得知女媧去向之後，便即隨女媧蹤跡，一路向北尋訪女媧而來。

然而事情不稱燭陰之意，他一路追尋來到荷澤岸邊不僅沒有追上女媧，而且剛到澤邊透過樹林空隙向前一看，恰好看見女媧正與黑龍擁抱在一起。常言若要神不知，除非己莫為，此言果然不虛。正在澤邊靜謐之境幽會的女媧與黑龍，做夢也想像不到，就在她倆幽會之地近旁的密林中，燭陰正在偷窺！

燭陰不睹此景還罷，目睹此景真個是心中怒火陡騰萬丈，恨不得立刻上前出鋼戮殺正在擁抱著女媧的黑龍。特別是他那強烈的貪色之心，派生出了劇烈的自私之情，從而把自己貪色的物件女媧，視為了別個不可染指的私有之物。而這時黑龍卻在自己面前，活生生地擁抱著他視為私有物的女媧，佔據了其私有物女媧的整個身心。燭陰這時當然惱怒萬分即欲出鋼殺死黑龍，以報佔有之仇以解心頭之恨！然而陰晦的他一番看視，即從黑龍的舉動中查知了黑龍對女媧的虛情假愛，方使他心中的怒火稍有平息，變得有些理智起來。

頭腦的理智使燭陰立刻想到，這時如果自己出手上前殺死黑龍，對黑龍正在狂愛不羈的女媧，定會對自己生出萬般仇恨。使自己落個欲得女媧而不可，適得其反的雞飛蛋打下場。為此他不能去幹這種竹籃提水一場空的傻事，那不是他的目的。他的目的是要既得到女媧，

又得到在別個身上不能得到的一切。

為此他強抑胸中的怒火，決計安下心來在旁靜窺根底，以伺時機，在不傷害女媧感情的情況下，既戮殺自己的情敵黑龍，又贏得女媧對自己之愛，收到一箭雙雕甚至一箭數雕的最佳效果。想到這裏，燭陰便安下心來，不露痕跡地追隨著女媧與黑龍的蹤跡，細心偷窺起了他倆的舉動。

燭陰如此一連偷窺數日，雖對女媧與黑龍兩個形影不離的暢敘遊樂醋心不已，對女媧摯愛黑龍妒忌萬分，但卻對黑龍逢場作戲的舉動看得更加清楚，心中高興萬分。他知道，黑龍所以對女媧的誠心摯愛以逢場作戲的態度待之，既是其不真愛女媧的明證，又是其懷有別種用心的注腳，不然他完全可以拒絕與女媧糾纏。當然這裏面也不排除黑龍畏懼女媧的權勢，可那是次要的事情。

然而，不論黑龍如何對待女媧及其懷抱何種目的都罷，女媧摯愛黑龍卻是不可更改的事實。因而他為女媧摯愛不愛自己的黑龍悲傷，為此不論是出於他自己的利益還是女媧的利益，黑龍是作為他的情敵還是作為欺騙女媧的騙子，也為了使黑龍不可言說的目的不能達到，他都必須立刻戮殺黑龍。

但在何時戮殺黑龍，才能收到一箭數雕的最佳效果呢？燭陰為此反覆思慮，認為只有在黑龍與女媧離別之後，在只有自己與黑龍在場，而無第三者在場之時。那樣自己殺掉黑龍，並把事情做得神不覺鬼不知，自己一走了之，方可收到一箭數雕的最佳效果。這樣的時機當然最好，可是燭陰連日隨窺黑龍與女媧的舉動，他倆卻一直形影不離使得他不得此機，心中十分焦急而又氣惱。

就在燭陰焦急氣惱之時，燭陰聞聽女媧辭歸宛丘，黑龍伴送女媧而去。燭陰看到時機將到，便即又倍加盡心地追隨在黑龍與女媧之

後，窺伺時機而來。燭陰一直追隨到宛丘黃河北岸，才看到女媧不要黑龍再送，自己渡河去了宛丘。燭陰眼見戳殺黑龍的時機來到心中大喜，便又追隨返回冀州的黑龍之後，半途中趁著一片密林的掩護，突出利鐧戳向了心無防備的黑龍。

黑龍一路心中只顧回想自己對女媧逢場作戲的成功，也料想不到在此凡間會有別個暗算刺殺自己，因而心中毫無防備。就在這時燭陰的利鐧突然戳到，從右邊「嗖」地戳進了黑龍的右肋。

黑龍右肋被戳生疼，猛然一驚，心知大事不好，不敢怠慢，急翻身向左邊滾過身去，方纔躲過燭陰戳來之鐧沒能洞穿其腹。而僅將鐧尖戳進了黑龍的皮肉，使黑龍受了一點不輕不重的鐧傷。

黑龍躲過來鐧迅疾翻身站起，手捂右肋傷疼舉目看視刺者，眼見站在面前的刺客竟是他北邊鄰界神王幽燕王燭陰，禁不住心生萬分奇異，呆愣在了那裏。黑龍當然頓被驚呆，因為他與燭陰昔日素無冤仇，今日二者沒有接觸，他想像不到燭陰這時會暗中刺殺於他。

然而，黑龍這時呆愣在那裏燭陰卻沒有呆怔，只見他眼見自己一鐧僅傷黑龍右肋寸深，被黑龍急滾身躲過，黑龍又翻身沒有大礙地呆站在了自己面前，心中好惱口中大叫道：「惡龍看鐧，本神非叫惡龍鐧下送命不可！」隨著，又是「嗖」地一鐧徑向黑龍當胸戳了過來。

呆怔中的黑龍還在懷疑刺殺他者不會真是燭陰，或者會為別個所變。但這時燭陰又向其當胸出鐧戳來，目睹此景他才相信眼前的現實。於是他不敢怠慢，急出手中黑鐵錘把燭陰來鐧擋開，隨著為弄清事情根底大叫道：「燭陰神兄，您我不要大水沖了龍王廟，自家兄弟不認識了自家兄弟！你我之間昔日無冤，近日無仇，為何半途伏刺自家兄弟？」

「惡龍，誰個是你的神兄，誰個是你的自家兄弟！你道你近日所

做惡事別個盡不知曉，我燭陰也就不會知曉！告訴你，我燭陰已將一切盡睹眼中，現在我已對你講說清楚，你死得明白了吧！」燭陰不聽黑龍此言還罷，聽了此言心中更加氣惱十分，立刻開口怒罵著，又是「嗖」地一鐧戳向了黑龍。

黑龍聽罷燭陰此言，方纔知道燭陰刺殺於他，原來是因為他與女媧之愛。為此他心中立即明白燭陰為了此事行刺於他，他與燭陰之間便成了你死我活的情敵，雙方之間就再也沒有通融的餘地。便一邊擋開燭陰戳來之鐧，一邊急忙心想起了對付燭陰之策。

他首先想到，反正自己也不是真心戀愛女媧，現在既然燭陰熱戀於她，自己就乾脆把女媧讓給他，免了這場情殺算了。但是他接著想到，切切不可如此。因為天知道燭陰追求女媧是不是也像自己一樣，愛情是假借助其勢以爭下界之王為真！若是燭陰也像自己一樣抱著如此目的，自己把女媧讓給燭陰豈不就正中其下懷！到了那時燭陰借助女媧之勢成為下界之王，自己豈不就只有受制於其下之份，前途吉凶豈可卜知！

「孽神原來為此暗殺本神！但可歎女媧御女摯愛本神不愛孽神，孽神叫本神若何！」想到這裏黑龍心中實在好惱，決計寸步不讓，與燭陰鬥個魚死網破你死我活。於是他對燭陰譏嘲道，「既如此，孽神就先嘗嘗本神這雙黑鐵錘的厲害吧！只要本神手中這雙黑鐵錘答應，本神就將女媧讓給孽神！」說著，便出錘打向了燭陰。

燭陰也不再答言，即出鐧與黑龍鬥在了一處。一時間，只見他二神錘來鐧往，鐧進錘退，打得難分難解，天昏地暗起來。燭陰鐧出一道寒光，黑龍錘進寒光立現。燭陰鐧戳若游龍戲水，黑龍錘進如惡虎鑽襠。轉眼打鬥三十餘合，雙方不分高下。

黑龍與燭陰眼見打鬥至此難決雌雄，各自目的邪惡，怒火狂燒，

隨著出手打鬥更烈起來。眨眼間只見鬥場之上，錘碰其旁樹木樹木立倒，鐧遇其旁樹木樹木立折。只聽樹倒之聲連連響起，木折之聲「叭叭」不停！轉眼二神又鬥三十餘合，黑龍終因右肋傷疼力泄，漸漸招架不住，慢慢地減少了還擊之力。

燭陰這時看得清楚，只見他瞅准黑龍防守不及的空檔，驀地一鐧戳去，那鐧便陡地戳進了黑龍的大腿。虧得黑龍大腿處肌肉豐厚遇戳未傷關鍵，黑龍僅僅「啊呀」疼叫一聲，坐倒在了地上。

燭陰目睹此景更不退讓，立刻仗鐧上前一步，徑指黑龍咽喉厲喝道：「惡龍，你死得明白麼！」

「明白，明白！不過神兄不明白我黑龍小弟。小弟明告神兄一言，就是神弟我並不真的愛戀女媧，」黑龍眼見死神逼近眼前，而其目的未能達到，不願立刻就死，急叫道，「如果神兄真愛女媧，只要神兄饒恕神弟一命不死，神弟一定拱手相讓，決不願為一位神女決鬥而死。」

「無常惡龍，女媧愛你愛得刻骨銘心，對你那麼好，你對她卻逢場作戲，如今又要出賣於她！」燭陰聞聽黑龍此言，心中更惱道，「你這個騙子，本神不殺你怎解心頭之恨，怎平世間之理！」說著，就要將鐧戳入黑龍的咽喉。已無防備之力的黑龍見之，嚇得又是「啊呀」一聲驚叫，隨著只有閉目等死。

「燭陰大神住手！」就在這時，突聞一聲少女銀鈴般的喊聲驟然傳來道。隨著那少女身隨聲到，挺槍「當」一聲擋開了燭陰之鐧，救下了黑龍性命。燭陰正要戮殺黑龍，手中之鐧突被來者擋開心中好惱，舉目看見來者竟是女媧的侍女花蛇，心中真個是更加惱怒十分。為此他口不答言，抽鐧便向面前剛來的花蛇戳了過去。

花蛇姑娘在南嶽衡山之上被旱魃苦苦糾纏不休，無奈花蛇對誠心

愛她的旱魃絲毫無意，因而面對旱魃的苦苦跪求而不允，硬是一路向北返歸宛丘而來。但無奈旱魃摯愛花蛇達到迷狂之境，眼見花蛇向北離去起身緊追不捨，追至半途花蛇面前攔路跪求花蛇。

如此連續數十次，花蛇更惱旱魃糾纏不休，心中被糾纏得一陣發毛，猛地掄起纖掌「啪啪啪」打在了跪地的旱魃臉上。旱魃臉挨巴掌方從迷狂中清醒過來，一下子愣怔在了那裏。花蛇方借此機，一路離開旱魃向宛丘行來。

然而旱魃的糾纏雖然使花蛇心中氣惱，但那誠摯的糾纏卻牽起了花蛇心中的縷縷情思，使得花蛇心中不由得思念起來虛無漂緲的理想情侶。如此情思的牽出使花蛇心中翻騰不已，她邊走邊想，越想越迷，竟不知不覺間走錯了路徑，繞過宛丘來到了這宛丘以北地界。

花蛇正在癡迷中向北前行，突聞前邊傳來了燭陰的喊殺之聲。花蛇聞聽心驚，猛地從癡迷中清醒過來，急趨步上前正看見燭陰出手就要殺死倒地的黑龍，便大叫一聲上前擋開了燭陰之鐧，救了黑龍性命。

花蛇救下黑龍，正要詢問燭陰戮殺黑龍的原因，口還沒有張開便見燭陰也不答言，陰森森地出鐧向自己殺了過來。燭陰當然十分氣惱花蛇的到來，因為他誅殺黑龍除了情仇，還有謀奪下界王位之恨！而且這也是他苦心潛隨黑龍與女媧數日，方纔尋到的時機。天真的花蛇不知這些，無意中驀然闖到了她不該來到的地方，看到了她不該看到的場面，知道了燭陰不願讓別個知道的情形，燭陰怎能不對她惱怒十分！

也正因此燭陰認為無毒不丈夫，決計索性來他個一不做二不休，連這花蛇侍女也一起殺掉以滅活口，了結事端。所以他口不答言，出鐧便向花蛇殺了過來。花蛇口未張開眼見燭陰毒鐧打到，便只有不再開口挺槍擋開燭陰來鐧，方纔得到開口時間詢問燭陰道：「大神，你

傷害黑龍已是無理，現在又欲害我與你無仇的侍女是何道理？」

「不該知道的事情你就莫問，本神就這樣為你糊塗著送死！」花蛇當然不問還罷，燭陰聞聽其問心中更惱地說著，又已出鐧打到了花蛇面前。花蛇聽了此答目睹此景，心知事有自己不知的原因，自己已經陷入了不該陷入之境，因而已是躲避不開，便不再詢問，立刻挺槍與燭陰鬥在了一起。

燭陰神功高強，倏然間只見他使開手中雙鐧舞得風輪一般，只見惡鐧滾動風輪，不見燭陰身在何處，鬥得花蛇靠近其身不得。花蛇也不示弱，她舞動手中長槍勇鬥燭陰，一時間只見她右刺燭陰要害，左戳燭陰險處，也鬥得燭陰得手不能。如此他二神轉瞬鬥過數十回合，燭陰畢竟神功高強越鬥越勇，花蛇身單力薄漸漸抵擋不住起來。

然而這時黑龍身傷倒在地上無力相助，偌大的曠野之中沒有前來助者。因此花蛇抵擋不住燭陰也得抵擋，只見她越鬥身力越加不濟，燭陰則用力毫不費力。花蛇身力不濟動作遲慢，燭陰疾出快招一鐧戳向了花蛇防守空當。

花蛇見之驚得「啊呀」一聲大叫，隨著急躍身向後躲避，但由於動作慌亂，站立不穩，加之腿被青藤一絆，腳一著地便「撲通」一聲倒在了地上。燭陰見之也不怠慢，即躍身上前用鐧指向了花蛇的咽喉，「嘎嘎嘎」怪笑起來道：「花蛇，你就這樣糊塗著去死吧！」說著，就要鐧戳花蛇送其死去。

但是就在燭陰話音剛落之時，卻見一把方天長戟倏然伸了過來，猛地挑開了燭陰之鐧，救下了花蛇一命。這來者不是別個，則是西域神王鷙鳥大神。鷙鳥大神雖然生性邪惡無比，但心中卻彼多智謀，因而處世善於審時度勢，以為自己而行。為此這些日他到西域轄界走馬上任之後，立即審度了下界局勢。深知只有取得女媧的信任，方纔對

自己以後有利。那利之大，可以大到能夠得到凡間之王的高位。

　　為此為了贏得女媧的信任，謀得凡間之王的高位，他到轄界之後強抑自己的邪惡本性，精心調理人獸關係，使得人獸平安相處無恙。取得了如此佳績，他便即離西域去向宛丘，以向女媧表功擺績，換取信任而來。

　　鷥鳥在途行進半日剛剛來到此處，想不到遠遠地便聽到前方密林中傳來了械鬥之聲。鷥鳥聽此打鬥之聲酣烈無比，不敢怠慢急進密林循聲看視，正看見花蛇咽喉被燭陰所逼，燭陰正要將其惡鐧戳進花蛇的咽喉。鷥鳥目睹此景驚得頓時說不出話來，急忙挺戟上前擋開了燭陰下戳之鐧，救下了花蛇生命。

　　這又是一次無巧不成書的巧合之事，世界上的事情往往就是這樣出奇的巧合！就連正殺花蛇的燭陰也覺得奇巧十分，竟然自己連殺黑龍和花蛇兩個之時，都在關鍵時刻被來神擋開殺其不死。為此他心想可能是他倆都不該死，是上帝與命運安排自己不能成功，所以他被這連環的巧合弄得呆怔在了那裏。

　　鷥鳥眼見燭陰在那裏發呆，忙向救下的花蛇詢問個中緣由道：「花蛇，燭陰為何要殺害你？你們前無冤仇呀！」

　　「是呀，不僅前日無冤，我倆近日也無仇呀！」花蛇聞問，立刻回答道，「姑娘問他為啥殺我，他叫我糊塗著去死。」

　　鷥鳥聽了此言心中頓然惱怒十分，開口歷數燭陰道：「如此不為何事妄開殺戒，這不是隨意妄殺嗎！惡神，看來你是惡性不改了。那就吃我一戟吧！」說著，即出方天神戟向呆怔的燭陰殺了過去。

　　呆怔的燭陰這時已被鷥鳥之言驚醒，聽到鷥鳥向花蛇沒有問出緣由，心中正喜十分。因為他實在不想再讓別個知道，此番事體的個中真情。因而正欲出鐧再殺鷥鳥，已見鷥鳥的神戟殺了上來，便不怠

慢，即出鐧與鷟鳥鬥在了一處。

燭陰神功高強，鷟鳥神功不弱，他兩個鬥在一處，真個是棋逢對手將遇良才。一時間只見神戟與惡鐧雙雙飛花，打得難分難解，難見高下。花蛇在旁眼觀鬥場，看見鷟鳥體魄雄壯，動作敏捷，神功高強。手中方天神戟如出水蛟龍，運用得得心應手，招招不離燭陰要害，直殺得燭陰不敢稍有懈怠！

看到這裏，花蛇心中不由得敬羨鷟鳥十分。同時隨著敬羨之情的產生，她心中禁不住一陣悸動，便雙頰飛滿了緋紅。因為那悸動牽起了她心中愛的情絲，那情絲使她倏然間把面前正鬥的鷟鳥與她前時心中想的理想情侶正好對上了號兒。

她覺得面前的鷟鳥，與她心中想像的情侶一絲兒不差。為此她悔恨起了自己在咸池與其見面次數無數，為何沒有如此發現！並且悔恨這時發現太晚，因此她雙頰立即飛滿了緋紅。

花蛇如此心生情愛嬌羞難當，隨著即對正鬥的心愛鷟鳥掛心十分。雖然她看見燭陰與鷟鳥難見高下，但她仍是擔心鷟鳥稍有閃失傷了身子。為此她再也不能只顧在旁觀看，而立刻舞動手中長槍，上前助戰鷟鳥共鬥起了燭陰。

正鬥的燭陰已知自己獨鬥鷟鳥尚且只能打個平手，這時又見花蛇助陣來戰，心知自己久戰必敗。而且自己前次戮殺黑龍與花蛇不死，皆是天命所定，這時再行殺戮更不可能。為此他便不再硬戰，僅僅抵擋一陣，即一溜煙逃向北方而去。

鷟鳥趕走了燭陰，忙問花蛇去往何處，花蛇即對其說，還有受傷躺在草叢中的黑龍。鷟鳥聞知急忙前去看視黑龍，眼見黑龍身上兩處受傷，腿上的創傷很重。鷟鳥見狀擔心黑龍返回冀州燭陰再去殺他，忙向黑龍講明此情，並問他作何打算。黑龍聽後思忖片刻，末了故作

無奈掩蓋實情道：「小神只有先到宛丘女媧娘娘那裏，治好傷痛再回冀州了。」

鷥鳥與花蛇不知前情，聽了皆言稱是。隨著便一起攙扶著受傷的黑龍，一路向宛丘走來。沿途之上，鷥鳥與花蛇邊走邊問黑龍與燭陰因何相爭，黑龍總是支吾搪塞不言真情，弄得鷥鳥與花蛇至終仍是一無所知。

不知也罷，目睹此情末了鷥鳥與花蛇便也不再詢問，他三個盡在不言中，姍姍來到了宛丘之上。女媧娘娘正在丘下水邊甩泥造人，看到黑龍被鷥鳥與花蛇兩個攙扶而來，急忙丟下手中的青藤上丘看視。一眼看見黑龍的兩處創傷，心疼得頓然落下了熱淚道：「是誰戳傷了你，為什麼戳傷了你？」

黑龍聞問支吾半天，向兩旁看看鷥鳥又看看花蛇，因為他倆在旁沒有向女媧做出回答。花蛇這時看著心中焦急，在旁快嘴道：「是燭陰刺傷了黑龍，是我救了黑龍，鷥鳥大神又救了我。」

女媧當然早已從黑龍剛才的眼神中看出，他因鷥鳥與花蛇兩個在旁不便回答，同時女媧又知自己與黑龍的事兒，隨後便沒有再問黑龍。而忙將黑龍放躺下來，親自動手開始為黑龍洗治傷口，並且口中講說道：「你們諸王雖有神魔之分，但卻都是兄弟姐妹，應該和睦相處，豈有互相殘殺之理！幽燕王燭陰，我要好好訓斥他。」

這時，機靈的花蛇看出了女媧對待黑龍表情與行動的親熱異常，敏感的她很快從中察知了其中定然另有緣由。為此她知道自己在此對女媧多有不便，便想立即藉故離開，卻又一時找不到藉口。正在這時情場老手鷥鳥也已看出個中端的，更知自己在此多有妨礙，便連表功的事兒也一字未提，便開口向女媧道：「小神可幫娘娘做點什麼？」

女媧這時只顧在忙黑龍的事兒，心無它想，頭也不擡道：「沒什

麼事兒。」

「如此小神就先告辭了。」鷥鳥於是即趁此機道。

「好，你救黑龍救得好，」女媧正想讓鷥鳥離開，立即順水推舟道，「你立了一功！你去吧。」

鷥鳥聽了，連忙言謝而去。花蛇剛才已對鷥鳥傾慕十分，這時又見女媧如此對黑龍大動情腸，便更牽起了她對鷥鳥的情愛之心。特別是她這時目睹了鷥鳥的機智，遂對鷥鳥更是心愛十分。為此她見鷥鳥離去，心中頓生失魂之感。

然而這時她見黑龍的傷口正等待救治，自己作為侍女不便即離女媧它去，無奈只好心機一動婉言道：「娘娘，鷥鳥大神救了我，我送大神一程以表謝意若何？」

其實花蛇這時心想錯了，女媧這時也正想讓花蛇立刻離開，自己好與黑龍一訴衷腸，只是無法開口。因而這時她聽了花蛇此言，遂當即應允道：「好，應當送送人家。快去，不要讓人家走遠了。」

花蛇聽後心喜，即謝女媧一聲，隨後便一溜煙奔向丘下，往叢林中追送鷥鳥而去。

十、旱魃求婚

　　鷥鳥與花蛇離去之後，宛丘之上只剩下了女媧與黑龍兩個。女媧見之，便急趁此機詢問黑龍被燭陰刺殺的經過，唯恐花蛇返來沒有了詢問時機。黑龍也忙趁此機向女媧講說了一切，只聽得女媧對燭陰氣惱萬分，禁不住破口大罵，而對黑龍則心疼十分，洗治傷口更加精心盡意。

　　花蛇藉故離開宛丘隨後追尋鷥鳥心喜萬分，一進密林便狂奔猛追起來。然而她一口氣追進密林數十里之遙，卻一直不見前方樹林中有鷥鳥的蹤影出現。花蛇不由得先是心中一陣奇異，接著又生出了一陣擔心。因為鷥鳥剛才前腳走去，她便後腳跟了過來，而且眼看著他向西方去了，自己為什麼隨後緊追如此遙遠不見蹤影呢？

　　花蛇為此心奇鷥鳥不該走得這般快疾，因為自己是狂奔直追。她擔心自己追不上鷥鳥，失去了如此珍貴的向其吐露心曲的時機。因而她左看右瞧一遍，都不見有鷥鳥的蹤影，便又看准西方向前狂追起來。

　　花蛇又是一口氣向前追出數十里之遙，卻仍是不見前方有鷥鳥的蹤影。鷥鳥究竟到哪裏去了呢？是他沒有往西方行進？還是自己追錯了方向？花蛇這時不得不首先查詢起了自己的追尋方向，她擔心自己只顧狂喜過分，迷失了追尋的方向！然而她查詢再三方向都正確無

誤，自己都是徑直追向了西方。

可是方向正確，卻為什麼追趕不上鷟鳥呢？難道鷟鳥真的去了別處嗎？這時花蛇心中剛剛燒起的情愛之火狂烈燃燒，覺得不追上鷟鳥一訴情愛，大有忍抑不住之感。因此，她多麼盼望自己愛著的鷟鳥，能像天空的一顆星星那樣，突然閃現在她追尋前方的密林中啊！她心中盼望著，腳下又不停息地繼續向前追尋起來。可那顆她盼望著突然閃現的星星卻一直沒有出現，她又向前追出了數十里之遙，仍然不見鷟鳥的蹤影。

花蛇所以追尋不到鷟鳥，是因為鷟鳥早已落在了她的後邊，在後邊追趕著她。但確切地說，則不是鷟鳥落在了花蛇的後邊，而是鷟鳥故意避開花蛇的視線，躲在了花蛇後邊。在後邊暗隨著花蛇的足跡，窺看著花蛇的舉動。

花蛇心中愛火狂燒，只顧盼望前方突然閃現鷟鳥的蹤影，眼睛也只顧前看不往後瞧，同時也想像不到鷟鳥會如此舉動。因而鷟鳥隨她之後雖然近在咫尺，她卻一直沒有發現。

鷟鳥所以如此舉動，是因為他不僅是一位情場老手，而且是一位對女流之輩見一個愛一個的風流花神。正因為他在天界如此行事，才犯下了該殺之罪。本來他在天界犯罪之前，就與神鼇女神愛在了一起，而且還是他先追求的神鼇。

那時，由於他花神的名聲傳出，弄得他在天界找不到敢於愛他的女神。無奈中他只好不避醜陋，只要是個女流能夠為其解欲就成，苦苦追求起了生相醜陋，身為天宮馭神的女神神鼇。

神鼇本來也不敢愛他，怕上其當。只因後來見他追求良苦，而且自己神功遠在其之上，認為自己可以管教住他，方纔愛上了他，並且愛得誠心摯意。但是鷟鳥仍然邪性難改，又嫌神鼇生相醜惡，對神鼇

三心二意起來。對神龜的三心二意使得他感情剩餘，他便伺機傾泄，在天界仍是見一個愛一個，直到犯下了該殺之罪，被交給仙妃管束為其扼守咸池通路。

在咸池，他見到仙妃與花蛇當然又生出了情愛，但只是作為罪神不敢斗膽高攀，壓在了心底。來到下界禁令自解，他前日見到女媧與花蛇，壓在心底的情愛頓又泛起。只是對女媧他不敢斗膽高攀，卻已有心對花蛇伺機下手奪其之愛。

好事有時候就是不請自來，就在鷥鳥正伺時機對花蛇下手之時，恰好花蛇不請自己走到了他的身邊。那是在鷥鳥前去宛丘面見女媧之時，恰好路救花蛇演出了英雄救美的一幕。救罷花蛇在他與燭陰打鬥之時，他抽出閑隙暗窺花蛇。他這位善察女流表情之變的情場老手，通過暗窺即從花蛇的表情之變中，察知了其對自己的傾心。

察知此情，鷥鳥真個是心喜萬分。因為神龜醜陋不堪，是自己沒有麥面饃吃時，採用的用玉米麵窩頭充饑的應急舉措，因此對她並沒有真心愛過。而面前的花蛇姑娘正值少女妙齡之期，睹之如出水芙蓉脆嫩欲滴。且其又生相俊美妖嬌，瀟灑多姿。將其與神龜相比，真個是用天鵝去比草雞，不可同日而語。

這樣花蛇生相俊美，加之鷥鳥見一個愛一個的本性，另外心機多端的鷥鳥又想到花蛇就在女媧身邊，還可以為自己多上好言。所以他對花蛇倍加心愛十分，求不得花蛇早向自己表露真情，或者自己先向花蛇吐露心曲。

為此鷥鳥在趕走燭陰之後，本想與花蛇借機長談，但無奈還有受傷的黑龍在旁。他又想在黑龍離去之後與花蛇長談，豈料黑龍又讓他倆攙他去了宛丘，使他與花蛇長談一直沒有時機。剛才在宛丘他眼見女媧對黑龍動情，心知自己在旁沒有好處，便急忙借機辭退而去。

　　但他走下宛丘進入密林之後並未遠去，而是躲在林中窺看起了花蛇的動靜。他知道有意於他的花蛇絕對不會就此放走自己，即便是一時脫身不得，也會再伺時機下丘幽會自己。所以他靜心等待著窺看著，不捨得走開，害怕丟掉了接收漂亮花蛇賜愛於他的良機。

　　果然事情不出鷥鳥意料，鷥鳥有意花蛇也果然有情。就在鷥鳥剛進樹林之時，花蛇便隨其後追了上來。鷥鳥見之真個是心中大喜過望，高興得求不得立刻就要大喊一聲迎上前去。但豐富的情場經驗使他知道，對待女兒家在愛的問題上最忌直率。加之這裏距離女媧太近魯莽不得，因而他立即改變策略，決計採用隱而不露之策，讓過花蛇向前追去，自己則在後邊追隨暗窺其舉動。

　　鷥鳥如此舉動，是要用曲折的辦法對待花蛇。他知道，在談情中只有多些曲折，才能生出波瀾，多些波瀾才能多些情趣，使得花蛇倍覺情愛妙趣橫生，曲折離奇。同時以此樹立自己在花蛇心目中的幽默形象，更使花蛇對自己傾心。

　　基於此想，鷥鳥便不言一聲，只是在花蛇後邊追隨靜窺其舉動，以伺時機向花蛇趣吐心曲。花蛇年輕純真情竇初開，加之她在鷥鳥被罰到咸池數十載之後，方纔去到仙妃身邊為侍，所以對鷥鳥的前情與其和神龜之愛全都不知。雖然後來也偶爾聽說過鷥鳥有「花神」之名，但也不解其意，未究真情，所以這時癡愛起了花神鷥鳥。

　　花蛇這時生癡不知鷥鳥在其身後，只顧焦盼著鷥鳥在前方突然閃現，因而向前追過一程又是一程。但無奈仍是不見鷥鳥露面，心中情火燒得她更加焦盼早見鷥鳥十分。鷥鳥善於體察女兒家的心情，他深深地知道花蛇這時的心境，就像乾渴得禾苗期盼甘霖一樣在期盼見到自己，而對於禾苗來說則乾渴得越久，才能越加感到突遇甘霖的甜蜜。因此他讓花蛇追啊追呀，就是不向焦渴的花蛇暴露自己。

　　花蛇於是隨後又是追過了一程又是一程，仍然不見鷟鳥的身影，心中焦急得顯然火躁起來。因為她剛才僅向女媧言說去送鷟鳥一下就回，可現在自己早已追出了個把時辰，穿越密林數百里之遙，再返回宛丘就要過去兩個時辰，自己怎麼去向女媧娘娘講說！

　　退一步講，追趕這麼久也可以，無法向女媧講說也行。只要能夠追上鷟鳥，即使受到女媧娘娘一頓訓斥也值得，可她卻連個鷟鳥的影兒也沒有見到！為此她焦急得火躁起來。

　　鷟鳥這時則在後邊看得清楚，他看到自己已經把花蛇乾渴到了可以的程度，再乾渴下去反會物極生反。便立刻心機轉動，即忙繞到花蛇前方而去。

　　這時，癡情的花蛇越急越是追得疾快，雙眼仍是只顧向前尋視鷟鳥的身影，冷不防腳下被一個東西猛然一絆，「撲通」一聲摔倒在了地上。花蛇被絆摔倒心中好惱，邊欲爬起身來邊開口喝罵道：「該死的朽木！」

　　不料就在她罵聲剛落，欲要站起身來之時，卻陡覺雙腿生涼，隨即被一巨力絞纏在一起失去了自主之力。花蛇心中頓然一驚，急舉目看視，這一看真個是把花蛇嚇了個魂出七竅魄飛九霄，「啊呀」一聲尖叫起來！

　　花蛇當然驚怕，她看到自己的雙腿正被一條她最害怕的巨大毒蛇纏了個結實。驚怕之餘花蛇不敢怠慢，急伸手去抽腰間利劍斬殺惡蛇。然而那惡蛇的動作更比花蛇迅疾十分，只見花蛇手還沒有摸到劍柄，那惡蛇已經將她的雙臂與身軀緊緊地纏在了一起。

　　與此同時，那惡蛇已昂起它那醜惡的大頭，將口中盈尺的紅色毒信吐了出來，向花蛇臉上一晃一晃地伸了過來。花蛇心知自己若被這毒蛇咬中，就會立刻遇毒身死。因而心中大驚尖叫道：「鷟鳥救我，

我是為你而死的喲！」癡情的花蛇真個是整個身心都在想著鷥鳥，因而到此時也不忘記，狂喊著鷥鳥等待就死。

然而那毒蛇卻沒能咬住花蛇的臉，因為就在她喊聲剛落之時，早有一杆長戟倏然飛至，將巨蛇一戟揮為兩段，救下了花蛇性命。花蛇剛才早被毒蛇嚇得閉上了眼睛等死，驚怕中突聞戟響蛇斷之聲，忙睜開眼睛看視，正看見體魄碩健的鷥鳥手執神戟站在自己面前，第二次救下了自己的性命。真個是一時間又驚又喜，愛火難抑，口中連連嗔怪道：「我恨你，鷥鳥！我恨死你了，我的恩神！」隨著，則猛地躍身撲進鷥鳥的懷抱，驚喜參半地「嗚嗚」啜泣起來。

「花蛇，害怕了吧！」花蛇的如此舉動，恰好達到了鷥鳥的目的。鷥鳥於是就勢摟抱住花蛇，溫存道：「別怕，有我鷥鳥在你身邊，我保護你！」

花蛇聞聽鷥鳥此言心中驚怕頓消並且頓感溫暖十分，隨著故意撒嬌道：「都怪你，要不是為了追你這該死的鷥鳥，哪裏會有這等事情發生！」

鷥鳥聽了，急忙承擔下來道：「好，都怪我，好了吧！我給花蛇姑娘賠罪！」說著，他推開懷中的花蛇，真的來了個立正站好，雙手一躬到地。

花蛇目睹鷥鳥如此可笑的舉動，頓時禁不住」撲哧「一聲笑出了聲來，將眼中淚花笑落了一地。鷥鳥見之，忙趁機進攻道：「好花蛇，還恨我嗎？」

「恨，永遠都恨！」花蛇立即止住笑聲，故作嗔怪道。

「不，你不是恨，你是愛！」情場老手鷥鳥深知，女兒家在情動之時常常多說反話。他從剛才花蛇的語氣中，已經聽出其說的也是反話。便立即直言道，「愛，永遠都愛！」

「你真鬼！」花蛇聽到鷥鳥如此善解其意，心中滿意口中卻嗔罵道。隨著，又猛地撲進了鷥鳥懷抱之中。

原來，那毒蛇所以盡稱鷥鳥之意，在其需要時絆倒並纏住了花蛇，則是那毒蛇盡為鷥鳥故意驅使所致。剛才，鷥鳥在悄悄繞到花蛇前頭之後，正在心想使用何法戲逗花蛇以增曲折，恰好見到那條毒蛇爬到自己腳下。

鷥鳥見到毒蛇頓時有了主意，他便先將毒蛇擒住拔掉毒牙，然後手擒毒蛇躲在一個偏僻之處，等待花蛇追尋過來。須臾花蛇追趕來到，鷥鳥即放出毒蛇先將花蛇絆倒，隨後那毒蛇受到花蛇觸動刺激，便纏在了花蛇身上。

鷥鳥此後沒有向花蛇講說此情，因為作為情場老手的他深知，他與花蛇別說作為情伴，即使作為夫妻，互相之間也是多有不去互相告知的秘密為好。因為情場經驗告訴過他，情伴之間失去了秘密就失去了吸引力，失去了吸引力就失去了情愛。因此他要將此情永埋心中保守秘密，不讓花蛇知道。故而不向花蛇講說自己的作為，而自己反以兩次救得花蛇生命的恩神之位，佔據在了花蛇心中。

就這樣鷥鳥與花蛇擁抱在一起，雙方也不言語，只是細心美滿地體察一對情伴，初次擁抱在一起時的新鮮感和幸福感，沉醉在了那新鮮和幸福感覺的強烈刺激之中。那刺激帶來的幸福感，雖然他倆永遠享受不夠，但由於擁抱時間已久，末了還是花蛇率先開口道：「恩神，我們不能永遠這樣，你陪我去玩玩好嗎？」

癡情的花蛇只顧享受戀情的幸福，這時則忘記了時間，也忘記了剛才她對女媧講說只送一送鷥鳥的諾言。正沉醉在新鮮幸福感覺中的鷥鳥，這時聽了花蛇此言，立刻使出情場經驗嗔怪道：「還叫我恩神！別這樣，還是叫我哥哥吧，叫一聲我聽聽。」

「哥哥！」花蛇聽了心中高興，立即脆聲嬌叫道。

「唉。」鷺鳥立即答應道，隨著繼續甜言蜜意道，「妹妹想讓哥哥帶你到哪兒去玩？」

「當然到哥哥西域轄地去玩，」花蛇邊答邊問道，「哥哥那都有哪些好玩的去處？」

「有華山，有昆侖山，」鷺鳥即言道，「華山是凡山，昆侖山是神山，可好玩了！」

花蛇頓現不滿意之態道：「這些本姑娘全都知道。」

「怎麼？那裏妹妹全都去過。」鷺鳥不禁心中陡地一沉，立刻追問道。

花蛇故意淡淡道：「嗯，都去過。」

「那好，我們就去別處，」鷺鳥一時不解花蛇之意，忙獻殷勤道，「盡憑妹妹你挑。」

「哥哥怎麼不讓別個把話說完！」花蛇這時又現不滿之態，小嘴一�‌嘬道，「我說去過華山和昆侖山不錯，可我卻沒有和哥哥一起去過。」

「怎麼？我怎麼就沒有想到這裏。走，我們去。」花蛇如此一語，真個是把狡詐多端的鷺鳥也逗得自愧弗如起來。但見他聽了花蛇此言，一拍腦袋說著，即高興地伸手牽住花蛇之手，一路蹦跳著向西遊玩華山而去。沿途心中高興，撒下了一路歡聲笑語。

鷺鳥叫：「蛇妹子。」

花蛇叫：「鳥哥哥。」

花蛇說：「我愛你！」

鷺鳥說：「我愛你！」

歡娛途程短，他倆覺得時間剛過須臾，便已來到了華山腳下。目睹華山雄姿，鷺鳥與花蛇心想一塊兒暢遊華山的無比樂趣，禁不住又

你叫一聲「蛇妹子」，她喚一聲「鳥哥哥」，便一起向山上攀登起來。

一路上，他們穿華山峪口，登青柯坪，遊北斗峰，過千尺幢，爬百尺峽，攀雲臺峰，觀蒼龍嶺、玉女峰、蓮花峰……如此把華山遊玩一遍，自然說不盡的歡娛甜美。

然而這時時間已經過去半日，花蛇舉目看到太陽已經西斜，才猛然想起離別女媧時僅送鷥鳥一送的諾言，自己卻如此已經出來了半日時光，回去怎向女媧娘娘交代？於是她即向鷥鳥說明緣由，要求回歸宛丘。鷥鳥在此遊玩，也另有不可告知花蛇的擔心，便當即應允下來。於是他倆駕起雲頭，一個向西一個向東分別行去。

花蛇一路向東行進，眨眼間便來到了中嶽嵩山上空。這時她只顧邊行邊向腳下看視，一睹巍巍嵩山的壯美雄姿，卻突聞一聲惡婆厲喝之聲道：「邪女，吃老娘一刀！」

花蛇聞聲一驚，急忙按住雲頭循聲看視，只見厲喝之聲不是出自別個之口，則出自下界中原神王神黿。這時神黿口中話音剛落，手中惡鐵單刀已經戳到了自己胸前。花蛇眼見已經躲避不及，嚇得「啊呀」一聲大叫，隨著為躲那刀倏地墜下雲頭，向地上一陣滴溜溜落下。

花蛇如此墜落使神黿之刀戳空，神黿心中更惱也隨即墜下雲頭落向了大地。只見花蛇落地剛剛站穩，神黿便也落地站在了她的面前。花蛇不知其中根底，忙開口對神黿急叫道：「大神為何生仇？你我素無冤仇呀！」

「邪女，你做下的好事，還敢在老娘面前抵賴！我看你是不打不認了！」神黿聽聞更惱，隨著口中厲聲喝叫起來，手中又揮刀向花蛇殺了過來。

花蛇急挺槍擋開神黿來刀，仍然想不到神黿是為她與鷥鳥之愛而來，口中和氣化解道：「大神有話好說，小神沒有做下損害大神的

事情。」

「好一個邪惡女子，你奪走老娘之愛，」神黿這時更惱萬分，厲叫道，「還說沒做損害老娘的事情。老娘與你拼個你死我活！」

「我愛鷲鳥，鷲鳥也愛我，這是我倆的事情，關你神黿屁事！」聽到這裏，花蛇方纔知道神黿攔殺她的原因，是因為她與鷲鳥之愛。她實在想像不到愛情竟是這樣橫生是非，這樣關隘重重！因而也頓然胸中火冒三丈道，「你這是嫉妒，你這是瞎嫉妒。你長這麼醜，鷲鳥不愛你怪我花蛇若何！」

由於年輕花蛇這時仍然不知，神黿早在天界與鷲鳥兩個沒有犯罪之時，便已愛在了一起。因而她如此講說，真個是令神黿又氣又笑道：「什麼，我嫉妒你，鷲鳥不愛我？你知道嗎，沒有你花蛇時，我倆就愛在了一起！」

神黿如此一句笑語，著實譏嘲得花蛇更惱十分。為此她立即針鋒相對反擊道：「胡說！還沒有你老刁婆時，我就與鷲鳥愛在了一起！你既然非要奪走本神之愛，本神就與你拼個你死我活！」說著，挺槍即與神黿打在了一處。

神黿所以來得這般奇巧，是鷲鳥與神黿前日有約，定在今日讓神黿前去崑崙神山與他謀面。結果神黿按約一早去到崑崙神山赴會，卻不見鷲鳥在山上等她。神黿無奈只有在山上稍待，以等鷲鳥歸來。但她等過一個時辰不見鷲鳥歸來，又等過一個時辰仍是不見鷲鳥歸來。神黿為此大惱，即起身駕起雲頭，一路返歸其駐地中嶽嵩山而來。

事情也該如此發生，神黿行至半途來到西嶽華山上空，猛然聽到腳下山上一陣男女歡叫道：「蛇妹子！」「鳥哥哥！」「我愛你！」神黿聽聞此聲不禁低頭朝腳下山上一看，正看到鷲鳥與花蛇在擁抱告別。神黿這一氣真個是七竅火突，她正要發作已見到花蛇往東，鷲鳥

往西各自急急駕雲飛去。

神鼇氣恨難消，便先往西去追上鷟鳥對其一陣臭打惡罵。她罵鷟鳥是一條改不了吃屎的老狗，又做出了見一個愛一個的花事。鷟鳥開始以為神鼇不知他與花蛇之情，連忙辯解沒有此事。

神鼇當理不讓道：「沒有？你倆抱在一起的醜態老娘都看見了，你倆口噴的髒話老娘也聽見了。要是沒有，除非是老娘的眼睛瞎了，耳朵聾了！這不老娘的眼睛耳朵俱在，你看瞎也不瞎聾也不聾！」說著便「啪」一重掌，結結實實地打在了鷟鳥的臉上。

「別打了，別打了。我改了不就行了嘛！」鷟鳥的神功遠在神鼇之下，因而早被神鼇打怕，挨此一掌急忙開口求饒道。說著，他緊張地察看著神鼇的臉色之變，心裡卻在暗自慶倖自己與花蛇恩愛之時，沒有被神鼇現場抓到。若是那樣，被抓住自己這被打怕的醜態，加上保護不了花蛇的無能，豈不會使花蛇氣惱灰心至極，從而失去她對自己的萬般情愛。為此他心中暗叫打得好，只要花蛇不知道，保住花蛇心愛自己就行。

「滾，這個賬老娘先給你記著，改日再跟你清算！」鷟鳥心裡正在如此想著，耳中卻聽神鼇開口道。神鼇說著，又上前一把將鷟鳥向西方推去。鷟鳥心中正怕在神鼇身旁再挨打受罵，心想反正花蛇也已離開走遠，自己正求不得離神鼇而去，這時神鼇推他西去，他便乘勢向西一溜煙向昆侖山奔去。

神鼇目睹鷟鳥西飛去了，心中怒氣仍是不消，便疾駕雲頭向東追趕花蛇而來。神鼇踏動雲頭一陣疾飛，剛到中嶽嵩山西麓，便見依舊沉醉在愛情幸福之中的花蛇，邊看腳下秀美山川邊回味其與鷟鳥之情，慢悠悠地向東行進著。目睹此景，神鼇頓然怒不可遏，立刻上前出刀便向花蛇戳了過去。隨著一陣言辭交鋒，雙方便展開了一場惡戰。

　　神鼇與花蛇這場惡戰，打得實在酣烈無比。只見神鼇心懷除卻情敵之恨，招招打向花蛇要害。花蛇這時雖知自己愛上鷥鳥，便陷進了三角戀愛之中。因為鷥鳥愛著神鼇也愛著她，本是應該令她生氣的事情，由此收回對鷥鳥的愛情。但是她不，她不僅不為此事生氣，反而更對鷥鳥心愛十分！

　　因為她認為，鷥鳥所以會被兩個女神愛上，正說明鷥鳥身上具有誰見誰愛的可愛之處，若不然就不會被兩個女神愛上。比如旱魃，就連一個愛者也沒有，只有苦苦跪求於自己。為此她認定自己愛上鷥鳥，是選准了自己愛的目標。神鼇與她死打硬爭，更說明了自己目標選擇的正確。因而她決計對神鼇寸步不讓，爭他個你死我活，一定要把鷥鳥爭到手中。為此她也恨不得立即出手除卻情敵，招招使狠打向了神鼇的要害之處。

　　神鼇與花蛇如此打鬥轉眼過去半個時辰，雙方仍是不見高下。然而接著又鬥片刻，神鼇畢竟神功高強，花蛇年輕功力不足，漸漸抵擋不住起來。神鼇看得清楚，眼見花蛇手中長槍一遲腳下防守不嚴，便「颯」地一刀橫掃了過去。花蛇急忙閃身躲避，但不料腳下方寸已亂，一個立腳不穩已「撲通」一聲，摔倒在了地上。

　　神鼇見狀，立刻揮刀上前徑指花蛇胸口，厲聲數說道：「邪女，你記著：今日是你的死期，嵩山是你的死地！你為奪別個之愛而死，你死得一不輝煌，二不壯烈，你死得輕於鴻毛。殺！」說著，便用力將刀向花蛇胸口捅去。花蛇大驚，嚇得「啊呀」一聲大叫。

　　但就在花蛇閉目等死之際，卻聽「颯」地一聲兵器飛動之聲傳來，隨著一柄狼牙棒挺到了神鼇的惡鐵單刀之下。猛然挑開了那刀，救下了花蛇性命。花蛇閉目等死久等不見刀刺胸疼，心中正在奇異，耳中卻聞身旁傳來了打鬥之聲。花蛇於是急忙睜眼看視，只見救她並與神

126

鏖鬥在一處者不是別個，正是三楚魔王旱魃魔怪。

目睹此景花蛇心中不由得更覺奇異，她實在想像不到旱魃為何會在這時趕到這裏，她更想像不到自己對旱魃千般厭惡萬般冷落，旱魃為何不惱反來救助自己，然而她想不到也罷，這都是眼前活生生的事實，旱魃正與神鼇鬥得難分難解。

花蛇看到這裏，忽然想起神鼇神功高強，如果打鬥時久旱魃抵擋不住被神鼇所傷，神鼇又必會對自己再下狠手。同時她也想到，自己現在正好可以借助旱魃之力，與之聯手除掉自己的情敵。為此她便不怠慢，立刻挺槍上前與旱魃共鬥起了神鼇。

神鼇神功雖高，但也比花蛇、旱魃諸神魔高不過多少。對付他們中的一個綽綽有餘，若是同時對付起兩個來，她卻不是對手。因而花蛇殺來之後剛剛交手二十回合，她便抵擋不住，向北逃去。花蛇見之除掉情敵心切，即欲隨後窮追猛殺。旱魃見之則忙止之道：「姑娘留步。在其轄地，追亦無用。你我還是速速離去的好！」說著，便領花蛇離開嵩嶽一路向南行去。

花蛇本來心中厭惡旱魃，又對旱魃的單相思糾纏十分反感，說實話是打心底裏不願意隨他前去。但這時旱魃剛剛救了其性命，是自己的救命恩魔，所以她儘管心中反感也不得不去。花蛇無奈跟隨旱魃一路向南，轉瞬來到了雞公山上，旱魃才讓花蛇隨自己坐下進行歇息。

歇息剛過片刻，旱魃開口平靜道：「你與鷺鳥所做的一切，我都看到了。但是我不嫉妒！」

「你看到了又怎麼著！」花蛇驚聞旱魃偷窺了她的隱秘，心中頓然火冒三丈道，「別說你不嫉妒，就是嫉妒也輪不著你！」

「好，好，你說的都好！都怪我不好，我長得醜，我黃鼠狼想吃天鵝肉，不自量力！」旱魃想不到自己如此一語，引發了花蛇這麼大

的火氣，心中十分不忍急忙勸解道，「但是我相信，外表美者不一定心中就美。鷺鳥就是這樣！」

花蛇聽了心中更惱道：「我的事不要你說，他美不美我心中知道。」

「你知道就行，就怕你不知道。我可以告訴你說，山中的老虎美在背上，樹上的百靈美在嘴上，」旱魃仍不生氣，平靜道，「我旱魃雖醜則美在心上。只有我，才真正地愛你！對此，我可以跪下對天起誓！」說著，他真的又「撲通」一聲跪在了花蛇面前。

「今天是因為你救了我，我為報答你的救命之恩，才陪你在這坐一會兒，」花蛇又被旱魃糾纏心中好惱，目睹此景立刻怒言道，「如果你不立即站起身來說點別的，我這就起身離去，使你連與我坐一會兒的機會也沒有！」

旱魃突聞此言頓然心中又急又氣，但他口中剛剛吐出一個「你」字，後邊的「怎能這樣」還未說出，便閘住了自己的話頭，無奈改口道：「好吧，隨你，我起來。我們坐一會兒！」說著便木呆呆地站起身來，木呐呐地坐在了花蛇身旁。

花蛇也正不想聽他說話，兩個便都默坐在了那裏。

十一、虎王訴屈

　　花蛇陪同旱魃默坐半個時辰，花蛇既不願聽到旱魃說話，又怪旱魃不言一語，因而心中更惱旱魃的木吶，禁不住生氣道：「好，時間已到。魔王救小神一命不死之恩已經報了，我倆從今往後已無恩怨可說，本神告辭了！」說著，便起身欲要下山。

　　「好花蛇，我求你再坐一會兒！」旱魃見之，真個是又氣又急。但也覺得無可奈何，末了只有央求道。但花蛇聞若未聞，理也不理地依舊揚長而去。落得個癡情的旱魃更氣更急，無可奈何地呆站在了那裏許久，方纔無趣地離別去了。

　　花蛇離開雞公山一路向宛丘行來，不過半個時辰便來到了宛丘跟前。來到宛丘之下，花蛇不由得突然停下了急行的腳步，站在丘下猶豫起來。她想到自己已經出去一日，如果不立即上丘，女媧定會訓斥於她。而如果立即上丘，豈知負傷的黑龍是否離去？

　　如果黑龍沒有離去，自己上去豈不又攪擾了女媧的好事！過去她體會不到這些，這時她體驗過了自己與鷟鳥的愛情甜蜜，已經深深地知道了這一切。同時她特別深切地體會到，那情趣硬是別個打擾不得的，所以她這時著實犯起難來。

　　花蛇雖然一陣犯難無奈，末了還是覺得自己早些前去丘上為好。

因為如果黑龍已經離去，自己早些上丘一時就會少受一分訓斥，同時也讓女媧娘娘早去掉一分掛心，少生一分氣惱。而如果黑龍傷身未愈，自己也可以幫助女媧娘娘分擔一些急忙。心想至此，她便決計立即上丘而去。

花蛇正欲上丘，心中突然一明想出了上丘的妙法。既為了黑龍走了自己早些上去，也為了黑龍未走不打擾女媧的好事，她決計來它個隱蔽上丘，即不明火執仗地上丘，而是偷偷地爬上丘去，先窺看個究竟。如果黑龍去了，她便立刻露面回見女媧。如果黑龍未去，她便伺機行事。即或者上丘幫助女媧急忙，或者退下不打擾女媧的好事。

心想至此，花蛇才立即行動起來。一時間，只見她趴下身子鑽進樹草叢中，從外面不見蹤影地悄悄往丘上爬去。須臾爬到丘頂邊沿，尋到一處視界開闊之地隱身樹草叢中，舉目向丘頂看視起來。花蛇這一看實在緊要，恰好看見女媧正在丘頂北部邊沿，送別欲要離去的黑龍。花蛇隱在丘頂南部邊沿，視界開闊看得清楚，距離稍遠聽得隱約。

她聽到，女媧柔情萬般地對黑龍道：「大神此去，要多加保重身子！」

「請娘娘放心，小神為了娘娘，也一定保重好這個身子！」黑龍聽了，即忙假戲真唱道，「不過小神也請娘娘減少勞作，保重自己！」

女媧這時則動起情來，不由得聲近嗚咽道：「大神放心，祝你一路順風！」

「娘娘，小神告辭了！」黑龍接著假意戀戀不捨地說著，身子便向後退了一步。

「回來。大神此去，又不知幾時才能再見，我真個是度日如年啊！」女媧見之，忙萬般不捨地止住黑龍道。隨著她則躍身上前，倏地撲進了黑龍的懷抱之中。

　　作為女兒家的花蛇目睹此景，頓時羞得滿臉通紅，趕忙閉上了偷窺的眼睛。只是用耳朵聽到，女媧與黑龍久久地擁抱在一起，生離死別般雙方嗚嗚咽咽啜泣起來道：「我愛你！」「我也愛你！」

　　女媧與黑龍如此擁抱泣訴足有半個時辰，花蛇才聽女媧止住啜泣道：「俗言天下沒有不散的宴席，你我後會有日，大神下丘去吧！」

　　黑龍這才鬆開擁抱女媧的雙臂，連說數聲道：「娘娘保重，多謝娘娘救助大恩。小神去了。」然後才裝作戀戀不捨地下丘而去。

　　女媧眼噙熱淚，佇立在丘頂久久凝視，直到看不見黑龍蹤影之後好久好久，方纔轉身向丘頂中心無力地返來。

　　花蛇目睹此景，既奇女媧不知施用何種靈丹妙藥，竟在一日之內治癒了黑龍的創傷使其離去？又知這時自己如果突然出現，正好可以趕走女媧心中因黑龍離去，造成的空寂和傷情，使女媧歡喜起來自己少受訓斥。為此她便先是一聲清脆的「娘娘」高喊，隨著便一個「鯉魚打挺」躍身登上丘頂，接著便連聲高叫著向女媧迎面跑了過去。

　　女媧突然聽到花蛇的叫聲先是一異，隨著便從因黑龍離去造成的空寂和傷情心境中清醒過來，已見花蛇歡快地跑到了自己面前。驟然見到十數日來僅見一面的花蛇，女媧心中當然又立即高興起來。

　　同時她也在時刻掛心著，自己的孩子與猛獸是否和睦相處的情況，急待著花蛇向她講說此去巡視的結果。前晌花蛇護送黑龍回來，由於見面時間短暫自己沒有來得及詢問，這時便即開口詢問道：「花蛇，你前後離去已是十數日過去，今日早晌你匆忙歸來我沒有顧得上問你，你這番巡視看到人獸相處情況如何？」

　　花蛇想不到女媧角色轉換如此快，三句話竟然不離正事。而她這時的思緒卻還沒有從情場中完全走出，不想竟然答非所問道：「是呀，侍女又已去了一日。去時黑龍大神傷身而來，侍女沒能幫上娘娘的急

131

忙，但不知黑龍大神身傷痊癒否？」

「黑龍已經傷癒離去，你就不必問了，只說人獸相處情境若何就行，」女媧聞聽花蛇問非所答轉換了話題，心中驟然生氣道，「可你聞問不答，莫非搪塞娘娘？娘娘預感好像出了什麼事兒，不然娘娘心中為何一直不能平靜！」

花蛇這時深為後悔自己的回答失誤，後悔她不該答非所問問起了黑龍，問在了女媧敏感之處惹她生起氣來。但她心中也不禁竊喜，竊喜女媧自言其心中不能平靜。她當然不能平靜，你心中戀著黑龍豈能平靜得了。然而花蛇只是竊喜卻不言說，而是想著女媧確實掛心孩子萬分，自己不說人獸相處情狀女媧放心不下，於是她開口即對女媧道：「沒有事，娘娘儘管放心。正因為沒有事，所以侍女方纔如此輕鬆，未答此事問起了黑龍大神的傷情。」

「這就好！」女媧聞聽花蛇此言，方纔放心三分道，「但我覺得不是沒事，而是非有事情不可！」

女媧真是不愧為玉皇大帝的御女，她的預感完全正確。就在她話音剛落之時，突然聞聽從宛丘西邊半坡之處，驟然傳來了一陣有氣無力的喊叫之聲道：「娘——親——您在哪兒？快來這兒，您的孩子高山，在這兒走不動了！」

女媧與花蛇突聞此聲，真個是全都又驚又喜！女媧驚的是聽那高山異樣的喊聲，好像出了什麼事情。喜的是高山歸來，正好可以問清人獸關係的根底。花蛇驚的是聽那高山之聲如同出了事情，那事情若與人獸關係相關，自己將無法向女媧交代。喜的是高山歸來，正好解去自己回答人獸關係之圍。因而她聽了高山此喊，不待女媧行動便搶先循聲跑去，以看高山的情狀。

花蛇循聲跑到高山身邊一看，真個是頓然驚呆在了那裏！因為她

看到，原來體魄健壯的高山，這時渾身血肉模糊，傷痕累累，完全沒有了先前的模樣。倒在地上口中拼力發出無力的喊叫，只有憑著對其叫聲的熟悉，方可辨出他是高山。

花蛇看到這裏不敢怠慢，急忙一邊詢問高山為何如此，一邊俯身扶起無力的高山向丘頂行去。高山在花蛇的攙扶下，邊走邊有氣無力道：「是惡獸群起食人，近日比娘親救封虎王之前更加兇猛十分。我死裡逃生方得至此，特來稟告娘親尋求萬全之策！」

花蛇聽了高山此說，心中頓然更加驚怕十分！她當然驚怕，她與女媧講說自己前去巡看人獸關係，女媧應允她一去數日，而剛才女媧詢問她一無所知，隨意回答平安無事。可現在高山傷痕累累而歸，與自己所說恰好相反。如此即使女媧不問，自己又作何解釋？女媧如果追問訓斥起來，自己又作何辯說呢！

花蛇攙扶高山須臾登上丘頂，女媧正焦急不安地等在丘頂邊沿。看到高山的悲慘情狀，頓然心疼萬分地先是上前扶住高山，讓他在一塊大石頭上坐下，接著便心碎地急切詢問道：「山子，你這是怎麼了！發生了什麼事情？快對娘親說說。」

高山見到女媧悲喜交集，這時在女媧的攙扶下坐下身來聽到此問，禁不住心中悲喜更烈。胸中似有閘不住的無盡悲苦，頓然沖決閘門噴流而出。使得他沒有說話，竟先「嗚」一聲失聲痛哭起來。

女媧知道高山心中的悲苦，便沒有勸止其哭，而是等他痛哭一陣哭出了心中悲苦之後，方纔開口勸止道：「山子，娘親你見到了，悲苦也哭出來了，你就對娘親快快說說情況吧。」

「娘親，不得了啦！」高山這才慢慢止住悲哭，無力地啜泣著緩緩講說道，「最近幾日，惡獸結群食人，比您救封虎王前猖獗十分啊！」

「啊！」女媧聽到高山此言，驚得頓時叫出聲來道，「怎麼回事？

133

你快說清！」

「五日前的一天半晌，我們百十個兄弟姐妹一起，覓食來到了嵩山，」高山接著道，「我們在一面山坡上尋到了一大片桃林，桃林裡的桃樹上掛滿了紅顏甜蜜的仙桃。我們眾兄弟姐妹高興，全都吃了個美飽。」

「那好呀！」女媧聽了心喜道，「可又出了什麼事情？」

「就在我們剛剛吃飽，欲要離開桃林前去山中玩耍之時，突聞一位姐姐興奮地高聲喊叫道：『瞧，那個大桃！』」高山繼續講說道，「眾兄弟姐妹聞聽順著那位姐姐的手指方向看去，只見在山巔高處一棵兀立的桃樹之上，迎著太陽懸掛著一顆足比四五個平常之桃還大的仙桃。那仙桃酡顏呈羞，鮮嫩欲滴。眾兄弟姐妹同聲稱奇！」

「那真是一顆奇桃了！」花蛇聽到這裏，也禁不住讚歎起來道，「你們怎麼著？」

「是的。就在我們眾兄弟姐妹的奇詫聲中，一小妹突然高聲提議說，」高山接著道，「娘親辛苦造出我等，我等當以湧泉相報。我們應當採下那顆大桃，捧回宛丘呈奉娘親聊表感恩之情。眾兄弟姐妹全都贊同，於是我等精心採下那顆大桃，就要返回宛丘。」

「這不是挺好嗎，」女媧這時插言道，「又怎麼了？」

「但就在我等沒有離開桃林之時，卻聽得山坡下不遠處，突然傳來了獸突人叫之聲，」高山變換語氣道，「我等急忙登高向亂處看視，遠遠地只見群獸眾多，正在嘶叫著撲食人群。人群喊殺慘叫，驚心動魄！」

「呀，太可怕了！」花蛇不由得心驚道。

「我等見此慘像，急欲前去幫助受害人群趕走惡獸。然而剛行不遠，便見那群惡獸眨眼已將剩餘數十名兄弟姐妹撲食淨盡。」高山繼

續講說道，「眼見惡獸眾多狠猛，我等若是前去為死難兄弟姐妹報仇，也只能是往惡獸口中送食，便不敢再去。急忙繞道避過那群惡獸，匆匆護定大桃向宛丘行來。」

女媧聽到這裏，不禁怒喝道：「惡獸，實在可惡至極！」

「我等繞過那群惡獸向前行走不遠，自以為躲過了獸群向前正行，突見前邊一條大河攔住了去路，」高山講說不止道，「我等正欲涉水過河，卻聽到身後密林中『颯颯颯』一陣風響。我等聽了心中一驚，正擔心有猛獸撲來，已見一群猛獸有獅、豹、熊、狼等竄出了樹林，向河邊我等猛撲過來。」

「噢，太可惡了！」花蛇這時急言道，「後來呢？」

「原來，這群惡獸正是我等以為躲開，實際沒有避開的那群惡獸，它們尾隨我們追趕上來，」高山接續前言道，「我等本欲與惡獸展開拼搏，但目睹惡獸眾多，便急忙跳進水中欲圖過河避開惡獸。」

「怎麼樣？」女媧這時焦急道，「避過了惡獸嗎？」

「沒有，」高山回答道，「無奈那惡獸奔撲疾猛，我等一半兄弟姐妹或因體弱乏力，或因疾病纏身，或因膽小害怕，動作一遲已被惡獸撲食了去。只有四十餘位渡過大河逃出命來。」

女媧聽到這裏，一邊沉思一邊憤怒道：「惡獸不除，凡人怎安啊！」

「我等四十余位兄弟姐妹逃脫惡獸，心想返回宛丘的路上不會再遇惡獸。但不料今早行到宛丘以西數十里處，突又見到一群五六十只惡獸攔住了我等的去路，」高山向下講說不停道，「我等眼見它們沒有立刻撲來，便立即對之詢問道：『獸類兄弟姐妹們，女媧娘娘前時敕封了你們虎王，讓你等與我等凡人和睦相處，今時為何攔住我等的去路？』」

「它們怎麼講說？」女媧急問道，「快說。」

　　「獸群中一隻兇猛的獅子聽聞此問道：『女媧她算什麼，她不就是玉皇大帝的御女嘛！而我們獸類是受到玉皇大帝的敕令，來到凡間主宰凡界的。因此凡間應該是我們獸類的天下，我們獸類應是凡界的主宰。』」高山接著講說道，「『你們凡人為女媧所造，你們就應該天經地義地歸順於我們獸類，成為我們獸類口中的美味佳餚！而今天你們凡人反要強做凡間之王，力圖凌駕於我們獸類之上，變我們獸類為你們凡人口中的美味佳餚，我等與你等凡人不共戴天！』」

　　「惡獸，真是不知天高地厚！」花蛇這時勃然大怒道，「真是該死！」

　　高山說到這裏，緩一口氣道：「我等聽了雄獅之言，立刻反駁道：『我等凡人並無強做凡王之意。女媧娘娘不是敕封獸中之虎為百獸之王，以監督你等百獸與我等凡人和睦相處，欲要人獸共同主宰凡界嘛！』」

　　「那雄獅怎麼講？」女媧怒言道。

　　「那雄獅則寸步不讓道：『剛才我已說過，我等獸類為玉皇大帝敕令下到凡間，她女媧有什麼資格敕封我等中的老虎為百獸之王？』」高山如實講說道，「『我們百獸誰個又承認女媧的這個敕封？去恭稱老虎為我等之王，並俯首恭行老虎之令？沒有一獸去那樣行事！』」

　　「啊！它真的如此講說？」女媧更怒十分道。

　　「真的。它還說『就是老虎它們自己也不把那敕封當回事兒，去只做百獸之王而失凡界之王高位！』」高山肯定道，「『所以這次我等就正是奉了老虎之令，前來盡食你等的！兄弟姐妹們，上，來頓美味佳餚吧！』」

　　女媧聽到這裏，早已皺起了眉頭道：「它們膽敢如此？」

高山道：「一字不差！」

女媧大惱道：「好你個虎王，我非嚴教於你不可！花蛇，快去給我傳召虎王。」

「娘娘是否且息雷霆之怒，」花蛇這時建議道，「聽高山說完再作定奪？」

女媧聽了心想也有道理，即言贊同道：「也好，高山快對娘親講說。」

「那雄獅如此一聲號令，站在它身旁的五六十只猛獸，立即一起向我等撲了上來。我等抵擋不住，眨眼即被它們撲翻在地，」高山接著講說道，「那位捧呈仙桃的小妹妹也被撲翻在地，手中的仙桃即被一隻惡獸搶食去了。我等雖被撲倒，但卻誰也不願束手就死，因而與惡獸拼力展開了惡戰。」

「凡人豈能鬥過惡獸，」女媧心痛道，「孩兒遭難了！」

「是的。孩兒與那雄獅剛鬥片刻，便被其撕咬得渾身傷痕斑斑，眼看著就要被其吃掉。恰在這時，一隻沒有撲到凡人的母獅趕來與它搶食於我，雄獅不讓即與它鬥在了一處。我急趁此機鑽入草叢，方纔逃出了獅口，回來特向娘親稟報。」說到這裏，高山的最後一點氣力似已用盡，驀然癱倒在了所坐石塊之上，閉上了昏迷的雙眼。

「高山——高山！」女媧與花蛇大驚，急忙俯身喊叫道。

「娘親，孩兒不行了。」許久，高山才被喊醒過來，艱難地睜開眼睛奄奄一息道，「不過孩兒還不能去，孩兒還有一事未向娘親稟報。」

女媧忙言道：「孩兒莫急，慢慢說給娘親。」

高山於是鼓起最後一絲氣力，艱難地喃喃說道：「孩兒聽聞，猛獸食人還罷，那西域神王鷲鳥也偷偷食人。」

「啊！」女媧與花蛇不聽此言還罷，聽了此言齊驚得叫出聲來。

隨著，女媧催促道：「孩兒快說，鷟鳥如何也偷食凡人？」她唯恐高山不能說完氣絕身死，自己難知根底。

高山這時緩緩道：「鷟鳥食人食得很絕。他覺得人肉好吃，吃人又怕娘親知道，便在吃食時必將所有在場之人吃盡。做到不露風聲，不留痕跡。」

「噢！會有這等事情？」女媧聽了驚異道。

「然而沒有不漏網的魚。前日孩兒碰到一位小妹妹，向我講說了她親眼目睹鷟鳥吃人的經過。她說一天她隨二十多個大人出去覓食，恰好碰到鷟鳥走來，」高山氣息微弱道，「大家見到鷟鳥來到都很高興，一齊向前圍攏上去。只有她追撲一隻蝴蝶，跑到了遠處草叢之內，由於個頭矮小沒入了草叢之中。」

「她看到了什麼？」女媧更是焦急道，「快講。」

「她在草叢中突然聽到鷟鳥發出一聲瘆人怪叫，不知怎的便將圍上前去的二十多人全都弄昏在地，接著『嘎嘎嘎』一陣狂笑，隨著便吃起了人來，」高山這時更是有氣無力道，「那二十多人眨眼被其吃食淨盡，然後他起身四處巡視一番見無動靜，方纔放心地笑著向別處走去。那小妹早被那叫聲嚇得伏在草叢中不敢動彈，隨後從縫隙中目睹了他食人的經過。」

「這不可能！一定是那小女孩頭腦生出了錯亂，」花蛇聽到這裏，當然不會相信她的情伴竟會如此險惡，更不願讓此等話語灌進女媧耳中，忙打斷高山的話語為鷟鳥辯護道，「謊說的如此夢囈之語，因而絕不可信！」

女媧即不同意道：「讓高山說完。」

花蛇這時不敢再言，高山於是拼出最後的力氣道：「鷟鳥走後，那小妹方纔獨個逃了出來，恰好遇到了我們。她向我獨個講說了她的

這番親歷，我讓她先不要亂講，等我帶她回到宛丘再向娘親講說。但不料她在渡河時，被惡獸撲食去了！娘親，孩兒去了。」言畢，立刻眼一骨碌頭歪氣絕，身亡在了女媧面前。

女媧睹此場景，心中又想到更有眾多的孩兒，倍加凄慘地葬身在了惡獸口腹之中，不由得心中悲傷十分。特別是她進一步想到，自己初造凡人只是為了給空寂的大地添些熱鬧，待到空寂的大地上熱鬧起來，她就要離開凡間回歸天界。

然而她實在想像不到，自己創造凡人竟然造出了如此無法了結的事端。接著便是惡獸下凡撲食凡人，現在又聞鷙鳥惡神竟也偷食起了凡人。如此下去再加上凡人自身的老病死傷，凡人如此迅猛消耗下去，豈不就將自己每日的辛勞創造抵消淨盡成為負數。使自己越加辛勞，創造的孩兒卻越加減少。自己創造孩子的數量，永遠達不到主宰凡界的境地。

如此下去，即使自己永遠不回天界終日辛勞不息，自己創造的孩子也只能會越來越少，直至損耗淨盡，自己豈不就只能有一個失敗的結局！想到這裏，女媧不由得心頭閃過這樣一個念頭，即尋找一個自己不動，就可以造出人來的方法。但隨著，她對鷙鳥與惡獸撲食其孩兒的氣憤，又立刻強過了這個念頭，心中思慮道：「鷙鳥一神之事還好對付，眾獸的事兒實在難辦了！」於是她立刻轉對花蛇道：「去，立刻尋召虎王前來見我！」

花蛇聞令，立刻駕起雲頭四處尋找老虎王中之王，片刻即在東嶽泰山西麓尋到了老虎大王。花蛇尋見虎王立刻按落雲頭向它傳達了女媧之命，虎王聞命即搭花蛇雲頭，須臾來到宛丘之上女媧面前，俯首拜見女媧道：「小王遵從娘娘聖命，前來叩見娘娘！」

「虎王平身。」女媧聞聽道。虎王聽了擡起俯下的頭，又聽女媧

詢問道：「虎王，你還記得娘娘敕封你為百獸之王時，娘娘對你說過的話嗎？」

「小王記得，一字不敢遺忘！」虎王聽了女媧此問，立刻開口回答並反問道，「但不知娘娘如此詢問小王，是何意圖？」

「是何意圖你應該比我明白！你既然一字未敢遺忘娘娘的吩咐，但你為何慫恿眾獸撲食凡人？」女媧聽了勃然生怒，斥罵起來道，「為何反去言說什麼，你等獸類為玉皇大帝所遣，天經地義應該成為凡間之王？而我娘娘所造凡人，僅僅應該成為你等獸類口中的美味佳餚？」

虎王驟聞女媧此番激切言辭，頓然驚得虎顏失色，急忙連連解釋道：「娘娘息怒，請容小王講說。」

「我讓你講說什麼，你虎王根本不把我的敕封看在眼裡，因為你要與凡人爭做凡間之王！」女媧仍是怒氣不息道，「你現在如此俯首聽命，背後為何背信棄義？你究竟心懷何胎，快快對我講清！如能講清今日還算罷了，如若講說不清再去繼續行惡，我不僅要撤你獸王之職，而且定滅你老虎全族！」

花蛇這時隨著厲喝道：「快講！」

「娘娘此番言辭不知聽自何處，小王實在冤枉！」虎王這時不敢怠慢，立即開口叫屈道，「娘娘若是信了這番言辭，就正上了眾獸之當！」

「我上了眾獸之當？我擔心的不是上了眾獸之當，」女媧聽聞更惱道，「而是錯封了你這個獸王，上了你這獸王的當！」

「乞娘娘細聽小王講說小王之冤！小王從被娘娘敕封為百獸之王時起，眾獸就都心中不服，盡懷爭當獸王之心，」虎王眼見女媧氣恨難消，立刻接下來長言道，「因此受封獸王之後，小王的日子真是一日難過一日。這是因為，不僅眾獸全都不恭順於小王，而且皆與小王

爭搶獸王之位。」

「噢！如此說來，是娘娘封壞了你！」女媧寸步不讓道。

「小王不是這個意思，」虎王對女媧之言即作否定道，「小王是說，眾獸為了與小王爭搶獸王之位，不惜採用一切能夠使用的手段。」

「噢，竟然是這樣！」女媧聽了思忖道。

「是的。」虎王接言道，「它們一類覺得對付不了我們虎類，便聯合各類惡獸共同與我虎類抗爭。因為我虎類為百獸之王它們不敢硬抗，便採取軟的辦法對付我等。」

「它們能怎樣對付你們？」女媧詢問道。

「比如，我虎類兄姐妹遵行娘娘之命，監督眾獸不得與凡人為敵，而應和睦相處。它們則不僅不這樣去做，而是偏偏前去撲食凡人，製造混亂，」虎王訴說道，「我虎類對行惡之獸進行嚴懲，它們對我虎類仇恨更深。再者，它們撲食凡人又借機誣陷於小王，謠傳是小王命令它們行惡凡人。並說是小王不甘心只做百獸之王，而要爭做凡間之王以主宰凡間。」

女媧聽到這裏，隨之譏諷道：「這麼說來，眾獸全委屈了你！」

「小王不敢這麼講說。只是它們如此，正好激怒娘娘，好借娘娘之手除去小王，以使它們坐得百獸之王之位！」虎王繼續道，「因而小王敬乞娘娘三思，如果娘娘聽信它們的妖言，除去小王獸王之位，它們奪得了獸王之位，人獸之爭就將永無寧日了！」

「虎王說的也不無道理，並且可謂天衣無縫。若是事情果真這樣，我就冤枉了你虎王！」女媧聽罷虎王這番言辭，覺得既合情理又不敢全信，因而怒顏未開絲毫道，「不過你也記住，你說的是真是假，我都會弄個水落石出的。若有言假，我弄清後，你虎王就甭怪娘娘我無情！」

「乞娘娘明察。若是小王所說有假，任憑娘娘隨意處置絕無怨言！」虎王這才心轉輕鬆，不禁笑言道，「不過小王還有一言，需向娘娘稟報。」

「講。」花蛇這時催促道。

「就是眾獸向小王講說，凡人有時為了改善吃食，也常常向我獸類進攻，」虎王聽了接著道，「以撲食獸肉，也為激起人獸關係惡變一因。娘娘也要設法解決。」

「若如此說，事情就好辦多了。只是虎王回去之後，儘管嚴懲行惡之獸，使之不敢再撲食凡人，以禁絕食人之舉也就是了！」女媧聽到這裏，方纔心中稍感輕鬆道，「至於人食獸類，這事娘娘早有打算，即造些家畜，供人肉食，以免凡人再去捕食獸類，你告訴眾獸說去吧。我說完了。虎王還有何言，要說儘管講來。」

「謝娘娘明斷！小王已無話可說，小王定當嚴遵娘娘示下去做。小王告辭了！」虎王聽了即忙叩謝女媧道，說著便即辭離宛丘去了。

十二、眾獸作亂

　　女媧目睹虎王漸去漸遠的背影，心中仍是不能放下。她不僅對虎王剛才的話語半信半疑，而且對虎王此去是否能夠扼止眾獸食人，心中更是沒有半點把握。為此，她不由得對如何處理好人獸關係，憂心忡忡思慮重重起來。

　　能否處理好人獸關係，這對於女媧來說實在是一件首要的事情。因為它關係到凡人是否能在凡間生存下去立定腳根，關係到她的辛勤勞作是失敗還是成功。而更重要的則是關係到美好的凡界，是被兇猛的惡獸佔據使其充斥兇惡，還是被理智聰明的凡人佔據，使其充斥理智和智慧的大問題。所以女媧為此而憂心，為此而焦慮。她要讓理智戰勝邪惡，智慧戰勝愚昧，讓人類成為凡界的主宰啊！

　　就這樣，女媧憂心忡忡地焦慮著，她當然也想到了眾獸兇惡的必然性，因為兇惡本身就是一種自衛能力。對於獸類來說，它們不僅彼此間激烈殘殺，而且凡人又隨時可能使它們喪命，野獸不兇惡誰去護衛於它，它不兇惡怎成？不兇惡怎能生存下去，不兇惡它們很快就會滅種呀！因此獸類必然兇惡，必須兇惡，兇惡是它們必不可少的天性。

　　想到兇惡是野獸的天性，女媧便進一步思慮起了對付之策。她想到，在目前的處境下，由於凡人數量還少，因而制伏兇惡的獸類還不

可能。所以暫時的辦法第一是凡人要儘量集體行動，這個集體人數越多越好。第二便是要儘量或者不去捕食獸類，以免激起眾獸之怒，反來撲食凡人。第三便是自己要進一步加快造人的進度，以在更短的時間內造出更多凡人，或者就是儘快找出一種凡人自我繁衍的辦法，以造出更多凡人。只有到了凡人的數量超過獸類之日，凡人才可能不被獸類隨意傷害。

思慮至此，女媧認定急辦的事情是前面兩件，便決計先去向孩子們講說，同時問詢孩子們的苦難和心願，以儘量順遂他們的心意。為了使孩子們不去捕食獸類，自己或者再創造出一種可供他們肉食的牲畜，以滿足他們肉食之需。將這兩件事抓緊做好，自己再返過來抓緊時間造人，並尋求新的造人方法。為了抓緊去辦前兩件事情，她便立刻帶著花蛇，下丘向西尋訪孩子們而去。

女媧與花蛇一路前行不過五十餘里，突聞前邊樹林中獸突人叫之聲驟起，一時間那情狀聽聲似睹，真可謂情急萬般，險惡萬分！女媧倆個頓知凡人陷入危機，她們稍有怠慢就要又有凡人喪命惡獸口中。為此她二神擔心之餘不敢稍怠，急改步行為踏雲飛進，眨眼便來到了那獸撲凡人場景上空。看到那場景中人少獸多，被撲凡人已是難逃活命，惡獸須臾之間就要把他們撲食淨盡。

「惡獸住手！」女媧勃然大怒，先是一聲喊喝止住眾獸，隨著即與花蛇按落雲頭站在了那場景正中。絕處逢生的眾凡人見到救星心中大喜，正在撲食凡人的眾獸突然被攔，頓然失去就要進入口腹的人肉佳餚勃然生怒，不自量力齊向女媧兩個撲了上來。女媧兩個當然不會相讓，即出神功拳腳，一陣便把為數不多的五六十只惡獸，全都打倒在地，動身不得了。

女媧兩個雖惱萬分，這時卻沒有傷害一獸性命。眼見惡獸動身不

得，便即命眾獸站起，聆聽女媧訓斥道：「你等為何不聽虎王之命，不與凡人和睦相處，妄自強行撲食凡人？」

「娘娘有所不知，我等皆是奉了虎王之命，才來撲食凡人的，」眾惡獸心存邪惡，當然不服，為此惡獸頭領聽了女媧此訓，當即誣陷虎王道，「因為那虎王欲做凡間之王，根本沒把獸王放在眼裡。所以乞娘娘不要怪罪我等，前去找那虎王算帳！」

「小小惡獸，竟敢誣陷虎王！我正告你這惡獸，虎王剛剛與我言講，你等惡獸欲爭百獸之王高位，故而撲食凡人陷害虎王！」女媧聽了大惱，惡獸頭領膽敢誣陷虎王，同時也為了進一步證實虎王前番言辭真偽，便立刻上前一把揪住惡獸頭領的頭頂毛皮，厲喝道，「快說惡獸前番言辭是真是假！若有一字言假，娘娘要你惡獸小命！」

「小獸所言皆如娘娘所說，是為誣陷虎王！」惡獸頭領雖然兇惡畢竟缺少城府，這時聽聞女媧一語將其心中老底揭穿，頓然大驚小命不保，急向女媧實言求饒道，「敬乞娘娘饒恕小獸一命不死！」

「虧你小獸所言為實，娘娘饒你一命不死！」女媧聽到惡獸證實了虎王之言的真實，心中滿意厲喝道。惡獸頭領忙謝女媧饒命之恩，女媧則接著對眾獸厲聲訓斥道：「你等聽著：你等猖狂撲食凡人，皆為聽信你等惡獸首領之言。虎王決無爭做凡王之心，也絕對沒有傳下撲食凡人之令。今日我娘娘看在你等皆為脅從之輩分上，饒恕你等一命不死！」

「謝過娘娘饒命不死大恩！」眾獸聽到這裏，懸著的心方纔放了下來，急謝女媧道。

「但責令你等從今往後，向眾獸傳達娘娘前番訓言，以止眾獸撲食凡人之舉，力求人獸和睦相處！」女媧對眾獸言謝見若未見，繼續其言道，「至於凡人冒犯你等獸類之處，娘娘正在設法解決，你等儘

管放心。你等如果不照娘娘訓言去做，娘娘已令虎王予以嚴懲。若再讓娘娘碰上，絕對不饒！」

「不敢了，不敢了！」眾惡獸聽完女媧此訓，齊言道。女媧見狀，即令它們散去。

這時，剛才被惡獸撲食受驚的孩兒們受到娘娘的拯救，又聽女媧嚴訓猛獸之言，更對女媧親近十分。眼見眾惡獸去了，他們便向女媧圍攏上來，頓時像一窩喜鵲般嘰嘰喳喳、七嘴八舌地訴說起了心中的苦衷。

他們說，野獸不僅太多而且太凶，他們十人八人就不敢行動。若是十人八人行動，就有被群獸撲食淨盡的危險。夜裡他們不敢隨處野宿，那樣也有被惡獸撲食的可能。

他們想吃點獸肉，改善一下口味也很難。因為獸群太大，而且它們很少單獨行動，一來就是一群，人們捕捉不得。有時碰上三幾隻一小群可以捕捉，但它們既凶猛又逃跑飛快，往往還未趕上它們，它們又跑得匯入了大群。那樣不僅他們捕不得惡獸，而且反會被眾獸反過來撲食。如此等等，不一而足。

女媧站在孩兒們中間，一直靜聽著孩兒們傾訴的苦衷，久久未發一言。直到末了，聽到孩兒們再說也沒有了別的重要事情，方纔啟發孩兒們再抒高見道：「孩兒們，你們見到娘親一次不易。你們覺得都有哪些事情，需要娘親立即去做？今日就全都說個清楚，娘親好為你們去做。」

眾兒女聽了女媧此言，立即又各抒己見，一陣重又嘰喳不休起來。女媧聽得清楚，其中一個聲音最脆最亮的女孩說道：「娘親，女兒認為娘親應該為孩兒們做的首要之事，便是要設法除去惡獸的凶惡本性，使它們變得全都和善起來。以確保凡間太平，確保我們不再被

惡獸撲食傷殘，我們就會再也不用擔驚受怕地生活了。若能那樣，娘親的孩子就只有幸福和歡樂了！」

「女兒所言甚好，」然而女媧聽了，卻無奈地回答道，「但這絕對不可能。」

「依據娘親的神力，」那女孩不得滿足，打斷女媧之言道，「不是絕對可以做到的嘛！」

「不，女兒，娘親做不到。這是因為，獸類所以兇惡，是它們自身也需要自衛，」女媧立即笑言道，「女兒試想，如果獸類凶性盡除，除了它們之間自相殘殺，再加上你們又隨時叫它們喪生，它們還有生存的可能嗎？因而，兇殘是眾獸的天性，娘親改變不得。」

那女子和眾孩兒聽到這裏，方都點頭稱是。但是接著，又都無奈起來道：「娘親若是解決不了這個根本問題，其他問題就都是無謂的了。」

「不，娘親已經想出了另外的解決方法，」女媧眼見眾孩兒洩氣，立即開口挽回道，「那就是娘親雖然不能盡改惡獸的兇惡本性，但已嚴令虎王盡力嚴懲撲食凡人的惡獸，以確保人獸和睦相處。」

「這辦法仍然不行，」一個孩兒高叫道，「惡獸已經把孩兒吃了，再去嚴懲也是無用。」

「不，娘親的另外辦法不僅是這樣，」女媧繼續道，「娘親心想，為了保障凡人不再捕捉獸類而得以肉食，以使你們不再因食肉而激怒惡獸，娘親想為你們創造一些牲畜，以供你們驅使並得以肉食。」

「這個法子好！娘親，」不等女媧說完，眾孩兒這時已是齊聲贊叫起來道，「這樣，孩兒們就天天都有肉吃了！」

「但不知孩兒們想過沒有，你們想得到一些什麼樣既可供你們驅使，又可以供你們肉食的牲畜？」女媧聞聽心喜，又言道，「現在你

們好好想想，對娘親說說，以便娘親為你們創造。」

女媧如此一番言語，頓又說得剛才陷入無奈的眾兒女，這時群情激昂起來。一時間只見他們齊動腦筋思考，並動口嘰嘰喳喳向女媧再次熱烈講說起來。這個說：「娘親，你給孩兒們造一匹比獅子還高還大的牲畜，讓孩兒騎上它去追殺惡獸。殺了它，又是可供孩兒吃食數日的美餐，你說行嗎？」

女媧聽了，立即答應道：「行，娘親給你們造。」

又一個說：「娘親，您能否再給孩兒造這樣一種牲畜，它對人忠心耿耿，對惡獸則毫不懼怕。既是凡人的玩伴，又是惡獸的對手。您說行嗎？」

女媧又立即答應道：「行，娘親給你們造。」

眾孩兒聽到女媧有求必應，一時間更加高興得你爭我搶講說起來。這個說：「娘親，你給我們再造一種一捉就可捉住的牲畜，其肉又香又美，專供我們吃食，行嗎？」

那個不等女媧回答，又搶過話題道：「娘親，你給孩兒造一種性情溫順，人想吃就殺它，人想養就喂著它的牲畜，行嗎？」

又一個也不等女媧回答，又搶上來大聲道：「娘親，你給孩兒們造一種這樣的牲畜，它自身已是我們的美食，同時它還會為人再造一種可吃的美食。而且它身軀要小，渾身錦繡斑斕。行嗎？」

女媧正欲回答，又一個孩子攔住了她的話頭道：「娘親，你再給孩兒們造一種這樣的牲畜，它溫順聽話，任人擺佈。人叫它幹活它就幹，人叫它吃什麼它就吃。人想殺吃它，它又有多而味美的鮮肉。行嗎？」

「行，你們說的要娘親給你們造的這六種牲畜，」女媧聽到這裏，方纔插上話來道，「都行，娘親都給你們造。」

148

　　「娘親，您什麼時候給我們造呀？」眾孩兒聽到他們要女媧造的六種牲畜，女媧全都答應下來，又忙向女媧詢問道，「你怎麼造呀？」

　　「娘親回到宛丘，就給你們造。」女媧聽了此問，甚為眾孩兒心靈如此聰慧，好奇心如此強烈而高興，遂立刻開口回答道，「娘親有辦法造，你們放心吧。」

　　眾孩兒聽了，又高興得一齊歡叫起來。末了，女媧打斷眾孩兒的歡叫之聲，告誡道：「但是娘親叫你們記住一條，就是娘親為你們辛苦造出你們要的六畜，只是為了讓你們今後有充足的肉食，不再去強行捕捉猛獸為食。以免人獸相殘，求得人獸和睦相處。你們能夠做到嗎？」

　　「孩兒請娘親放心，只要娘親為孩兒們造出這六種牲畜，孩兒們絕對不再捕食凶獸，」眾孩兒聽了，齊聲回答道，「而且只要猛獸不再撲殺我們，我們絕對不再動手捕殺惡獸！」

　　「這就好，只要你們能夠與獸類和睦相處，娘親就放心了。你們去吧，娘親也去了。」女媧說著，便攜花蛇到別處問詢而去。

　　女媧與花蛇又到別處問詢了數群凡人，人們都對女媧造畜的想法贊同不已，同時向女媧提出了應造畜類的大同小異模樣。女媧對應造畜類模樣心中有了底，便攜花蛇回到宛丘，俯身河邊開始了設計製造。她讓花蛇取來泥土，便依照眾孩兒要求的模樣，邊想邊搏捏起來。

　　孩子們要一種身子比獅子還大，奔跑起來可以超過猛獸，殺掉又可吃食數日的牲畜。女媧便依照此說，先用泥土搏捏出一個又大又適宜於奔跑的牲畜的身子。接著又為這身子捏上了四條適宜於奔跑的細長的腿，並在腿的末端捏上了四個適宜於奔跑的蹄子。隨後又為這牲畜捏出了一個高昂的頭，頭上捏出一張大嘴兩隻小耳。末了又用指甲，為其全身刻出了精細的鬃毛。

一個這樣的牲畜就這樣摶捏好了，女媧看了又看，改了又改。最後宣告改定，她便照著如此模樣，摶捏一個又一個。整整捏造一日，捏造出了一大片來。

天黑了，女媧與花蛇休歇下來。翌日天亮，她又與花蛇去到河邊摶捏起來。然而新的一天女媧沒有重複昨日的創造，而心想著孩兒們要她創造的新一種牲畜，捏造起來。

孩兒們要她造一種對人忠心耿耿，對獸毫無畏懼，既是人的伴侶，又是獸的對手的牲畜。女媧便照此說，設計捏造出了一種身瘦腿細，奔跑快疾，尖嘴小耳，眼惡嘴狠的泥物。捏成一個之後，女媧又是看了又看，改了又改。最後模樣改定，便又一個接著一個地捏造起來，整整捏造了一日。

女媧倆就這樣在河邊一連捏造六日，把凡人要女媧創造的六種牲畜全都捏造了出來。轉眼到了第七日早晨，這日天高風靜，一輪紅日掛在東天半空，把萬道金光灑滿了大地。女媧這日一早便攜花蛇來到黃河岸邊，她要向捏造好的六種牲畜灑去精靈之氣，使泥物全部變為活物，以讓它們盡為凡人驅使。

女媧先是來到第一日捏造好的那片泥物跟前站定，接著口中振振有詞道——

身長被乘騎，
腿細任馳驅。
嘴大吃青草，
膘肥供人食。
名字叫做馬，
奔跑獸不及！

女媧念說完了，隨著向那泥物「呼」一口氣吹去，便見那泥物全都立刻活動起來。接著便都像竹筍拔節一般「咯吱吱」地生長起來，須臾即都長成了今日馬的模樣。女媧把手一揮，那群長成的馬便一齊昂首長天，「嘶兒嘶兒」一陣嗚叫。然後全都撒開四蹄，向四野八方奔馳尋找人們而去。

女媧看著心中高興，花蛇更是高興得歡叫不已。女媧心中高興但她隱而不露，即又像點活泥馬一樣，隨後依次點活了狗、豬、羊、雞、牛五種牲畜，與馬合在一起一共造出了六種牲畜。眼見眾孩兒盼望的六種牲畜全都造成，並四散奔走找尋其孩兒而去，女媧臉上這才最終綻露出了由衷的笑意。然而那笑意僅在女媧臉上綻露一瞬，便被女媧收斂了去。

因為隨著那笑容的綻現，女媧立即意識到，自己要造出能夠充分滿足眾孩兒需要的六畜來，確實是一項比造出能夠戰勝獸類主宰凡間的凡人來，更加繁重十分的工作。因為這六畜看來以後不僅凡人要食，獸類若要不食凡人也不會不食它們。所以女媧看到，造畜的任務更比造人的任務艱巨十分。而造出如此眾多凡人的重任，自己終日辛勞尚且沒能完成。再造出如此比人更多，才能滿足凡人和獸類需要的六畜來，又談何容易！

正是心想至此，女媧頓然覺得肩上的擔子又重十分，便不由得收斂起了臉上剛露的笑意。事情當然正如女媧所想，此後女媧果然又在沒完沒了的辛勤造人重任之外，添加上了辛勞不止的為凡人和獸類創造六畜的重任，使她勞作更加繁忙十分起來。

而那虎王受到女媧的訓斥回到駐地之後，果真言說與行動毫不走樣，立刻按照女媧所示行起事來。身為百獸之王的虎王，著實具有獸

界之王的威嚴。但見它一時間便將女媧的旨令盡傳於下界獸類之中，並明確詔示獸類從此不得再有撲食凡人之舉，若有發現虎王必將嚴懲不怠！即使一旦發生了凡人捕食獸類的現象，獸類也要努力克制自己，不可立刻反撲凡人，而應上達虎王，再由虎王上達女媧做出定奪。

為了實現女媧期盼的如此人獸和睦相處目標，女媧娘娘讓朕詔示獸類，她決計創造六畜以解凡人食肉之需，避免凡人再去捕食獸類引起人獸之爭。同時為達女媧娘娘期盼的人獸和睦相處目標，虎王決計飭行女媧娘娘旨命，立刻派出數百支由虎群組成的稽查分隊分達四方，稽查獸類飭行女媧娘娘詔令情況，並代虎王嚴懲違令獸群。

虎王如此行事，一時間也真個是威懾住了眾獸，使眾獸撲食凡人的情狀禁絕起來。然而，這只是一種表面的和睦、事情的假像。被這表面的假像掩蓋著的，則是更加冷酷如鐵嚴峻似刀，壓抑在平靜之下的眾獸更加劇烈的動盪。

因為眾獸驟聞虎王如此傳下女媧詔令，並派來了嚴懲撲食凡人的稽查分隊，它們皆知虎王的厲害，所以一時間誰也不願往虎王的槍口上去撞，便全都收斂了惡行，禁絕了撲食凡人之舉，使人獸之間和睦起來。

但是，獸類早已都對虎王心中不服。正是因為與老虎爭王才皆都撲食凡人，並言說為虎王所使而行此惡。以誣陷虎王激起女媧心變撤去虎王之位，進而謀奪獸王高位。而這時它們全都適得其反，虎王為此則更加受到女媧的信任，並派出稽查分隊懲罰撲人獸群而來。眾獸們意想不到事情竟生如此激變，獸種頭目們便聚在一起，計議起了對付之策。

眾獸種頭目聚在一起計議再三，最後議定先派出數個獸群，前去撲食凡人作為試探。以觀虎王所遣稽查小隊，是否真行女媧之令，嚴

懲撲人獸群。如果其不懲撲人獸群，它們就一起前去稟報女媧，言說
虎王不行娘娘詔令，以動女媧信任之心，撤去虎王之位；如果它們真
的嚴懲撲人獸群，它們就派出代表前去面見虎王，向虎王陳說獸類不
食凡人，將來凡人主宰了下界，獸類就將失去存身之地的利害。

　　如果虎王聞說心動，謀與它們共同撲食凡人，以爭凡界之王，屆
時它們就再惡計陷害之。如果虎王聞說不動，依舊嚴行女媧詔令，它
們便乾脆來它個聚眾作亂，以摧垮虎王之位，盡食天下凡人，謀做凡
間之王。

　　計議既定，眾獸種頭目便從各自種群之中，挑選出數十隻精壯惡
獸，分散組成數個獸群，立刻分向八方撲食凡人，以作試探而去。這
些獸群剛剛分開行出數十百里，便各自碰上了正在歡慶虎王頒令，帶
來人獸和睦的人群。

　　那人群正沉浸在人獸和睦相處的興奮之中，皆無防備。就在這
時，肩負撲食凡人之任的獸群便兇猛地撲了上來。眨眼之間，便將一
群群只顧歡慶的人群撲食淨盡，然後又向別處揚長撲食凡人而去。

　　被獸種頭目派出的如此撲食凡人的獸群，命運當然不好。就在
它們剛剛撲食一群或者兩群歡慶的凡人，欲要繼續撲食凡人之時，
全都碰上了虎王派出的稽查分隊。那稽查分隊毫不留情，近前也不
講說話語，立刻便將它們撲食淨盡。只有掉隊或者頭腦機靈逃奔得
快的個別惡獸，身免被稽查隊猛虎撲殺，亡命奔逃回去向獸種頭目
作了稟報。

　　眾獸種頭目聽到逃回惡獸稟報，心知虎王果真嚴行女媧飭令，急
又計議一番，推選獅獸頭目與豹獸頭目兩個，作為眾獸代表立刻前去
面見虎王，計說於它。獅、豹二獸頭目身受眾獸重托不敢怠慢，立刻
登程來到泰山西麓虎王居地，拜見了虎王。

153

虎王見是獅、豹獸種頭目前來晉見，熱情相待，然後促膝靜聽二獸之言。獅、豹頭目眼見虎王相待誠厚，便立刻打開話匣子，盡向虎王陳說腹中那番準備好了的話語。

「虎王，您作為我們獸類之王，我們誠心誠意地敬服您，您的號令我們絕對令行禁止，」獅獸頭目率先開言，試探著勸說虎王道，「您身為女媧娘娘敕封的百獸之王，堅定不移地飭行女媧娘娘的詔旨，這是您作為百獸之王義不容辭的職責！但是我等同為獸類，我們也十分能夠體會虎王您的難處……」

說到這裏，狡詐的獅獸頭目戛然止住往下正說的話語，閃動著一雙陰毒的眼睛，觀察著虎王的感情變化及舉動。以期從中體察出虎王聽言後的感情蛛絲之變，便於自己下步勸言於虎王。

虎王則不愧為百獸之王，但見它從獅獸頭目開言以來，一直促膝而坐，靜心聞聽。話不言聲，色不生變。任憑獅獸頭目的那雙陰毒眼睛多麼犀利，也未能查知虎王此般的心境。

獅獸頭目無奈，只好硬著頭皮向下講說道：「我們知道您作為我們獸類尊敬的王，每時每刻都在為我們獸類著想，為我們獸類謀福興利。但您又不得不顧及女媧的詔旨，您作為我們獸類尊敬的王，實在是殊為不易！」

虎王聽到獅獸頭目說到這裏，心想其言辭出口不少，但卻曲折反覆毫無內容，往下又仿佛藏有想說而不敢言說的點睛話語，便故作真誠開言道：「獅、豹兄弟，你們與我虎王雖有地位之別，但無類別之分。因而你倆有何摯言，儘管開口直說。來他個直來直去，不要再曲曲彎彎，躲躲閃閃好不好！」

豹獸頭目是個急火性子，這時聽了剛才獅獸頭目的那番廢話彎語，心中早急得冒起火來。這時聽了虎王之言，立刻忘掉了謀略，一

陣「嘎嘎」大笑道：「痛快！還是虎王老兄痛快。剛才我獅大哥曲裡拐彎沒說出個事兒，我給說它個清楚！」

「豹子老弟痛快！」虎王當即鼓勵道，「好，你講。」

獅獸頭目睹景聽言，擔心豹獸頭目直言壞了大事，忙向它連使眼色。但魯莽的豹獸頭目哪裡把它的眼色放在心上，聽了老虎的鼓勵之言，真的立即來了個直來直去，一口氣直通通地把腹中話語，全都講了出來。

「虎王老兄，您不可抱著女媧封您的那個王位寶座，就不顧及眾獸類兄弟姐妹的死活，而只顧為女媧賣命！您想過沒有，我們獸類為玉皇大帝所遣，因而我們獸類理所當然的應為凡間之王，」豹獸頭目道，「可是她女媧創造了什麼凡人，專與我們獸類對抗。凡人為何與我們獸類對抗，還不是為了爭做凡間之王！女媧為何不讓我們獸類撲食凡人，還不是為了讓她的孩子當上凡間之王！」

「你，」獅獸頭目這時欲作攔阻，但話剛出口一字，卻被虎王攔住道，「你讓它講。」獅獸頭目無奈，只有聽憑豹獸頭目繼續講說起來。

「但不知虎王老兄，您作為百獸之王想過沒有，如果我們獸類失去了凡間之王之位，而讓凡人搶去，我們獸類就得歸順凡人主宰。凡人又以我等之肉為食，以我等之皮為衣，到時候哪裡還有我等獸類的生存之日！」豹獸頭目繼續直言未完之言道，「我的虎王老兄，您只顧做虎王這個傀儡，死心塌地地為女媧賣命，您這是出賣我們獸類兄弟姐妹啊！你應該迷途知返，懸崖勒馬了！」

「住口。不許你滿嘴噴糞！」一直沉靜的虎王聽到這裡，再也不能容忍下去了。特別是它聽出了豹獸頭目之言，完全與女媧訓斥自己的誣陷話語不差一詞，頓時失去了先前沉靜的虎王之顏，勃然大怒痛

斥豹子道，「你等邪惡之獸只知先來後到，爭做凡間之王。但你等為何不瞧瞧自己的邪惡愚昧，比比凡人的聰慧善良！」

「虎王息怒，別聽豹獸頭目胡言！」獅獸頭目眼見惡計敗露，這時急作圓場道，「別與小獸一般見識！」

「也不想想如果讓我等獸類做了凡間之王，凡界就會被邪惡和愚昧佔據。而讓凡人做了凡間之王，凡界就會被善良和智慧所佔據！然後不再想想，如果我等獸類做了凡間之王，我們獸類就會失去控制，」虎王這時怒氣不息，繼續訓斥道，「僅是不息的自相殘殺，也會使我等獸類種群滅盡，哪裏還有生存之日！而凡人做上凡間之王，是絕對不會盡殺我等的！因此我勸你等還是三思而行，早日迷途知返，懸崖勒馬！」

虎王的這番訓斥獅、豹頭目之言，真個是話不投機半句多，早激怒了獅、豹頭目。但見它倆強抑惡氣方繼聽完虎王訓言，待到虎王聲言一落，便立刻站起身來道：「若如此說，我們就各走各的道兒，你虎王莫怪我等無禮！」說著，便要離別而去。

虎王也是好惱，立刻下令眾虎道：「為它倆送行，給我打出十里！」眾虎聞令，齊吼一聲即向獅、豹頭目撲咬過去。

獅、豹頭目被群虎撲咬十里，雙雙皆被撲咬得身傷面非，渾身血流不止，僅僅存下一絲活氣。但它倆也不怠慢，勉強撐起受傷的身子，急忙返回眾獸頭目聚集地而去。

獅、豹頭目艱難地回到眾獸頭目聚集之地，向眾獸頭目將陳說虎王之情講說一遍，聽得眾獸頭目全都勃然大怒。特別是又見獅、豹頭目身傷皆為虎王所賜，更是個個大惱。全都發誓立刻組織眾獸作亂，一與虎王為敵，二則更加兇猛地撲食凡人，以讓女媧褫奪虎王之位。

　　眾獸類頭目誓畢立刻行動，隨著一場眾獸作亂的鬧劇便立即充斥了凡間。女媧這時已被造人造畜的辛苦勞作弄得心疲力竭，又聞虎王與眾獸之爭和眾獸暴亂瘋狂食人食畜之舉，一時間不由得更被鬧得心亂如麻，禁不住開口第一次歎息起了凡界之苦！

十三、黑龍遊說

　　黑龍離開宛丘回到冀州之後，這時也正在眾神魔之間挑鬧著更大的事端。那事端一旦被挑鬧起來，將更使女媧慨歎凡界之苦不迭。

　　黑龍前時送別女媧，在歸回冀州的路上被燭陰伏刺不死，撿得一條活命之後，心中對燭陰頓然生出了不共戴天的仇恨。這仇恨不僅源自燭陰一鐗之仇使他記恨在心，也不僅是因為燭陰與他爭奪女媧之愛，而更重要的則是爭搶凡間之王的事兒，造成他與燭陰的不共戴天。

　　這是因為，黑龍不僅是個狡詐狠毒之神，而且是個垂涎權柄的權欲狂徒。正因此，他在天界為奪權柄犯下了重罪，下界後又為謀奪權柄日夜苦費心機。所以他十分擔心凡界之王的高位，被燭陰借助奪得女媧之愛而奪去，使自己處於被燭陰管制的境地。他對燭陰的鐗戳之仇報不報都可，對女媧的情愛爭不爭也都行，只是凡王之位他與燭陰非爭個有我無你不可！

　　黑龍為此認為，鐗仇情仇皆為虛假，爭奪凡王高位才是真實。也正因為這爭奪凡間之王的真實，他與燭陰之間才派生出了那鐗戳之仇和情愛之恨，若無那真實豈有這二仇的產生！

　　黑龍也實在猜度准了燭陰的心脈，所以他便時時處處針對燭陰欲借對女媧之愛，以達奪取凡王之位的出發點行事。這當然是因為，黑

龍早在他被女媧敕封為冀州神王之後，就開始心想並想出了攝取凡王之位的謀略。即先連橫大多數神魔之王食掉弱小神魔之王。接著再逐個食掉剩餘神魔之王，從而達到奪得其他六神魔之王權柄，集下界權柄於自己一身的目的。以最終使自己成為堪與上界玉皇大帝對應的下界凡王。

黑龍思得此謀，正在進一步心想如何具體實施，不料想女媧娘娘突然送愛而至。頓使他高興得立刻將計就計，暫不施行既定謀略，而改用以愛攝取凡王之位的惡計。黑龍以愛攝取凡王的惡計實行得極為順利，但正在順利之時，卻不料半途中殺出個邪惡燭陰，硬是要與他採用相同的手法攝取凡王之位，並險些將他刺殺身死。

黑龍受刺之後當然對燭陰生出了不共戴天的仇恨，來到宛丘之後便在女媧的照料下一邊養傷，一邊不停地心想起了如何鞏固自己與女媧之愛，達到鬥敗與自己採用相同手法，爭奪凡王之位元燭陰的目的。他本想向摯愛他的女媧盡吐心曲，以讓女媧助他除去自己的對手燭陰。但他細想女媧的過去，再看女媧的今天，覺得如果言說只會適得其反。那樣不僅不會有助於自己與燭陰的抗爭，反會帶來不應有的牽制和阻礙。

特別是一旦女媧明言阻撓起來，自己就將無法行動。由此將自己的手腳縛死，使自己欲進不能欲退不得，就只能眼睜睜看著燭陰主動出擊佔據上風。為此他將欲吐之言咽回了腹中，只是趁著女媧前去造人自己落下清靜之時，一邊躺著養傷，一邊苦苦心想起了對付燭陰之策。

但是黑龍如此思來想去想去思來，卻都心想不出上好謀略。他想到過前去暗殺燭陰，但他身邊沒有可以替他前去之神。如果自己前去，他從上次交手中已知自己不是燭陰的對手。說不定會弄個暗殺不

成，自己反受其害的結局，因而暗殺不得。

他接著又想到前去伏刺燭陰，但也擔心自己神功弱下，伏刺不成適得其反，而不敢行動。末了他又想到設計暗害燭陰，比如用宴會、美女等手段，以伺機藥殺燭陰，但卻苦於沒有施計之機。

黑龍如此思來想去，轉眼過去半日仍是不得良方，最終還是只能回到過去心想的老路上去。即聯合多數神魔之王，集中力量共同攻殺燭陰，為自己除惡報恨。無奈此時黑龍只有將此方略定下，接著細想起了具體實施之法。

他想到，要具體實施會攻燭陰的方略，首先必須說動眾神魔之王與燭陰為敵，方可將眾神魔之王聯合一起，共同擊殺燭陰。但用什麼話語才能說動眾神魔之王，與燭陰為敵呢？狡詐的黑龍雖然頭腦中惡謀甚多，但這時卻也一時沒有良謀。

沒有良謀他也不怕，他仍是苦苦地思索著。他相信只要自己有心，就沒有想不出的謀略，就沒有辦不成的事情。因此他苦苦地思索著，終於在末了心靈的天窗豁然洞開，心想出了說動眾神魔之王聯合攻擊燭陰的緣由。

他想到，燭陰在天界時先是在天宮後宮掌燈，後來又一直被鎖在崦嵫山上，與他們扼守咸池通路的三神三魔歷來缺少交往和溝通，他六神魔對燭陰全都瞭解較少。由此出發，聯想到自己這次被燭陰伏刺身傷，眾神魔又全都不知燭陰伏刺自己的動機，自己正好可以借此施以巧言另說。

即大講什麼燭陰伏刺自己的目的，就是為了爭奪凡王之位。他所以率先伏刺自己，就是因為自己的冀州之地與其幽燕之地毗鄰，伏刺自己正是為了率先佔據與其毗鄰的冀州之地。然後再據為跳板，逐個誅殺諸神魔之王，以據凡界為己有，進而奪得凡王高位。

到時候，他黑龍可以拍著胸膛指著傷疤對眾神魔言講，這是燭陰在欲要戳他身死之前，他問燭陰過往如今皆與他沒有怨仇，燭陰何以戳他身死之時，燭陰對他言說的戮殺於他，就是為了爭做凡間之王。殺一個少一個對手，殺一個得一方地盤！

接下去他可以再向眾神魔曉以利害，講說今後不論誰個，即便不被燭陰殺死，但到陰毒的燭陰位登凡王之後，也絕無好的下場。同時曉之以情，講說他六神魔身歷同難，各經甘苦，因而應當風雨同舟，和衷共濟，以滅燭陰，共據凡界以享安樂。

黑龍想到這裏，心中覺得甚合情理，便作了最後敲定，並繼續細加思謀，使之更加完善，以防萬里長堤潰於蟻穴。與此同時，他又對其他二神王與三魔王的心思動向與性格愛好細作分析，查其根底，以便因異施對。說動他們聯合起來，共滅燭陰。

黑龍如此心思反覆，這時計既定成，驀然間仿佛看到了他六神魔合力出征，共誅燭陰的幻景。看到了自己登上了凡王高位，剩餘未被自己誅滅的一神一魔，已在俯首向自己跪拜稱臣。女媧則成了他的王后，她身後跟隨著自己的一群如花似玉的嬪妃。自己與天上的玉皇大帝平起平坐，並稱神、凡二帝，共用起了天地間無盡的富貴榮華！

心想至此，那幻景奇想不由得使黑龍心生狂喜，忘記了自己身上並未痊癒的傷疤忌諱狂笑傷崩，禁不住一陣會心地「嘎嘎嘎」狂笑不止起來。那笑聲音高如雷，聲調似嘯，頓然震動得丘搖水顫，驚得正在丘下河邊忙於造人的女媧停下勞作，急忙奔上丘頂看視而來。

女媧當然不知黑龍為何心喜至此，狂笑不止，因為黑龍沒有對她講說真情一言。她雖然一是出於情愛，二為避免謠傳，為黑龍使用了神間最妙金槍神藥進行施治，使黑龍之創一日即可徹底痊癒，讓黑龍儘早離開宛丘返回冀州轄地。但這時，她卻還是焦心不已，擔心自

己心愛的黑龍傷剛治癒，如此狂笑造成傷崩，落得自己千古心疼。因此她不是走上丘頂，而是從來沒有過的第一次一反玉帝御女的斯文之容，失態地大步奔跑著向丘頂而來。

女媧須臾跑到丘頂，看見興奮至極的黑龍仍在暢懷狂笑不止。女媧於是急忙連連喊叫數聲，但卻皆因其語細言輕被黑龍的笑聲遮蓋，未被狂喜邪笑中的黑龍聽到。同時黑龍的整個身心全都沉浸在了狂喜之中，仿佛他這時便成了凡界至高無上的凡王，凡間除他已無一切。加之女媧動作輕捷，只顧狂喜邪笑的黑龍便一直沒有看到女媧的到來。

女媧目睹此景，真個是以為黑龍已經喜狂，便不再開口喊叫，而急忙上前突然出手，「啪」一掌重重地打在了黑龍的左腮之上。

這掌打來突然，黑龍心中無防，加之這掌打得沉重，因此黑龍受此重掌心中驟然一驚，笑聲頓止，忙本能地就要出拳還擊。但出拳之時舉目見是女媧打來，便急收拳解釋道：「小神不知娘娘駕到，乞娘娘恕罪！」

「大神為何狂喜至此？」女媧眼見自己一掌下去打醒了狂喜的黑龍，心中又喜又怒開口責怪道，「究竟有何事心喜發狂，至使大神失卻常態！」

黑龍聞問不敢怠慢，因為他剛才只顧狂喜，忘記了女媧就在近旁，這時眼見女媧來到身邊責問自己，他雖然一時頭腦反映不及，卻還是立即頭腦連轉數轉，開口巧言掩蓋道：「不，不為別的。只是小神剛才伸腰扭肢，皆覺傷疼已無。因而心想自己又可盡意馳騁凡間，故而心喜無限，狂喜暢笑起來。不想驚動了娘娘！」

「若是為此，大神應該高興，應該暢笑不已！」女媧聽了黑龍此答，知道黑龍身傷皆愈，當然也心喜十分，立刻開口道，「剛才女媧不知，錯打大神了！現在就請大神打我一掌，以贖我錯打大神之

罪吧！」

「哪裏，哪裏！娘娘沒有打錯小神，」狡詐的黑龍聽聞女媧此言，心知自己又騙過了女媧，忙又開口騙說道，「那一掌娘娘該打，小神該挨！」

「大神真是幽默，」女媧聽了黑龍此言，更對黑龍的幽默心喜十分，禁不住「撲哧」笑出聲來道，「怎麼說我那一掌該打，大神那一掌該挨？」

「娘娘，您以為小神說錯了嗎？小神以為不錯。因為我們作為上神，就應該遇順事而不過喜，碰難事而不氣餒，皆以堅韌不拔的毅力對待之，」黑龍這時頓轉嚴肅道，「而小神遇順事狂喜失態，娘娘教訓小神一掌有何不該。小神挨那一掌，又有何不該！」

女媧聽罷黑龍此說，心中更喜黑龍十分，只顧品味心中愛的甜情蜜意，沒有再去開口。黑龍目睹此景，甚喜自己逢場作戲又獲成功，說得癡情的女媧沉浸進了愛情的甜蜜之境。然而黑龍眼見女媧許久不語，忙趁機心中圈兒急轉數轉，立刻索回了剛才的思緒。那迷人的凡王高位使他心中對之充滿了無盡的嚮往，即決計既已對女媧講說至此，就乾脆來它個順水推舟，立刻告別女媧離開宛丘返回冀州，將自己思定的謀奪凡王之位的謀略付諸實施。

雖然他的身傷這時並未徹底痊癒，還需要再靜心體養數日。但那嚮往凡王高位的急切心情，卻使他再也休養不成。因為比起凡王高位來，其身上這點未愈傷疼是算不得什麼的。因此他即對無言的女媧開口道：「娘娘，小神在此養傷已逾一日，承蒙娘娘格外垂青，施用獨有神藥救治。使得小神一日神奇傷癒，小神定不負娘娘救治厚恩！」

「黑龍，你還與我如此套語連連，這有什麼意思嗎！」女媧聽聞黑龍此言，頓然甚為不耐煩道，「有什麼話，你就直說算了！」

常言真的就是真的，假的就是假的。黑龍所說皆為假言，所以他受此訓戒也難更改曲彎本性，依舊開口拐彎抹角道：「娘娘叫小神直言，那就是小神也捨不得離開娘娘。但只是小神出來一日，擔心冀州轄界人獸能否和睦相處。因而想即回冀州看看，以完成娘娘賜下的重任，待無事時再來與娘娘會聚若何？」

但不料黑龍剛剛說到這裏，其肋間沒有徹底痊癒的傷口，果然因為剛才那陣狂笑，突然生出一陣劇疼。弄得他禁不住蓦地蹙起了雙眉，咬緊了牙關，頭上立刻滾下了豆大的汗珠。女媧看見，忙上前扶住嗔怪道：「瞧你！我剛才就責怪你的傷口不會痊癒得這麼快疾，因為我知道你的傷口要徹底痊癒還需一兩日時間，可你太爭強好勝了。你還是先別回去，待在這裏再養兩日吧。」

黑龍心懷對凡王高位的無盡嚮往，心中這時求不得立刻離開宛丘行計而去，因而對自己突現此態甚為後悔，但也實在忍抑不住傷口突發的陣疼。然而這時聽到女媧攔阻之言，害怕自己被攔拖延時機，則立刻把心一橫牙關一咬，強抑傷疼詭言道：「不，小神傷疼點沒有什麼，娘娘的孩子若是在我冀州不能安寧生活，小神實在擔當不起，無法向娘娘交代。」

「你呀，別這麼逞強！」女媧這時當然也想讓黑龍早些離去，以免生出謠傳。為此，她才為黑龍使用了獨有神藥。但只是眼見黑龍身未痊癒，也只有繼續挽留道，「傷疼還需休歇。」

「再說，娘娘為小神特施神藥予以救治，小神也是過意不去。」黑龍為了實施惡計，繼續詭言道，「小神當然也是不願意離去，但娘娘的孩子也就是我小神的孩子，小神能夠保障眾孩兒在冀州平安生活，則就是小神對娘娘獻上的一份真情，比千言萬語都更貴重十分，您說是嗎？娘娘！」

　　黑龍的如此詭言巧語，真個是把假話說到了極致，把實情掩蓋得不露蛛絲，直說得女媧心受感動，眼圈中禁不住淚珠直轉，連聲讚歎道：「若如此，我女媧才真個是愛得值得，沒有白愛！」

　　「小神對娘娘之愛求之不得，」黑龍這時則假意鏗鏘表白起來道，「小神定當海枯石爛，也不變心！」

　　女媧眼見攔阻不住黑龍離去，這時同意道：「好吧，大神去吧。不過大神去後，切莫過度操勞，仍要好生修養，以早日養好身子，讓我放心！」

　　「決不忘記娘娘囑咐，決不辜負娘娘厚望！」黑龍聽了口中說著，便要離別而去。隨後便發生了花蛇剛剛歸回宛丘之時，趴在丘頂南部邊沿樹草叢中，偷窺到的那幕女媧情場送別黑龍的甜蜜場景。

　　黑龍告別女媧離開宛丘走進密林，真個是頓然已把剛才虛情假意演出的什麼情啊愛呀，全都拋了開去丟了個一乾二淨，頭腦中所有能夠容納思維的去處，全被其實施連橫神魔攻殺燭陰的細節所充斥。他在密林中腳下邊行，心中邊在想著首先前去說動誰個的問題。

　　他知道說動第一個神魔的重要，而且必須馬到成功，所以他不敢稍有大意。他心想再三，認為先去說動西域神王鷔鳥最有把握。這一是因為，自己昔日與鷔鳥交往深厚，前日鷔鳥又親睹了燭陰對自己的邪惡。他又對自己有救命之恩，同時鷔鳥又是善於審時度勢之輩。自己巧言曉以利害，詭語動之以情，其必然沒有不與自己連橫之理。

　　黑龍如此分析再三，覺得說動鷔鳥胸有成竹，便來了個冀州也不返回，立刻身帶傷疼駕起雲頭，轉彎向西，一路徑直飛向西域地界，尋說鷔鳥神王而來。黑龍如此駕雲行進，心中的思緒則像腳下踏動的雲朵一樣翻騰不息。他仿佛看到了自己說動了鷔鳥，鷔鳥又帶動他的愛侶神鼉與其連橫，隨後旱魃三魔又盡隨著連橫而來。

　　連橫之後，他黑龍由於是聯橫的發起者，因而便當之無愧地做起聯盟之主，對盟中五神魔施號發起令來。黑龍如此越想心中越加高興，不覺中已經行至昆侖山上空。於是他急忙按落雲頭，一路尋到鷥鳥居處，入內與鷥鳥陳說起來。

　　鷥鳥本為邪惡狡詐之神，一般難為別個言說所動。但這時豈奈黑龍比他更加詭譎三分，因而黑龍一陣巧言詭語，已說得鷥鳥心動八分，意迷兩成。禁不住站起身來手拍胸膛，當即起誓與黑龍連橫起來。

　　黑龍所以如此迅疾地說動了鷥鳥，是因為他甚為瞭解鷥鳥的心理。它先給鷥鳥猛戴一陣高帽，戴得鷥鳥心喜萬分，接著便曉以利害。講利他說如果我等除去燭陰，幽燕地界就是他們的天下。到那時別說他鷥鳥見一個愛一個，就是見一個愛十個也保證滿足有餘。說得鷥鳥立刻心甜如蜜，口中連聲表白道：「好，好！不僅本王參與連橫，本王也讓你那沒有過門的神龜老嫂子，前來參與共誅燭陰！」

　　黑龍正要鷥鳥自己說出如此話語，聽了鷥鳥此言真個是心喜萬分。隨後即又開口一轉話題，言說其害道：「如果我等不能共同除去燭陰，燭陰必將我等分割盡除之。到那時他除去我們當上凡王，別說你老兄見一個愛十個也滿足有餘，恐怕見一個愛一個亦不可能。」

　　黑龍如此一語，又將個嗜色如命的鷥鳥挑唆得立刻惱怒萬分，不禁開口吼叫起來道：「我與他燭陰不共戴天，不是我死他活，就是他死我活！走，找你那未過門的老嫂子去。」說著，便拉起黑龍踏上雲頭，一路徑往中嶽嵩山尋找神龜而來。

　　黑龍與鷥鳥須臾來到嵩山找到神龜，神龜雖然正對鷥鳥與花蛇的作為氣惱十分，心中的一口惡氣還未向鷥鳥吐出，但眼見這時黑龍與鷥鳥一起來到，便也不好發作。只有強作親熱，讓座獻茶，隨著聽聞黑龍二神講說起來。

　　神鼇聽了黑龍二神之說，作為狡惡老婦依照她心中特有的敏感進行推斷，她立刻察知事情不會盡如其說。但總的則覺得，黑龍二神所說甚有道理，後日恰好可為自己所用。加之有鷥鳥在旁盡力慫恿，末了她也答應了參與連橫。方使得黑龍心中懸著的一塊巨石落了下來。

　　黑龍深知，如果神鼇反對參與連橫，鷥鳥也就不會參與連橫。如果鷥鳥與神鼇不參與連橫，他的連橫就搞不起來。因為旱魃三魔是不會跟他黑龍一起賣命的。這時神鼇答應下來，他三神連橫在了一起，雖然數量上才僅僅連橫了一半，但實質上則可以說神魔連橫已經完成。因為他三神可以前去要脅旱魃三魔參加連橫，不參與連橫單個魔王是會考慮其害的。

　　因此黑龍聽了神鼇答應參與連橫之言，立刻心喜萬分開口相邀道：「既如此，請大神再與我兄弟共走一遭，說動旱魃三魔共同連橫若何？」

　　神鼇因為對此連橫心存微疑不願前去，隨之心機轉動便藉故推託道：「本神還有事情，就不前去了吧。有你們二位大神前去，就盡夠了。本神按約前去冀州赴盟，也就是了。」黑龍與鷥鳥無奈，只好告辭神鼇而去。

　　黑龍與鷥鳥離開嵩山並未返回，而是一路向南前去三楚地界，遊說旱魃而來。旱魃當時正在南嶽衡山之上，為數求花蛇不得其愛愁苦萬端。這時突見黑龍攜同自己的刻骨情敵鷥鳥來到，心中一時間真個是有說不清道不明的酸辣苦甜諸種滋味。他本想迅疾避開不見他們之面，可黑龍二神行動迅疾，旱魃還未來得及躲避開來，他二神已經到其面前，弄得旱魃無奈只好勉力相迎。

　　黑龍與鷥鳥雖見旱魃面容淒苦，但皆不知其心中有何事端，雙方看其模樣又不便打問，便也無法開導，只好將眾神魔聯盟共誅燭陰之

事，對其講說一遍。旱魃聽聞如此連橫黑龍三神參與已定，心中雖有自己決不與鷙鳥和神黿共同參與之恨，但想到黑龍三神皆已參與，即是凡間神魔共參與，自己單獨與其對抗絕無好果子吃，便也無奈只好不長不圓地勉力答應自己參與連橫。

黑龍二神既得旱魃答應參與之言，目睹其情心知再說下去也難深刻，便立即告辭離開衡山，一路東北徑赴齊魯地界遊說魍魎而來。黑龍兩個來到齊魯地界，赴泰山尋到了魍魎。魍魎聽了黑龍二神之說，已知自己對誅殺燭陰的神魔聯盟，處在了想參與也必須參與，不想參與也非要參與不可的境地，便立即陷入了無可奈何之中。

原來，魍魎心中一直在苦苦地愛著魑魅女魔。但只是他數求於魑魅，都無奈女魔就像花蛇拒絕旱魃一樣，連連拒絕於他。魍魎本該據此對魑魅生出仇恨，但無奈其心中對魑魅愛得太深，無論如何都對心愛的魑魅恨不起來。

而且使魍魎心中更苦的是，魑魅拒絕於他也還罷了，那邊她卻在狂熱地愛著燭陰，並對燭陰苦苦地進行著追求。然而魑魅追求燭陰又像自己追求魑魅一樣，硬是一次次都遭到了燭陰的拒絕，追求不上。可魑魅又像魍魎對她一樣，對燭陰愛心不泯，依舊苦苦追求不息。

基於如此情狀，魍魎剛才聽罷黑龍二神之說，心中真是求不得立刻參與此盟，前去幽燕地界借助眾神魔之力，共同誅殺與自己有著刻骨銘心之仇的情敵燭陰，使魑魅失去愛的對象，收回愛情之火向自己燃燒。

但他轉而又想到，魑魅絕對不會參與這一攻殺燭陰的聯盟。那樣自己參與了如此聯盟，即使打殺了燭陰為自己除卻了情敵，但卻進一步得罪了魑魅，便會使自己向魑魅永遠求愛而不得。因此他頓陷無奈之境，一時間無以向黑龍二神言說起來。

狡惡的黑龍二神當然不會放過觀察魍魎的感情變化，他們既看到了魍魎堅定的一面，也看到了其無奈的一面。便沒有狠力催促，以防生出激變適得其反。而給予時間讓魍魎認真思考，自作定奪。

黑龍二神給予的時間，使魍魎心中有了迴旋的餘地。他一陣急速思考之後，開口說道：「走，我陪二位大神前去吳越地界，說說魑魅再作定奪去。」

黑龍二神不便拒絕魍魎此說，齊答一聲「好」字，即隨魍魎離開泰山，徑向吳越地界鐘山尋說魑魅而來。魑魅這時正在鐘山南麓靜坐思春，苦想自己為何數求燭陰而遭拒，以期找出原因對症下藥，攻取燭陰這個堅固難攻的愛情堡壘，奪取自己愛情的全勝！

魑魅歷來愛做難做之事，愛揀不好吃食的骨頭啃咬。她有她的哲學，即只有做成了難做之事，啃咬掉不好吃食的骨上筋肉，才覺得活得更有滋味。因此她對待愛情也是如此，決心攻下燭陰這個難攻的愛情堡壘，以使自己的愛情之路充滿跌宕起伏的波瀾，生出無盡的情趣，變得更加有滋有味。

她不相信自己憑著一個充滿神秘色彩的女兒之身，捧著自己這朵盛開的充滿甜情蜜意的愛情鮮花，就折服不了冷酷如鐵的燭陰之心！她滿懷著無盡的信心，充滿著無限的希望，坐在鐘山南麓思索著、思索著，禁不住甜蜜地「嘎嘎嘎」一陣笑出聲來。

就在魑魅笑聲未落之時，黑龍二神一魔倏然來到了她的面前。不待她開口，黑龍已是戲笑起來道：「魔王有何好事，如此暢懷大笑？快對我等說說，也好讓我等分享一份！」

魑魅本為開放女性，突聞黑龍戲謔之言頓止笑聲，潑辣辣地開口嗔罵道：「少不正經的惡龍，敢拿大姐亂開玩笑，大姐叫你一輩子拉打光棍！」罵畢，又一陣「嘎嘎嘎」笑了起來。

「魔王，我等三個前來不是為了拉打光棍，」如此開過一記玩笑，黑龍立即趁此輕鬆氣氛，開口講說正事道，「而是為了讓你參加我們的神魔聯盟，以圖共誅燭陰……」

戲笑的魖魅不聽此言正笑，耳聞此言笑聲頓止，不由得心溢反對之情，倏然蹙起了雙眉。但她那反對之情在臉上一現即逝，因為她突然醒悟了過來：為何要將真情溢於面皮呢？那是最不成熟心無城府的表現！為此她靜心聽黑龍說了下去，以弄清事情的緣由，將來正好向心愛的燭陰報去資訊，或者在關鍵時刻救助燭陰一把。

如果那樣，自己不就正好有功於燭陰，可以促開自己與燭陰之間難以綻放的愛情之花了嗎！為此她平靜地聽了下來，一直聽到黑龍把話說完，中間未出一語。當聽到黑龍末了說其他神魔均已入盟，只問她最後一個入不入盟時，她仿佛未加思考，便當即鏗鏘答應下來道：「入！大家都入，我怎能不入！」

魖魅的態度顯得是那樣明朗，語氣是那樣堅定！那態度那語氣，使站在一旁觀其態度以作抉擇的魑魈詫異萬分，半天方纔開口表示道：「我也加入聯盟，隨魖魅大姐加入聯盟！」

魖魅聞聽魑魈此說，狠狠地向他白去了一眼。接著，迅疾轉對黑龍詢問道：「何時在何地會盟？」

黑龍即向魖魅講說了一切。然後言說會盟日子迫近，他與鷲鳥還需準備，遂立刻告別魖魅二魔而去。

十四、神魔生殘

　　黑龍二神離去之後，鐘山南麓頓然間剩下了魍魎與魑魅二魔。在寂靜的鐘山南麓只有魍魎二魔兩個，魍魎是癡情種子，魑魅是酷情女魔；一個有滿腹情言愛語欲說不敢講說，一個則絕情斷意冷若冰霜酷似硬鐵，那尷尬的窘景是可以想見的。

　　魍魎所以懷有滿腹情言愛語，這時更加不敢講說，是因為他剛才清楚地看到了魑魅狠狠白他的那一眼。那白的眼球黑的眼眸，都對他溢射出無盡的仇惡。他從魑魅溢射出仇惡的眼球眼眸中，看到了自己在是否參與神魔之盟上，雖然為討好魑魅一直小心翼翼地審度魑魅之意，苦心孤詣地以魑魅之好為好以魑魅之惡為惡，不敢跨越雷池半步不敢差之毫釐。但是末了，卻想不到魑魅女魔心機狡詐言不由衷，口中所說反悖心中之想，竟使得自己只顧討其所好未加深思，言隨其語恰好適得其反引起了魑魅的仇惡。

　　他受到白眼心中立刻為之一震，已知自己討好討錯，驚悔自己不能盡解魑魅之意，收到了適得其反的效果。為此他怔在那裏再也沒有言說，心中一直在追悔著自己為何不好好想想，想到魑魅像他魍魎一樣，是無論如何都不會去誅討自己心愛的魑魅，而無論如何也都不會真的去誅討她心愛的燭陰的。從而想到魑魅所言非真，自己不予表白。

171

但他又恨這一切都怪黑龍二神，弄得他在那時不表白一下不可，結果進一步弄壞了自己的好事。魍魎就這樣怔怔地站在那裏，心中追悔著口中不敢發出一言。魑魅則因為這鐘山南麓是她選定的理想居地，雖然不願多看怔在那裏的魍魎一眼，而處在尷尬的窘境之中沒有離去。

他二魔如此在尷尬中艱難地呆過片刻時辰，還是魑魅眼見魍魎既不言說又不離去，只顧尷尬在那裏心中更惱，本不想言說但又見自己不言，魍魎會一直呆站在這裏不走。無奈她只好瞧也不瞧一眼，開口喝斥魍魎道：「滾，你給我滾開！站在這裏不走想幹什麼？除了玷污我這居地，就是噁心我！」

然而尷尬的魍魎聽了魑魅此言，不僅心中不惱而且反倒高興十分，臉上立刻綻開了笑顏，開口道：「魔王莫煩，都怪小魔心眼不夠，不能善察魔王之意！乞魔王饒恕小魔之罪！」

魍魎當然不惱，因為魑魅開口雖是惡罵於他，但那畢竟是在開口與他說話。魑魅與他開口先說了話，他就有了與魑魅答言的機會。所以他立刻心喜十分，開口與之言說起來。

魑魅聽了魍魎此言心中更惱十分，口中更凶地喝斥道：「少在這裏無話找話與囉嗦，滾，快給我滾開！我沒有心思跟你閑磨！」

「魔王如果這樣言說，就不是我魍魎的不是，而是您魔王的錯了。」魍魎聽了仍不氣惱，即又和聲軟語道，「魔王您想，如果我魍魎不與您言講求愛之事，您我皆為魔王應為同流之輩。我與您不可言說，誰個還可與您言說！」

「你少囉嗦，我沒心思聽你講說。」魑魅聽到這裏，更不耐煩道，「你給我滾開！」

「常言說：誰都有難處，難時需幫扶。」魍魎對魑魅之言聞若未聞，

繼續道，「即使我魍魎再無用處，也終究是個魔王。您魑魅就敢打賭，今後沒有用得著我的時候嗎！」

「用不著，就是用不著，」魑魅這時更不耐煩道，「你放心，到時候我用別個，也不會用你。你給我走開！」

「那麼魔王您依舊讓我滾開，就是說我魍魎真個永遠沒有您用得著的時候了！」癡情的魍魎偏偏仍不離去，而且眼見自己前說難動魑魅之心，繼而改用激情滿腔的腔調，動情說道，「我真個無用，我是個廢物，我被別個瞧不起！我活著沒用，我淨讓別個厭惡，我真該打，我真該死！」

如此說到激動之處，魍魎真個是情動於內，傷感萬分，聲淚俱下。雙手左右開弓，一陣巴掌「啪啪啪」地打在了自己的兩面臉頰之上。而且越哭越痛，越說越悲，越打越急。一時間真個是使冷酷的魑魅在旁忍俊不禁，看著看著禁不住竟「撲哧」一聲笑出聲來。

當然，這魑魅也並非真是鐵石心腸。剛才她聽了魍魎的前番言語，已覺得魍魎所言極是，自己怎敢打賭就沒有用得著魍魎的時候。但她唯恐自己一旦放臉，魍魎再來死死糾纏情愛之事，所以強抑心動依舊厲聲喝斥其離去。魍魎沒有離去依舊言說，在這瞬間魑魅不由得轉動心機，想到既然魍魎願意幫扶自己，自己又何必放著河水不洗船，放著幫手不使用。

黑龍說的會盟之期定在明日，自己若是今日去找燭陰報信，也不一定就能找到。退一步說即使能夠找到，又何如讓魍魎與自己暫結同心，打破黑龍的神魔聯盟。使其誅攻燭陰的計畫夭折，甚或再進一步能夠殺掉黑龍豈不更好。到那時，自己再去向燭陰講報，自己就有恩於燭陰，燭陰豈能再無情到無動於衷的地步。燭陰若能為此心有所動，自己對他的愛情追求不就成功了嘛！

　　雖然她知道魑魑死心幫她，也是為了借助幫扶之功來換取自己的愛情。她當然不打算把自己的愛情將來託付於他，但她決計為了自己的愛情她可以借助於魑魑。她知道這當然是負於魑魑之舉，但為了自己之愛她寧可自己負於魑魑，也決不能讓魑魑負於自己！

　　魍魅心中剛剛想到這裏，便見到魑魑剛才那又哭又說又打的動情場景，壓抑不住心中對魑魑癡情至此的可笑，竟自「撲哧」一聲笑出聲來。魍魅的笑聲頓然打破了鐘山南麓剛才那尷尬至極的氣氛，使得那尷尬氣氛驀然變得輕鬆活躍起來。氣氛如此驟變，使造成氣氛此變的魍魅也感到變得太快，不好意思自己造成的如此驟變，故而忙故作嗔怪開口掩飾道：「瞧你一個堂堂魔怪，赫赫齊魯地界魔王，又哭又說又打自己，還有臉沒臉？還有羞沒羞！」

　　魑魑立刻從魍魅的笑聲和此番嗔怪的話語中，聽出了其感情之變。但只是其無盡的癡情，使他再次錯誤地察覺了魍魅感情之變的表面，而未察知其感情生變的實質。並接著錯誤地以為，自己求得愛情的時機已經來到。便頓然轉換剛才的悲淒之容為心喜的笑顏，即求魍魅道：「魔王，我魑魑實在愛您至極。乞魔王顧念小魔之情，就將愛情賜予小魔吧！」

　　魍魅早已心有城府，聽了魑魑之求立刻來了個順水推舟道：「魑魑魔王，你果真想得到我的愛情嗎？」

　　「高天可以做證，厚地可以為據，」魑魑聽了魍魅此言，真個是頓然間心喜得渾身熱血奔湧，對魍魅鏗鏘明誓道，「我魑魑若不是真想得到魔王的情愛，管叫我魑魑身遭天誅地滅！」

　　「魔王言重了！怎可如此言說！」魍魅聽了魑魑此言，忙虛情假意接言道，「既然魔王誠心想得到我的愛情，我魍魅當然可以把愛情送給魔王……」

　　魍魉剛剛聽到魑魅說到這裏，真個是如同暗夜裏看到了太陽，久渴中遇見了甘霖。使他胸中那顆久追而不得魑魅之愛的焦渴之心，頓然間欣喜若狂起來。為此他信以為真地如同得到了魑魅的愛情一樣，禁不住興奮萬分道：「多謝魔王恩賜！小魔今生今世就是變牛做馬，也定要重報魔王如此垂青！」

　　魑魅則等魍魉把話說完，才又接著向下道：「魔王先別著急，等我把話說完。我有一個條件……」

　　「魔王，只要您賜予小魔愛情，您叫小魔死都行，何論一個條件！」興奮而又急切的魍魉又是不等魑魅把話說完，即又接言表白道：「說吧，是叫小魔上刀山，還是叫小魔下火海？只要魔王吩咐，小魔都在所不辭，立即前去！」

　　魑魅聽了魍魉此言，目睹魍魉此態，知道自己去叫癡愛於自己的魍魉赴死，魍魉也真的會去。於是她便放下心來決計言說真情，「嘎嘎」笑言道：「魔王真是愛得刻骨，愛得銘心啊！那好，我就說了。魔王剛才看見我的白眼了嗎？」

　　「不僅看到了而且領會了！但當時都怪小魔只顧一心以魔王之好為好，以魔王之惡為惡。聽魔王說什麼就說什麼，」魍魉聽到魑魅此問，忙開口向魑魅侃侃講說起來。他自認為，自己終於得到了在情侶魑魅面前辯白的機會，但聽他抓住如此機會故作巧言道，「而未察知魔王口中之言不逮心中之意。結果小魔之言與魔王所想適得其反，那實乃是小魔之錯，乞魔王饒恕小魔失誤之罪！」

　　「不，沒有什麼罪不罪的事兒！魔王夠聰明透頂的了！」魑魅聽到魍魉此言正好說出自己欲說之意，立刻心喜十分糾正道：「那麼既然魔王如此聰明透頂，我就說了……」

　　「魔王是說，我們不去冀州會盟！」魍魉聽到魑魅如此誇讚自己，

真個是大喜過望。聽到這裏又禁不住為了表白自己，善於對魍魎之意心領神會以討其所好，立刻搶過話頭道，「若是這樣，小魔那時話雖出口，但這時絕對遵從魔王之命。」

然而魍魎這次又沒有說對，他話音剛落便聽魑魅否定道：「不，你怎麼又變傻了！」

魑魅如此一語，便把個企圖討好沒有討成的魍魎，說得又頓然墜入了五里霧中，愣在了那裏。接著他又聽魑魅道：「我們不僅要去，而且要去得積極！但只是我們積極參與會盟是假，以從聯盟內部攻破聯盟才是真意。你明白了麼！」

魍魎聽到這裏，方纔從五里霧中鑽了出來，連連拍著腦袋道：「明白了，我真傻，小魔全明白了！好，好。魔王往下說吧，您說怎麼做小魔就怎麼去做！」

魑魅於是如此這般地將其打算向魍魎講說了一遍，直說得魍魎連聲叫絕道：「好，好。妙，妙，實在是妙！」

魍魎當然也是個狡詐魔王，這時他聽了魑魅的這番講說，當然察知了魑魅仍是在為自己求得燭陰之愛煞費苦心，心中不由得倏然間罩上了一層陰影。但他轉而又想到，管她魑魅為個什麼，只要自己心誠石頭也會開花。他就不相信自己將來助她魑魅立下功勞，有了求愛的資本，再去苦苦相求就不能贏得其愛情！想到這裏，僥倖心理又使魍魎去掉了心上的陰影，堅定了信念，決計幫扶魑魅到底，口中連聲稱絕叫好。

這時，魑魅則為自己的謀略得到魍魎的稱讚和幫扶心中高興，嚮往著自己的謀略成功之後，自己前去向燭陰以功求愛，定當馬到成功的美妙場景，心中更加高興十分。因此天黑了，她破例的虛情真做，把將要為她立下汗馬功勞的魍魎留在鐘山過宿。但她要求魍魎在過宿

中嚴守以往之規。

這一夜，魖魅當然是在無限美妙的憧憬中急切渡過的。而魍魎則是在難抑的煎熬中，苦苦地度過了對他來說，有生以來最為漫長最難以渡過的夜晚。因為他心愛的魖魅就睡在距他不遠處的近旁，他可望卻不可企及！所以你想，他心中該是多麼深受煎熬吧！

然而煎熬魍魎的長夜還是過去了，天剛亮，睡在不遠處的魖魅便喊叫起了一夜未睡的魍魎，要他隨她立刻前去冀州，到約定的北嶽恒山會盟。魍魎一夜被煎熬得時刻都在想著起來走走，而不再躺身睡不著覺苦受煎熬。但他又怕自己起來走動，魖魅懷疑自己心謀不軌，由此再生反感把事情搞糟。

常言小不忍則亂大謀。魍魎為此硬是強忍煎熬，熬到了又心中不願到來，寧願繼續身受煎熬的天明。這時聽到魖魅喊叫，即忙應聲起身，隨同魖魅駕起雲頭，離開鐘山一路西北，去往冀州恒嶽會盟眾神魔而來。

魖魅與魍魎果然來得積極。他二魔來到恒山黑龍居地，即約定會盟之地時，那裏除了早做好了會盟準備，正在急切期盼眾神魔會盟而來的黑龍之外，其他神魔則一個也沒有來到。

因而黑龍看到魖魅二魔率先來到，作為胸藏野心並為實現這野心而發起聯盟，這時正擔心眾神魔昨日說得很好，今日是否真的到來的他，眼見自己的遊說果然成功，已初步贏得了二魔的回應，一時間真個是覺得自己的野心已經實現了一半，心中大喜過望。為此他立刻起身，向魖魅二魔迎了過來道：「二位魔王來得好早！真個是言如板上釘釘，落地生坑呀！」

「為保我六神魔兄弟姐妹不失凡王高位，永過舒心日子，」魖魅聞聽，則立刻鏗鏘道，「共誅謀奪凡王高位的惡神燭陰，我魖魅二魔

177

豈能落後！」

魖魅如此一言，即說得不知魖魅二魔真情的黑龍，心中一陣得意，口中禁不住「嘎嘎」笑了起來。魖魅二魔聽到黑龍的笑聲，也禁不住隨著一陣「嘎嘎嘎」笑了起來。這笑聲聽來雖然一樣暢懷，一模響亮，但卻包蘊著各不相同的內涵。

「嗨呀！三位神魔小弟小妹，」就在黑龍三神魔各笑各的高興之時，鷥鳥與神鼇二神也一起來到了會盟場上。他二神聽到笑聲，開口打趣道，「笑得好高興，好開心呀！」

「那當然！我六位神魔兄妹多日未曾聚會，今日得聚一起這是一喜。再者我六位神魔兄妹共同誅殺了惡神燭陰，就可以永保我兄妹的凡王高位，永渦舒心日子，這是二喜，」魖魅聞聽，立即接言道，「如此雙喜臨門，我六神魔兄妹該多高興，多開心呀！」

魖魅口中說著又是一陣「嘎嘎」暢笑，隨著向前伸開雙臂，即熱情地抱住神鼇親熱起來。黑龍四神魔也皆各自心喜，隨著魖魅全都一陣暢笑起來。這笑聲聽來雖然仍是一樣暢懷，一模響亮，但卻仍是包蘊著各不相同的內涵。

他五神魔如此暢笑許久，末了才在黑龍的禮讓下，來到黑龍準備好的會盟場坐下身來，等待旱魃魔王的到來。旱魃遲遲未到，開始他們以為旱魃所居的三楚地界距離冀州遙遠，等一會兒他會來到。但不料他們坐下之後，不知不覺等待過去半個時辰，卻仍是不見旱魃到來。黑龍與鷥鳥這時心想旱魃當時的情態，已知他今日不會再來，但卻不知他為何不來。

在這五位神魔中，真正早知旱魃不會前來，又深知其不來內情者，只有神鼇一個，但她也不便言說其情。等到半個時辰過去，眼見旱魃果然沒來，她便開口道：「半個時辰已經過去，旱魃沒來，我看

他不會再來了。我們還是不等了吧！」

黑龍正怕再等下去眾神魔心散，聽到神鼇此言立刻順水推舟道：「好，我們就不等了！他有什麼事情來遲了，一會兒再去追趕我們算了！」

黑龍說完，立即假意地謙讓一番，推讓別個來做會盟儀式主持。但是大家皆知其為起盟盟主不好相奪，即推他主持會盟儀式。黑龍肩起主持會盟儀式之職，便成了當然的神魔聯盟盟主。黑龍成為盟主心中高興，因為這盟主之位使他立即聯想到以後的凡王高位，真個是笑在心頭，臉上卻一時不敢表露絲毫。

黑龍既被推舉為會盟儀式的主持，隨後他便在準備好的會盟場上，依照儀程主持開始了這莊重肅穆的會盟儀式。一時間，但聽黑龍一聲喝令，會盟場上立刻響起了「咚咚」神鼓，奏起了「轟轟」魔樂。那神鼓魔樂之音聲震恒嶽，上達九霄，煞是鬧得氣氛莊嚴肅穆。

就在這充滿莊嚴肅穆氣氛的神鼓魔樂聲中，黑龍五神魔從黑龍依次往後，一個接一個地莊重跪倒在會盟臺前。報姓言名，講說生辰八字，敘述平生經歷，表白參盟心跡。講畢，接著便是歃血結盟。

一時間，但見黑龍倏然出劍，斬殺掉小神押來的一隻雄獅。隨後手掂獅腿，將雄獅之血依次滴入了六隻盟盅之中。滴畢，黑龍五神魔便各個捧起一隻盟盅，全都向天跪倒，舉盅過頂，異口同聲對天盟起誓來道：「我等五神魔昔為兄弟姐妹，今為誅殺燭陰神魔聯盟盟友。我等為殺燭陰保我兄弟姐妹凡王之位，意結同心，共除邪惡。燭陰不除，決不後退！從今之後，雖不同日生，但求同日死。此誓上對高天，下對厚地，誰若違誓，天誅地滅！」

誓畢，他五神魔又祭起了盟旗。隨後則一起駕起雲頭，威赫赫一路向北徑赴幽燕地界，尋誅燭陰而來。

　　黑龍舉盟成功，一路之上只顧心喜自己成為盟主，引領鷥鳥四神魔威赫赫向幽燕進發，心卻不察隨他一路向前的其他四神魔早已心境各異。這時他們行走在路上，各個心中都在劇烈地翻騰，以伺時機將各自的計畫付諸行動。至於那四神魔各自的心境之異，魑魅與魍魎的已經表過，這時只說鷥鳥與神黿的不同心境。

　　神黿女神歲近中年，經歷豐富閱多見廣，心機頗為險譎狡毒，加之神功也頗為高強，所以不是等閒之輩。前日鷥鳥引領黑龍向她遊說參盟之事，她當時心中即生異見，但苦於不好明說。只是心中暗暗恨罵鷥鳥是個昏貨，不該追隨黑龍遊說眾神魔參盟，把自己變成黑龍手中之槍，任憑黑龍使耍。

　　因為她深知黑龍的根底，除了心機狡詐權慾薰心之外，並無什麼真正本事，特別是論神功他更在自己之下。再說他只有單獨一個，其他並無知心。因此神魔結盟攻殺燭陰也可，但此盟不該由黑龍挑舉，而應該由她或鷥鳥挑舉。因為她與鷥鳥皆都神功高過黑龍，並且早結同心，勢力大過黑龍數倍。她與鷥鳥怎可不做盟首，反做黑龍手中之槍呢！

　　黑龍不也正是看到了這一點，才率先遊說她與鷥鳥，然後再壓服眾魔嘛！因此她見鷥鳥引領黑龍遊說自己而來，心中大為氣惱。立刻狠狠地瞪了鷥鳥幾眼，想使鷥鳥明白過來。但無奈鷥鳥當時錯解其意，以為神黿瞪他是因為他與花蛇的事兒。因而仗著黑龍在前，神黿不好講說，匆匆說定參盟之事，鷥鳥便為躲避神黿訓斥，即隨黑龍離別而去。神黿無奈，只有在鷥鳥臨去之時，開口對之道：「轉過一圈到嵩山來，我有話與你講說！」

　　鷥鳥也是無奈，只好在遊說旱魃三魔完了，告別黑龍獨奔嵩山面見神黿而來。鷥鳥是一位懼內之神，神黿看見鷥鳥來到了自己面前，

便立刻開口將其罵了個狗血噴頭。倒把個鷺鳥罵得悔恨不已，道：「我真該挨這頓臭罵，我昏了頭！親愛的，我們明個不去參盟算了。」

「你真是昏透了頂！」神鼇這時聽了其言，真個是倍加氣惱，立刻接著更高聲地怒罵起來道，「我們不僅要去，而且要早去！」

「噢，對。我真個是昏了頭！」鷺鳥頓然再次醒悟道。

「去了之後，你一切見我眼色行事。我們要窺伺時機，把盟主之位奪回來，」神鼇於是對鷺鳥講說道，「你想過沒有，如果這神魔聯盟誅殺了燭陰，這盟主便是凡王。你願意把凡王高位讓給黑龍嗎？若是奪得了盟主之位，你便是凡界之王啊！」

「好，好。我們不讓，」鷺鳥聽後連聲答道，「我們堅決奪回來，我要做這凡界之王！」

神鼇聽了笑出聲來，戲罵鷺鳥道：「老娘對你這昏神實在無法！」

這時，他倆在黑龍的引領下與眾神魔一起向北尋殺燭陰，邊走神鼇心中邊在思謀伺時奪得盟主之位的方略。鷺鳥時刻都在關注著神鼇的舉動，唯恐漏掉一個眼神耽誤了行動之機。

就在這時，鷺鳥看到正行的魑魅靠近了神鼇，拉一把神鼇她兩個便掉在了後邊並肩行進。兩個女神魔靠後並肩而行並竊竊私議，倒也合乎情理，並未引起只顧高興的黑龍的注意。然而她兩個此刻的私議，卻在決定著這個神魔聯盟的命運生死。

但聽魑魅在對神鼇一陣寒暄恭維試探之後，看看心思甚近，即開口明言不滿道：「大王，以小魔之見，這盟主應該由您來做才是！」

「不，不可如此言說，」神鼇突聞魑魅如此直言不敢相信，狡點的她忙開口邊作掩飾邊作試探道，「我等都是兄弟姐妹，誰做都可！」

「小魔並不這樣認為。小魔認為只有大神你做，憑年齡論威望比神功才都稱職！」魑魅為了調唆神鼇，則進一步直言道，「而讓黑龍

181

去做，誰知道他會把我們領到哪裏！我真擔心他把我們引入歧途！」

魑魅對神龜的這番話語既是試探又是挑撥，她的心機實在是夠用的了。然而神龜則更加老姦巨猾，她聽了魑魅此言已知其心中用意，並推斷出其心有異想。推斷至此神龜想到這魑魅如此恰可為其所用，為此為了實現其與鷟鳥的即定目標，狡黠的她便立刻來了個將計就計，開口為魑魅鼓勁道：「是呀，我也擔心他將我們引入歧途，更怕他權慾薰心殺了燭陰，我等反無日子好過。不過我又想，這些也可能都是不會的，而是我們的擔心過分！」

魑魅因為擔心她眾神魔距離幽燕地界越來越近，急於攻破聯盟以向燭陰表功求愛即可，所以這時她心中並不打算非要鷟鳥與神龜和她聯手誅殺黑龍。而只要他倆在自己動手之後不去幫助黑龍就行，因而立刻接言道：「不，我認為這是看得見的事實。所以我寧可現在出手阻他前去誅殺燭陰，也不願過我們誅殺燭陰後那無日子過的日子！」

神龜耳聽魑魅此言心思急轉，她本想伺仇奪得盟主之位，但又實在想像不到這時機來到得這樣疾快，而且由魑魅送上前來，魑魅又這樣堅定！事情至此，她心中立刻想好了對策，即巧借魑魅之手先殺黑龍，然後自己與鷟鳥再以討伐之名斬殺魑魅。

這樣自己二神除去黑龍與魑魅，餘下魍魎與旱魃再伺機藉口除之，然後再誅掉燭陰，就可以稱做凡間之王盡享富貴了。反之，如果魑魅殺不掉黑龍而反被黑龍殺害，自己就反過來誅殺黑龍，也可以異曲同工達到目標。

想到這裏神龜決計坐收漁翁之利，遂立即開口慫恿魑魅道：「若是如此，魔王儘管按照自己的意願行事。我神龜只有助力，絕不施加反力也就是了！」

「既如此，大神就請靜待做那聯盟之主吧！」魑魅聽了神龜此言，

心覺目的已經達到，頓然心中大喜進一步口中說著，以用盟主之位換取神黿的支持。言畢立即疾行上前趕到黑龍身後，倏然挺起手中雙刃三尖刀，「嗖」地向無防的黑龍後心戳了過去。

正在高興前行的黑龍突聞身後陡然傳來刀械揮動之聲，不敢怠慢，急忙閃身一躲，魑魅的雙刃三尖刀戳空收拾不住，徑直向前戳去，恰被躲過的黑龍看了個清楚。黑龍先前還不相信會有兵刃殺向自己，這時看見果是兵械戮殺自己，心中好惱。立刻出錘壓住魑魅的雙刃三尖刀，開口厲喝道：「膽大魔怪，你我昔日無冤今日無仇，我等剛剛結為盟友立誓共誅燭陰，你為何半途偷出殺手，謀殺於我！」

魑魅話不可言，因而口不答話，只是企圖一舉殺死黑龍。於是她即忙抽回被黑龍壓住的雙刃三尖刀，揮起即向黑龍砍了過來。黑龍也不怠慢，隨之舞錘相迎。鷥鳥在旁看見，即欲挺戟上前幫助黑龍去戰魑魅，但被神黿狠狠地瞪去一眼止住。隨後他倆在旁只是觀看喝叫「住手」，卻誰也不上前去。

黑龍與魑魅鬥在一處，一個錘砸一個刀戳，一個錘來一個刀往，一時間打得酣烈無比。魍魎在旁本欲上前助戰魑魅，但又怕鷥鳥上來咬住自己廝鬥，到時候弄得魑魅有難自己無以脫身，救助不得。因而也只是待在一旁，觀看黑龍與魑魅二神魔鬥在一處。

魑魅與黑龍功夫不相上下，鬥在一處，轉眼交手三十餘回合不見高低，真個是棋逢對手將遇良才。然而接下來又鬥數個回合，魑魅畢竟身為女流體弱力乏，漸漸招架不住起來。混亂中只見她一個破綻露出，下三路無防已被黑龍所乘，腿著一錘「撲通」倒在了地上。黑龍看見，即又出錘上前打殺魑魅。但是不等其錘殺到，已被魍魎伸起手中渾鋼長鉤鉤住。

站在一旁待收漁翁之利的神黿，這時心中正恨不得讓黑龍立刻殺

死魑魅，以便自己下步討殺黑龍爭得凡王之位。眼見黑龍打去之鎚突被魑魅鉤開，心中好惱，即向鷙鳥一使眼色，他二神便一齊上前，幫助黑龍鬥那魑魅誅殺魑魅而來。

魑魅見之大驚，不知神鼇為何突然失信竟出此招，急叫：「魑魅救我！」

魑魅見之不敢怠慢，急忙收回渾鋼長鉤，攙起受傷的魑魅，一路敗逃向東南方向奔去。

黑龍三神向東南追趕魑魅二魔一陣追趕不上，方纔收住陣腳計議起來。黑龍仍是只顧權慾薰心，見有鷙鳥二神與其同心而未覺察其異，加之其迎鬥魑魅剛剛取勝，心中銳氣正盛，因而未作思考，仍以盟主之身命令道：「如此半途殺出內姦也好，比鬥場之上背後挨殺好過百倍。如此內姦已去，我等三神正好繼續北上，尋殺燭陰！」

「盟主不可如此！這不是因為我們三神不敢去殺燭陰，而是常言攘外必先安內，」老謀深算的神鼇當然不肯拿自己與情侶之力去為黑龍爭王，聽了黑龍此言立刻開口道，「魑魅二魔不除，他們或者會與旱魃結為聯盟，因為旱魃看來與我等有異。那樣他們抄了我等的後路，我們豈有取勝燭陰之理！」

「神王所言也是，」黑龍無奈贊同下來，卻又心有不甘道，「但我們也不能半途折返回去呀！」

「因而以女神之見，我等還是先返了回去，」神鼇對黑龍之言不作否定，而繼續講說自己之想道，「計議除去魑魅二魔以後，再作定奪的好！」

鷙鳥這時全都唯唯。黑龍無奈只好同意神鼇之言，隨同神鼇二神返歸冀州而去。

十五、計誅魍魎

　　魍魎救得魑魅一路敗逃奔走不息，一口氣奔到齊魯地界魍魎居地泰山，方纔停下奔逃，設法為魑魅治腿療傷。魑魅的腿傷既不算重也不算輕，奔逃路上她只顧保命不覺疼痛，這時坐下身來便頓覺得疼痛難忍，禁不住口中「啊啊呀呀」一陣叫了起來。

　　魍魎聽了不敢怠慢，急欲俯身為魑魅洗治傷疼，但不料魍魎伏下身子一看，魑魅的腿傷不在別處，恰好在其左大腿根部稍偏內側，顯然緊挨羞處的部位。魍魎這一看哪裏還敢動手，頓然驚怔在了那裏。

　　魑魅這時疼痛難耐，久等不見魍魎為其動手洗治傷疼，舉目卻見魍魎不知為何愣在那裏，心中實在好惱，開口喝斥道：「傻魔，那裏有什麼好看，叫你看得如此癡呆。我看你是邪心不泯的惡魔！」

　　「魔王，小魔絕無歹意。」魍魎立刻被魑魅此罵驚醒，害怕魑魅錯解了自己之意，壞了其大事，忙扭捏含羞開口道：「只是魔王傷處在那個部位，小魔不敢動手。」

　　魑魅聽了魍魎此言，方纔從疼楚中辨出自己傷疼的部位緊緊挨其羞處。但她疼痛難抑，這時已經顧不得了那許多，遂又呵斥魍魎道：「瞧你傻魔，現在治傷要緊，哪裏還管得了那麼許多！」

　　魍魎正盼不得魑魅口出此言，聽聞此言頓然心喜萬分。但他真要

動手扒開魎魅的褲子，為其洗治傷口之時，卻又禁不住驚怕萬分。心中陡地像有一隻亂撞的兔子，一陣東突西撞起來。他當然驚怕，他雖然已跨入青年後期，但卻還是一個沒有見過女魔羞處模樣的童魔啊！

而且，過去他不知道有多少次，在魎魅面前情欲衝動之時，貪婪得垂涎何止三尺，死盯過魎魅那滾圓的大腿根部。恨不得眼光能夠盯透魎魅的衣褲去看個清楚，以解去其情欲之饞。但無奈那都是鏡中之花水底之月，可望而不可即。

這時，他要真的動手去把裹在魎魅神秘大腿根部的褲子扒開，接著立刻就要看見自己神往已久的那神秘羞處，並且要用自己的手去觸及那神秘羞處了，他怎能不驚怕萬分啊！

然而這驚怕卻頓時壓下了魍魎心中的饞情，同時他又想到，那神秘的羞處早晚都是他的，從而使他心中這時突生反悖，頓然純淨無饞到了神聖之境。於是他立刻神聖地動手扒開了魎魅的褲子，目睹了其中隱藏著的神秘一切。但由於他的心這時已經純淨得神聖了，所以他雖然睹見了那神秘，也就神聖得不以為然了。因而他便只顧為魎魅洗治傷口，心中絲毫沒有為其所動。

魍魎如此一陣忙活，便很快為魎魅洗淨了傷口，敷上了魔藥。魎魅得到救治，傷口很快停止了疼痛，心境便漸漸平靜下來。然而平靜之後，她對魍魎的此番救助之恩不僅沒有片語言謝，而且也沒有片語對魍魎講說，因為她立即陷入了無限的惋惜之中。

她惋惜自己沒有殺死黑龍，惋惜自己沒有建立可向燭陰炫耀的功勳，又為此惋惜自己再次錯過了向燭陰求愛的良機。可轉而她又從惋惜中回轉了過來，想到自己雖然沒有殺死黑龍，卻也立下了完全可以向燭陰炫耀的赫赫大功，因為她挫散了黑龍的神魔之盟。心想至此，她不由得盡掃其敗逃和惋惜之情，禁不住心中又高興起來，只待自己

傷癒便去向燭陰炫耀功勞求取愛情。

　　魑魅只顧心中如此想著，卻對眼前救她性命治她傷疼的魍魎視若未見。把自己參盟前說過的如果魍魎幫她打破黑龍的神魔之盟，她便將愛情賜予魍魎的話語，早忘得一乾二淨，一直對魍魎不發一語。

　　這時，魍魎站在魑魅面前凝視著她瞬息萬變的面容，知道她心中又在思念燭陰，不由得也心中泛起一陣陣酸楚和氣惱。但他壓抑下去了那酸楚和氣惱，決計用自己對魑魅殷勤照料的行動，感化她那顆對自己情竇不開的酷冷之心，將其愛情賜予自己。並且她答應過他，如果他幫她打破了黑龍的神魔之盟，她就賜予他愛情！

　　因而他覺得魑魅對自己不發一語也好，她若講說自己又說什麼呢？說救了她為她治傷辛苦，或者她說她好好感謝他，那些話都恰恰是他不要說不要聽到的。而他想聽的要她說的賜予他愛情的話語，她這時又絕對不會講說出來。若是再說別的，不就更是沒有意思了嘛。因此，魑魅對他不發一言，他也一言不發，二魔王就這樣在泰山之上雙方無言地呆怔著。魑魅在心中思念著燭陰養她的傷疼，魍魎則殷勤地服侍著她等待她賜予自己愛情。

　　如此一晃數日過去，魑魅的傷口漸漸痊癒了。魍魎眼見自己再想去獻殷勤，也獻不上的日子終於到來了。為此他想，自己數日來的殷勤侍候，魑魅終究不能毫無所動。但他又見魑魅一直口不出言，便又擔心起了魑魅就此離去。這日終於禁不住胸中愛情的衝動，開口向魑魅詢問起來道：「魔王，參盟前你對小魔許下的諾言，如今該兌現了吧！」

　　「什麼，你說什麼？你昏說些什麼！」然而，魑魅對魍魎此言竟然聞若未聞，故作含混道。其實，魑魅並非沒有聽清，而是故耍此招以作含混，欲圖過關。

「魔王難道健忘嗎？」這時，魍魎可不放過欲作含混過關的魑魅，他聽了魑魅之言一針見血道，「魔王應該踐諾賜予小魔愛情了呀！」

「癡魔，你又上了姑奶奶的當了。我那全是假話，要不你怎肯為我賣命，」魑魅聽到魍魎此言知道混不過去，無奈只有不顧魍魎的感受，撕開臉面自食其諾道，「告訴你吧，我不愛你！你永遠休想得到我的愛情，你就死了這份邪心吧！」

魍魎不聽魑魅此言還罷，聞聽此言真個是心中之火陡騰萬丈！這不僅是絕情的話，也是自食其諾的話，更是不講恩義不講情面的話呀！因而對魑魅一直忍讓求全的魍魎，這時再也不能忍讓下去了。因為他對魑魅忍讓得太多太久了，可以說忍讓到了極點。同時前番魑魅又將愛情許諾給了他，他心中時刻都在期盼著，那獲得愛情的美好時刻到來呀！

而這時，依諾魑魅說定的美好時刻應該到來了。魍魎為此正高興至極，也亟盼至極地癡情等待著這美好時刻的到來，但不料想魑魅竟然出言盡毀前諾，向急得火突的魍魎心頭倏然潑去一瓢絕情的冰水。使得魍魎陡然看到了自己癡情的無望，自己的長期忍讓將一無所得。並進而感受到自己受到了魑魅的戲弄，魑魅不僅戲弄了他的尊嚴，而且也戲弄了他的真情。

他魍魎也是個魔王，他當然有他的尊嚴，也有他的感情。這尊嚴和這感情，也當然都是不容別個隨意戲弄的。過去他癡情於魑魅，魑魅沒有絕情於他，她可以戲弄。而今她絕情於他，他實在是再也不能容忍下去了。為此物極生反水滿則溢，魍魎心中頓然怒火突起萬丈。

「反覆無常的騷貨，說話如同放屁的刁魔，既如此我與你不共戴天！」一時間，只見魍魎那只長在腦瓜上的方方正正獨眼，氣得凸突暴起，臉色變得鐵青，開口怒吼著，已是倏然揮起手中渾鋼長鉤，「颯」

地向魍魅當頭鉤了過去。他堂堂一位魔王，實在不能再為一女魔受氣負屈下去了，哪怕是一輩子拉打光棍！因而，他豁上了。

魍魅原來一直以為魍魎好欺，自己仗著女兒之身想叫魍魎長魍魎就長，想叫他變圓他就得變圓。因而她沒有見到過魍魎在她面前生出過如此氣惱，便想像不到魍魎今日會陡然生出如此氣惱。而且更根本想像不到他會出鉤前來鉤殺自己。所以她陡睹此變，也禁不住心中驀地一驚！

然而她又立刻想到，魍魎雖惱至極，卻也絕對不會真個鉤殺自己。她自認為自己把握透了魍魎的心思，知道魍魎愛她至深。因而不論她把魍魎氣逼到何種地步，魍魎都是絕對捨不得殺害她的。為此她立刻心中驚定平靜下來，迎著魍魎鉤來之鉤，將胸脯「啪」地一拍道：「好，有種往這裏鉤！」

「好，我下不了狠手殺不死你，我讓別個非殺死你這騷魔不可！」正鉤的魍魎突聞此言目睹此景，果如魍魅所料收鉤而止。無奈狠狠地說著駕起雲頭，離開泰山一路向西，尋找黑龍而去。

魍魅望著魍魎遠去的背影，禁不住一陣「嘎嘎」大笑。笑畢也即駕起雲頭離開泰山，一路向南返回她的吳越地界鐘山駐地而去。

此番魍魎對絕情的魍魅氣惱至極，生出了仇恨，他決計去向黑龍盡言前情，以借黑龍之手誅殺自己不忍殺死的魍魅，報雪心中之仇。他知道，魍魅因為毀了黑龍精心組織的神魔之盟，黑龍一定對她惱恨至極，必殺死她而不可！魍魎為此來到冀州恒嶽黑龍居地，正見黑龍在滿臉慍怒地愁思。

黑龍當然愁思不止，數日前他苦心組織的誅殺燭陰的神魔之盟突然崩潰，他威赫赫的盟主之位和那已可見到影兒的凡王高位，都突然隨之化成了泡影，他充滿希望的高興心情陡然跌落到了悲愴的極點

啊！為此數日來，他當然是越思越惱，越惱越思，越思越愁，至今仍是滿臉慍怒愁思不止。

愁思之中，黑龍看清了神魔之盟的分崩離析，是眾神魔各藏異想的結果，那眾神魔是他黑龍統率不起的。看到了自己統率不起眾神魔，他就進一步看到了自己搶做凡王高位的無望。而搶做凡王高位的無望是與他的權欲之心劇烈矛盾的，為此這矛盾便苦苦地折磨著他。

因為，他太想當凡界之王了，他與女媧假戲真做的虛假戀愛，他苦心遊說組織起的神魔之盟，他千方百計地去殺燭陰，這一切的一切，全都是他為了搶做凡界之王啊！可如今擺在他面前的現實，卻是他做不成凡間之王，又一時找不出解除這矛盾的方法。同時他又時刻都在擔心著自己兩番與之結仇的燭陰，會突然向他殺來他對付不得，丟掉性命！為此他又當然惱恨其他五神魔萬分，愁思難解。

「神兄，小魔向您請罪來了！」魍魎為了先使黑龍解去對自己之恨，這時恭恭敬敬地輕輕走到黑龍跟前，謙卑萬分地開口試探道。

「你來做什麼？是不是剛才鉤殺我不死，此刻又來計殺於我！我與你不共戴天，來來來，我與你拼個你死我活！」只顧愁思的黑龍並沒有看到魍魎的到來，驟聞此聲心中一驚方纔從愁思中清醒過來。舉目見是幫助魑魅逃命而去的魍魎，謙恭地站在自己面前，陡地火冒萬丈吼叫著，揮起一雙黑鐵錘便向魍魎打了過去。因為，他正有滿腹的氣惱愁苦需要發洩。

魍魎開始還以為黑龍不會真打，只是見到他泄怒試探於他。但接著他看到黑龍手中之錘真個打到了他的胸前，來了真格兒的，便不敢怠慢即閃身躲過來錘，又恭站在了一旁。黑龍一錘打空心中好惱，又即回錘「颯」地向恭站一旁的魍魎打了過去。魍魎又閃身躲過恭站在了一旁。

「好一個刁魔，我打你三錘你皆不還手，我再第四錘打殺於你，就不仗義了！」魍魎如此被黑龍連打三錘，黑龍方纔氣惱稍消，收住手中之錘道，「說吧，你此來究竟要耍何謀坑害於我？說清了我再殺你也是不遲！」

「大神，小魔此來絕無施計坑害之意，」魍魎眼見黑龍收住了手中之錘，耳聽黑龍此言，立刻開口道，「你若不聽小魔言說就將小魔殺死，你後悔就遲了！」

「我聽你說完，」黑龍怒氣不消道，「你別攪和了，說完了我再殺你也是不遲！」

魍魎聽了，立即開口將魍魅愛戀燭陰，自己追求魍魅，並同黑龍前去遊說魍魅之後的內情，原原本本地向黑龍講說了一遍。末了咬牙切齒道：「不殺燭陰報雪情仇，我誓不為魔！不除魍魅騷魔，我決不在凡間立腳！」

「魔弟所言極是。我剛才若是殺了魔弟，此刻真是後悔也就遲了！」黑龍細聽魍魎此言，心中的怒氣早隨其言說消散開去，換上了滿腹的歡喜。這時聽完魍魎之言立刻「嘎嘎」邪笑道，「但我仍然不敢相信，魔弟願意狠心殺掉自己心上的愛魔！」

「如果神兄去替魔弟殺死魍魅，魔弟立刻以死相謝神兄之恩！」魍魎這時見到黑龍仍不相信自己，便即「颯」地抽出身佩利劍說著，真的以劍刎頸就要以死相謝黑龍。

黑龍見之，急忙上前搶下那劍道：「神兄不過戲言，魔弟怎可當真！好，我倆立刻出發，前去殺那魍魅。既雪魔弟情恨，又報其毀我聯盟之仇！」說著，就要攜同魍魎一起出發。

「慢。神兄是否再說於鷟鳥與神鼉二神同往，一舉擊殺騷魔，以免其逃遁去了幽燕之地。」魍魎見之，卻即言攔阻道，「若是其去了

幽燕之地，豈不為神兄下步誅殺燭陰添加麻煩！」

黑龍聽了魍魎此言心中頓然一亮，即信魍魎所言為真，甚悔自己剛才掉以輕心。因為如果不是魍魎提醒自己單個前去，魍魎此來若是其與魑魅設下的姦計，到時候二魔聯手攻殺自己，自己豈有生還之理！而讓鷥鳥二神一同前去，正好有個救助。就是魑魅二魔使計，也無可怕之處。於是他當即答道：「好，魔弟所言極是。走，我倆尋找鷥鳥二神去。」

魍魎與黑龍隨之離開冀州，先到西域地找界尋鷥鳥不到，即到中嶽嵩山尋找到了鷥鳥與神鼇二神。神鼇與鷥鳥突見黑龍攜同魍魎一起來到，雙方心中奇詫萬分。黑龍見之，忙向神鼇二神說明魍魎情形與他二神魔來意。神鼇聽後思忖片刻，當即同意隨他二神魔一齊去殺魑魅，以除毀潰神魔之盟的內姦。

神鼇這次所以答應得如此朗利，是她在思忖時分析再三，想到魑魅所轄吳越地界恰好與自己地界相連，除去魑魅吳越地界恰好可歸自己管轄。而黑龍則鞭長莫及，因而遠比去殺燭陰和誅殺面前的魍魎強過十分。因為燭陰所轄幽燕之地和魍魎所轄齊魯之地，皆與黑龍所轄冀州搭界，殺此二神魔之後那轄地只能歸於黑龍管轄。

與此同時，這次若能借得黑龍和魍魎之手除去魑魅，那與自己和鷥鳥地界搭界的旱魃所轄三楚之地，就成了孤立無援之地。自己與鷥鳥略施小計，便可殺掉旱魃佔有其地。若能那樣，她與鷥鳥便有了凡界七分之四的轄地。屆時再合力伺機分別除去黑龍二神一魔，凡間之王就成了她夫妻兩個的了。想到這裏神鼇禁不住心中大喜，但她表面不露聲色。即讓鷥鳥和自己一起，跟隨黑龍與魍魎一道，一路東南前往吳越地界，尋殺魑魅而來。

魍魎生恨發誓離開泰山一路向西去後，魑魅本想向北前去幽燕

之地尋找燭陰報功求愛，但她又怕尋找不到燭陰遭遇上了黑龍，那樣自己身傷體力沒有復原，難以抵擋黑龍，就難免不落個預料不到的下場。無奈她只好離開泰山，暫返鐘山居地養傷，再作定奪。

但她回到鐘山心想魍魉西去的情景，不由得心中忐忑不安起來。她預料到魍魉數遭自己拒絕惱恨至極，說不定真會鋌而走險，聯合黑龍前來誅殺自己。想到這裏她放心不下，一直坐在鐘山之巔遠觀四周動靜，以防情況生變。果然事情恰如魍魅所料，一會兒已見到黑龍三神一魔踏著雲頭，威赫赫從西北方殺了過來。就在黑龍眾神魔剛剛看見鐘山山頂之時，在山巔遠觀四周動靜的魍魅便看到了他們。

魍魅看到此景心中一驚，但轉念她想到自己還沒有看清前來神魔皆為哪個，雖然她心知黑龍三神一魔來到哪個都會殺害自己，但她又僥倖地希望是燭陰、旱魃，或者是女媧、花蛇他們一起來到。但是她也不敢大意，為防不測，立即躲進一方隱蔽十分嚴密的山洞之中，以靜窺來者動靜。

魍魅剛剛躲進山洞，黑龍三神一魔便已來到。魍魅看得清楚，他三神一魔果然真是前來尋殺自己。他們在山頂尋找一番不見自己，便口中叫罵著沿山腰四周尋找起來。魍魅睹之大驚，因為看陣勢她若被他四神魔找到，必被立刻誅殺無疑。同時她也暗自慶倖自己多虧躲藏起來，若不然豈有逃脫的可能。因此她心中害怕不已，不敢再在山上繼續停留，心思急轉思謀起了對策。

她首先想到，趁著黑龍四神魔尋到鐘山南坡之時，自己急去北方尋找燭陰救助自己。但她既怕路途遙遠，途中被黑龍四神魔發現追殺上來。同時又怕即使她到了幽燕地界，尋不到陰晦異常的燭陰；就是尋到了燭陰，也怕燭陰不救助自己。因為他沒有答應過，把其愛情給予自己。心想至此，魍魅頓覺燭陰遠水不解近渴，去之希望渺茫把握

不大，心中不由得無可奈何起來。

常言情到急時奇智生。就在魑魅無可奈何之時，她突然想到了在自己西邊三楚地界坐鎮的旱魃魔王。她想到，旱魃坐鎮的三楚地界與自己所轄吳越地界唇齒相連，同時她從上次旱魃未去參盟的舉動中，也隱約感到其中定與黑龍四神魔內有不和。因此自己以前雖然與他沒有深交，但這時自己前去曉以利害，動之情誼，再不然繼續使用前日策動魍魎破盟時施用的以身相許無奈之法，就一定可以說動旱魃與自己結為同心，共破黑龍四神魔的攻殺。

再說，魑魅心中也已深知，神龜與鷟鳥二神和黑龍心存異志。只要旱魃一幫手，使黑龍與魍魎得手不得，神龜與鷟鳥二神又定會眼見無利可圖，只在一旁觀望而不真助黑龍神魔。想到這裏，魑魅禁不住心生柳暗花明必然取勝之感，即趁黑龍四神魔尋往鐘山東坡之時，出洞駕起雲頭徑往西南方三楚地界南嶽衡山，尋找旱魃而去。

連日來，旱魃一直心神不寧地待在衡嶽之上。他心中除有數求花蛇而不得的萬般淒苦，還有未去冀州按約赴盟必然得罪黑龍眾神魔的緊張。總之他預感到，仿佛將有什麼不好的事情降臨到自己身上，使他一刻也安寧不得。由於心中不寧，他像魑魅剛才一樣，一直坐在衡嶽之巔向四外眺望。以期早些看見有何方神魔向他所轄衡山行來，好早些做出定奪。

因此，當魑魅一陣急踏雲頭，須臾趕到衡山近處之時，旱魃早看了個清楚。旱魃這時正在心想，算來冀州神魔會盟之期距今已有數日，那眾神魔不知是誅殺了燭陰，還是為燭陰所敗？下步自己該怎樣向取勝或者失敗的眾神魔，講說清楚未去的原因？正在這時他看到了魑魅的突然到來，不由得心中甚為奇異自語道：「她來做什麼？怎麼就來了她一個？後邊跟的還會有嗎？」

「旱魃魔王！」旱魃的自語之聲剛落，便見魍魎已經到其近處，邊叫著邊向其面前奔來。旱魃見之不禁問道：「就來魔王一個？」

旱魃話音剛落，魍魎已奔到其面前，開口回答道：「對，就來小魔一個。小魔是來向魔王求救的！」

「怎麼？魔王有何難，來向本魔求救？魔王也是沒有前去冀州會盟麼？」旱魃聞聽頓然一驚，問道。他以為，魍魎也像自己一樣未去冀州參盟，因而得罪了黑龍眾神魔。方纔引得今日黑龍眾神魔討伐他倆而來，只不過先是到了吳越地界，因而不由得心中一驚。

「小魔既去參加了冀州之盟，但又打散了那神魔之盟，因而引來了黑龍眾神魔對小魔的攻殺。」魍魎先是實言道。接著，她把事情的經過和眾神魔的心思動向，原原本本地向旱魃講說了一遍。然後，曉以利害道：「以小魔之見，黑龍眾神魔欲要殺害小魔，只是師出有名，事情的表面。其實質則是為了占我吳越地界，搶做凡間之王。」

「噢！事情竟是如此？」魍魎的講說大出旱魃的意料，為此他聽了心中更是吃驚，即言退卻道，「若如此說，本魔實難救助魔王。」

「魔王不救助小魔，當然也可以。但只是魔王想過沒有，小魔吳越地界與魔王三楚地界毗連，」魍魎繼續曉以利害道，「如果小魔被誅地界被占去，他四神魔再來誅殺魔王搶佔魔王地界，豈不易如反掌！」

「魔王這倒說的也是。」旱魃剛才正在擔心自己成為黑龍眾神魔攻殺的對象，因為從愛情上說他是鷙鳥的情敵，為了愛情他又從盛怒的神黿手中救走了花蛇，鷙鳥和神黿都無疑會攻殺於他。而再從未去赴盟上說，他又得罪了黑龍，黑龍也必然會攻殺於他。同時從地理位置上講，則正如魍魎剛才所言，魍魎若被除去，自己所轄三楚地界則就成了一隻無援的孤舟，隨時都有可能被黑龍眾神魔爭搶凡王之位率

先攻佔。為此他聽了魍魅方纔之言，不由得心中一動道。

「常言唇亡則齒寒，皮之不存毛將附焉。小魔滅亡之後，魔王必為他們爭奪凡王之位欲殺的第一個對象，」魍魅這時進一步曉以利害道，「因而小魔前來求助於魔王，以與魔王互相幫扶，共同打退黑龍眾神魔，以保你我三楚與吳越地界不被侵佔！」

「本魔答應與魔王共結同心，共抗黑龍眾神魔，保我轄地安全。」旱魃心中反覆思想，覺得魍魅言說有理。同時他也正想找一個幫手，因為一魔總是不如二魔好作商量，有個互助。為此聽到這裏終於堅定下來，答應道，「但只是黑龍眾神魔勢眾一倍於我，我倆怎樣才能將他們打敗呢？」

魍魅聽了旱魃答應之言，連謝數聲。但聽聞其後邊之言，也一時犯起難來。是呀，她二魔怎樣才能打敗一倍於她們的黑龍眾神魔呢？旱魃與魍魅二魔各自心中想著，雙方久久不發一言。驀地，旱魃想出了方略道：「敵倍於我，我弱敵強。只有設法變弱為強，才能擊退強敵。若要把強敵變弱，只有採用將強敵分散開來之法。魔王可有妙法？」

「這個，不知這樣可行否？」魍魅聽到旱魃言說有理，末了心想起了分敵之法道。隨後，她向旱魃講說了去到鬥場之後，自己伺機向生仇的魍魎許諾愛情，使魍魎反戈助己攻殺黑龍三神。待把黑龍三神攻退之後，她與旱魃再聯手誅殺魍魎惡魔。若能那樣，她們以後再設它法，分別對付黑龍三神就容易了。

「好，好。此法甚好！」旱魃聽了魍魅此計，不僅心中贊同，而且口中連聲叫起好來。因為他心中也急不可耐地想去誅殺鷥鳥以除情敵，奪回花蛇。如今黑龍四神魔聯手，他已誅殺鷥鳥不得。這樣他與魍魅聯手誅殺魍魎，如此就殺一個少一個，最後距離他誅殺鷥鳥的時

日就越來越近了。所以他叫畢即與魍魅一道，徑往鐘山迎戰黑龍四神魔而來。

旱魃二魔須臾來到鐘山，恰見黑龍四神魔因為尋找不到魍魅，聚在山頂正在計議前去泰山尋找。計議中突然見到魍魅與旱魃一齊奔來，全都立即心中大喜道：「真個是踏破鐵鞋無覓處，得來全不費功夫！我等若是早走一步，就將又到泰山撲空了。」

黑龍四神魔話未說完，已見魍魅與旱魃也不答言，一個手持狼牙棒，一個手揮雙刃三尖刀，殺到了他們面前。黑龍四神魔也不怠慢，急叫：「你二魔真個是飛蛾撲火，自投羅網來了！」隨著各仗器械，與他二魔鬥在了一處。

旱魃二魔心懷奇計，鬥前已有準備，因而只見魍魅專尋魍魎廝殺。並且邊鬥邊向遠處潰退，以引魍魎去到遠處，好向魍魎施以奇謀。旱魃惡鬥黑龍，與黑龍打得難分難解。鷥鳥目睹此景幾次欲去助戰魍魎，都被神龜用眼色止住。神龜還是原來的主張，讓他們打，讓他們殺。誰殺死誰都行，她坐收漁翁之利！因而她與鷥鳥又是站在一旁只是口中吶喊，就是不上戰陣。

如此陣勢恰好有利於魍魅將魍魎引到遠處，於是只見魍魅眨眼間已把魍魎引出數丈之遙，隨之邊鬥邊悄悄對魍魎語之道：「魔王息怒，女魔已經回心轉意。如果魔王願意，女魔就將愛情誠心獻於魔王！」

魍魎初聞心中一怔，但接著卻不相信道：「刁魔休得騙說本魔，不殺刁魔本魔惡氣怎出！」

「魔王若是真的殺了女魔，魔王就將悔之莫及了！」魍魅見之，立即故作動情急叫道，「魔王若是不信，可讓旱魃作證。屆時女魔若是失信，請你二魔共誅女魔！」

魍魎聽到這裏，方纔稍信三分。當然還是心中的癡情，使他又上

魖魅圈套道：「那好，你去接鬥黑龍，我與旱魃講說。」

魖魅聽到魖魎此言，頓然心中大喜，因為這正中其與旱魃設下之計。於是她立即潰往黑龍身邊，轉手便從旱魃手中接鬥上了黑龍。魖魎這時眼見黑龍被魖魅纏住，則立刻接手邊鬥旱魃邊向遠處潰去。轉眼見其已把旱魃引到遠處，即言道：「魖魅剛才讓你作保，其將愛情給我。其若食言，請我倆共誅之。你作保嗎？」

「真是個憨魔！人家魖魅已經答應還能有假，我作此保。屆時不應我倆共誅之！」旱魃聽到這裏，心中暗喜魖魎果然中計，隨著開口笑罵道，「快，我倆鬥向神鼉之處，先行誅殺二刁神去！」

魖魎至此方纔心疑盡釋，因為他自知自己與旱魃並無怨仇，旱魃決不會欺騙自己。當然還是因為他太愛魖魅女魔，愛到了癡迷的境地，所以他相信起了旱魃二魔，即按旱魃之言邊鬥邊向神鼉處靠去。眨眼他二魔鬥到神鼉近處，急趁神鼉與鷥鳥心無防備之時，雙方突出殺手，齊向神鼉二神殺了過去。

神鼉二神突睹此變心中大驚，急先閃身躲過旱魃二魔刺來兵器，隨即出手與他二魔鬥在了一處。但那神鼉雖然狡黠十分，卻也有看錯的時侯。這次她便錯誤地猜定，魖魎投奔黑龍內中有詐。其實魖魎開始是真心相投，後來因為事情生變，魖魎中了旱魃二魔之計，才有了面前這樣的場境。

如果不是神鼉如此看錯，她就會把中計的魖魎從中計中拉了回來，豈有這樣的事情發生！然而這時神鼉不知魖魎中了旱魃二魔之計，仍以為魖魎投奔黑龍是假，便以為她與黑龍三神中了旱魃三魔之計，心中大驚。加之她心中本就不想與旱魃三魔為敵，便不想與他三魔交鬥以免傷了和氣，隨之她便急忙邊鬥邊叫鷥鳥撤退。正因為神鼉的這一錯誤認識，將使得魖魎就要喪命於魖魅手中。

這時正鬥的黑龍眼見面前突生此變，特別是見到神鼇二神不僅不盡力助戰，而且以為他三神中了旱魃三魔之計就要退去，便也以為自己中了魍魎之計，心中更是大為驚怕，不敢戀戰急往北方潰逃而去。神鼇眼見黑龍逃奔迅疾，也不怠慢，急叫鷟鳥棄戰與黑龍一道，迅疾向北潰逃而去。

旱魃見此場景也不追趕，因為他知道他三魔去追也誅殺不了黑龍三神一個。便先是得勝仰天一陣「嘎嘎」大笑，隨著即謝魍魎道：「多謝魔王反戈相助之功！」

「魔王怎可口出此言，既為一家便為分內之事！」魍魎聽了旱魃此言，忙言道。但他話未說完，便聽其口中突然「啊呀」一聲疼叫，已是「撲通」一聲氣絕身亡捧倒在了地上。這當然是魑魅女魔趁著魍魎面向旱魃只顧高興說話無備之時，突然出刀從其背後洞穿其後胸，送其飛昇去了天堂。

癡情於魑魅女魔的魍魎魔王，就這樣為癡情而死進了黃泉。

十六、魔王設計

　　魑魅殺死魍魎之後，深謝旱魃救助之恩，盛邀旱魃在鐘山小住數日。魑魅如此大度當然自有她的算計，她一是害怕黑龍三神再度攻來自己抵擋不住，留下旱魃好有個幫手作個計議。二是為了籠絡旱魃之心，以便後日再遇惡變好去求助。

　　旱魃連日來一直在衡嶽之上寂坐愁思，同時伴著對未去赴盟心懷的不安，也實在孤寂得不是滋味。這時眼見魑魅女魔盛情挽留，加之擔心自己歸去衡嶽被黑龍三神圍攻，同時也擔心自己去後黑龍三神再來殺了魑魅，之後他三魔只剩下他一個，就只有任憑黑龍三神隨意宰割了。為此他當即應允，便在鐘山留居下來。

　　旱魃與魑魅魔男魔女在鐘山同處數日，閒暇無事免不了互相傾訴心曲，縱論凡界神魔情勢。談來論去他倆都認為，情勢對他二魔甚為不利。雖然他們知道神鼇和鷲鳥之間情誼深厚，對黑龍存有二志，但在爭奪凡界之王的鬥場上，他倆卻又總是與黑龍聯盟形成一致。

　　儘管那一致皆為神鼇苦心謀劃所為，是為了讓黑龍首開殺戒，而後他二神坐收漁翁之利，但眼前他三神誅殺的首要目標無疑是他二魔。因為燭陰一直隱居不出，其又神功高強輕易對付不得，攻殺燭陰遠遠不若攻殺他二魔輕易。同時他二魔雖想與燭陰結為聯盟，但那燭

200

陰陰晦古怪得隱居不出，又到哪裏才能找尋得到？即使他二魔能夠尋得到他，又不知他存何居心，願不願意出來與之聯合？

因此旱魃二魔談來論去，都覺得他二魔情勢危急，必須緊急採取對策，方可保得無虞。出於此慮他二魔又一齊苦思對策，共商良謀，但思來商去卻都沒有高招可使。無奈他倆不敢大意，只有日日共坐鐘山之巔，遠觀四周動靜，以防黑龍三神驟然殺來。

如此共同的利害關係像一根鏈條，把旱魃二魔之心連在了一起。再加上他魔男魔女在鐘山同處連日，常言接觸生情感，情感變情愛。如此數日過去他二魔禁不住心中各生悸動，雙方在一起已經不像開頭那樣自然隨便，相反卻是越接觸越加拘謹不自然起來。

這初生的拘謹和不自然，便是情愛的萌芽。這萌芽對於這對情竇初開的魔男魔女，各自都是感受殊深。使得他們在一起時，雙方都不由得渾身熱血賁張，更加拘謹和不自然十分！

旱魃和魑魅都對此情的萌生甚感奇異。因為旱魃知道，他心中在深深地愛著花蛇。魑魅知道，她心中在深深地愛著燭陰。怎麼在鍾情別個之外，如今又生出了如此情愛？為此，他倆雖對剛生的情愛各自感受殊深，但卻各自都去強抑著互不表露，以免擾亂各自心中埋藏已久的戀情，造成情亂遺恨終生！

這是因為，旱魃與魑魅對愛情皆有成熟之想。旱魃認為，自己心中最初的愛情閃光，是自己最珍貴的愛情之光。因此他一定要讓那閃光，照亮被愛者的心田。哪怕是費盡千般周折萬般辛苦，也要奪得被愛者之愛，以實現自己愛情的最大滿足。

而那後生的情愛，則都是愛的餘波。雖然它可能會比初生的情愛更加甜蜜十分，但其結果終究都不會達到實現初愛那般滿足。正因為這樣，他對花蛇窮追不捨，百折不餒，情火不滅！而對面前與魑魅驟

生的情愛，深藏於心，盡其感觸，不予言說。

魑魅則認為，女流之輩愛情追逐的最高物件，應該是能夠成就王霸之業的男性，這樣其愛情才能實現其最高價值。因此她對凡界眾神魔全都進行了權衡，認為只有燭陰最有成就王霸之業的氣象。所以她對燭陰窮追不捨，百折不餒，情火不息。而對面前與旱魃驟生的情愛，也像旱魃一樣一直深藏於心，盡其感觸，不予表白。

然而，旱魃二魔雖對愛情各有城府之見，但無奈身處的現實卻使他們天天接觸，男女異性相吸產生的情愛則日漸濃烈。很快，便使雙方全都壓抑不住心中奔突燃燒的情火，達到了若再不互相言說，就無法繼續在鐘山共處下去的境地。

旱魃二魔對面前的情愛現實全都一清二楚，為此他們也都感到繼續回避下去不是辦法，無奈他二魔為了各持自己的情愛之見，決計旱魃先回衡嶽他二魔暫且分開，以避尷尬窘境。當然是旱魃提出此想，魑魅當即應允。旱魃於是在戀戀不捨中離開了鐘山，魑魅則在情意綿綿中送別旱魃向西南方向返去。

旱魃如此硬著頭皮離開鐘山，開始真個是心中不捨一步三回頭地向西行來，直到走遠看不見鐘山之時，方纔陡覺對自己三楚轄地掛心萬分。他擔心黑龍三神趁著自己不在轄地之時，佔據了他的三楚地界。因而不由得加快踏動雲頭的腳步，迅疾向其轄地衡嶽居處奔馳而來。旱魃如此一陣急行，轉瞬已是回到了其轄地上空，接著便來到了衡嶽近處。

目睹熟悉的衡嶽，旱魃心中頓覺甜蜜起來。因為別個的家再好都不是自己的家，自己對別個的家都沒有絕對的自由支配權。而自己的家本來就好，再加上有絕對的自由支配權，無疑是一片自己最可自由支配的天地，所以他覺得心中甜蜜十分。心中的甜蜜催促他，像遊子

就要撲入母親的懷抱一般，迅疾向衡嶽奔進。

但在奔進途程中，他卻不敢掉以輕心，絲毫沒有忘記防範黑龍三神是否趁著自己不在轄地之時將衡嶽攻佔。為此他邊走邊看，但由於沒有看見衡嶽之上有被別個攻佔的蹤影，也沒有看見黑龍三神的蹤跡，便放心地徑向衡嶽陽面半山腰間自己的居處奔了過去。

旱魃眨眼來到自己居處跟前，按落雲頭踏上地面，心喜地往被樹遮林蔭的居處走去。然而他剛走數步，卻陡聞一聲厲喝倏然響起道：「惡魔看錘！」隨著便見一雙黑鐵錘打到了胸前。

旱魃心中無防不敢怠慢，急忙向後閃身躲避來錘。但他剛剛後退一步，又聽身後左右兩邊同聲傳來厲喝道：「惡魔快快受死！」旱魃大驚，急向空中躍身數丈躲過身後殺來兵器，往下一看方纔見到這前來伏刺他者，正是自己剛才只顧吃驚，沒能從聲音辨出的黑龍三神。

旱魃見是黑龍三神，心中頓時驚怕萬分。他深知自己遠不是他三神的對手，打鬥下去自己必死無疑。為此她深悔自己不該為了躲避與魑魅的後生情愛，離開鐘山回來送死。然而時間不容旱魃多想，黑龍三神已又圍殺上來。旱魃眼見黑龍三神出手迅疾，無奈只有急忙揮動手中狼牙棒壯膽相迎，即刻間便與他三神鬥在了一起。

在上次尋誅魑魅惡鬥之時，黑龍三神誤以為中了魑魅之計，倉皇敗逃回到中嶽嵩山之後，神黿好是氣惱。隨即嚴責黑龍不辨真假一陣，方纔放其歸回冀州。黑龍回到冀州之後數日，心中一直覺得對魑魅三魔憋著一口惡氣沒有發洩出來，便又獨自心想起了發洩惡氣之策。

無奈黑龍思來想去，都一直沒有想出良策。最後思無良策他也不善罷甘休，決計來他個三神對一魔逐個殺盡魑魅三魔，然後自己再與神黿二神逐鹿凡王之位。思謀既定，他想到魑魅所轄齊魯地界與自己地界接壤，不像魑魅所轄吳越地界，位居旱魃所轄三楚地界與魑魅所

轄地界中間那樣，可以做到一呼二魔來應。便決計說動神鼇二神，先去尋誅魍魎。

黑龍這時不知魍魎已被魑魅用計誅殺，為了保證說動神鼇二神，去前他先到齊魯地界探看魍魎是否他去，若是未去是否單個身在轄地。黑龍來到齊魯地界一陣探看，當然不能見到魍魎的蹤影。不見魍魎的蹤影黑龍心中更喜，他又心想說動神鼇二神，趁著魍魎不在之時共伏泰山之上，等待魍魎歸來突出殺之。想到這裏黑龍立刻徑奔嵩山尋找神鼇，不料神鼇不在嵩嶽，他又奔到昆侖方纔找到神鼇二神。

神鼇眼見黑龍來到立刻問明來意，然後思慮片刻道：「你僅知道魍魎不在泰山，可知道旱魃是否待在衡山？」

「小神未去三楚地界探看，」黑龍一時不解神鼇此問之意，如實回答道，「不知旱魃現在哪裏？」

神鼇聽了黑龍此言，即把兩個綠豆小眼一眨道：「不知，大王前去探看一下若何？」

「我等伏殺魍魎，與伏殺旱魃有何兩樣？」黑龍聽了，心中不樂意道。

「當然沒有兩樣。神王探看去吧，本神自有主意！」神鼇聽到黑龍此言，頓然大為不滿道。黑龍這時有求於神鼇，為此胳膊扭不過大腿。無奈為了發洩心中的那口惡氣，更為了爭得凡王之位，只有強抑惱怒前往三楚地界探看而去。

神鼇實在老謀深算，剛才她聽到黑龍要她二神前去齊魯地界伏誅魍魎，心中便立刻思緒飛轉起來。她想到，魍魎不在齊魯地界他三神前去即可佔有。但那齊魯地界恰好與黑龍所轄冀州地界接壤，因而天知道黑龍誅殺魍魎之心，不是為了奪取齊魯地界以為己有，為擴大自己的地盤，實現其爭做凡王奠定根基！

　　為此她心中立刻生出對策，決計不去齊魯地界伏誅魍魎，而先去三楚地界誅殺旱魃。旱魃所轄三楚地界恰與自己所轄中原和鷥鳥所轄西域地界接壤，攻佔之後任憑黑龍手有多長，也不能越過自己的中原地界伸到三楚地界之上。為此她心懷此想，即讓黑龍探看旱魃是否身在三楚地界而去。

　　黑龍這時只想發洩壓在心中的那口惡氣，所想遠沒有神鼇狡黠深遠。為此聽了神鼇之言雖不樂意，但又想到魍魎三魔殺一個少一個，自己心中的惡氣就可發洩一分。同時又怕不聽神鼇之言，她與鷥鳥就不會前去誅殺魍魅三魔，自己心中的惡氣就將無法發洩。因而他便遵從神鼇之意，前往三楚地界探看旱魃身在何處而來。

　　黑龍來到三楚地界探看一番，由於旱魃當時還在鐘山之上與魍魅共處，所以他未見旱魃的蹤影。探知旱魃不在三楚地界黑龍心中高興，因為他知道這樣便可遂了神鼇之意，使她即攜鷥鳥與他共來三楚地界伏誅旱魃，為他發洩心中的惡氣。為此他立刻返回昆侖說於神鼇，神鼇聽聞此報連聲叫「好」，當即應允黑龍之說，即攜鷥鳥與他一道，向三楚地界衡嶽伏誅旱魃而來。

　　黑龍三神駕起雲頭須臾來到三楚地界衡嶽之上，四處尋視果然不見旱魃的蹤跡。黑龍三神一陣心喜，為了伏誅旱魃成功，便不再四處探看以免走漏風聲。而來到旱魃居地洞口之外，各尋隱蔽之處埋伏下來，只等旱魃歸來突出殺之。

　　說來也是湊巧，黑龍三神剛剛埋伏下來，就見旱魃踏動雲頭徑直飛回居地而來。黑龍三神心中大喜，但卻全都更加靜伏不動。旱魃歸回路上雖有戒心，但他探看一番不見動靜，便放心在居地之上按落雲頭，徑向所居洞府走了過來。就在這時黑龍三神突出殺手誅刺於他，使他心中大驚即與黑龍三神鬥在了一處。

　　旱魃與黑龍三神轉眼交手數個回合，由於力量懸殊巨大，旱魃抵擋不住。雖然剛剛交手並不見旱魃失利，旱魃則深知打鬥時久自己孤立無援，孤掌難鳴必敗無疑。為此他想到三十六計還是走為上策，便立即虛晃一陣跳出圈子，迅疾向東北方向逃往鐘山而去。

　　他不敢向其他方向奔逃，因為向北奔逃是神鼇的轄地，逃入神鼇的轄地無疑是自己的死地。那裏雖有女媧的居地宛丘，但他擔心自己可能逃不到宛丘，在半途就會被黑龍三神殺死。而向鐘山奔逃，魑魅則正在山上。她雖然也不是神鼇三神的對手，但卻可以助得自己一臂之力。他二魔既可以一邊共鬥黑龍三神，一邊共謀下步抗擊黑龍三神之計。

　　旱魃於是一陣疾逃，轉瞬來到鐘山，魑魅還正在為旱魃離去心覺空虛沒有平靜下來，在山頂焦躁不安地來回踱步，心中追悔著不該讓旱魃離去。就在這時，她陡地看見旱魃來到了自己面前，對自己迅疾說明情況道：「魔王，小魔回到衡嶽，黑龍三神正待在小魔居處等待伏剌於小魔。小魔勢單力孤不敢硬拼，故而返來請魔王出手相助。看，他們已經追過來了！」

　　魑魅聞聽此言舉目見到黑龍三神果然追了過來，心知情急萬分，又深知他二魔勢單力孤不是黑龍三神的對手，忙開口反問道：「事發驟然，本魔來不及思想，魔王可有破敵良策？」

　　然而時間不容旱魃回答，黑龍三神已經追到山頂，來到了魑魅二魔面前。黑龍舉鍾指向旱魃二魔，厲聲喝叫道：「惡魔，今日看你們還往哪裏逃！」

　　「三位大神為何追殺我二位魔王？前日欺騙你等的魍魎刁魔，已被我倆除掉，」魑魅畢竟是女流之輩，目睹此景不由得一陣驚怕，心中沉不住氣，口中不假思索道，「你等為何不思我等之功，反來誅殺

我二魔！」

黑龍三神這時仍然不知魍魎已被旱魃二魔誅殺，心中還正在擔心到此鐘山再碰上魑魅與魍魎二魔，他三魔再鬥他三神又鬧個雙方奪勝不得。這時聽到魑魅講說魍魎已死，他三神真個是心中大喜，高興今日誅除旱魃二魔的時機來到。神鼇隨之心機陡轉數轉，立即開口使詐道：「大膽刁魔，我三神今日追殺你二魔不為別個，正是奉了女媧娘娘之命，前來討伐你等隨意誅殺魍魎之罪！知趣者快快過來受死，免得我三神再費手腳！」說著，竟搶先揮刀向魑魅殺了過來。

旱魃剛才聽了魑魅之言，已知更是壞了大事。因為這時暴露魍魎已死，更助黑龍三神之威。為此他深替魑魅後悔不該口出此言，而且又不知聰明的魑魅，這時口出此言藏何用意。所以他呆愣片刻再使眼色制止之時事情已遲，隨之果見魑魅之言助起了黑龍三神之威，神鼇一番言辭說完率先揮刀殺了過來。

黑龍與鷥鳥見之也不遲疑，隨著齊揮戟錘，向他二魔殺了過來。魑魅聽聞神鼇之言目睹如此場景，心中更加驚怕得一時忙無所措。旱魃見之忙猛拉魑魅一把，急忙一齊踏動雲頭徑向北方奔逃而去。

「你瘋了，」旱魃二魔急急奔跑一陣，回頭看見與追趕的黑龍三神拉開了距離，旱魃這才開口責怪魑魅道，「剛才為何口出不該言說之語，反助惡神之威！」

魑魅這才從驚怕中清醒過來，後悔不迭道：「我當時被驚嚇得亂了方寸，不知怎的口中說出了那般言語！」

旱魃眼見這時情況危急，不是追悔過錯的時候，關鍵是下步向何處奔走，方可擺脫並戰勝黑龍三神。於是他開口說道：「我們都快想想，如何才能擺脫並戰勝黑龍三神？」

魑魅聽了思忖片刻，無奈之時又想起了她摯愛的燭陰。雖然燭陰

並沒有將愛情奉獻於她，但由於她摯愛並苦心追求著燭陰，所以這時仍抱著極大的希望對旱魃道：「我們前往幽燕地界向燭陰求助，我想他是會救助我們的。」

「看來，舍此亦是別無它途矣！」旱魃這時也無良謀，無奈只好答應道。於是，他二魔即向幽燕地界落荒逃去。

旱魃二魔須臾逃到幽燕地界，但任憑他們四處找尋神王燭陰，卻見不到燭陰的蹤影。而在他二魔找尋燭陰之時，黑龍三神則在其後緊隨追趕著。這時他們找遍幽燕地界找不見燭陰，便不能向燭陰求救。因而他二魔一時間陷入無奈，真個是更加情急萬分！

燭陰這時就駐身在幽燕地界燕山之上，對其地界之上發生的如此情景全都看在了眼中。旱魃二魔所以找尋不到他，是因為心機狡詐的他不讓他們找見。因為燭陰本想娶下心愛的女媧，以助其當上凡間之王。但不料上次追隨女媧見其傾情於黑龍，自己刺傷黑龍後黑龍又被花蛇救起，誅殺花蛇時花蛇又被鷲鳥救起，使得自己無奈只好返回到了幽燕地界。

身經這次事端，燭陰看到了自己搶做凡間之王的時機尚不成熟。因為他看到不愛女媧的黑龍正在耍陰謀，欲以騙取女媧愛情的方式企圖娶到女媧，進而奪得凡王高位。若是如此，凡界其他六神魔之間就必有一爭，然後在爭鬥中必有死傷。自己如果現在下手，就得使出殺手。而使出殺手就會傷及其他神魔，那樣則正是女媧最為反感的。

為此他心思再三，決計先隱居起來，以靜觀其他六神魔爭搶凡王之位。待到他們殺至死盡之時，自己再出而以討伐之名，滅去剩餘神魔。到那時，使得偌大凡界僅僅餘下自己一個男神，女媧就必會施愛於自己而無疑，自己就可以輕易地做上凡間之王了！

為此他施動神功，將身子蟄沉到了燕山地下百丈之處。他雖然身

蟄地下隱居起來，別個尋不見看不到他去了哪裏，而他那雙眼睛由於具有洞穿百丈黑暗的神功，卻能夠清楚看到地面上發生的一切。就這樣，他比神鼇高明十分地坐觀著鷸蚌相鬥，以坐收漁翁之利。

剛才，他把旱魃二魔四處尋他，黑龍三神追殺二魔的場景看得一清二楚。但他雖然看到了魖魅虔心鍾情於他，他卻心中鍾情著女媧。因而他依舊蟄觀這場神魔之鬥，並期盼著黑龍三神儘早殺滅旱魃二魔。然後他三神之間再生惡鬥，互相誅殺死滅。自己到了那時，再離開蟄居之地討殺剩餘之神。然後婚娶女媧做起凡間之王，永享凡間之福。

旱魃二魔一直尋不到燭陰得不到救助，又眼見黑龍三神追殺甚緊情急萬分，這時不敢怠慢急忙計議一陣，無奈只有奔向宛丘向女媧求救而去。行進途中，他二魔心中也是驚怕十分，因為他們害怕女媧已經知道他倆誅殺魖魅之事，若是那樣女媧說不定也會誅殺他們。

但他倆這時雖值說不定前去宛丘也是送死，不去宛丘也是要死的境地，無奈還是心存僥倖希望前去宛丘送死，說不定還有不死的可能。為此無奈之中，他們抱著說不定不死的希望，徑直逃往宛丘而去。並且邊逃邊計議起了如果女媧不知道他二魔殺了魖魅，他二魔應該如何借助女媧之力保護自己，並誅殺黑龍三神之法。

旱魃二魔雖然如此邊逃邊議，但卻久久不得良謀。其間魖魅雖然想到，將殺害魖魅之事栽贓於黑龍三神，以借女媧之手除去他三神，從而保得他二魔平安。但是計議之後旱魃擔心事情難成，弄得不好反會引火焚身，無奈只有否定了去。

這時眼見宛丘已近，旱魃突然想起一事，心中生出了計謀。他立刻說與魖魅，魖魅聽了則連聲叫起絕來。旱魃所想妙計，是他突然想起那次他從神鼇手中救出花蛇之後，向花蛇求婚花蛇不應，其立即返

回宛丘而去。

花蛇去後自己無趣，轉游一圈愛心不泯，便隨後追向宛丘查看花蛇蹤跡。旱魃來到宛丘跟前不見花蛇蹤影心中焦急，同時其心中藏玄別無它事，便也不敢貿然上丘去見女媧，而且見了女媧更沒有與花蛇言說的時機。為此，他無奈只有做賊般悄悄爬到丘頂邊沿，隱在樹叢中偷窺丘頂動靜，以察花蛇蹤跡。

旱魃爬到丘沿從樹縫中向丘頂一看，正見傷痕累累渾身血跡的高山，在向女媧講說鷙鳥食人之事。旱魃側耳細聽，恰將高山所言聽了個一清二楚。值此他二魔被黑龍三神追殺又向女媧無法言說之時，旱魃思來想去，終於從頭腦深層記憶中想起了此事。便倏然生出了由他二魔向女媧再次告說鷙鳥食人之事，以牽動女媧疼愛孩子的最敏感神經，借助女媧之力率先誅殺鷙鳥。

若得鷙鳥被誅，剩下黑龍與神鼇兩個，他二魔就與之勢均力敵無可畏懼了。然後再伺機殺掉其中一個，另一個就受誅有日了。因此，魑魅聽了旱魃此計連聲叫絕。隨後他二魔便決計施行此計，腳下加快飛進速度，一陣疾電般奔向了宛丘。

十七、樸父封王

　　旱魃二魔來到宛丘上空向下一看，正見到女媧娘娘在丘下河邊辛勤甩泥造人，花蛇陪伴在一邊。

　　「這可如何是好！」旱魃不睹此景猶可，目睹此景禁不住驚得頓然叫出聲來道。魍魅不知其中緣由，忙問旱魃為何口出此言？旱魃便忙把花蛇與鷥鳥之愛，以及為此花蛇與神鼇發生的糾葛，簡要向魍魅講說了一遍。

　　魍魅聽了也覺事情不好，因為他倆要向女媧狀告鷥鳥，花蛇得知豈不壞事。她或者會給女媧破勁，或者會向鷥鳥報信，若是這樣他二魔的奇計豈不就將空施，甚或計殺鷥鳥不成反會危及自身。若到那時，他二魔豈不就將在凡界更無立足之地！

　　然而正在旱魃二魔無奈之時，魍魅扭頭看見黑龍三神已經追了上來。他二魔如果再不按落雲頭去向女媧身邊，時間就要來不及了。魍魅於是不敢怠慢，急忙開口道：「常言天下沒有絕神之路。我二魔暫先躲過黑龍三神追殺，走一步再說下一步吧。」說著，便與旱魃一齊按落雲頭，來到了女媧近處黃河岸邊。

　　黑龍三神所以一路追殺旱魃二魔追趕疾急，怕的就是他二魔率先到達宛丘去到女媧身邊，因為那樣他三神就無法追殺了。同時他二魔

如果到了女媧身邊再來個「惡者先告狀」，硬說是他三神誅殺了魍魎魔怪，又追得他二魔無處藏身方纔逃來宛丘，女媧對他三神就絕對不會善罷甘休了。

而追到這時，他三神擔心的事情果然發生了。剛才他三神看到旱魃二魔在宛丘北邊上空猶疑，為了防止他們擔心的事情發生，神龜曾經決計立即施行分頭包剿之法。即讓黑龍與鷲鳥兩個，一左一右追到旱魃二魔前頭。然後把他二魔趕返回來，以把他們趕到北方遠處，避開女媧予以誅殺。

但不料黑龍二神尚未行動，神龜已見旱魃二魔一齊按落雲頭，向正在宛丘之下黃河岸邊造人的女媧在處走去，禁不住立刻大驚失色責怪黑龍道：「笨蛋，都是你幹的好事。這下就把我們二個盡置於死地了！」

「我僅僅查知魍魎不在齊魯地界，怎麼不再深查魍魎已被二魔誅殺！」黑龍聽到神龜此言，心中也頓知旱魃二魔此去可能產生的不測後果，即悔恨不迭地捶胸頓足道，「若能查知，我等如實向女媧講說一遍，誅殺他二魔就成了名正言順之事，旱魃二魔就死無葬身之地了！」

「可是現在我等卻要反受其害，」神龜愁思滿臉，這時隨之接言道，「這可如何是好啊？」

其實，黑龍又何嘗不想早些知道魍魎被旱魃二魔誅殺之事，但當時即使他再聰明十分，也是無法察知的。而且他也預料不到事情後來會是這般湊巧，誅殺魍魎的旱魃二魔久逃他三神追趕不上，這時又會率先見到女媧！因此，神龜也不應該責怪黑龍，黑龍也沒有後悔的必要，因為他二神誰也不能未卜先知到事情如此湊巧！

但是身置此境，他們又都後悔，又都責怪。但聽鷲鳥這時也開口

責怪起了黑龍道：「送我三神至死者，你孽龍也！」

　　他三神這時當然只能如此互相責怪，因為就連狡黠的神龜，這時也已無計可施。為此只見她愁思片刻，無奈開口道：「事情既已至此，我等只有回去作好準備。即一，屆時如實否認我等誅殺魑魅，並追殺旱魃之事。二則向女媧講明事情真相，平息事端。」

　　「如果否認不掉也講說不清，」黑龍這時焦急道，「我們怎麼辦？」

　　「那就是三了，我等就只有背負反上作亂的罪名，與女媧娘娘拼個你死我活，以僥倖保得活命了。走，我們回去吧。」神龜如此說著，即領無奈的鷺鳥與黑龍，一同返向嵩山而去。

　　須臾神龜三神回到嵩山神龜居地，雖然連連追殺旱魃二魔奔波勞苦，但卻誰也不敢靜心歇息下來。因為，他們仿佛全都預感到大難即將臨頭，雖然這只不過是他們受了心底過細疑心過重的神龜的影響，把事態看得過於嚴重的結果。而事實上，是不一定會有臨頭的大難的。但在疑心重重的神龜看來，還是寧可信其有不可信其無，做好準備的好！所以他三神剛剛坐下，便立刻嘰嘰喳喳議論起了如果大難來臨，他們採取何種方略去作應對。

　　然而他三神議來論去，由於大難沒有真的臨頭，他們也拿不出具體的應對方略。如此議論到末了，鷺鳥由於心底有數，相信酷愛自己身在女媧身邊的花蛇聞聽惡信，絕對不會不去設法告知自己的，因此便把事端看輕十分。加之他心有它想急著自己快快離去，便面露羞澀之態對神龜婉然一笑道：「神王不必再如此煞費心思，也不必如此驚怕。屆時我們來它個兵來將擋，水來土囤也就是了。因為我相信，若有危難花蛇不會不到昆侖神山，前去向我鷺鳥告知的。」

　　神龜聽聞鷺鳥此言，一時間真個是說不出心中是酸是辣，是苦是甜何種滋味！因為鷺鳥一提花蛇，她昔日眼見的花蛇與鷺鳥施愛使她

心生醋意的場景，還有她懲治花蛇旱魃救走花蛇的場景，便一起一幕接著一幕地浮現在了她的眼前。她既對那場景醋意十分，則又從那場景中得出了與鷥鳥一樣的結論，即若有情況，花蛇必會告知鷥鳥！

在此急難之時，神鼉當然知道求生與失愛兩者在天平上的分量。因為只有求得生存才能保得愛情，若無前者後者是無前提存在的。因此她無奈只有強抑醋意，艱難地答應鷥鳥道：「那好，你回昆侖山等待消息吧！我與黑龍待在這裏，一有情況即來報知！」

鷥鳥聽了高興地言說一聲「告辭了」，便即離嵩山西歸昆侖山而去。弄得黑龍頓然間呆怔在了那裏，因為他對鷥鳥與花蛇的關係不知分毫。

鷥鳥離開嵩嶽西行去了，心中真個是有說不出的高興。為了追殺旱魃二魔，他與黑龍二神已在一起整整兩日。兩日來他沒有能夠吃食凡人，他的人肉癮使他陣陣心癢難抑，著實在嵩山不能再待下去了。

鷥鳥下到凡界之後，初先不識凡人究為何物。看到凡人那細嫩油光的樣子，心想其肉一定鮮嫩好吃，便嘗吃了一次。他一嘗吃便嘗出了人肉香甜可口的滋味，隨後看見凡人便想起了那滋味，禁不住吃食之欲，每每吃食起來。這一吃他便吃上了癮，此後天天吃食起來。

鷥鳥如此隨意吃食凡人將近十日，直到那次女媧營救花蛇，眾神魔救出女媧之時，他才知道凡人原來都是女媧的孩子，才不敢再隨意公開吃食，唯恐女媧知道治罪於他。但他先前食人已經成癮，見人便想吃食的習慣已經不能更改。為此為了過癮滿足食欲，在此之後他便一改公開吃食為隱蔽吃食。採用了早先高山向女媧敘說的吃食之法，即既要吃食就將一群凡人吃食淨盡，不留任何痕跡。

鷥鳥採用此法偷食凡人，除了那次漏掉一個捕捉蝴蝶的小姑娘，被高山碰上聞知此事之外，其他則都做得秘密得連神鼉也不知道絲

毫。鷟鳥如此自己覺得吃得隱秘，遂越吃越饞。為此他這次隨同神鼇二神不到兩個滿日，便因沒有能夠偷食凡人抑制不住了饞癮。

剛才坐在嵩山計議應對事變策略之時，他便上來了食人饞癮，從胃中一陣陣泛上了人肉的香美滋味。特別是那少女肉的細嫩脆香，少男肉的堅嫩可口，老婦肉的肥膩厚脂，老夫肉的乾硬爽口。更有那人耳的脆筋，心臟的味香，骨髓的甜美，腦漿的甘醇。如此一切的一切，都在猛烈地撞擊著他貪饞的心田，使他禁不住了必須立即下山吃食凡人之心。

為此他腦袋連轉數轉，立刻口出前去昆侖山上等待花蛇報信之言，騙得神鼇准他下山而來。離開嵩嶽走在西去昆侖山的路上，心中想著自己的食人饞癮須臾便可過足，他心中當然高興難抑。

鷟鳥心懷此想下得嵩嶽當然不會先去昆侖，只見他迅速向西駕雲行走一陣，看看將近自己所轄西域地界，腳下地面上正有一群二十餘個凡人，在無憂無慮地戲耍。他本來不想在神鼇轄地吃食凡人，以免被神鼇察知。但他眼見那人群恰是自己吃食的最佳數字，加之他抑制不住心中的食人癮欲，便倏然按下雲頭落於地面人群正中，將腹下四肢一齊伸開，「颯」地向周圍眾人掃過一圈。已將正在戲耍的二十餘人全都掃昏在了地上，沒有一個能夠倖免。

鷟鳥見之「嘎嘎嘎」一陣大笑，隨著便俯下身子吃食起來。眨眼食吃淨盡，滿足地拍拍肚腹，舉目巡視四周一番不見留有痕跡，即又駕起雲頭向昆侖山奔去。

旱魃二魔剛才來到宛丘之下黃河岸邊，所以不敢立即上前去見女媧娘娘，並非害怕女媧知道他二魔殺了魍魎斬殺他們。而是擔心他倆一路逃命形象狼狽，加之心情又十分不安。唯恐這樣立即去見女媧，被其看出對他倆言說不信，壞了他倆設下的妙計。為此剛才他倆不敢

徑從雲頭落到女媧面前，這時則在女媧近處盡力平靜不安之心，掃去狼狽之象，時過片刻方纔一起向女媧在處走來。

旱魃二魔沒有走到女媧面前，陪伴在女媧身旁無事可做的花蛇，便率先看到了他倆。花蛇本來就對旱魃厭惡十分，這時又見他與魍魅女魔一道前來，心中估摸不透他倆是何關係，但是心想旱魃昔日求其之態猜度二魔之事，心中禁不住更增厭惡開口道：「二位魔王到此何干？若無什事請莫打擾娘娘！」

魍魅不知旱魃與花蛇昔日之事，聽到花蛇此言，心中已對女媧不知他倆誅殺魍魎之事猜准九分，因為花蛇說了「若無什事」之語。為此她便放下心來，立刻開口對花蛇道：「我二魔有要事稟報娘娘，看來非打擾娘娘不可了。請姑娘轉報於娘娘！」言說未完，他二魔便已來到了女媧面前。

正在甩泥造人的女媧早已聽到了花蛇與魍魅之言，這時便一邊手中甩動青藤造人，一邊開口詢問魍魅二魔道：「魔王有何要事相稟，請即講說。」

女媧如此一言，真個是頓把魍魅二魔說愣在了那裏。因為他二魔心有奇計要對女媧講說，卻因花蛇在旁無以講說起來。還是魍魅頭腦反應敏捷，連忙支吾道：「我倆也無什麼要事相稟，只是多日不見娘娘心中思念，因而前來看看娘娘！」她想先如此支吾過去等待在女媧身旁，再伺花蛇不在之時趁機與女媧講說其計。

「若是如此，娘娘就謝謝你二魔了！我這裏一切均好，你倆就放心去吧！」然而女媧依舊不停手中甩動的青藤，不冷不熱道，「只要管好人獸和睦相處之事，娘娘就一切都放心了！」

女媧娘娘此說，當然更把旱魃二魔逼到了欲進不可，欲退又不能的尷尬境地。旱魃無奈囁嚅道：「我們，我們有事……」

「怎麼又有事，你二魔剛才不是說沒事嗎？」女媧這時已是有些不耐煩地說著，隨著不耐煩地向旱魃二魔看去了一眼。旱魃目睹此景不敢怠慢，忙向女媧使了個花蛇有礙言說的眼色道：「我們有事，但只是在此不好講說。」

「二魔有事，你去丘頂玩耍吧。」女媧看出了旱魃二魔因為花蛇在旁無法言說的難處，當即開口對花蛇道。花蛇不知旱魃二魔要背著自己言講何事，心中雖對二魔此舉甚為不滿，但因有女媧之言也不敢不走，無奈只好怏怏不樂地離開河邊向丘頂走去。

旱魃二魔待到花蛇去遠，方纔開口向女媧急忙講說起來。他倆你個一言我個一語，輪番向女媧活靈活現地假言各自所見鷙鳥食人之事，即刻間便說得女媧停下了手中甩動的青藤，吃驚地細聽起來。

然而，他二魔隨後雖然如此說動了女媧，但卻仍不能不說他二魔比著神鼇智遜一籌。因為這時他二魔既已查知女媧不知魍魎被他二魔誅殺，他二魔如果再立即生出神鼇三神剛才所想，即來它個惡者先告狀，再向女媧講說魍魎因被神鼇三神與之爭奪凡王之位所殺，豈不就將既永遠洗清自己的罪惡，又使女媧心中生出對神鼇三神的不容之情，使得他三神在凡界再無立足之地。

但他二魔智遜一籌，棋差一著，頭腦沒有如此反應，口中沒有如此講說，只顧死板地依計而行。既沒有去為自己洗清罪愆，也沒有再為神鼇三神添加罪行。從而，為他二魔下步埋下了罹罪的禍根。

但是他們的目的也已達到，因為女媧聽到他二魔講說的鷙鳥食人之事，先是驚得「啊」地叫出聲來，接著便急忙開口詢問道：「怎麼？你們親眼看見鷙鳥吃食凡人了麼？那孽神是怎樣吃食凡人的？快向娘娘講來！」

旱魃二魔聞聽女媧此問，便立刻按照昔日高山所講那番話語，雙

方活靈活現地對女媧具體講說起來。女媧聽著他二魔的講說，很快便從記憶的潛意識層中，想起了昔日高山死前狀告鷲鳥之言。這時又聽旱魃二魔所言與昔日高山所講情狀無異，遂深信鷲鳥所為，怒聲喝斥道：「惡孽行惡凡人，罪在不赦！走，你二魔隨我剿殺那孽神去！」

「娘娘且慢，小魔有話沒有稟完！」旱魃聽了女媧此言眼見其計得逞，忙又攔阻女媧道。隨著，他又向女媧講說了花蛇與鷲鳥的愛情關係。

「若是如此，你二魔就先留在宛丘名為陪伴花蛇，實則是監護其莫讓其離去，以免走漏風聲。我除那惡孽去！」女媧聽罷旱魃此言，不由得沉思片刻道。言畢，即駕雲頭向西尋殺鷲鳥而去。

旱魃二魔眼見女媧向西行去留他二魔監護花蛇，頓然後悔他二魔不該留護在此。因為他們依舊擔心黑龍三神沒有去遠，待在近處看到女媧離去，若再追殺過來他倆對付不得。但是事已至此他二魔也已無奈，同時又怕花蛇聽到消息離去走漏了風聲，使他二魔之計化為泡影。為此他二魔也不敢在河邊再怠，而即到丘頂監護花蛇而去。

女媧對吃食凡人的鷲鳥惱恨萬分，離開宛丘須臾便來到了西域地界。這時，她想到自己如果不作隱蔽地四處查訪鷲鳥偷食凡人的惡行，必被狡詐的鷲鳥率先察知自己的到來，停止吃食凡人的舉動。所以要想查知鷲鳥的食人惡行，自己必須暗作查訪才行。為此她立即遁跡隱形，在西域地界做起了暗訪。

事情實在湊巧，女媧一路查訪須臾來到華山腳下，鷲鳥離開嵩嶽在中原地界食罷凡人，也剛巧來到這裏片刻。鷲鳥來到這裏繞道山南西行，正行之間突見山下一群二十多個凡人，恰好又正是自己吃食的最佳人數。

鷲鳥雖然剛剛食罷二十幾個凡人走到這裏，但他剛才吃食二十多

個凡人並未吃飽過癮。二十多個凡人所以是他吃食的最佳人數，是他認為的人數再多怕有逃跑漏食之人，造成風聲走漏。同時也怕人數再多延長吃食時間，時間拉長容易被別個發覺。

因此他剛才食罷二十多個凡人仍像老虎吃個螞蚱，離飽食之數尚距甚遠。所以他這時看到山下那群凡人，又頓然癮欲陡漲。於是他倏然按落雲頭立腳人群正中，伸開四肢橫掃一周，又把那二十多個凡人全都掃昏在了地上，隨著便迅疾吃食起來。

就在他將二十多個凡人吞食淨盡咽下最後一口之時，女媧恰好暗訪來到其近處。透過樹林縫隙，看到了食罷這群凡人的鷥鳥，咽下最後一口之後，向四周巡察一遍見無遺漏，便心滿意足地一陣大笑，隨著騰起雲頭又向西方飛去。

女媧剛才沒有立刻上前誅除鷥鳥，這時也沒有上前攔阻鷥鳥。因為她覺得自己雖然看見鷥鳥咽下了最後一口凡人，但畢竟沒有直接看到鷥鳥吞食凡人的場景，同時也沒有拿到鷥鳥吃食凡人的罪惡證據。拿不到證據，她既擔心旱魃二魔所說有假，高山昔日傳言不實，誤誅了鷥鳥傷害了眾神魔之心，同時也怕打草驚蛇，使自己再也拿不到真憑實據。

為此，女媧一直等到鷥鳥走後去遠，方纔從樹林中走出，來到鷥鳥剛才所在之地查看蹤跡。但她在那查看數遍，除了見到地上的雜草有被剛剛壓倒的痕跡之外，其他竟然沒有絲毫異樣。目睹此景，女媧想到此景與高山和旱魃二魔所說無異，遂對行惡詭詐的鷥鳥更惱萬分，立刻起身向西追隨鷥鳥行蹤，尋其罪證誅除惡孽而來。

女媧離開華山一路向西追尋，一口氣尋到昆侖山南麓仍是不見鷥鳥的蹤跡。女媧不由得懷疑自己追錯了路徑，說不定是鷥鳥去了昆侖山北。同時後悔剛才不該只顧察看那片被壓倒的雜草，使得自己這時

找不到了鷥鳥的蹤跡。

「孽神竟然吞食凡人，如此行惡凡間。看劍！」女媧如此懷疑著後悔著正要轉向山北，卻驀地聽到前方密林中傳來一聲厲喝道。隨著又聽傳來一聲鷥鳥的驚叫，然後便傳來了「乒乒乓乓」的兵器撞擊打鬥之聲。

女媧聞聽此聲，頓知是自己找尋不到的鷥鳥又在前方食人，但卻不知他碰上了誰個與他鬥在了一處？女媧正要暗訪鷥鳥的惡行以行誅除，聞知那來者看到了鷥鳥的惡行正在替她誅除邪惡，禁不住心中高興急忙向前察看根底。

女媧循聲一陣疾行來到前方鬥場，只見鬥場之上正如昔日高山和前晌旱魃二魔所言，草地上橫七豎八地昏躺著十餘名凡人。所不同的是有一位白髮蒼蒼的老神，正手揮長劍與鷥鳥惡鬥在一處。

目睹此景，女媧頓知鷥鳥食人皆為真實。那惡鬥鷥鳥的老神不是別個，則是天界崦嵫神山鎮山之神樸父。只是不知樸父老神為何恰在這時身臨凡界，與正在食人的鷥鳥鬥在了此處。女媧為此心中大惱，又恐樸父年邁鬥不過血氣方剛的鷥鳥，遂顧不上與樸父答言，立刻口中怒叫道：「惡孽不除，怎保凡人！惡孽你受死吧！」隨著，即揮佩劍殺進鬥場，助戰樸父而來。

鷥鳥實在神功不弱，剛才他獨鬥樸父十余回合，已見樸父年邁動作遲慢，漸漸招架不住。心中正喜就要誅除這個偶然到來、多管閒事的老神，滅掉見者之口掩蓋其食人惡行。不料女媧倏然來到，殺上前來非除自己而不可。

鷥鳥深知女媧最恨吃食其孩子的惡孽，因而料定女媧此來絕對不會饒恕自己，不由得心中大驚！但他驚怕之中，又想到事已敗露至此怕也無用，只有壯起膽來惡戰奪勝方能死裡逃生，便不再驚怕，與女

媧二神惡戰起來。一時間，只見他惡鬥女媧二神招招使狠，女媧二神
雖然雙方夾攻，卻也立即得手不得。

轉眼他三神鬥過數十回合，看看雙方難分勝負。女媧擔心再鬥下
去鷙鳥若是抵擋不住，說不定會逃跑它去。那時他會加倍撲食凡人，
自己的孩子就會遭受更大的禍殃。因而不敢怠慢急向樸父使個眼色，
隨後出手更疾地纏住鷙鳥惡鬥起來，以給樸父騰出時機出手誅殺鷙
鳥。樸父會意女媧送去的眼色，又見女媧纏住鷙鳥惡鬥不息，為自己
贏得了眾多出手時機，他便即忙趁空連連出手，殺向鷙鳥的防守空處。

鷙鳥這時被女媧鬥得難以空出手腳再鬥樸父，恰給樸父留出了誅
殺之機。但見鷙鳥與女媧如此交手十個回合剛過，樸父已從其背後倏
然一劍刺到。鷙鳥只顧擋撥女媧從前方刺到的利劍，無以分身躲擋樸
父從背後刺來之劍，樸父之劍「噗」地便刺入了鷙鳥的後胸之中。刺
得其「啊呀」一聲驚叫，立刻氣絕身亡在了地上。

早在女媧與樸父開始共鬥鷙鳥之時便已圍來的一群凡人，這時看
到食人的鷙鳥被殺身死，頓然一齊歡呼起來。女媧目睹此景，也才放
下了懸著的一顆心，邊讓眾孩兒掩埋被鷙鳥擊死的凡人和鷙鳥之屍，
邊開口詢問樸父道：「不知老神何時來到凡間？為何恰遇鷙鳥惡神食
人，這般奇巧？娘娘不知，有失遠迎，乞老神恕罪！」

「哪裏，哪裏！」樸父這時方纔認出此乃天界仙妃娘娘在此，不
敢怠慢急忙一拜到地道：「老神閑來無事，聞聽凡界神奇特來賞玩。
不料想剛到此處便開這場惡戰，老神也覺得奇巧十分！但只怪老神不
知娘娘身在凡界，沒有先去拜訪，乞娘娘寬恕老神之罪！」

「看來這是老神的緣分！老神在天界既為聞名天界的誠樸正義之
神，故而上天又遣老神今日下界主持正義而來！」女媧這時高興道：「既
如此，娘娘正想凡界無主，難以統率下凡的惡神邪魔，同時無神代我

協調人獸關係。老神就在下界做這凡間之王，主持正義，懲強扶弱，護衛我的凡人孩兒吧！我代凡人向老神三鞠躬若何？」說著，女媧便真的端站樸父老神面前，恭恭敬敬地鞠起躬來。

樸父本想到此凡界賞玩一日便告返回，實在想像不到會在凡間遇到如此場景。他為天界慈善之神，這時目睹女媧所言下界之難，又見女媧對他如此謙恭，卻之實在不恭，無奈只好答應下來道：「好吧。既然娘娘有難，需要老神幫扶，恰好老神這段也是閒暇無事，就只有恭敬不如從命了！」

女媧在下凡眾神魔中實在找不出一個可做凡王的材料，就連她心愛的黑龍也包括在內。因為她對他們誰個也都放心不下，同時她也深知他們誰個也統率不了誰個。為此她正在期盼一位德高望重，能夠統率下凡神魔的天神，來到凡間做這凡間之王，以替自己操持凡間事務。期盼之中，恰見樸父老神來到已使她喜出望外，這時又聞樸父老神答允其求留做凡王，真個是更使她心喜若狂，禁不住對其一連鞠下三個一鞠到地的躬去。

「大神留做凡間之王，實乃我等凡人之幸！」這時掩埋好神人之屍的眾凡人目睹此景，也都立刻異口同聲地喊叫起來。隨著喊叫，並都學著女媧恭敬的模樣，撲倒地上向樸父老神跪拜起來。

拜畢，女媧安頓眾孩兒一番，隨後便攜樸父老神一道，返往宛丘而去。

十八、神鼇逞強

「吃食凡人的鷟鳥惡神被女媧娘娘誅殺了！樸父大神做了我們的凡間之王了！」女媧攜同樸父大神返回宛丘去後，那群在女媧二神與鷟鳥打鬥時圍來的凡人，一直目送她二神蹤影消失，方纔一陣議論，然後全都欣喜若狂地口中高喊著，腳下向四面八方奔跑著傳遞這消息而去。

他們當然欣喜若狂。因為他們早日也都隱隱聽聞鷟鳥有偷食凡人之舉，因而都對鷟鳥害怕十分，防備十分。雖然鷟鳥貴為西域神王，他們都是生活在鷟鳥管轄的西域地界上的普通凡人，但他們卻都對管轄他們的鷟鳥毫無信賴崇敬之感，有的只是驚怕與防備之心，所以都求不得早日不做他的子民。而今鷟鳥因食凡人被女媧娘娘親手誅殺，把他們全都從驚怕和險厄中解救了出來，他們當然欣喜萬分。

對於樸父大神來做凡間之王，他們當然更是欣喜萬分。因為他們從樸父剛到下界路遇鷟鳥撲食凡人，便立即出手懲惡救人的舉動上，已經看出了樸父老神嫉惡如仇的正義之心。同時從樸父那蒼蒼白髮慈眉善目的誠樸長相上，也全都早已看出了老神的慈藹可親，心中生出了無盡的崇敬信賴之情。而由如此老神來做凡間之王，他們全都覺得心中有了靠山，身生平安之感。所以他們全都心喜若狂，盡向四面八

223

方奔跑著傳遞如此喜訊而去。

凡間地域雖大，但所有聽到鷺鳥被誅和樸父做了凡間之王消息的人們都欣喜若狂，迅疾向四面八方傳遞。這樣便使得這消息迅速地一傳十，十傳百，百傳千，飛快地傳遍了凡間偌大地域的角角落落，傳到了凡間所有凡人的耳朵裡。眾凡人聽了全都欣喜若狂，便用叫啊跳呀的最原始簡單慶祝方式，日復一日地盡情宣洩起了胸中奔湧不息的狂喜之情！

女媧與樸父須臾便已回到了宛丘。旱魃二魔待在丘上心中一直忐忑不安，他們唯恐黑龍三神趁著女媧不在殺上前來。同時為了保證他們的妙計得以實施，死死地監護著花蛇不讓其離開半步。他二魔正在如此心急如火地期盼著女媧娘娘迅速歸來，這時看到女媧娘娘攜同樸父回到了丘上，便急忙迎上前去探問道：「娘娘此去，可否查證了小魔之言為實？」

女媧這時正為自己此去誅除了吃食凡人的鷺鳥惡神，留住了樸父老神做凡間之王心中高興，同時也心喜旱魃二魔向她稟報了真情，而忘記了他二魔當初向她講說的花蛇與鷺鳥的愛情關係，對旱魃二魔之問高興回答道：「不僅查實了，而且我與樸父大神當場誅除了惡神鷺鳥！」

女媧如此一語，真個是頓然間使得旱魃二魔及花蛇一神，你個高興她個痛哭起來。驟然間，但見旱魃二魔聽了女媧此言，驚喜得唯恐自己心喜過度耳朵聽錯，忙又詢問女媧道：「真的嗎？這全是真的嗎！」

他二魔當然驚喜不盡，更關心真假，因為女媧走後他二魔一直在擔心，如果女媧娘娘此去查不到實據，回來會反詰他二魔所言為假，同時他二魔對女媧所說也實為虛言呀！到了那時，就會使得他二魔由此失信於女媧！那樣他二魔講說女媧不再相信，外邊又有黑龍三神與

之為敵，他二魔就更是沒有在凡界立足之地了！

而如今，女媧不僅查實了鷔鳥的惡行並且誅除了鷔鳥，這不僅實現了他二魔的奇計，使得他二魔取信於女媧，將他二魔一直懸在嗓子眼上的擔心放了下來。同時，鷔鳥如此一除，他二魔從此也就可以與黑龍二神勢均力敵，可以過不再因抵擋不住黑龍三神危險萬端，而安穩無憂的日子了！

然而女媧不知此中根底，聽到二魔此問即又肯定回答道：「真的。娘娘從來不說虛言。」

「好，好。這就為娘娘的孩子除去一大禍害了！」旱魃二魔這才相信了各自的耳朵沒有聽錯，口中狂喜地講說完了，禁不住一起「嘎嘎嘎」放聲狂笑起來。

花蛇聽了女媧之言當然與之不同，她先前對旱魃二魔讓女媧將她趕開，而對女媧背著自己稟說就有疑竇。隨後又見女媧獨自離去，自己則被旱魃二魔監護起來，欲要離開一步而不得心中更疑。好強的花蛇心中越疑便越加著急，越加著急便越想離開宛丘，但她越想離開宛丘，旱魃二魔便對她監護越嚴。

她本來就對旱魃氣惱，剛才又因旱魃二魔背著她向女媧講說氣惱十分，這時旱魃二魔不讓她離開宛丘一步更是惱怒難抑，禁不住連聲叫罵起了旱魃二魔。但是旱魃二魔任憑她百般叫罵，硬是不讓她離開丘頂一步。旱魃二魔勢眾於她，她雖然氣惱得叫罵起來，卻也硬是離開一步而不得。

正在花蛇心有疑竇滿腔氣惱，口中叫罵不休之時，女媧與樸父回到了宛丘。旱魃二魔見之一問，女媧便答出了前番話語，聽得花蛇頓然渾身血液凝固了一般怔在了那裏。直到旱魃二魔一陣「嘎嘎嘎」狂笑起來，那笑聲才把花蛇從呆怔中驚醒過來，隨著驚怕萬分地急向女

娲詢問道：「娘娘，你剛才說的什麼？你誅殺了鷟鳥大神？這不會是真的吧！」

　　正在熱戀著鷟鳥的花蛇，當然最不願意聽到鷟鳥的惡訊。因而她也不相信起了自己的耳朵，剛剛從巨大的震驚中清醒過來，便立即問起了女娲。女娲聽到花蛇此問，向花蛇看去一眼見到其震恐萬狀的情態，方纔想起前時旱魃二魔曾經向她講說，花蛇與鷟鳥正在熱戀。女娲從自己對黑龍的戀情中，立刻體會到了花蛇這時的心情。禁不住心中一陣後悔，剛才自己只顧高興忘掉了此事。自己如實一語，震驚了毫無思想準備的花蛇。

　　「娘娘知道姑娘熱戀著鷟鳥，娘娘不反對姑娘去愛去恨，」一時間，善良的女娲實在擔心，花蛇承受不住如此巨大的打擊，但又苦於自己沒有挽回之力，只好對花蛇之問婉轉講說道：「但愛，只有愛得正確，才能使自己的愛情變得有價值。否則若是愛得不正確，就會使自己的愛情變得一錢不值，毫無意義。」

　　「你說什麼？你不要這樣兜繞圈子，」花蛇不聽女娲此言還罷，聽了女娲此說，頓如瘋了般對女娲吼叫起來道，「你給我說，你是不是殺了鷟鳥！」

　　「是的，我當場誅殺了那個撲食凡人的惡神鷟鳥，」女娲聞聽花蛇此言目睹花蛇此狀，知道自己對花蛇再也無法回避，便開口直接回答道，「你愛得毫不值得！」

　　然而花蛇並沒有聽完女娲這兩句話語，僅僅聽完第一句，那話語便像「喀嚓」一聲清脆的晴空霹靂，把她擊得精神頓然崩潰身子隨即癱倒在了地上，一陣昏死了過去。

　　這打擊對於花蛇來說當然是太沉重了，她對鷟鳥正愛得刻骨銘心呀！而正在這時鷟鳥被女娲誅殺了，所以女娲誅殺鷟鳥的劍真個不是

刺在了鷥鳥的身上，而是深重地刺在了她花蛇的心上。她承受不住這巨大的打擊，整個身心都隨著鷥鳥的被誅崩潰了。

女媧眼見花蛇昏倒在地，心疼地立即俯身搖喚著她。魑魅在旁看見，也忙俯身幫助女媧搖喚昏倒的花蛇。她神魔兩個一陣高聲喊叫和不止地搖晃花蛇，才把花蛇從昏迷中搖喊醒來。花蛇醒來看到女媧與魑魅正伏在她的身邊，忙惱恨地出手推開女媧二神魔，隨著一陣放聲嚎啕大哭起來。

女媧見之勸說多時講理再三，硬是勸止不住。無奈女媧只好指命魑魅將花蛇攜至丘下河邊，任她放聲嚎啕，以泄心中之痛。魑魅將花蛇攜到河邊，花蛇更是嚎啕不止。她心中太愛鷥鳥了，她覺得她自從愛上了鷥鳥，她的整個身心就屬於鷥鳥的了。如今鷥鳥被殺她就失去了歸屬，因而她哭，她心中太疼痛了。

對於心中的疼痛來說，嚎啕痛哭無疑是宣洩出來的最好辦法。花蛇因而越是嚎啕大哭，心中的疼痛便遺下越少。隨著心中疼痛的減少，其嚎啕的哭聲便逐漸降調。魑魅在旁，對花蛇的哭聲變化感受最為真切。她聽到，花蛇第一天嚎啕大哭不止，第二天變成了中調嚶嚶細啼，第三天則變成了咽咽啜泣，第四天便止住了哭聲。

這是因為，花蛇哭了三天不僅哭出了心中的疼痛，而且也哭明白了鷥鳥已死，哭也無用的道理。同時也明白了那鷥鳥果真食人，自己作孽當然該死。第四天她停下哭泣，坐在河邊靜下心來，心想起了鷥鳥被殺的原委。

心想再三，花蛇想到鷥鳥的突然被殺一定與旱魃二魔有關，便對旱魃二魔仇恨萬分。同時具體誅殺說是女媧，說不定還有樸父所為，便也對他二神仇恨萬分。但是仇恨歸仇恨，眼前報仇也不可能。無奈中花蛇只有暗下決心，隱忍待機，定為鷥鳥報雪此仇，以慰自己心中

227

之愛。

魑魅攜走痛哭的花蛇之後，宛丘之巔便餘下了女媧、樸父和旱魃三個，立刻平靜下來。值此平靜之境，旱魃這才尋得時機向樸父老神詢長問短。聽了老神回答臨凡原由及其剛才經歷，方知樸父此來宛丘已被女媧封做凡間之王。聞知樸父已為凡間之王，旱魃心中不由得掠過一絲不快。

雖然旱魃還有自知之明，胸無奪做凡王之心，但也不可完全排除其有做王之意。因而他心中掠過的那絲不快之意，無疑是嫉妒之意。嫉妒也罷，不快也好，旱魃心中總的還是快意十分。因而一陣談說過後，他三神魔又都平靜下來。

「我還需要去忙造人造畜，因而不能陪伴你倆，」女媧目睹此景，立刻對他二神魔開口道，「這樣吧，你二位一起四處巡看去吧。若遇人獸相鬥之事，就讓虎王懲治之，有什麼事也好告知於我。」

「謹遵娘娘聖命！」樸父與旱魃二神魔正無事可做，便即答應一聲，相伴離開宛丘去了。

送走了樸父神魔，女媧立即下丘來到河邊，又撿起青藤甩泥造起人來。她邊甩邊想今日遇見樸父之巧，心中禁不住高興十分。因為樸父的到來，使她終於尋見了最為合適的凡間之王。樸父可以代她管好凡界之事，使她空出時間專心造人造畜。

這樣女媧再造一段時日人畜，待到凡人能更多地充斥大地，畜能更多地滿足凡人和獸類的生活需要，使得人獸之間不再發生互相捕食，她就可以把下界交給樸父凡王，自己返回天界不再過問下界之事了。因而，她越思越想心中越加高興。

女媧如此心中高興造人造畜更加用力，轉眼已是數日過去。這時，眼見鷙鳥被誅樸父封王的那群凡人，已將這兩條喜訊傳遍了下界

大地。使得凡界各處的凡人，全都歡叫跳躍歡慶起來。身在中原大地
宛丘近處的眾凡人，聽聞此訊心喜不能自抑，全都歡叫跳躍著向宛丘
擁來。聚在宛丘周圍和黃河岸邊，日夜叫跳歡慶不止，日復一日。

　　女媧眼見眾凡人心情興奮，心中當然為他們高興萬分。但是連日
來她卻看到，眾凡人雖然全都心喜若狂，卻在宣洩狂喜情緒之時，除
了叫跳的單調重複聲音和動作，則不見有別的法兒。

　　為此女媧看在眼裡急上心頭，使得她不由得停下了手中正甩的青
藤，心中想到在天界慶典之時，種種樂器和鳴奏出的悅耳神樂，給慶
典增添著無盡的歡慶氣氛，和講說不出的隆盛之情。由此，使她立即
對自己責怪起來道：「你為什麼不給孩子們也造出一種樂器，以奏出
美妙的樂曲，增添孩子們的歡慶氣氛呢！」

　　女媧如此責怪罷自己，便接著心想起了給孩子們製造何種樂器的
事情。女媧在天界貴為帝王御女，從未管過製造什物之類的事情。因
而對音樂只是聽聞欣賞，從不過問樂器如何製造。為此這時心想去為
孩子們製造樂器，便使她一時間不論如何，都具體想不起某一種樂器
的結構形狀來。

　　想不起來也要製造，女媧於是來到一片竹林跟前，邊想像著天界
某種樂器的大致輪廓，邊採來竹子排列製造起了樂器。她採來粗細不
同的竹子排啊列呀，這樣排過那樣再排，那樣列過這樣去列，並且邊
作排列邊去試著吹奏樂音。

　　由此經過半個時辰的排列創制，女媧果真使用竹子製造出了一種
能夠奏出和諧樂音的樂器。這樂器由於和女媧想像中的天界樂器笙簧
模樣相似，她便給這樂器取了個名字叫「笙簧」。

　　女媧既然製造出了第一個笙簧，便接著照著這笙簧的樣子，陸續
製造出了數十個笙簧。造出了數十個笙簧之後，女媧便叫來與笙簧數

目相同的凡人各持一個笙簧，由她親自教習起了吹奏之法。

笙簧吹奏技巧簡單，女媧教過一個時辰，那數十個孩子便全都學會了吹奏。在女媧的引領下，吹奏起了雖然比不上神樂美妙的凡間樂曲。女媧聽著這樂曲喜在心頭，眾凡人聽著這樂曲當然更是心喜萬分。笙簧奏出的樂曲聲響漂蕩在宛丘之巔黃河岸畔，使得正在叫跳歡慶的眾凡人更是狂喜歡騰，歡慶氣氛更加濃烈起來。

女媧目睹此景，心中更加欣喜。因為她太愛她的凡人孩子了，她也太想為孩子們多做一些事情，使孩子們多一份歡樂和幸福了！為此她這時造出了笙簧，給孩子們增添了一份歡樂和幸福，她當然高興萬分。女媧如此心中高興，便即遣學會吹奏笙簧的眾孩兒分散開去，以到別處給歡慶的孩子們送去笙簧添加歡樂。

在這批凡人各執笙簧去後，女媧又晝夜不停地製造出一批批笙簧，並讓花蛇和魑魅也來幫她製造。然後把造好的笙簧全都立刻送給孩子們，以讓他們把笙簧帶到遠處眾凡人之中，增添那裏的歡樂氣氛。

女媧如此連造數日製造出了眾多的笙簧，並由眾多的孩子把它們帶到了遠處，使得眾凡人在歡慶誅除鷙鳥和樸父封王之外，又為笙簧的誕生增添了無盡的歡樂。只見他們全都伴著笙簧奏出的美妙樂曲叫啊唱啊跳呀，白晝複白晝，黑夜複黑夜，連續數日而不息，使得歡慶氣氛濃烈到了極點。

然而，就在這眾凡人歡慶氣氛濃達極點的一個上午，人們正在各處吹奏笙簧，起舞歌唱，盡情歡慶之時，腳下的大地卻陡然間「轟隆隆」發出著巨響，隨著劇烈地晃動起來。頭頂的藍天也隨著大地的晃動劇烈顛晃起來。這大地和藍天的晃動，起始還不劇烈。隨著晃動時間的推移，卻晃動逐漸加劇，直晃得人們站腳不住，頭暈腦迷，不少人都摔倒在了地上。

再後來晃動更加劇烈，劇烈到了山石崩塌，地殼開裂，沙水從地殼的裂縫中噴湧上了地面，噴上地面的泥水匯成江河，在大地上四處漫溢起來。隨著沙水的漫溢，溝壑灌滿了沙水，沙水淹沒了窪地，人獸全都向沒有崩塌的山丘上奔湧而來。一時間真個是地吼水叫，人喊獸嗥，狂風蕩沙，烏雲四起，洪水狂作。剛才還是一片歡樂昇平氣氛的凡間大地上，頃刻亂成了一團。

人們驚怕了，距離宛丘遠處的人們，驚叫著儘量多地擁靠在一起，以期躲過這無名的驟發災難。距離宛丘近處的人們，則都驚叫著向宛丘擁來，以求得女媧娘娘的祐護。

然而宛丘也沒有逃脫災難的發生，丘上仍像別的山丘一樣在劇烈地顛晃，晃得丘頂的沙石不斷向丘下崩落。丘北面的蒼茫黃河之水，也被顛晃得漫溢出了河床，淹沒了宛丘周圍的大地。使得不大的宛丘成了水中之丘，宛若漂浮在蒼茫大海中的一葉扁舟。

女媧引領著向她圍來求她祐護的孩子們逃水避上丘頂，全都匍匐在丘頂躲避大地的顛晃。眾孩兒圍在女媧身旁驚怕稍消，但仍是驚怕不已地詢問女媧，這是發生了什麼事情？女媧面對眼前的地晃天搖，一時間也不知道是何原因造成。只是猜想天地或因盤古大神開闢不久，沒有全部生長牢固所致。所以她也只能口中唯唯，而無法具體作答。

就這樣，女媧和眾凡人面對劇烈的地晃天搖，只能無奈地挨受著，心中則陷入了迷茫和猜度不透之中。而天地的如此驟然晃動，並非如女媧所想，因為天地剛被盤古大神開闢不久，還未生長牢固造成，也並非上天神靈所為，而是中原神王神鼇作亂所致。

神鼇本來就是一位狡詐狠毒之神，她不僅在天界時便與鷲鳥有愛戀之情，到下界後又生出了爭做凡王之心。她曾經想到，女媧娘娘既

然敕封自己為中原神王，女媧地居宛丘又坐落在中原地界之上，這無疑便是女媧娘娘對自己的信任。由此出發她便進一步推斷，女媧娘娘說不定懷有未來賞封自己做凡間之王之心。

據此推斷她便躊躇滿志，仿佛凡間王位已經成了她的一樣。與此同時，她還分析過凡界神魔情勢，認為自己除了自己之力之外，還有鷥鳥這個誠心的好幫手。她二神合力，是任憑凡界神魔誰個也對付不得的。所以她認為自己上有女媧的信任，下有鷥鳥的同心，凡王之位必歸自己而無疑。

因此為了爭做凡間之王，過去她一直誠心擁戴女媧，以期進一步換取女媧對自己的信任。對於與黑龍眾神魔的結盟，她只是為了借助別個之手，以早些除去將來可能與自己爭奪凡王之位的對手，完全是出於她的狡詐之心。

然而就在她正在嵩嶽之上由黑龍陪伴著，坐等鷥鳥送來音信並坐思凡王好夢之時，想不到事生陡變，突然傳來了鷥鳥被誅，樸父封王，普天之下凡人共歡慶的消息。這一對她實為惡訊的消息傳來，神鼇真個是頓如頂遭雷擊癱倒在了地上。

好在黑龍這時在其身旁，見此情狀急忙搖動喊叫，許久方纔將其喊醒過來。氣惱的神鼇醒來一睜開眼睛，便咬牙切齒發誓道：「女媧，我神鼇誓與你不共戴天！」隨著，便失聲痛哭起了她摯愛的鷥鳥。

黑龍在旁目睹神鼇此狀聞聽此言，心中真個是有著說不出口的數重滋味。他高興，高興女媧誅殺了鷥鳥，既為自己除去了與之爭奪凡王之位的一方，又削去了神鼇藉以與之聯手挾制自己之力，並沉重地打擊了氣焰囂張的神鼇。但是他也氣惱，氣惱女媧不該封老神樸父做凡間之王，而該封他黑龍做凡間之王，因為她是愛著他的。

為此他又生出了對神鼇的一絲同情，覺得自己有著像神鼇一樣的

可憐！遂決計與神龜聯手共與女媧為敵，以再爭凡王之位。但隨著，他又冷靜地分析目前凡界的形勢，樂觀地推想，女媧封賞樸父老神為凡間之王，決不會是其本意。說不定是借助樸父老神之階，將自己推上凡間之王的寶座。因為樸父年已老邁壽限難長，同時女媧在深深地愛著自己，她怎能會將凡王之位讓給別個去做呢！

想到這裏，黑龍又禁不住心中高興起來。同時又想到，如果真如自己所想，自己再與神龜繼續待在一起，只能害多利少。因為神龜說不定會為女媧誅殺鷥鳥鬧起事來，到那時自己若是仍與神龜待在一處，就不僅會得罪女媧，說不定還會惹下殺身之禍，從而失掉凡王之位。為此他不敢再去作傻在嵩嶽停留，而立刻壓抑住心中的高興和氣惱勸慰神龜一番，然後便告辭神龜飛回冀州轄地而去。

神龜痛哭之中茫然送走了黑龍，眼望黑龍遠去的背影心中倍覺疼痛萬分。她心中當然疼痛，她正在心疼自己愛得刻骨銘心的鷥鳥身遭誅殺，而原與自己結盟起誓的黑龍又在她如此沉痛需要幫扶之時匆匆離開自己而去。頃刻間把她從火熱的氛圍之中一下子摔進了孤寂的冰窟，她實在是承受不住了！她感到了失去親者的劇疼，也從黑龍的離去中感受到了凡間世態的炎涼。使她更加悲苦到了極點，禁不住重又放聲嚎啕大哭起來。

神龜如此整整嚎啕大哭過去數日，方纔從劇疼中冷靜下來，念起了對女媧的仇恨，思謀起了報仇雪恨之法。她想前去誅殺女媧，但又怕自己一神力孤反受其害。她想前去求助於黑龍，但她從黑龍前日離去的場景中，已經感覺到了求助的無望。為此她思來想去無可奈何，末了無奈中只有決計施用法術，鬧它個凡間世界天翻地覆。

神龜昔日乃為萬年母龜化育成神，被玉皇大帝敕令為背負天宮的馱神。神龜背負天宮責任重大，數百年不敢大意唯恐出現稍微差錯。

但後來她真心愛上了鶖鳥，一次看見鶖鳥遠遠地向她走來，她便急不可耐地頓然心動血湧起來。這心動血湧使她渾身衝動，一時間忘記了背負天宮的重任，渾身一陣悸動，已將偌大天宮顛晃得搖動不止，並把正在靈霄寶殿坐朝的玉皇大帝也晃落下了御座跌倒在了地上。

玉皇大帝為此震怒，即把她撤去馱神之職，貶至咸池為仙妃守路。神鼇這時無計殺害女媧報雪鶖鳥之仇，便想起了自己既有晃動天宮之能，就一定有晃動凡間天地之功。為此她決計施此法術，把凡界鬧它個天翻地覆。

思謀既定，神鼇便即潛入地底深處，先將大地馱負在了背上，隨著奮力縱躍其身，頃刻間便使得整個凡間大地在其背上劇烈晃動起來。神鼇為報其仇在地下奮力晃啊晃呀，她要把大地表面全都晃塌，晃它個翻覆，晃它個水覆遍地，把女媧的孩子們全部淹死，使得女媧在凡界無處存身！

她也要把覆蓋大地的高高藍天晃塌，要把日月星辰全都晃落下來，使大地上失去光明溫熱，把大地上女媧的孩子們消滅淨盡！神鼇就這樣在大地深處氣惱不息地晃啊晃呀，越晃心中越惱，越晃越加用力，便晃出了地面上越來越加劇烈的地晃天搖，山崩水嘯的可怕場景。

十九、女媧除孽

　　神鼇惡神如此潛在地下憤怒不息地搖撼著大地和高天，女媧娘娘則引領圍來求她祐護的眾凡人躲在丘頂，在對天地晃動的迷茫和猜度不透中煎熬過去多時。此間只見地晃天搖更烈，山崩水嘯更激。無數座高山被晃塌成了平地，無邊的密林被晃陷進了地地陷之，漫溢的江河湖水淹沒了無邊的大地。而且更有地陷水落和地裂水噴發出的嘯叫聲響，伴隨著天上飛奔的雲雨和「隆隆」的驚雷。使得整個大地仿佛真個就要在晃動中陷落，高天就要在晃動中崩塌下來似的。

　　目睹此景，站在丘頂對此陷人迷茫和猜度不透的女媧娘娘，擔心地晃天搖如此不息後無竟時，繼續如此晃搖下去天塌地陷，自己辛苦創造的凡人就要迎來末日，不由得心焦萬分，急如熱鍋上的螞蟻。擔心之時，她心中迷茫，禁不住思想起了是誰在如此不息地晃搖天地？

　　她初時心想，這天地晃動可能是因為它們剛剛被盤古大神開闢不久，還未生長牢固所致。但隨後她見到天地愈晃愈烈之狀，才覺得這晃搖不是因為它們生長不夠牢固所致，而是另有緣由。但是誰如此劇烈地搖撼天地呢？她想到撼搖天地者一定不是一般神魔所為，說不定是玉皇帝父震怒下來，搖晃天地使得地陷天塌，懲戒凡界得罪於他者。但她隨著又想到凡界有誰得罪了玉皇帝父？有什麼事會使玉皇帝

父震怒至此呢？

　　女媧為此接著想到，是否是因為自己創造的凡人，吃食了玉皇帝父牧下的群獸，群獸上告天廷所致。但她轉而又想到，這可能只是其中的一個原因。這個原因在她看來，又絕對不會使玉皇帝父震怒至此。女媧否定了這一原因又心想別個原因，接著想到是否因為自己誅殺了鷙鳥，玉皇帝父聞知震怒，晃搖天地懲戒於自己？

　　但她又想到，玉皇帝父決不會因為一個鷙鳥罪神之死這樣為難自己，所以這也只能是其中的一個原因。否定了這第二個原因，女媧又想起了第三個原因，想到是否因為玉皇帝父責怪自己久駐下界不歸，為此震怒搖晃天地，以搖得地陷天塌妙景盡無，斷絕自己留駐下界之心，促其返回天界？

　　心想至此，她覺得這一原因既有可能也無可能。因為若是為此，玉皇帝父定會再派天神，前來讓自己返回天界。如果那時自己違旨不歸，帝父方會震怒至此。而今天界沒有音信，帝父是不會震怒至此施此酷法的。但她也覺得，這是一個不能完全排除的最重要原因。

　　因為玉皇帝父已派花蛇來了，而至今不僅自己未歸，並且連花蛇也留了下來，並且沒有捎回點滴資訊。若是為此原因惹得玉皇帝父震怒至此，她就太對不起自己創造的孩子們，對不起下界造化之奇和神魔諸王了！

　　女媧想這裏，心中真個是痛苦到了極點，也對玉皇帝父頓然生出了無盡的怨恨！她恨玉皇帝父不該如此不通消息，突然施此酷法懲治自己。但她也後悔自己留駐下界至今多時，由於只顧忙於造人造畜和睦人獸關係，竟然沒有向天界通報一次音信，若是玉皇帝父為此震怒也不是沒有緣由。

　　若是玉皇帝父為此緣由震怒至此毀了凡間天地，斷了自己孩兒

們的生路，自己就太負罪於凡界生靈了。為此她心中痛苦到了極點，也後悔到了極點，決計立即返回天界去見玉皇帝父，以與帝父講清緣由。有過自己承擔，為凡間生靈留條生路。

女媧為此欲要離去了，但她看視一眼圍在宛丘之上她周圍驚怕至極的孩子們，又看望一眼劇烈晃動不止的大地和搖盪不息欲要崩塌下來的高天，天崩地陷水漫風吼雨傾的狂惡景象，又不由得使她頓然心中生出了猶豫！她覺得她不能在此危難險惡之時，離開自己的驚怕至極的孩子們！如果孩子們在此險惡之時再失去了自己的祐護，他們心中該是又增加多少驚怕呀！

女媧就這樣不去不成欲去又不能地猶豫著，隨後又在險惡萬端的環境中煎熬過去多時，眼見地晃天搖之景不僅仍不停息，反而更加劇烈十分起來。目睹此景，女媧覺得自己實在再也不能猶豫下去了！俗話說捨不了孩子打不了狼。自己欲要救護孩子們，眼前就必須立刻離開孩子們，到天界去找玉皇帝父讓他停下這懲治的酷法，自己的孩子們才有活命，才能保得凡界的生靈不死！

事情至此，女媧便不再猶豫。只見她立刻向身邊的花蛇和魑魅二神魔說明緣由作出安排，讓她倆設法祐護自己的孩子們。自己便欲騰起雲頭，離開宛丘向天界飛去。然而就在女媧如此欲去未去之時，卻聽身後陡然傳來一聲喊叫道：「娘娘慢行！」止住了她欲去的腳步。

女媧聞聲知是樸父老神趕了回來，忙止步扭頭循聲看視。果然見是樸父與旱魃一道返了回來，開口向她稟報道：「娘娘，老神已經查明，這晃地搖天的作亂者不是別個，正是被娘娘封做中原之王的神鼇惡神！」

「啊！竟會是她？」女媧聽了樸父此言，立刻被驚得叫出聲來，忘記過去道，「我待孽神不薄，她為何如此作亂於我！她哪裏來的這

麼大的法術？」

「娘娘難道忘了神鼇早在天界獲罪，即是因為與鶯鳥之愛。而今娘娘誅殺了鶯鳥，她豈能不與娘娘生出不共戴天之仇！」旱魃聽到女媧此問，不待樸父開口即答道，「至於其所使如此法術，乃正是其昔日修煉之術。若無此術，她獲罪之前豈能登上天宮馱神之位！」

旱魃這時還是老實的。本來他這時可以再狀告黑龍連橫眾神魔爭做凡王之事，並進一步將魑魅之死歸罪於黑龍三神，從此洗淨自身。但他唯恐誣言傷己，未敢言說。

「剛才娘娘只顧心中著急，怎麼把這一切全都忘得一乾二淨，只顧心想此法乃是玉皇帝父所為，以懲治於我久駐下界不歸呢！」旱魃誠實不敢言說誣言，女媧聽到旱魃言說至此，方纔「喔」一聲明白過來道，「我鑽牛角尖了，這就對了，這就好辦了。走，我們剿除神鼇惡神去！」

女媧如此說著，叫來花蛇與魑魅二神魔，氣惱地就要立刻率領樸父四神魔，前去剿殺神鼇。然而就在這時，樸父老神又一語止住了欲去的女媧道：「娘娘且慢！剛才老神與旱魃查知此惡之後，便欲誅除此惡。」

「那你們為什麼沒有前去？」女媧這時仍是只顧著急，打斷樸父之言道，「又返了回來做何？」

「老神無奈此惡潛身地底，」樸父接著講說道，「並且隨意在地底遨遊。」

「噢，有這等事體！」女媧心中一愣道，「不是傳言，玉皇帝父讓他們下凡時，廢去了他們的神功嗎？此惡此功竟然沒被廢去！」

「是的，但是沒有全廢。此惡此功就沒有被廢掉，」樸父這時講說道，「為此我倆有眼難見其在何處，加之身無潛地之能，因而一時

誅除不得，方來稟報娘娘！」

「是呀！若如此說，可就是一件難事了！」女媧也是眼無透地之力，身無潛地之能，因而聽了樸父此言，也是頓陷無可奈何道。

「為此，娘娘前去誅除此惡，去往何處呢？」樸父無奈道。

旱魃這時正在亢奮至極之境，因為女媧誅除鷟鳥解去了他與魖魅之厄，今又因為鷟鳥受誅激出神黿此變，引得女媧必殺神黿而不可。殺了神黿他與魖魅就不僅更加安全，而且他也從眾神王接連被誅殺中，隱隱看到了自己將來爭做凡間之王的有望。

雖然如今樸父身為凡王，但他年已老邁，天知道他能再活幾時。他一歸去，自己再像先前說動女媧滅淨爭王的神魔，不就可做凡間之王了嘛！因而他在旁聽了女媧剛才之言，忙給女媧火上澆油道：「娘娘，如果我等不快快設法誅除神黿，她就會鬧個天塌地陷，送來凡人的末日呀！」

「娘娘，你快想想辦法，」剛剛圍上前來的魖魅心領旱魃之意，也隨著接言道：「做出定奪吧！」

「好，我想起辦法來了。幽燕王燭陰不僅身有蟄潛厚地之能，」女媧沒有立即回答旱魃二魔之言，她陷入沉思心想起了誅除神黿之法，心想許久，她突然蹙眉舒展道，「而且眼有洞穿九重幽暗之力。即召他來與我等一起誅滅神黿，定可成功！」

樸父聽到女媧此言，即刻叫好道：「好，是個妙法！」

魖魅心中更喜道：「對，快召燭陰大神前來！」

女媧眼見眾神魔全都贊同，便立即開言道：「誰個願去傳召燭陰？」

對燭陰一頭熱的魖魅早已求不得見到燭陰，聽了女媧此言立即搶先道：「小魔願往！」

然而魖魅之言還未落音，更沒有等到女媧對魖魅之言做出應答，

就聽到從丘北傳來了黑龍急火火的叫聲道：「娘娘，大事不，不好了！」

「著急什麼！」女媧正在氣惱急火之時，又聽黑龍如此急火火地言說不明，心中更為氣惱道，「有什麼大事不好，說清楚嘛！」

黑龍一路逃奔得上氣不接下氣才逃到這裏，剛才不僅心急而且口中接不上氣，加之心中驚怕不已，所以言說難以明瞭。這時聽了女媧之言，已是稍作喘息，氣已出勻，便立即開口回答道：「娘娘，幽燕王燭陰攻我冀州去了。我抵擋不住，險些被他殺死。好不容易才逃出一條活命，來到這裏！」

「啊！」女媧不聞黑龍此言還罷，陡聞黑龍此言，頓時驚怔在了那裏。對於女媧來說，這時的凡界實在是成了一鍋煮沸的稀粥，一波未平一波又起，使她應接不暇對付不得起來。她原先實在想像不到，小小的凡間世界竟會如此繁雜，事情會如此棘手，使她為難到了如此地步！為此，她被這繁雜棘手的凡界一時間氣呆在了那裏。

樸父眾神魔聽了黑龍之言，則立刻各個心中生出異想。樸父陡然生怒，惱恨燭陰不該這樣給女媧娘娘火上澆油，添亂凡間之事。發誓定除燭陰，以平凡界之亂！花蛇雖然也心中先生樸父般的氣惱，立誓誅除燭陰。但隨著，她心中又不由得冒出了興災樂禍之想。

她心想，叫你女媧誅殺鷥鳥呀，你引出了如此之亂就好了吧！殺吧，鬧吧，亂吧，越殺越鬧越亂越好。就得叫你女媧收拾不了，就得好好叫你嘗嘗誅殺我的鷥鳥的報應！與此同時，她也更恨起了女媧和旱魃二魔，決計乘此亂時伺機誅殺女媧和旱魃二魔，為鷥鳥報雪遭誅之仇！

旱魃二魔聽了此報，則禁不住心喜萬分。因為這樣以來，他們的三個敵手除了鷥鳥已被誅除，神龜和黑龍也都陷入了身有遭誅之厄的險境。他們對手的敵手已不是他們二魔，而成了除他二魔之外的凡界

眾神魔。今後即使他二魔不再出手，神鼇與黑龍也對付不得了！

與此同時，旱魃還進一步從這激變的情勢中，看到了自己漸大漸明的將來爭做凡間之王的希望。魑魅則看到自己心愛的燭陰，終於開始與他二魔聯手對敵了。這初步聯手的發展，必將把他們牢牢地聯結在一起，促成自己與燭陰愛情關係的實現！

但在高興之餘，旱魃二魔也都深深嫉恨黑龍的到來。因為他們恨不得燭陰立刻誅殺黑龍，以雪他二魔前日被追之仇！黑龍這時逃來宛丘則斷了燭陰下手之機，他倆當然嫉恨難消。與此同時，他倆當然也深知他倆與黑龍之間難解的冤仇，而在一隻籠子之中，是養不得昔日為仇的兩方小鳥的。

加之他倆猜度不透女媧究竟是信任他倆勝過黑龍，還是信任黑龍勝過他倆。為此深為擔心，如果女媧信任黑龍勝過信任他二魔，黑龍對女媧盡述前日聯攻燭陰為魑魅所破，後來他二魔又誅殺了魍魎，無奈中又狀告鷔鳥，使得鷔鳥遭受了殺身之禍，從而引來了今日凡界之亂。那就會將下界今日所有的禍亂，都歸罪到他二魔身上，他二魔就將身無活路了！

為此，他二魔擔心著，戒備著。但一時間也無從向女媧講說陷害黑龍，同時值此女媧被下界之亂，鬧得焦頭爛額心煩意亂之時，也不是時機。

黑龍這時到宛丘逃命也是出於無奈，因為他本來就對鷔鳥身遭女媧誅殺既喜又憂的。喜的是女媧為他除去了一個爭做凡王的對手，削去了神鼇藉以挾持自己的勢力。但鷔鳥畢竟是他三神聯盟中共鬥旱魃二魔和燭陰的先鋒大將。如今聯盟之功未立便先損大將鷔鳥，且其又為女媧娘娘親誅。他只知道鷔鳥是為食人被殺，但天知道女媧娘娘是否心有它想呢？

　　因此，黑龍擔心自己被女媧娘娘歸入鷙鳥一類，斷送掉自己爭王的前景。在此之外，黑龍對女媧在誅殺鷙鳥之時，又封樸父做了凡王惱恨十分，深悔自己對女媧空付了那段假戲真做的情愛。決心與神鱉聯手共與女媧為敵，以去爭奪凡王之位。

　　但他又擔心自己與神鱉待在一起，身受株連罹致殺身之禍，遂返回冀州恒山靜觀凡界之亂，以伺時機再下手爭奪凡王之位。但不料他正在恒山靜觀神鱉大亂天下，心想如何坐收大亂之利以奪凡王之位，做著美妙的凡王好夢之時，卻突見燭陰從北方殺了過來。

　　黑龍突見燭陰殺來，自知不是對手，雖然心中大驚，但逃已逃脫不掉，無奈只好壯起膽子，起身迎問燭陰道：「小神上次已與大神說過，大神如果心愛女媧娘娘，小神自當將她讓與大神。大神為何非殺小神不可？」

　　「這個你還問我，先問問你自己為何結盟眾神魔，欲要攻伐於我！」燭陰聽了更為氣惱，口中怒吼著，手中已出鐧打了過來。

　　黑龍自知自己前次聯盟眾神魔攻殺燭陰，雖然沒有見到燭陰，卻已是落得個偷雞不成反蝕一把米的後果。於是他知道既然燭陰已經盡知一切，這時自己再與燭陰講說也無談和的可能，無奈只好出錘相迎。就這樣他二神交起手來，頃刻間已打得不分你我。

　　打鬥之中，黑龍自知燭陰心懷必殺自己，既報起盟攻殺於他之仇又有吞其轄地之意，又知自己不是燭陰的對手，便不敢與其戀戰。無奈只有瞅準時機避過燭陰，逃奔宛丘向女媧求助而來。黑龍逃到宛丘，眼見女媧欲率眾神魔出討神鱉，忙一聲稟報止住了女媧眾神魔，匯入了女媧神魔隊伍之中。

　　黑龍雖然匯進了女媧神魔隊伍，但其目睹女媧神魔隊伍的陣勢，心中實在難說滋味。他對樸父老神嫉恨萬分，心中連連暗罵其為老不

死的老雜毛，咒其喪命，罵其不該恰在這時來到凡間並留駐凡間。他對旱魃二魔更為氣恨萬分，因為他忘不掉魍魅毀其聯盟之仇，忘不掉旱魃未去赴盟並助魍魅之恨。只是這時他舍此沒有它處可躲燭陰，方纔無奈在女媧面前不好發作，隱恨吞仇委身在了女媧神魔隊伍之中。

燭陰所以恰在這時出攻黑龍，是他蟄身燕山百丈地下，依據地面上發生的事情作出的定奪。他看到了黑龍聯盟眾神魔攻伐於他半途而廢，看到了黑龍四神魔攻殺魍魅為旱魃二魔所敗魍魅被殺，看到了黑龍三神追殺旱魃二魔，也看到了女媧與樸父二神誅殺鷟鳥，接著便看到了神黿為報鷟鳥被誅之仇施法晃地搖天之景。

看著看著，看到天地被神黿搖晃不息，女媧眾神魔欲要攻殺神黿而去，黑龍惡神僅僅一神孤立無助，呆坐在北嶽之上夢想好事，於是他認為誅除黑龍的時機已到。因為這時誅殺了黑龍，正可以收到神不知魔不曉之效，得罪不了女媧，隨之便蟄出地面誅殺黑龍而來。他誅殺黑龍一為除卻情敵，二為除卻爭奪凡王的對手，因而他殺到北嶽出手便必欲置黑龍於死地。

然而，燭陰還是輕看了黑龍，他心中想著自己誅殺一個黑龍，不過如老虎撲食一隻小雞，手到即可擒來。但不料黑龍心存狡詐，打鬥中出錘打得燭陰一個閃顫，立刻借機脫逃而去。燭陰開始還想黑龍逃走不了，隨後便追。但無奈黑龍死裡逃生奔走疾急，燭陰硬是一口氣追到宛丘北面，仍然沒有追趕得上。末了眼看著黑龍奔上了宛丘，才不禁口中連連悔叫道：「壞事，壞事！輕敵麻痹壞了我燭陰的大事！」

燭陰知道，黑龍這時去到宛丘，必會將自己誅殺於他之事，全都講給女媧知道。使得自己欲要秘密做下之事全被女媧知曉，女媧對自己必然生出仇恨。特別是黑龍又是女媧的熱戀情神，自己誅殺她的情神女媧對他豈會生出好意。為此，自己此後將無寧日哩！

　　然而，燭陰後悔也是無奈。無奈中他也不敢再向前去，追上宛丘到女媧面前誅殺黑龍，造成更大的仇恨壞其大事。於是他只好隱身宛丘附近隱蔽之處，以窺時機儘早誅殺黑龍，免得進一步壞其大事。

　　女媧剛才聽聞黑龍被燭陰攻殺之報，頓時氣得愣怔在那裏，許久方纔清醒過來，詢問樸父道：「大神，這可如何是好？」

　　「事有千件，只有一件一件地辦理，而且要抓住要事辦理。理有萬條，只能一條一條地梳理，而且要抓住總綱梳理，」樸父早已心思成熟下步舉動，聽了女媧此問立刻回答道，「如今神鼇與燭陰同時作亂，以老神之見誅除神鼇，止住天搖地晃為當務之急，待到地靜天清再誅燭陰不遲。不過還請娘娘定奪！」

　　「大神所言極是。我等所想調用燭陰誅除神鼇，此刻不僅調用不成，而且反要受到他的牽扯了！我等就暫不管他燭陰，先尋誅神鼇去！」女媧聽罷樸父此言，沉思片刻說著，即領樸父眾神魔飛離宛丘，四處尋誅神鼇而去。

　　女媧眾神魔飛東飛西飛南飛北，轉眼尋遍了凡間大地。但無奈神鼇潛藏於厚地之下，他們全無洞穿大地的眼力，因而尋找不到。欲要誅殺神鼇因為找尋不到便無處施力，女媧眾神魔這時便全都更加無可奈何起來。

　　女媧眾神魔雖然無奈，大地卻晃動得更加劇烈，高天搖動得更加欲墜起來。女媧目睹此景，心知顯然是神鼇眼見他們誅殺於她不成，更加得意忘形地在地下作起惡來。為此她真個是更加氣惱萬分，對樸父眾神魔禁不住吼叫起來道：「快，你們快想高招，不能立刻誅除此惡，心中惡氣怎消！」

　　但是不管女媧這時多麼氣惱，她自己尚且沒有良方，樸父眾神魔便也皆無良謀。末了，還是旱魃打破這無奈窘境試探道：「我們再去

尋尋，見到晃動最厲害的地方，想必就是神鼇潛身之地。看看近旁有否下潛巨洞，若有我們就殺進洞去，必可誅殺此惡！」

女媧眾神魔捨此別無它法，無奈只好按照旱魃之說，再次飛南飛北飛東飛西四處尋找起來。但儘管他們再度尋遍四方，找到了數處晃動劇烈之地，只是哪裏也尋找不見神鼇的下潛之洞，仍是無法攻殺神鼇。

「瞧著吧神鼇惡孽，你先不要得意忘形，我女媧不誅殺你誓不為神！」女媧眾神魔無法尋到神鼇，又眼見神鼇作亂更狂，晃動大地更烈高天更激，女媧更加氣惱口中吼叫著，心中則思謀起了下步誅殺神鼇之策。但她思來想去，轉眼時間過去多時，也仍然是不得任何妙法。

「娘娘，小神身為小蛇，也有蟄地之能，只是能小力弱同時看視不遠，」不得妙方女媧更為焦愁，卻聽花蛇這時開口道，「但為解娘娘焦愁，願意蟄地尋找神鼇一試！」

「噢，對了！你身為蛇身，黑龍則為龍體，」女媧聽了花蛇此言，頓然心中一明道，「你龍蛇兩個皆有蟄地之能。娘娘就派你們兩個，蟄地尋找神鼇如何？」

女媧如此一言，真個是驚煞了在旁的黑龍。因為，黑龍當然早已想到了自己身懷此能，但他知道自己的蟄地之能不僅遠不如神鼇，而且更遠遜於燭陰。自己不僅下蟄速度緩慢，而且像花蛇一樣看視不遠。因而自己若是蟄到地下，十分功力便僅剩下了三分，同時又成了孤身一個。那樣若是碰上神鼇就會鬥她不過，便有殺身之險。而且若是再為燭陰所乘，更無活命之理！為此聽到此言，他便即由地上英雄變成了地下草雞，心中驚怕不已。

同時他想到，自己與神鼇更多的則是同心，而不是冤仇。女媧別個神魔都對神鼇無奈，自己便沒有必要前去尋殺得罪於她。為此他

不僅自己不敢講說身懷蟄地之能，而且更怕別個講說出了自己不去不成！不料正在這時突聞花蛇開口說出，又被女媧肯定並講到了自己，他心中當然大為吃驚。

「娘娘，這可不成！我與花蛇兩個雖為龍蛇，身上都懷蟄地之能，但實如花蛇剛才所說，我倆之能遠遜於神鼉，」驚怕之中黑龍當然不敢怠慢，但見他急忙開口推諉道，「碰上神鼉尚且不是對手，若再被神功高強的燭陰所乘，我倆豈有活命！那就要尋誅神鼉不成，反斷去我倆的性命了。」

黑龍口出此言，實在是有悖於花蛇剛才言說的心機。花蛇心中則一直在想著，自己如何離開女媧誅殺神鼉的神魔隊伍。因為她想到神鼉作亂雖該誅殺，但她是為給鷲鳥報雪誅身之仇才作亂的。而她花蛇則是鷲鳥的戀神，鷲鳥被殺她本該為其報仇，但由於她與女媧的如此關係下手不得。

可如今神鼉下手為鷲鳥報仇，自己與神鼉昔日雖為情敵，而且受過神鼉之害，但她現在畢竟是在做著自己該做，而未做的為鷲鳥報仇之事。自己怎能再去對她心懷舊冤念記新恨，而不顧鷲鳥之仇而攻殺於她呢！若是那樣，九泉之下的鷲鳥豈能容忍自己！

因而她決計快速離開女媧誅殺神鼉隊伍，任憑這隊伍前去尋誅神鼉，自己則躲在一旁不助神鼉也不殺神鼉，以全自己對鷲鳥之情。正是出於此想，剛才她想出了藉口蟄地尋找神鼉之法，以脫離女媧神魔隊伍。故而開口講說出了那番言辭，引得了女媧高興的贊同之語，但卻嚇煞了驚怕的黑龍。

這時花蛇聽了黑龍之言，立即否定譏嘲道：「怎麼，大神堂堂一個男神，反不及我一個弱女子膽大不成？你不敢去，我去！」說著，就要蟄地而去。

　　黑龍實在不敢前去，他有他的哲學，即沒了性命就沒有了一切。只要保得活命不死，一時奪取不得凡王之位可以慢慢去奪。沒有了生命還去奪個屁，所以他認為活命高過一切！

　　「這怎能說成是膽大膽小的事兒，這是事實。不講事實，我們是會吃虧的！」但是這時當著眾神魔之面，黑龍被花蛇如此譏嘲，也不得不強撐其膽，拿出男神氣概道，「好，既然你去，我豈能後退，我也去！」言畢，黑龍只好與花蛇一道，無可奈何地告辭女媧眾神魔，雙雙蟄地尋找神鼇而去。

二十、花蛇助惡

　　黑龍與花蛇二神去過多時不見回音，真個是急壞了期盼他二神消息的女媧四神魔。女媧在焦急中心想再三，不由得後悔起來道：「說不定是我誅殺神鼇心切，派他二神蟄地尋找神鼇而去錯了！黑龍的擔心是對的，要麼他們怎麼遲遲不歸，又無音訊呢？」

　　「娘娘不必過分憂慮，」樸父聽了此言，立即開口勸慰道，「只想壞事不想好事，是會徒增憂慮的！」

　　「凡事都必須往壞處去想，往好處努力，方有成功的希望，」女媧對樸父之言，立即開口否定道：「不是我願意徒增憂慮只想壞事，而是黑龍二神蟄地之功弱下，遠不是神鼇和燭陰的對手，我們思慮後果需要實事求是。」

　　聽了女媧此言，樸父三神魔全都無言可答起來。對於女媧與樸父二神來說，黑龍與花蛇的久去不歸和音訊杳無，實在令他們心焦如焚。而對於旱魃與魑魅來說，其心境則就大不相同了。

　　黑龍對於旱魃來說，雙方不僅是互相爭鬥的敵手，而且也是搶做凡間之王的競爭對手。因而旱魃心中求不得讓神鼇或者燭陰立即誅殺黑龍。花蛇對於旱魃來說，則實在是使他心中矛盾太多了。當他想到自己數求不得其愛之恨，想到其對鷥鳥的摯誠，想到她對其與魑魅告

248

說鷙鳥食人之事的不容，就恨不得她此去必死。但當他又想到自己的情敵鷙鳥已死，下步自己再作追求，說不定就可得到其愛時，便又擔心花蛇此去身死，那是令他心疼難抑的。

而黑龍和花蛇對於魑魅來說，則是他們都死得越快越好。因為黑龍不僅是她的敵人，而且也是她的情侶燭陰的敵人和對手。所以她求不得讓黑龍此去，果如其說遇上燭陰，被燭陰誅殺而死。花蛇則對其與旱魃向女媧告稟鷙鳥食人心不能容，結下了必殺他二魔之仇，便時刻危機著他二魔的安危。因而她還是此去被殺，比活著回來的好！

由於心思不投，旱魃與魑魅在聽完剛才女媧與樸父的那番講說之後，看到他二神心焦如焚，便不願再與他二神待在一起。旱魃於是先向魑魅遞去一個眼色，隨後開口對女媧道：「娘娘，我等只知在這裏等盼二神送來消息，怎知他二神會不會在別處遇到危難？娘娘與樸父大神在此等待，小魔與魑魅到別處巡看一下如何？」

「如此甚好！你們快去快回，免我掛念。」女媧不知旱魃心懷他意，聽其講說也有道理，便當即應允下來道。旱魃二魔聞聽心喜，立即下丘向別處巡看而去。

他二魔轉眼來到女媧看視不到遠處，便立即停下正行的腳步一陣說笑起來。他們高興黑龍二神的不歸，他們巡看是假，避開女媧二神不再裝假焦急，能夠自由暢笑是真。因此他二魔停下腳步，盡情說笑起來。

「好呀！咱們的女媧娘娘在那邊心焦如焚，你二魔卻在這裏與娘娘大唱反調，」旱魃二魔如此說笑不止轉眼過去片刻時辰，他二魔越說心中越加高興言笑越多，就在這時卻突聞腳下大地深處，傳來一聲話語道，「狂語暢笑歡心不已。我非稟報娘娘，誅除你二魔不可！」

「啊，你是誰個？竟敢在此偷窺我等動靜！」旱魃二魔陡然一驚，

忙止住笑聲邊問邊循聲尋視言者身為誰個。但他們巡視一番，卻不見言者身影。如此不見此言出自誰個之口，他倆個禁不住更加驚怕十分。

「二位魔王不必驚怕，」然而就在這時，他二魔卻聽從面前近處，又驟然傳來一陣「嘎嘎」笑語道，「剛才大神我，只不過是與你二魔開個玩笑。」

旱魃二魔又聞此聲急忙循聲向前看視，只見言者非為別個，則是剛剛從地下露出一顆腦袋的燭陰。旱魃特別是魑魅不見燭陰還罷，這時得見燭陰真個是驚怕頓消，心喜萬分道：「我道是誰個目瞭地上一切，耳羅地上之音，原來果然是你法力廣大的燭陰大神。但不過您可真把我二魔嚇了一跳呀！」

「我喜歡在自家朋友面前幽默，不然何來如此逗趣！」不等魑魅說完，燭陰已經踏上地面，來到他二魔面前道。燭陰如此一語，頓把旱魃二魔全都說得一陣「嘎嘎」暢笑起來。

燭陰先前一直隱在宛丘近處，靜待黑龍單獨行動之時予以誅殺。但他不僅一直不見黑龍單獨離丘，卻見女媧引領樸父眾神魔，尋殺神鼇離丘而去，黑龍也在其隊伍之中。燭陰決計誅殺黑龍不願就此罷手離去，便尾隨女媧神魔隊伍之後，以期再伺時機。

但他追隨女媧神魔隊伍，轉遊數圈仍然不得下手時機，正在焦急惱火後悔自己剛才不該粗心大意之時，卻見黑龍與花蛇二神，蟄入地下尋殺神鼇而來。燭陰為此心中大喜，因為這樣就為他提供了最好的誅殺黑龍時機。

燭陰知道，事情正如黑龍自己所說，黑龍雖有蟄地之能，但其入地之後眼睛看視不遠，神功在地上就遠在自己之下，入地後更是折損七分。所以自己若在地下攔誅於他，他是任憑怎樣都逃脫不得的。同時，這時女媧娘娘又不知道自己追殺上來，在地下誅殺黑龍便可使眾

神魔皆不知曉。以後反說是神黿誅殺於他，豈不更可使熱戀黑龍的女媧非殺神黿而不可！

「神黿大神，你真助了我燭陰也！」高興至此，燭陰禁不住連連高叫道。隨著，他便立刻蟄身入地，從地下游走上前以攔誅黑龍而去。不料事情又不湊巧，黑龍蟄身之地恰與神黿潛身之處鄰近。神黿眼見黑龍蟄身入地而來，便立刻來到黑龍近處，等待黑龍近前以與其言說。

燭陰目睹此景，無奈只有停下遊走的腳步。他知道，黑龍這時雖然身在女媧所率尋殺神黿神魔隊伍之中，明為尋誅神黿一分子，但黑龍與神黿先前本為同心之徒，而且黑龍心中又懼怕神黿三分，心中實在距離神黿也不比距離女媧更遠。老謀深算的神黿這時所以等待黑龍近前，決不是去擊殺於他，說不定也正是她深知黑龍之心，以說動黑龍為其所用。

為此燭陰知道，自己如果這時上前攔誅黑龍，神黿定然不會袖手旁觀，說不定反會聯手攻殺自己。到那時自己不僅攔誅黑龍不成，說不定還會釀致更大的禍害，更失女媧之心壞其大事。心知至此，燭陰便停下遊走等在一旁靜觀事態之變，等待時機再予定奪。

事情發展果如燭陰所料，神黿待到黑龍近前，便一陣與黑龍講說起來，久久沒有分離。燭陰在旁等待多時不見下手時機心中正急，突見地面上旱魃二魔告辭女媧二神，一陣來到了自己西方遠處，兩個盡情說笑起來。目睹此景，燭陰心中立刻連轉數圈，狡點的心中便有了新的主意。

他想到，神黿與黑龍看來還要講說一陣，自己下手誅殺黑龍暫且也無時機，只有等到黑龍離去之時才能下手。另外黑龍在蟄地之前，也一定已把害怕自己誅殺於他之事告知了女媧。女媧摯愛著黑龍，所

以女媧一定心中仇恨自己，今後非殺自己而不可。所以事已至此，自己就應該抓住一切時機，盡力瓦解女媧的隊伍削弱其力量，以壯大自己！

同時他也深知，魍魎女魔一直在熱烈地愛著，並苦苦地追求著自己。同時他二魔也正在驚怕，如果女媧知道是他倆誅殺了魍魎，並又借著女媧之手誅除了鷟鳥，方纔引起了神鼇如此禍亂，定然不會寬容他倆。而且他倆也在擔心著黑龍到來，向女媧點破了他們之事，因而對黑龍心存萬分的敵意。這樣自己趁此時機上前，對他二魔曉以利害，他二魔必歸自己無疑。

想到這裏，燭陰便立刻拋開神鼇與黑龍二神，遊走到旱魃二魔腳下，遊說他二魔而來。燭陰來到旱魃二魔近前先唬後哄一陣言說，即逗得他二魔一陣「嘎嘎」大笑起來。狡詐的燭陰為達其目的，這時則不等他二魔笑聲落音，便用話語重錘敲打起來道：「你二魔只顧暢笑狂語，可知面臨的危機麼？」

燭陰如此一語，恰如重錘一下子敲在了旱魃二魔心頭，使他們頓然止住了笑聲，驚怕得全都說不出了話來。燭陰眼見自己一語中的，忙又趁機重敲道：「你二魔先是誅殺魍魎，又計誅鷟鳥，引起了神鼇如此禍亂凡界。這些現在都不為女媧所知，方纔保得你等二魔一時安寧。」

「大神……」魍魎聽到這裏方纔驚醒，開口欲要講說道。

「但你二魔不知黑龍為女媧正在熱戀之神，你二魔先前破掉黑龍神魔之盟，」燭陰這時不待其言，繼續向下講說道，「後又做出前述二事，全都是因為與黑龍為敵。」

「小魔如此，可全都是為了大神呀！」魍魎抓住此機，這時急套近乎道，「大神心知就好！」

「可是如今黑龍來到了女媧身邊，他早晚豈有不對女媧講說之理？若一講說，你二魔身在下界豈有立足之地！」燭陰為達其目的，繼續自己之想道，「你二魔面臨這般須臾即至的厄運，怎麼還有心思在此暢笑狂語，不去快快謀劃對付之策！」

旱魃二魔這時當然也正在為此焦愁，但他們還只是覺得，這些事情他二魔都做得天衣無縫巧妙至極，別個誰也不知只有他二魔知道。這時意想不到燭陰如同自己之心，寥寥數語即把他二魔心中機密，全都暴曬在了光天化日之下。真個是一番話語，嚇得他二魔全都不敢講說起來。

燭陰話語落音片刻不見二魔言說，心知自己之言已經奏效，將二魔說歸自己的目的即將達到，心中暗喜才又開口假裝關切道：「驚怕無用，必須快思良謀呀！」

旱魃特別是魑魅這時聽到燭陰口出如此關切之語，心中頓覺燭陰親近十分。他二魔從來沒與燭陰直接打過交道，特別是魑魅苦追燭陰而不得見，心中覺得燭陰生性古怪陰毒十分。所以料想不到他對她二魔關切若此，聞此關切之語雙雙受寵若驚，這時齊聲詢問燭陰道：「大神盡知我二魔處境，但請大神指點我二魔如何處之方好。」

燭陰聽了二魔此言心喜過望，因為他雖然對說動旱魃二魔心有把握，但實在意想不到說動他二魔如此輕易。為此他不敢把話說死，狡黠地故作推諉道：「這個，我只能目睹事體，謀略還需二位自作定奪。」

旱魃特別是魑魅聽到燭陰言辭推諉，心中害怕古怪的燭陰僅又言說至此離他二魔而去。因為剛才燭陰的那番言辭，仿佛已把他二魔推到了厄境的邊沿，使他們仿佛看到了黑龍已向女媧，盡數陳說了燭陰剛才所言之事，女媧、樸父、黑龍和花蛇四神，就要誅殺他二魔於死地。因而他二魔急切央求燭陰道：「大神，我二魔身處此境已是無計

253

可使。不知我二魔願意追隨大神，幫助大神登上做凡王高位，使我二魔脫出如此厄境，大神可願收留？」

旱魃如此言說，是出於對面臨厄境的驚怕和無奈。魑魅如此言說，除了有與旱魃相同的動機之外，還有著由此求得燭陰之愛，以與旱魃共助燭陰成為凡間之王，自己則成為凡王王后的夢想。因此他二魔這番言辭，全都說得話語真切，心意虔誠。

燭陰聽了旱魃二魔此言心中當然高興，但他心機狡詐唯恐自己一語說死，被他二魔識破心機，便又施展欲擒故縱之策道：「這個，是個突然的事情。我還沒有想過，讓我想想再說。」

燭陰口中如此說著，旱魃二魔見他仿佛陷入了沉思，但又仿佛沒有進入沉思而是心思飛向了別處。因為他不僅久久口不再言，而且眼神則向遠處深邃的地底射了過去。同時他那兩隻橄欖形眼睛也一眨不眨地久久盯在了那裏。

旱魃二魔看得正確，燭陰這時實在沒有陷入沉思，而且不僅是心思同時是整個心兒都飛向了遠處，即飛向了地底神鼇與黑龍講說之處。前時，燭陰誅殺黑龍一時下手沒有時機，所以前來遊說旱魃二魔。以等到神鼇與黑龍講說完了，黑龍離別之後再出手誅殺之。因而燭陰剛才與旱魃二魔雖在這邊講說，那邊他則在觀察著神鼇與黑龍的一舉一動。

剛才神鼇與黑龍一直在口中講說身子未動，這時燭陰則看到他二神不僅講說完了，而且一起從地底向地面女媧與樸父二神站處潛了過去。燭陰雖然不知他二神剛才講說些什麼，但從這時神鼇對黑龍親密相送的情景中，他預感到黑龍又與神鼇聯結在了一起。

黑龍與神鼇聯結在一起也罷，這是他燭陰預料中的事情。但使他氣惱的是神鼇不該去送黑龍，並一直伴在黑龍身邊寸步不離，再次使

他失去了誅殺黑龍的時機。為此，他只顧眼睛一眨不眨地盯視著那邊神鼇與黑龍的舉動，焦急等待著神鼇不再去送與黑龍分手，他立即前去誅除黑龍。而忘記了正在其面前，焦急等待著自己回答的旱魃二魔。

黑龍本為奉了女媧之命前來尋誅神鼇，這時所以又與神鼇親密起來，使得神鼇相伴為他送行，是因為神鼇原為老謀深算狡詐之神。她剛才雖見黑龍身奉女媧之命蟄地前來尋誅自己，但她知道黑龍除了有爭做凡間之王的野心，因而與自己昔日隱隱有隙之外，其他是沒有任何芥蒂的。而且就爭凡間王位來說，自己表面上也是一直在幫助著他，並沒有心存二志的絲毫流露。為此她見黑龍蟄地尋誅自己而來，便立即潛到黑龍近處等其到來，以說動其心讓其與自己結為同心。

神鼇這時心想鷲鳥已經身死，旱魃二魔又與他和黑龍為敵，燭陰因為上次神魔聯盟之事，也一定不會再幫助自己。同時從他攻殺黑龍的舉動上，已可看出他也與自己為敵。而且她這時又因報雪鷲鳥之仇，晃地搖天與女媧三神為敵。

由此使得凡間神魔除了黑龍，再加上或者自己能夠說動其心的花蛇，能夠與自己聯合對付女媧，及其他與自己為敵的神魔之外，別個自己是遊說不動的。加之她絲毫不知女媧與黑龍的戀愛關係，所以她出於這時自己的處境，決計說動黑龍與自己同心共抗女媧，故而靜待黑龍來到以期言說而來。

黑龍蟄地之後，自知自己已變為不堪一擊的草雞，心中更為驚怕。因為他在蟄地之前就已想到，自己不僅潛地之能低下而且神功也弱，如果碰上神鼇或者燭陰，自己都必死無疑。後來只因被心懷它想的花蛇將軍，方纔無奈蟄地而來。

但他蟄入地下之後越想越加驚怕，因為他知道，自己這時若是碰上了神鼇或者燭陰，他們一擊便可奪去自己的性命。為此他潛行在地

255

下，仿佛每時每刻都是他的末日，如同每行一步都是在踏上冥間奈何橋的橋面。然而由於他身負女媧之命，又不得不冒險蟄地尋誅神鼇。為此其心中仿佛在敲打著千百面驚怕的小鼓，用萬分也無法表達他心中驚怕的情緒。

但不管黑龍多麼驚怕，他還是無奈地慢慢向地下蟄來。他看到隨著他的下蟄，大地上層的土壤層在一層層地變幻著色彩，像千層餅一般向上退去。然後便是色彩不同的帶有褶皺的岩石層，一層層向上退去。再後他進入了水層，煤層。過去煤層，便被一層粘稠的烏油層攔住了下蟄的去路。

驚怕的黑龍沒有心思去欣賞如此地層之變，為尋神鼇他又驚怕地向攔路的烏油層潛蟄下去。但他不敢潛蟄向遠處，只想往女媧與樸父腳下深處潛蟄。然後在那裏等待一陣，便返回地面向女媧稟報沒有尋到神鼇。那樣若是碰上神鼇或者燭陰，自己由於距離地面上的女媧較近，就立刻潛上地面以保活命。

「黑龍大神！」驚怕的黑龍心懷此想剛剛蟄過烏油層，卻聽耳邊驟然傳來一聲喊叫道，「本神在此恭侯大神多時了！」

「啊！」這聲喊叫把黑龍嚇得身子陡地一跳，隨著立即止住下蟄，急返身就往上潛以企逃跑，口中還驚怕地忙問一聲道，「誰？」

然而他剛往地面潛行兩步，便見神鼇笑容可掬地攔在了他的面前，親切地對他言說道：「大神莫驚，是我神鼇喊你。」

黑龍被攔無奈，只好止住潛逃的腳步。心想自己是奉女媧之命尋誅神鼇而來，神鼇為此見他定會誅殺他無疑。為此他認為這時神鼇對他面帶笑容是假，騙說誅殺於他才為真實。但他心中又不解神鼇若是殺他，為什麼不即出手？因為那樣，自己就將受招斃命。不解之中，他當然也是不想率先出手去殺神鼇，那樣他不僅殺不死神鼇，而且還

會傷了和氣。為此他便開口直言探詢道：「大神要殺就殺，小神至此
皆因無奈。」

黑龍並不知道神鱉此來，並非懷有殺他之心，而是為了說動其
與她聯合。因而他只顧擔心神鱉誅殺於他，這樣為自己作以辯說，以
求得自己不被神鱉誅殺。同時他也僥倖自己率先碰上了神鱉而不是燭
陰，若是率先碰上了燭陰，自己恐怕就連如此作以辯說，存一線僥倖
不死的希望也是沒有的。這時他辯說完了，無奈只有焦急地等待著神
鱉對他的處置。

事情的進展當然大出黑龍預料，他看見神鱉聽罷其言，不僅笑容
不收而且更加笑容可掬，並隨著寬宏大度道：「別說了黑龍大神，我
一切全都知道。正因為這樣，我才不去誅殺於你！你知道，我在地下
若要殺你，那是易如反掌的！」

黑龍聽了神鱉此言，頓然又被驚怔在了那裏。因為他猜不透神鱉
為何口出此言，不殺前來誅殺於她的自己。但他心思也是不敢停滯，
急忙想到神鱉如果真如其言不殺自己，那不僅是自己的萬幸，同時出
於過往的情分，他還可以要求神鱉下一步保護自己，不被燭陰所害。
那樣神鱉若能答應，自己則就可以保得活命，前路有望了。

「若論小神之罪，實該誅殺不容！」黑龍想到這裏，為了實現其
保命之想，便即對神鱉講說道，「但大神寬容不殺小神，小神身獲滴
水之恩定當湧泉相報。小神為此決計，從此守在神王身邊共抗女媧，
誓扶神王做凡間之王不移！」

「不，不！不是我要大神扶我做凡間之王，」黑龍話音剛落，想
不到神鱉竟又「嘎嘎」大笑起來道，「而是我神鱉誓扶大神你做凡間
之王不移！」

「不，不。大神怎能可此言！」黑龍本就心地狡詐，這時他心思

257

轉動方纔明白了神黿如此拉攏自己之意，是要與自己結為同心去渡自己的難關，為此他立刻來了個順水推舟，以變應變道，「小神說的全是實言，堅心絕不更改。」

「不，不可如此。大神想啊，大神前時發起誅殺燭陰神魔之盟，為的就是與燭陰爭做凡間之王，小神知道了就全力支持大神，」神黿這時前志不改，為了實現其策略繼續道，「所以從昔日起至今，你我二神之間不僅沒有冤仇和異志，有的則皆是同心和互助。因此小神既不會誅殺大神，又當然更不會要大神扶助小神做凡間之王！」

「大神這就見外了！」黑龍這時繼續依照自己之想，順水推舟以變應變道，「你我既為同心，小神去幫大神去做凡間之王，豈不天經地義！大神就不要再言推辭了！」

「小神知道大神雖奉女媧之命，也是不會誅殺小神的。但小神身為女流之輩，又做什麼凡間之王呢！」神黿為了說動黑龍與自己結為一體，當然初衷不會更改，接著又言道，「咱在天界就沒有見過這樣的規矩，所以還是大神來做，小神來扶。大神就放心地做吧。」

黑龍本是假心假意，欲以扶助神黿做凡間之王之說，來換取其在地下保住自己不被其與燭陰誅殺。這時實在想像不到，神黿竟然來了個反扶自己去做凡間之王。他不瞭解神黿的真意，便不敢相信神黿所言的真假，唯恐神黿虛言試其心志，自己一語說錯身遭其害。為此他繼續連連推諉道：「不，不。天界沒有的規矩凡間可以有，現在凡界造化剛剛拉開序幕，百廢待興，我們可以興新規矩呀！」

神黿當然也並非真要扶助黑龍去做凡間之王，她所以如此講說，完全是為了說動其心使其歸屬自己，投其所好使用的收買之招。這時她眼見黑龍已被自己說動，心中卻絲毫不知黑龍與女媧的戀愛關係，由此決定著她不會說動黑龍誠心歸屬自己，而沒有狡詐過更為狡點的

黑龍。

神龜就這樣心中想著，自己追述一下昔日與鷿鳥結盟共誅燭陰之功，再加上自己不計較黑龍奉女媧之命前來誅殺自己之罪，和自己假做誠心扶其做凡間之王之舉，就可說動黑龍與自己結成同心，為鷿鳥報仇共誅女媧。為此她這時講說完了，便認為黑龍已與自己結成了同心，便對黑龍相信不疑起來。於是她聽了黑龍推諉之言，忙說道：「大神不必再行推諉，小神心志已堅，咱們還是快快商議下步動作的好！」

黑龍聽了神龜此言，仍是不知其深淺，又見再行推諉也難探出其根底，便即又順水推舟回答道：「好，小神從此跟隨大神身邊也就是了！」

然而不等黑龍話語落音，卻聽神龜又言否定道：「不，大神要立即返回地面女媧身邊。」

「什麼，返回地面女媧身邊？」黑龍聽了神龜此言，真個是被驚得不相信了自己的耳朵。因為他想的是，神龜這次絕對不會再放其走，為此他已做好了暫且不走以伺機誅殺於她的準備。這時突聞神龜此言，他不僅心中吃驚而且也更為不解起來。不解之中他當然不敢怠慢，為此不待神龜說完，便立即接言道，「不，小神不去。小神就護衛在大神身邊！」

「不對，大神要快點回去。大神試想，你我既然已結同心，我們就要設法攻殺女媧，共報鷿鳥之仇！」神龜這時撿起被黑龍打斷的話語，一笑道，「只有殺死樸父與女媧，我們才好與燭陰爭做凡間之王啊！」

黑龍聽了神龜此言，更為不解道：「我回地面，怎麼誅殺女媧？」

「你回地面去後，我這就去說動花蛇歸屬我倆，」神龜詭秘一笑道，

「到那時，我等就有三神之力了。」

黑龍聽了神黿此言更加吃驚，心中迷惘不解道：「大神能夠說動花蛇？大神有何妙法！」

黑龍對花蛇與鶯鳥之愛，至此仍然一無所知。所以他對神黿與花蛇的關係更是無法理解，這時心中大為驚詫。神黿見之也不解說，只是對他一笑道：「這個小神自有辦法，大神儘管放心地去吧。」

黑龍仍是不解道：「我去若何？」

「大神去到地面之後，不要暴露你我聯心。要像來前一樣，」神黿這時認真道，「就說花蛇正在南方與小神鏖戰，誘引樸父老神去到南方。然後我三神一舉誅之，而後再返回共誅女媧！」

「噢，大神真乃老謀深算，此計實在神妙！好，小神這就前去行計，」黑龍這才心中驟明，卻又擔心萬分道，「但只是小神擔心路遇燭陰，乞大神護送小神回到地面如何？」

「好！」神黿當即應允道。隨後，便出現了燭陰看到的，神黿一路伴送黑龍，返回地面女媧與樸父在處的場景。

燭陰目睹此景心急又失誅殺黑龍之機，忘記了等待著自己回答的旱魃二魔。一直看到神黿將黑龍送上地面，神黿返潛回地底而去。無奈又思忖片刻，突然心中靈機轉動生出惡計，臉上頓然轉喜口中失聲大叫道：「好，實在是好！」

燭陰的如此叫聲，頓叫得正在等待其回答的旱魃二魔陷入了五里霧中，雙雙愣在了那裏。燭陰叫畢目睹旱魃二魔此狀，又禁不住「嘎嘎」一陣大笑道：「好了，好了，你們也甭等我回答了。你倆快快回到女媧身邊去，就說花蛇碰上了我燭陰正在此與我惡戰，叫黑龍前來助戰，我等趁機先殺了他再說！」

旱魃聞聽不解道：「黑龍蟄地去了，我倆怎去叫其到來？」

燭陰道：「他剛剛返到地面，正與女媧二神待在一處。快去。」

「若是如此，何必我倆都去，前去一個豈不更好講說。旱魃，你去叫吧，」魍魅聽了燭陰此言，心機一轉想到自己終於找到了與燭陰獨處的機會，即不放過道，「就說我與花蛇正在此處惡鬥燭陰大神，你讓女媧與樸父待在原處以觀神鼇動靜，只叫黑龍前來也就是了。」

魍魅不僅心想和燭陰獨處借機求其之愛，而且其代燭陰所言也甚有理，因而聽得燭陰和旱魃齊聲叫好。燭陰於是便催旱魃去叫黑龍，旱魃隨之便向宛丘返了過去。

旱魃須臾來到丘上女媧在處，果見黑龍正如燭陰所言，正在女媧身邊講說什麼。旱魃心想女媧這時還不會對他生疑，便不管黑龍正在與她講說什麼，即來到跟前按燭陰所言向女媧講說了一遍。女媧對旱魃這時果然依舊深信不疑，聽了其言便對花蛇和魍魅二神魔正與燭陰鬥在一處信以為真，即派黑龍隨同旱魃助戰花蛇二神魔而來。

黑龍剛才沒有見到花蛇，只知神鼇剛才叫他騙說樸父到南方救助與神鼇鬥在一處的花蛇為假，不知旱魃此來是行燭陰惡計。聽了女媧之令心中信以為真，即隨旱魃一陣疾行，轉眼便來到了旱魃所說之地，但卻不見正鬥燭陰三神魔的身影。

黑龍為此心生奇異，不料就在這時，卻見魍魅突然從一棵樹後殺了過來。黑龍弄不清魍魅為何向他殺來，驚得連連向後退步。然而他剛剛向後退出兩步，突覺腳下被地上一物絆住，眼睛還未看到身子已被絆倒。隨著則聽燭陰「嘎嘎」一聲冷笑道：「黑龍，你死已有期，還有何言？」說著已挺起手中之鐧，徑向倒地的黑龍當胸戳了過去，嚇得黑龍「啊呀」一聲大叫。

旱魃這時方知剛才他們不見燭陰二神魔，是他二神魔施計埋伏了

下來，才得以如此神速地誅殺黑龍。不料就在燭陰之鐧就要戳進黑龍胸腔之時，但聽「當」的一聲響亮，燭陰戳下之鐧已被來刀擋開。隨即傳來一聲厲喝道：「惡神休得逞狂，神鼇來也！」說著，又出刀向燭陰殺來。

燭陰只顧戮殺黑龍，哪裏料到神鼇會施此招，但他手中之鐧被神鼇之刀擋開還未收回，便見神鼇之刀又已刺了過來。於是他不敢怠慢，即忙收鐧與神鼇鬥在了一處。這時，黑龍也一招「鯉魚打挺」翻身躍起，即與隨同神鼇一起到來的花蛇一齊出手，分別鬥起了在旁的旱魃和魍魅。一時間，但見他六神魔分為三對，雙方對打，齊施絕招，鬥得著實險惡。

神鼇來得所以如此湊巧，是因為神鼇送完黑龍一陣潛行，找到花蛇與之剛剛講說一陣，便見黑龍已被旱魃騙至燭陰與魍魅藏伏之地。神鼇見之大叫一聲：「不好！」因為她知道黑龍若到燭陰藏伏之地，就立刻會陷入一神二魔之圍，黑龍定無活路可走，因而即領花蛇救助黑龍而來。由於神鼇潛走迅疾，方在燭陰正要戮殺黑龍之時趕了過來，出刀救下了黑龍，並出手與燭陰三神魔鬥在了一處。

神鼇三神與燭陰三神魔轉瞬鬥過數十回合，由於雙方勢均力敵，誰也一時取勝不得。燭陰眼見再鬥徒費精力，並且又見剛才神鼇不殺黑龍，並送其返回女媧身邊，這又救助黑龍而來，心知裡面藏有蹊蹺，惡鬥下去害多利少，便即向旱魃二魔使個眼色不再戀戰，各個虛晃一招在燭陰的引領下向北奔去。

看看奔出數里，不見神鼇三神追來，旱魃二魔忙問燭陰：「神王為何不戰而走，不與神鼇三神見個高低？」

「那樣徒費精力，」燭陰則詭秘一笑道，「我等留著精力，等待坐收漁翁之利便了。」

　　旱魃二魔不解道：「怎能坐收漁翁之利？」

　　燭陰又是詭秘地一笑，便邊向北方幽燕之地行進，邊對旱魃二魔講說了一遍，講得旱魃二魔與他一起笑了起來。他一神二魔的「嘎嘎」邪笑之聲如同陰天沉雷，震盪著被神鼇鬧得晃動昏慘的凡界。

二一、神鼇受擒

神鼇剛才眼見燭陰三神魔不戰而去也不追趕，因為她救助黑龍之功已成，同時再戰她三神也難能取勝。而且這時也不是與燭陰交手的時候，眼前交鬥的目標主要應該對著女媧。為此她眼見燭陰三神魔漸失蹤影，便關切地詢問起了黑龍身上可有傷疼？

黑龍身子未受傷害，聞聽此問，急忙開口深謝起了神鼇二神救命之恩。神鼇聽了即言道：「大家既為同心，不必言謝。若說言謝，就該拿出為鷲鳥雪仇，誅殺女媧與樸父的行動來！」

黑龍心中有鬼，突聞神鼇此言著實心中驟然一驚。因為他剛才在神鼇把他送回地面之後，見到女媧即把在地下對神鼇所應之事全部反悔，而依舊站在了誅除神鼇愛著自己的女媧一邊。為此這時耳聽神鼇之言覺得其中有刺，仿佛神鼇知道了他的作為，是說他沒有依計把樸父騙到南方，因而心中一驚不敢怠慢，忙對神鼇解釋道：「大神有所不知，不是小神剛才不行大神妙計，不拿出實際行動……」

「大神不必講說這些，」神鼇剛才所言並非黑龍如此理解之意，只因黑龍心中有鬼自己多心，覺得神鼇之言敲在了自己的疼處，結果生出驚怕說出了如此話語。神鼇聽了則即不放在心上道，「要的是我們再拿出誅殺女媧二神的錦囊妙計！」

「大神讓小神把話說完。而是小神正在勸說女媧，讓樸父前來南方受我妙計。但豈料旱魃又火急趕來，」黑龍這時心中驚怕未消，便不顧神鼈之言繼續剛才自己未完之言，以說明情況解脫自己罪衍道，「中間插上了如此一杠子，結果壞了大神的妙計。這裏小神只有敬乞大神，饒恕小神之罪！」

「好了，快說下步行動要緊！」神鼈沒有再接黑龍之言，而是與他二神一起，一陣計議起了下步惡計。末了通過計議，又定出了新的惡計。即黑龍仍然立即返回女媧在處，先向女媧二神陳說旱魃二魔追隨燭陰之變，而後設法騙說樸父與女媧分離開來，並騙引樸父身至此處。以期他三神共誅樸父，然後再誅女媧，以報其誅殺鷥鳥之恨。惡計定了，黑龍便即按神鼈之言返回女媧二神在處而去，神鼈與花蛇兩個則依計等待黑龍騙引樸父到來，出而殺之。

神鼈剛才究竟如何講說，不一會兒便將昔日與她作為情敵的花蛇說得心動，化解情仇與她結成了同心，共同救助黑龍而來，攻鬥起了燭陰三神魔呢？前面講到，花蛇剛才所以離開女媧神魔隊伍，就並非真要前去尋誅神鼈。而是她心中認為，神鼈是在為她心愛的鷥鳥報仇。為此她自己既不能為鷥鳥報仇，便不能再與為鷥鳥報仇的神鼈為敵，至少也要保持一個中立的位置。這樣她便借著前去尋誅神鼈之故，離開了女媧攻殺神鼈的神魔隊伍。

花蛇因而蟄入地下既不尋誅神鼈，也不像黑龍那樣驚怕碰上神鼈和燭陰。她覺得，自己自從鷥鳥被誅之後心已麻木，活著還不如死去追隨鷥鳥的好。因而她覺得碰上神鼈或者燭陰誰個都好，他們如果殺了自己，自己恰好前去追隨鷥鳥。

為此花蛇胸中那顆滴著疼痛鷥鳥之血的心，既低沉到了極點，也無所謂到了極點。她甚至期盼立刻碰上神鼈，讓她把自己殺死。以懲

自己沒有像她那樣，施法逞強為鷙鳥報仇之罪，方解自己心頭之恨！

心情低沉至此，花蛇潛蟄地下之後便對別的毫無心緒，轉眼多時到了神鼇送走黑龍時分。神鼇送別黑龍來到花蛇面前，欲要說動其心與自己結為同夥，正見花蛇在木然地低頭沉思。神鼇恐怕自己高言驚擾了花蛇的沉思使其生仇，便先輕輕地叫了一聲：「花妹子，你好呀！」

「你殺了我吧，神鼇大神！只有這樣，我才覺得我對得起了自己的心中之愛，」沉思的花蛇聽出了是神鼇的聲音，但她卻頭也不擡眼也不看，依舊像剛才那樣，木然地口中無謂道，「也才能夠對得起鷙鳥大神對我的一片愛心，同時也解去了你心中對我的情仇。這樣一舉三得，我何樂而不引頸受死。殺吧，你快動手吧！」

「我的花妹子，不可意冷至此！昔日，我姐妹雖為爭奪一個鷙鳥結仇。」神鼇聽了花蛇此言，頓然心中大喜。因為花蛇這樣去想，恰為自己說動其心，提供了最好的根基，而不像剛才自己想像的並非易事。於是她立刻順水推舟，向花蛇講說起來道，「但如今，我姐妹共愛的鷙鳥已經死去。我姐妹已無爭奪的目標，有的只是同樣的，為自己所愛的鷙鳥報仇之心。」

「啊！」花蛇聽到這裏，雖然情無所動口不出言，但卻微微低叫了一聲。

「因而眼下你我絕無仇恨可言，有的只是一顆相同的報仇之心！」神鼇實在老謀深算，她從花蛇那聲低微的叫聲中，還是聽出了花蛇的心動。為此她繼續對花蛇甜言道，「我的花妹子，說到這裏你想想，現如今在這凡間世界上，還有誰個能比得上我們兩個更為親近！」

神鼇實在狡黠嘴甜十分，這時她為了擺脫孤立厄境，盡力拉攏可以拉攏的神魔，並為達此目的全都不念舊惡。其實這時她心中對花蛇昔日之仇並未泯滅，只不過是為了擺脫自己眼前的厄境，強抑前仇尋

找共同之點，與之暫結同心罷了。

「我怎會去殺你，我神龜到何時也不會殺你！時至今日，鷙鳥遺下咱倆而去，咱倆便成了鷙鳥的遺孀，」為此只見神龜這時眼見自己的前番話語，已說得花蛇情已微動，便接下來又甜言蜜語講說道，「因而咱倆再不互相照應，誰個還會照應咱倆。咱倆怎麼還能為仇，而不共結同心啊！」

「你——」花蛇一直心想神龜見她必然殺她，因此剛才已經做好了赴死的準備。這時聽到神龜言講，不僅不殺自己反要與自己結為同心，不禁心中一動叫出聲來道。

「我的好花妹子，我理解你的心，你先前未為鷙鳥報仇出於無奈，今日離開女媧已足見你為鷙鳥報仇之心！」狡點的神龜又見花蛇心動心中更喜，隨之繼續道，「花妹子，若說起來，我倆昔日與女媧都是毫無冤仇的。但是她女媧先負情於我倆，就怪不得我倆對她不講情義了！」

但是這次神龜說完，卻沒有見到花蛇再有心動。不過神龜不會氣餒，為了自己的目標依舊講說不止道：「我的花妹子，常言神不犯我，我不犯神；神若犯我，我必犯神。如今既然女媧先不顧及我倆，我倆就不能再顧及於她了！你不要再愚忠於你那主子，不要再顧及什麼以下亂上之說了。你我共結同心，給我們共愛的鷙鳥報仇雪恨，一起誅殺女媧去吧！」

花蛇聽聞神龜講到這裏，心覺其言也是句句情真意切，字字發自肺腑，不由得心中為之大動，決計一掃低沉之氣，即與神龜結成同心，共為鷙鳥報雪冤仇。然而沒有等她開言，卻聽神龜一聲叫了起來道：「不好，咱們快去營救黑龍要緊！」說著，便一把拉起欲言未言的花蛇，急忙向剛才他們與燭陰三神魔鬥處潛奔而去。

　　花蛇眼無神黿透視遙遠大地之力，因而看視不到遠處鬥場情景，還以為是黑龍獨自遇上了燭陰，便心中一陣高興，求不得燭陰立即把黑龍殺死，也讓女媧嘗嘗自己情侶被殺是何種滋味，使之落得個像自己一樣的下場！因而她立刻攔阻神黿道：「他遇上了燭陰好，讓燭陰立即把他殺死，使女媧少一個幫手，我們少一個對頭！」

　　「不，你不知道。我們快去救他，救了再說！」神黿不知黑龍與女媧之愛，因而不同意花蛇之言，死死拉住花蛇向前疾進，便把花蛇轉瞬拉到了鬥場。

　　花蛇跟隨神黿來到鬥場一看，出乎其預料的竟是燭陰三神魔在共鬥黑龍一神。花蛇本來就對旱魃二魔背著她向女媧講說一陣之後，女媧立即就去誅殺了鷥鳥仇恨萬分，早就恨不得殺此二魔為鷥鳥報仇。這時又見他二魔如此反覆無常，竟然背叛女媧與燭陰聯手攻殺起了黑龍，心中頓然更惱萬分。

　　花蛇為此一時間竟然忘了黑龍也在她的誅殺名單之上。遂不顧他二魔正在替她誅殺自己欲殺的黑龍，即在神黿急救黑龍殺上前去之時，出手上前與旱魃二魔鬥在了一處。

　　對於神黿三神與燭陰三神魔剛才的那場惡鬥，前文已經講過這裏不再贅述。卻說經過這場惡鬥，花蛇不言神黿也已知道其與她已經結成了同心，於是她便不再把花蛇當作別個，和她與黑龍一起計議起了誅殺女媧二神，為鷥鳥報仇之事。

　　花蛇本對黑龍惱恨十分，恨不得立刻殺他而後快，若在別時豈肯與他一起計議，但這時由於神黿講說，黑龍與女媧並非一心，黑龍實為她神黿的誠心摯友，直說得花蛇再也無法講說。方纔無奈與他二神一起，計議起了誅殺女媧二神之策。

　　待到他三神一陣議定惡計，黑龍離去行計，她二神等待黑龍騙引

樸父到來之時，花蛇眼望黑龍漸去漸遠的背影，再也忍抑不住心中的疑問，開口詢問神龜道：「龜姐，你難道果真相信，那黑龍會去騙引樸父前來上鉤嗎？我覺得他絕對不會。但是我不知道，龜姐與黑龍的關係究竟有多深，是何等誠心的摯友？」

「這個蛇妹子不必懷疑，對於黑龍之心，老姐還是能夠把握得住的。」神龜聽到花蛇此問，隨著「嘎嘎」一陣大笑，即把剛才自己與黑龍講說的一切，盡向花蛇講說了一遍。

「若如龜姐此說，」花蛇聽完神龜此言，不由得更加皺緊了眉頭道，「我看黑龍便更不會騙引樸父前來了。」

神龜目睹花蛇面容之變耳聞花蛇此說，心中一個愣怔道：「怎麼，難道其中另有蹊蹺嗎？」

「原來龜姐不知，黑龍可就和我花蛇大不一樣了！我花蛇雖然昔日與龜姐胸懷情仇，並有刀槍相見之恨，但我倆今日畢竟心有同仇，方纔結成同心，」花蛇於是認真道，「黑龍之事不僅另有一番蹊蹺，而且還大有一番蹊蹺，看來龜姐還一無所知哩！因而龜姐相信黑龍會引樸父前來受計，而不相信小妹相反的預言！」

神龜聽了花蛇此言，也不由得心中頓生驚怕，忙問花蛇道：「蛇妹快說，黑龍之事有何龜姐不知的蹊蹺，咱姐妹下步好作定奪！」

「不知龜姐可曾想過，黑龍在鷥鳥被殺之後，為何不助龜姐攻誅女媧，而是離龜姐而去？」花蛇眼見神龜驚怕心急，故意拿捏一把以擡自己的身價，兜開圈子道，「燭陰攻殺黑龍之時，他為何不來求救於龜姐，而反去求救於女媧？龜姐如果想想如此二事，我想是可以從中察知蛛絲馬跡的。」

「若如此說，是沒有什麼蹊蹺的，蛇妹把龜姐嚇了一跳！」花蛇說到這裏，故意打住了話題。神龜聽到這裏反倒驚怕頓消，放下心來

道，「這只能說明在黑龍眼中，女媧勢力大些靠得近些罷了。對於靠近女媧的利害關係，剛才我都已與黑龍說了，他的態度是扭轉了的！」

「不，那是扭轉不了的！就像你我，至死也不會改變對鶩鳥的愛一樣，」花蛇這時則即不同意神鼇之言道，「黑龍也是不會改變其對女媧的態度的。因為鼇姐看來還一無所知，他們也是一對熱戀如火的鴛鴦情侶呀！」

花蛇剛剛說到這裏，這番從花蛇那櫻桃小口中說出的輕柔之語，便像字字全都化成了「隆隆」炸響的驚雷一般，一齊炸響在了對此一無所知的神鼇心頭，嚇得她「啊呀」一聲驚叫，頓然呆怔在了那裏。花蛇目睹神鼇此狀，方纔肯定道：「所以我說，黑龍此去絕對不會騙引樸父前來！」

「你說什麼，你剛才都說了些什麼！」神鼇聽了花蛇如此肯定的話語，方纔被從驚怔中震醒，連忙驚怕地急問花蛇道，「你說他們是一對鴛鴦，這怎麼會是真的？我怎麼連一個字也不知道？」

「這一點也不會假，」花蛇即又肯定道，「因為是我親眼所見，親耳所聞！」

「你騙我！你要借此挑撥我與黑龍的關係，你仍對女媧死心塌地！」神鼇聽到這裏，不由得狡詐的心機突生陡變，驚怕之顏頓換嚴厲之色，慎問怒斥起了花蛇道，「你對鶩鳥之愛全部都是假的！你這個沒有情誼的小臭婊子！你這個騙子！我與你誓決生死！」

神鼇如此越說，覺得自己說的越合情理，越加認定花蛇是個騙子，是要借此挑撥其與黑龍的關係，以坐收漁翁之利。末了，不由得高聲喝罵起來。

花蛇畢竟不如神鼇城府深邃，她剛才覺得自己之心已與神鼇聯在一起，是出於誠心講說真實之情，以免使她二神陷入別個惡計之中。

但想不到她一番講說，竟然引來了如此相反的結果，反使神鼇將其視為騙子。

「好了鼇姐，你也不要罵了。反正你信也罷，不信也好，最後都要用事實來證明，」花蛇這時心中實在好惱，立即怒叫起誓道：「反正我已說過，黑龍絕對不會騙領樸父前來。我們走著瞧吧！」

然而就在花蛇的話音剛落之時，神鼇向黑龍剛才所去方向一看，卻見黑龍已經引領樸父，風馳電掣般向她二神在處奔來。神鼇目睹此景心想花蛇剛才之言，實在是心中更惱厲罵道：「你不是肯定他們不會來嗎？現在他們來了！你個小臭婊子，昔日你搶我的鴛鳥，今日你又要計殺於我，我險些上了你的賊當，誤了我的性命！你就快快過來受死吧！」罵著，竟然真的揮刀向被這場景驚呆的花蛇刺了過去。

花蛇剛才一番講說誠心實意，反被神鼇所誤，已弄得她有口難以辯說。這時正要用黑龍不會引領樸父到來的事實證實自己的真誠，想不到黑龍恰又引領樸父奔來，弄得她在神鼇眼中便更成了騙子。一時間，真個是使她墜入了五里霧中，同時欲要證實自己的真誠而不能起來。

花蛇心中清楚地知道，用黑龍的天平來稱量女媧與神鼇，神鼇的分量是無論怎樣也不會重過女媧的，因此黑龍是絕對不會反助神鼇而攻殺女媧的。然而這時黑龍果真按照神鼇之計行事騙來了樸父，自己的預言完全與眼前的事實相違背，這究竟是怎麼回事呢？她心裡想不通，因而驚怔在了那裏。

神鼇手中之刀刺到了花蛇胸前，花蛇方從迷愣中驚醒過來，突然想到一定是黑龍將神鼇之計盡數講說給了女媧，女媧故讓樸父與黑龍一道將計就計誅殺神鼇而來。為此花蛇心中陡地大驚，因為她想到，那黑龍也一定會把自己與神鼇結為同心之事，一併告知女媧。女媧聽

聞自己在此節骨眼上叛變於她必然大惱，使她在誅殺神鼇的同時，必然誅殺自己無疑。

「鼇姐切莫中了女媧的將計就計之策！」為此心中驚怕之中，花蛇唯恐神鼇被殺，自己無神保護也是必死無疑，使得鷙鳥之仇報雪不得。於是她一邊開口急叫著，一邊見到神鼇之刀刺到，忙閃身躲過。但隨後看見神鼇不聽其言依舊出刀殺來，無奈只有仗劍與神鼇鬥在了一處。

一時間，只見她二位女神交上手來，打得酣烈無比。神鼇這時心想，只有立刻誅殺女媧派來的花蛇，然後才好與黑龍依計誅除樸父。如果樸父來到自己還未除去花蛇，自己設下的誅殺樸父之計就會敗露，給自己造成慘敗甚至更加嚴重的結局。

因而她招招使狠，式式鬥絕，恨不得一刀置花蛇於死地。

花蛇這時則因為已經猜知黑龍二神是使用將計就計之策誅殺神鼇而來，便想早些了結此鬥，並使神鼇明白過來。為此她對神鼇只是招架而不還擊，以期早些結束這場不該發生的因誤會而發生的惡鬥。但無奈神鼇出手狠疾毫不相讓，使得花蛇眼見著躲避不過，便也只好出招使狠，與神鼇惡鬥起來。

黑龍這時當然不會如神鼇所想，騙引樸父受計而來，而恰如花蛇所料，其是施用女媧將計就計之策，引領樸父誅殺神鼇而來。黑龍本身就是一位狡詐至極之神，心藏勃勃野心，為實現其野心處處從其野心出發，應對面前發生的一切。前日他為實現其爭做凡王的野心，本來不愛女媧而假戲真做，對女媧表現出真心相愛，為的即是有朝一日，借助女媧之力做上凡間之王。

隨後為了實現其爭做凡王野心，他又煞費心機地搞起了那一觸即潰的神魔之盟，為的是借助眾神魔之力攻殺燭陰，為自己爭做凡間

之王掃清道路。末了鷺鳥被殺，樸父被女媧封為凡間之王，他心中既喜又氣。喜的是女媧誅除鷺鳥，為自己爭做凡間之王進一步廓清了道路，削弱了神鼇挾制自己的力量。為此他看到神鼇大勢已去，便即離神鼇返回了轄地。氣的是女媧不念自己之心，而將凡王之位賞封給了樸父，惱得黑龍大有從今往後，不與女媧相往來，以苦女媧的愛心之勢。然而事情發展到神鼇作亂，燭陰攻殺於他之時，他分析天下神魔情勢，認定了只有女媧身邊簇擁有一群神魔，不僅勢力最大，而且為眾神魔之心所歸。由此才忍抑下對女媧之氣，立即求助於女媧而來。

來到女媧身邊，黑龍擺脫掉燭陰攻殺保得一命不死，心中高興十分。雖然他對旱魃二魔這時也在女媧身邊耿耿於懷，因為前日他們之間還是互為仇敵殺伐不息，特別是魑魅則為潰其神魔聯盟的內姦，為此心中對其仇恨甚深。但他又看到他二魔要隨女媧前去尋誅作亂的神鼇，為誅除神鼇的女媧神魔隊伍增添了實力，便又壓下了心中的仇恨，心喜起了他二魔待在女媧神魔隊伍之中。

因為黑龍又從自己的野心出發想到，自己與神鼇雖然前日結成過同心，但無疑她將來仍是自己爭做凡間之王的一個強大對手。現在既然其為鷺鳥報仇獨自作亂大勢已去，女媧引領眾神魔殺掉她也對自己無礙，因為自己是女媧的情侶，自己有女媧作為依靠，殺掉她正好為自己爭做凡間之王進一步廓清道路。由此出發，他便立刻反覆無常地變成了一個誅殺神鼇的積極盡力者。

然而事態之變迅疾，黑龍想不到女媧神魔隊伍尋誅神鼇而不得，花蛇出於它意提出願與他一起蟄地尋殺神鼇，逼得他無奈與花蛇一起蟄地尋殺神鼇而來。蟄地前後，他既害怕自己被燭陰乘機所殺，又害怕神鼇不饒恕自己，嚇得要死不敢向前一步。無奈中蟄地之後恰又遇上了神鼇，他自覺必死無疑，因而開口便要神鼇殺他。其心中卻又在

無奈中，藏存一線要神鼇念及舊情饒他不死之意。

事情使黑龍僥倖十分，神鼇為了扭轉孤立局面壯大自己的勢力不念新惡，與黑龍重敘舊情，方使得黑龍懸到嗓子眼的一顆心落了下來。他心喜自己大命不死，也心喜神鼇不僅不殺自己還可以保護自己，因為他與神鼇待在一起燭陰就殺他不得。

為此他盡聽神鼇言講，對神鼇之言有說必應，並發誓要與神鼇重結同心，共誅女媧為鷙鳥報仇。直應得神鼇心喜無限，全部相信於他，並要他仍回女媧身邊，以施騙殺樸父再誅女媧惡計。言說既定神鼇讓其歸去，黑龍害怕途中被燭陰所乘，即將心中驚怕說於神鼇，讓神鼇一直將其送到女媧腳下，方纔放神鼇歸去。

然而黑龍回到女媧身邊，則將剛才對神鼇所應之事全部反悔，重又站在了誅除神鼇的女媧一邊。狡詐的黑龍對面前的形勢掂量了再三，知道成為孤家寡婦的神鼇，必被女媧眾神魔誅殺無疑。同時自己又是女媧的情侶，自己雖對女媧將凡間之王封給樸父有恨，但又豈能因此小隙，而站在勢孤力弱必被誅殺的神鼇一邊！

因此，黑龍心中早拿定了站在女媧一邊的主意，而剛才對神鼇的全部應答，完全是出於無奈保全性命的將計就計之舉。這時大勢已變，口中吐出的話語便沒有了任何價值。為此他將神鼇所設騙殺樸父的惡計，全都講說給了女媧二神。女媧與樸父二神聽了，便與黑龍一起計議出了將計就計誅殺神鼇之策。

神鼇這時只顧錯誤地念及舊情，沒有念及情勢之變想到神心之危，所以未始料到黑龍之變，仍對黑龍剛才應答之言深信不疑。隨後在黑龍與女媧二神正在計議如何誅殺神鼇之時，又見旱魃依照燭陰之計，騙說黑龍救助花蛇二神魔而來。

神鼇正在與花蛇言說未完，眼見旱魃所騙黑龍被燭陰三神魔所

乘，便立刻一陣拼殺救下了黑龍，並隨著與早生二意的黑龍議定了計殺樸父之策。黑龍去後花蛇心思其與女媧的愛戀關係，對神鼇言說黑龍不可相信反為神鼇所誤，出手與她鬥在了一處。

黑龍去後當然又如花蛇所料，不僅再次將旱魃二魔之變全都告訴了女媧與樸父二神，而且將花蛇之變，和神鼇與花蛇救助於他，及其之後他們議定的計殺樸父之策，也全都一字不留地告知了女媧與樸父二神，讓他二神予以定奪。黑龍對自己的如此舉動當然進行了思量，因為神鼇二神剛才對他又建救命之恩，而這時自己如此舉動，則是要去誅殺自己的恩神。

但他仍從實現自己爭做凡間之王的野心出發，認定除去神鼇二神便為自己廓清一步道路，決計為做凡間之王，不惜向恩神頭上開刀。他聽說過但沒有見到過，曾經流傳在神界的一本暢銷書。那書的內容據說是專講稱王之道的，名字叫做《厚毒學》，即要稱王就要臉皮厚心腸毒。自己要爭做凡間之王，不臉厚心毒，不惜向恩神開刀，怎能成呢！因而，他盡向女媧二神講說了花蛇與神鼇的一切。

「這真是了不得了，反了！連花蛇都給我反了！走，誅除她二反神去。」女媧聽了黑龍此講，頓時氣惱萬分怒吼著，就要引領樸父二神前去誅殺神鼇二反神。

「娘娘且慢！叛神要誅，但我等這樣前去，定然誅除不得！」樸父見之，即忙開口攔阻道，「老神心想，我等還是像剛才所議，來它個將計就計的好。」

女媧聽了樸父此言，立即停下欲行的腳步，急問樸父道：「大神既已胸有成竹，就快說此番我等如何將計就計。」

「神鼇不是要黑龍騙說老神前去受死嘛，老神就應了她的這個心願，這就隨同黑龍前去，」樸父即言自己之想道：「我二神去後，娘

娘從別處隱蔽著隨行前去。待我二神與神鼇二惡交起手來，娘娘再從別處突出殺之，定可誅除二孽神無疑！」

女媧聽了連說此計甚好，便讓黑龍引領樸父即去。黑龍二神去後，女媧也即依此計，從別路尾隨他們之後隱蔽行來。

黑龍引領樸父一路向神鼇在處奔來，恰好趕在花蛇斷言黑龍不會騙來樸父之時。神鼇正疑花蛇為女媧派遣姦神，眼見黑龍這時引領樸父奔來，遂更信花蛇為騙子不疑。為此她即出手欲要先殺花蛇，然後再去誅殺樸父。花蛇無奈，只有還手與神鼇鬥在了一處。

正在趕來的樸父與黑龍突見神鼇與花蛇鬥在了一處，而且鬥得那般酣烈，頓然大為迷惑不解起來。因為按照剛才的講說，她二神不該相互惡鬥。黑龍與樸父二神就這樣迷惑不解著，轉眼已經來到了正鬥的神鼇二神面前。

「鼇姐，你已中了樸父的將計就計之策，快快與我停手誅殺樸父，」正鬥的花蛇眼見黑龍與樸父一起來到心中大驚，忙向正在與其惡鬥的神鼇急叫道，「若不然，我倆就報不得鷿鳥之仇了！」

神鼇聽了花蛇此言雖然一怔，但卻仍然以為花蛇是在騙說自己，不相信花蛇並與其惡鬥不止，使得花蛇心中更驚急火難耐起來。

樸父與黑龍正不知花蛇與神鼇為何爭鬥，聽了花蛇此言頓知花蛇並未回心重歸女媧，而是仍與神鼇同心，只是雙方產生誤會，方纔發生了爭鬥。花蛇與神鼇一樣，都在誅殺之列。遂雙方口不開言，即出手向正鬥的神鼇二神殺了過去。一時間，只見樸父對神鼇、黑龍對花蛇，他四神惡鬥在了一起。

神鼇目睹此景，方纔明白自己果如花蛇所言，中了樸父將計就計之策。深悔自己沒有聽信花蛇之言，遂不敢與樸父戀戰，急叫花蛇道：「快，快蟄地潛走！」

然而未等神鼇話語落音，就聽到花蛇「啊呀」一聲驚叫，隨著「撲通」一聲摔倒在了地上。神鼇聽了大驚，急向花蛇處看去，見是女媧娘娘不知從何處陡然來到，從背後出劍誅殺了花蛇。神鼇目睹此景心中更驚，急忙棄戰潛地逃命而去。

這時，女媧手刃花蛇心中實在酸楚萬分。花蛇是誠心侍候她多年，與她情同姐妹的忠心侍僕，善良慈藹的女媧娘娘豈能忍心殺她呀！先前，她曾數番聽聞花蛇因為鷥鳥被殺，與神鼇聯手對抗起了自己，她都不敢相信，並為此曾經慎問黑龍再三，仍是難釋心中之疑。

剛才，女媧又聞黑龍之報心中仍是不信，她就是不信花蛇會真的與神鼇聯手誅殺自己。所以，剛才她仍是懷著不相信的心態，與樸父二神採用將計就計之策，分別向黑龍所說地點看視而來。

女媧從偏僻處隱蔽著來到黑龍所說地點，正看見花蛇與神鼇鬥在一處。目睹此景，女媧更加堅信花蛇不會反叛自己之想，心中不由得生出了對黑龍假言騙說自己的仇恨。因為自己摯愛著黑龍，其卻竟然誣陷花蛇欺騙起了自己，為此她恨不得立刻就去嚴斥黑龍。

但是就在這時，她與樸父二神突然聽到花蛇剛才對神鼇的數聲喊叫，接著又見她真與神鼇一起鬥起了樸父和黑龍，方纔全部釋去了心中對黑龍之仇，湧上了對花蛇之恨。

特別是她想到自己昔日對待花蛇情同姐妹，今日值此自己在凡間為難之時，花蛇不論為何都不應該反叛於自己！而眼下，花蛇確實盡如黑龍所說，已經反叛於自己。這就真個是平時難見神真心，關鍵時刻見真偽，全部暴露出了其面目，而在必殺不赦之列了！

為此女媧對花蛇不再手軟，即出手從背後戮殺了花蛇這個該殺的侍女！然而女媧真的殺罷花蛇，也禁不住心中頓然湧上一陣酸楚，她怎能忘記那情同姐妹的舊情啊！

「不能讓她逃了！」然而時間不容女媧懷念與花蛇的舊情，因為她看到神黿又已潛地逃去，心中大急將要再殺神黿而不得，口中不禁喊叫道。

「娘娘儘管放心，這次她神黿逃脫不了！」就在這時，卻聽樸父老神不慌不忙道，「前日老神不知孽神潛身何處無法對付，現在知其潛身之處，老神就有辦法叫她乖乖出來了。」

樸父說著，已把手中金童寶劍高高仗起，口中振振有詞念動咒語，「颯」地便把那劍拋向了空中。隨著那劍被高高拋起，只見其條然間便幻化成了一圈圈滴溜溜飛速旋轉的紅光。那光環圈就像今日的螺旋形狀一般，徑向神黿潛逃處地下鑽了下去。

鑽了一陣，但見那光環圈又慢慢向地上昇騰起來，須臾便把潛入地下的神黿起出了地面。由於那光環如同索網纏縛住了神黿之身，使得神黿在其中一動也動彈不得。只見她在那光環之中，如同睡著了一般。

女媧與黑龍眼見樸父施用法術擒住了神黿，心中大喜，齊贊樸父之功。隨後女媧先讓黑龍捆住神黿，然後對神黿說道：「念你萬年修行成神不易，娘娘暫且饒你一命不死！」說著便讓黑龍押著神黿，一路回歸宛丘而來。

二二、女媧殺鼇

女媧擒住了潛地作亂的神鼇，神鼇繼續作亂不成，被其晃動的大地便日漸停止了晃動，穩定了下來。一時間，但見崩塌的山石停止了崩塌，大地停止了塌陷，江河湖海之水停止了漫溢，漫溢上大地的洪水也漸漸回歸到了江河湖海之中，大地重又展露出了先前被漫溢洪水淹沒了的地面。

由於大地日漸安定下來，因山崩地陷蕩起在空中的塵埃雲霧，也漸漸消散開去。使得因為塵埃雲霧遮沒而昏暗陰沉的地上空間，也日漸露出了越來越加清新明光的亮色。

大地的安定空間的明亮，既重新喚回了凡間人獸的生存希望，也重新樹起了人獸的生存信心。一時間，那些未被神鼇作亂致死僥倖存活下來的人獸們，眼見大地日漸復原，天空日益明亮，全都歡呼雀躍，一片歡騰起來。人們唱啊跳呀，歡快地重又吹起了笙簧奏起了音樂，進入了歡慶之境。獸們也躍啊嘯呀，為存活下來高興萬分。

然而儘管大地日漸平定下來，人獸在叫躍歡騰，但那無際的高天，隨著空中塵埃雲霧的消散，日漸清晰地展現在人們眼前，人們卻越來越加清晰地看到，它仍舊在劇烈地晃動不止，而且大有愈晃愈烈之勢。只見它白天晃動得太陽像個火球一般左搖右蕩，夜晚晃動得月

亮和滿天的星斗左右移位。

天空依舊晃動不止，給地上的人們造成了巨大的精神恐懼。因為人們站在地上遙看晃動不止的天空，唯恐其被晃得有朝一日塌了下來，將大地砸在其下使凡人陷入滅頂災難之中。

人們為此又害怕了，全都停止了歡叫跳躍，驚怕地圍聚在一起躲避災難。距離宛丘近者，又都向宛丘女媧娘娘身邊圍來。獸類也害怕了，也都停止了歡嘯狂躍，驚怕地圍聚在一起躲避災難。距離宛丘近者，也紛紛向宛丘女媧娘娘身邊圍來。

女媧與樸父三神也都在宛丘之上，焦急地等待著天空早些停止晃動。因為她們比人獸更早地看到了天空的晃動不止，只是心想天空的晃動是因為神鼇晃動大地引起，隨著大地停止晃動天空也一定會日漸穩定下來。然而她們等待一天，兩天，三天，眼見大地早已停止了晃動，空中的塵埃雲霧也因大地停止晃動消散開去，可那遙遠的高天卻仍舊晃動不止。

人獸們害怕了，全都向宛丘女媧她們身邊圍聚過來，她們則心中覺得奇怪起來。因為大地早已停止了晃動，因大地晃動才晃動起來的高天，為什麼依舊晃動不止，而且有愈晃愈烈之勢呢？

並且她們看到，隨著那高天晃動不止日漸久長，已經可以看見先前那錦緞般無瑕的高天之上，漸漸地呈現出了散亂的不規則裂紋。而被裂紋劃分開來的不同天塊，則呈現出了不同的色彩。如此晃動如果再繼續下去，真個大有高天將被晃得破裂開來，破裂成許多碎塊砸向大地之勢。若到那時，其後果實在是堪比日前大地的晃動更加慘烈。

奇異中眼見至此，女媧心想這說不定仍是被擒的神鼇繼續作惡所為，氣惱中她便立刻嚴審被擒的神鼇。然而儘管她對神鼇嚴審再三，神鼇都說自己不敢再行邪惡，因而未行此惡。女媧無奈中心想，神鼇

既然已經不敢再行邪惡，那麼高天依舊晃動不止，而且現出愈晃愈烈之勢，這究竟另有什麼原因呢？

但她心想再三，都找不出新的緣由。她當然也曾想到，神鼇既然未再行惡，那麼會不會再有別的神魔在行邪惡呢？為此她又對下界眾神魔權衡一遍，認定他們全無此能。為此女媧陷入了無奈，無奈中唯恐自己若再遲慢，天空若被劇烈地晃動晃塌下來，必給自己的孩子帶來更大的災難。為此她便不敢再怠，急忙派遣樸父與黑龍二神四處探尋高天晃動的緣由而去。

樸父與黑龍奉命走下宛丘，樸父立刻議與黑龍道：「女媧娘娘既讓我倆前去探尋高天晃動緣由，大神你看我倆先是前往何方。」

狡詐的黑龍害怕前去北方探尋遇上燭陰三神魔，他二神對敵不過自己被燭陰三神魔擒殺，急忙心機轉動想出了一個既可保全自己，又可借助燭陰三神魔之手，為自己廓清爭做凡間之王道路，誅殺樸父的一舉兩得惡計。隨之即對樸父道：「高天如此越晃越烈，女媧娘娘心急如焚。為了快些找到緣由早解娘娘之憂，小神看咱二神分頭探尋若何？」

「大神所言極是。」樸父不知黑龍深意，聽了黑龍此說心覺有理，便當即同意道，「那麼我們就快些分頭前去探尋。但不知大神願往何方？」

黑龍正怕樸父讓他前去北方，這時聽到樸父讓他先選方向心中大喜，急忙開口道：「我去東方、南方探尋若何？」

「前去哪方都是一樣，我們立即出發吧！」樸父心無所想，當即答應下來道。隨著，樸父便向西方黑龍則向南方，分頭探尋而去。

樸父一路向西尋找天晃緣由，結果尋遍西方大地，也沒有尋到任何緣由。於是他離開西方大地，徑向北方探尋而來。樸父來到北方把

四處尋找了個遍，仍是不見上天晃動的點滴緣由。剛才探尋在北方大地上，樸父曾經想到高天如此晃動不止，也有可能是燭陰施法作怪所致。但他尋遍北方大地，不僅沒有見到燭陰的蹤影，而且連旱魃二魔的影子也沒有見到，當然也就尋找不到燭陰作怪的憑據。

找不到燭陰作怪的憑據樸父也不心奇，倒是他踏遍北方大地不見燭陰三神魔的蹤影，令其心中奇詫不已。為了解除心中的奇異，他想可能是燭陰三神魔故意躲避自己，眼見自己去了東面他們便去了西面，再見自己去了西面他們便去東面，故而使得自己與他們沒有碰面的時機。想到這裏又找不到晃動上天的緣由，樸父便只好離開北方大地，返回宛丘而來。

樸父返回宛丘踏雲而行，轉眼行出數百里之遙來到了北嶽恒山上空。樸父一路正行，卻聽到腳下山頭樹林中，陡然傳來一聲厲喝道：「白毛老神休走，吃我一刀！」隨著話音，樸父已見從那樹林中，向他倏然殺來一柄雙刃三尖刀。使刀者隨刀躍出樹林，正是牛頭熊身的魑魅魔怪。

樸父見到，那魑魅頭生牛角刺天穹，青面獠牙臉相凶，獅鼻虎耳呈惡貌，身子粗臃如狗熊。觀其生相已是邪惡至極，如今又行如此邪惡之事，樸父見之實在是心中好惱，隨著厲聲喝斥道：「女媧娘娘待爾不薄，爾為何在此急難之時背叛娘娘，反助邪惡燭陰？」

魑魅聽到樸父出言傷害其心愛的燭陰，也是心中大惱，隨即開口怒罵道：「白毛老賊休得汙損燭陰大神形象！你口出如此污言穢語汙損燭陰大神，就莫怪我魑魅今日叫你來得去不得了！」

「刁魔休得逞狂，老神這就送你飛昇天堂！」樸父聽了魑魅此言心中更惱，口中高聲厲喝著，劍隨話語已是刺向了魑魅魔怪。魑魅見之也不怠慢，忙揮刀相迎與樸父鬥在了一處。

　　然而魖魅雖惡，其神功卻遠不是樸父的對手。只見她與樸父交手不過十個回合，便已招架不住起來。樸父見之心中暗喜，即欲乘隙誅此反叛魔怪。但就在他一劍刺向魖魅當胸之時，卻見倏然間從旁邊飛來一柄狼牙惡棒，「當」一聲擋開了其刺去之劍，救了魖魅一命。

　　「老白毛還不快快束手就死，以免我二魔再費手腳！」樸父見之勃然大怒，還未來及擡頭看視，已聽手使狼牙惡棒的旱魃口出狂言道。樸父舉目看那豬頭人身的旱魃，只見他生得豬頭牛鼻，眼如鈴鐺閃射陰光，口方唇紫獠牙盈丈。頭如糧斗裝在肩上，頭生數十丈長的白毛，令見者望而生畏。真個是心中更加氣惱萬分，也不搭言，立刻仗劍向其刺了過去。

　　旱魃當然也不相讓，即出手與樸父鬥在了一處。魖魅被救這時也不袖手旁觀，即出手與旱魃一起共戰起了樸父。樸父神功高強，他一神獨鬥旱魃二魔，轉眼鬥過三十餘合，旱魃二魔也沒有能夠得手分毫。

　　然而旱魃二魔聯手也實在令樸父老神不好對付，特別是他二魔正值年輕氣盛之期，因而越鬥越勇。樸父畢竟年已老邁，越鬥氣力越加不支起來。樸父身處此境又知沒有救援之望，邊鬥邊心中思謀起了取勝之策。他看到旱魃二魔年輕氣盛越鬥越勇，自己年已老邁越鬥越生力不從心之感，便認定只有速戰速決方是取勝之招。

　　於是他選準時機突出長劍，「颯」地便把旱魃手中狼牙棒棒杆攔腰削為兩段。使得旱魃手中倏然間僅僅餘下了半截棍棒，打擊樸父而不得起來。如此以來不僅旱魃突失器械出手不得心中一驚，正鬥的魖魅目睹此景也禁不住心中一怔。樸父對此看得真切，疾出長劍「嗖」地便刺向了因驚生慢的旱魃咽喉要害之處。正驚的旱魃眼見來劍倏然刺到了自己的咽喉，嚇得「啊呀」一聲驚叫，隨著急躍身躲了開去。

　　然而，就在樸父刺殺旱魃而不得，即又收劍趁機刺向愣怔的魖魅

以期奪勝之時，卻聞山頂密林中又驟然傳來一陣「嘎嘎」怪笑之聲，隨著便聽燭陰笑言道：「樸父老神真不愧為老當益壯，智勇雙全之輩。但只是今日不論老神多麼智勇雙全，恐怕也都是來得去不得了！」說著鐧隨聲到，已殺向了正鬥的樸父老神。

樸父目睹此景，方知剛才遍尋不見燭陰三神魔蹤影的原委，心中更惱道：「好一群邪惡之徒！老神死倒不足惜，只是不能盡殺爾等邪惡之徒，使爾等仍留凡界行惡於生靈，太令老神痛心了！」說著，即與燭陰拼死鬥在了一處。旱魃二魔見之，也一起圍殺向了樸父。

燭陰三神魔所以恰好在此遇上樸父老神，是他們在樸父為了探尋高天晃動緣由，剛才一踏上北方大地時他們看到後設下的計謀。當時，他三神魔聞知神鰲被擒花蛇被殺正在高興，欲要借此高天依舊晃動不止女媧心緒煩亂之時，乘機調動樸父或者黑龍二神離開宛丘，以伺機予以誅殺徹底削弱女媧的力量。燭陰三神魔心想至此正在苦於無計調動樸父二神，卻突見樸父獨自一個踏上了北方幽燕大地。

他三神魔初睹此景心中全都驚怕不已，因為他們以為樸父老神是任憑怎麼也不會獨自一個前來燭陰轄地的。所以他們認為這或者是女媧三神設下的巧計，以樸父老神獨自一個前來為誘餌，誘引他三神魔前去誅殺樸父。屆時女媧與黑龍突然上前，誅殺他們平息凡界之亂。因而他們全都不敢大意，急忙躲藏起來細觀樸父根底。

然而他們躲藏尾隨觀察樸父走遍幽燕大地，卻都沒見到樸父身後跟隨有女媧或者黑龍的蹤影。而只是看到樸父彷彿另有不知何種使命在身，使他十分焦急。方使得燭陰三神魔全都放下心來，一陣計議決計設伏樸父，以為燭陰爭做凡間之王廓清道路。計既定出，他三神魔便在前面樸父退去的路上尋找伏擊之地，恰好尋到這北嶽恒山之上，埋伏在了山頂密林之中，樸父一到便與之殺了起來。

　　黑龍與樸父分手之後，一路向南尋遍南方大地不見搖晃高天的緣由，便離開南方大地尋看東方大地。他在東方大地又是尋找不到搖晃高天的緣由，便不敢獨自在外多留細尋害怕碰上燭陰，而即忙返回到了宛丘。

　　黑龍回到宛丘稟報女媧之後，又過多時仍是不見去向北方探索的樸父歸來，女媧不由得心中犯起了猜疑。她猜疑要麼是樸父尋找到了高天晃動的緣由，要麼是他碰上了燭陰三神魔。猜疑至此女媧放心不下，即要黑龍前去北方尋找樸父大神。黑龍聞聽女媧之命害怕前去又不敢不去，只好告別女媧懷著戰驚之心，一路向北方尋來。

　　黑龍轉瞬尋到恒嶽近處，遠遠便見到燭陰三神魔正在圍住樸父老神廝殺。黑龍見此場境知道樸父情況危急，不敢怠慢，心中急忙連轉數轉，思謀起了救援樸父之策。最怕燭陰的黑龍這時所以驟然變得膽大起來，沒有去想管他什麼樸父的死活，自己逃命要緊；而且剛才他還正欲借助燭陰三神魔之手，誅殺樸父為自己廓清爭做凡間之王的道路。這時他當然可以逃命它去，也正好可以借助燭陰三神魔之手誅殺樸父，他卻一改前想思謀起了救助樸父之策，當然自有他的想法。

　　首先黑龍想到的仍是唯恐燭陰三神魔誅殺於他，也想到了丟下樸父正好讓燭陰三神魔予以誅殺，以為自己廓清爭做凡間之王的道路，而自己則逃命歸去。但他又想到如果自己如此逃了回去，燭陰三神魔一旦誅殺樸父不死，樸父回去向女媧講說，自己見死不救於他豈能得了！再說這時有樸父在此，量他燭陰三神魔也誅殺不了他與樸父二神。無奈他只有壯起膽子，心想起了營救樸父之策。

　　然而黑龍雖然思謀亟急，但卻怎麼也思謀不出好的營救樸父之策。末了他見樸父處境實在險惡，時間再也延誤不得，無奈只好仍從保證自己一命不死出發，決計自己悄然上前，突殺一陣擋開燭陰三神

魔，救起樸父就向宛丘逃奔。黑龍無奈只好如此行動，但見他悄然來到鬥場之上正要出手，卻恰見樸父因為久戰乏力，這邊只顧迎鬥旱魃二魔，那邊背後防備不住，正被燭陰所乘挺鐧戳近了後心。

黑龍見之大驚，但他驚的不是樸父將死，而是如果樸父身死自己不能活命。因為那時燭陰三神魔殺他一個，便如同殺滅一隻小雞一般輕易。為此他不敢怠慢，急趁燭陰三神魔只顧惡鬥樸父，沒有看見他到來之時，倏然躍身來到樸父背後，出錘擋開燭陰之鐧，救起樸父向南就逃。

燭陰三神魔突見黑龍殺來，全都驚得一個愣怔。黑龍已趁此機，攜起樸父向南逃出百丈之遙。燭陰三神魔眼見樸父將死突然又被黑龍趕來救走，心中大惱，立刻齊駕雲頭向南窮追。黑龍與樸父二神不敢停留南去迅疾，燭陰三神魔也隨後窮追疾急。轉眼樸父二神飛到了宛丘近處上空，燭陰三神魔見之不敢再追，無奈只有調轉雲頭返歸幽燕地界而去。

樸父二神回到宛丘，先向女媧稟過遍尋不見天晃緣由，後又講說了樸父遭圍被黑龍救回的經過。女媧聽了勃然大怒道：「燭陰三孽不除，下界怎得安寧！」但是女媧言罷，想到這時還不是誅除燭陰三神魔的時候。因為天晃緣由還沒有找到，不能很快找到那緣由止住高天晃動，愈晃愈烈的高天就有崩塌下來的可能，到那時就沒有什麼下界可保了。所以只有在止住高天晃動之後，方可再議誅除燭陰三神魔之事。

想到這裏，女媧又看到高天比剛才晃動更烈，嚇得身邊的眾孩兒驚叫不止，同時天空的裂隙也愈加明晰起來。為此她不敢再怠，忙讓樸父二神守護宛丘，自己則離丘親自尋找天晃緣由而去。

女媧離開宛丘先向南方尋來，她擔心黑龍尋找不細漏掉尋見天

晃緣由之地，故而先向黑龍尋過地界尋來。但她來到南方尋找不見緣由，又去西方尋找不見緣由，只好再到北方大地探尋而來。女媧踏上北方大地剛剛探尋一半，正尋之間突聞耳邊「颯」的一聲風響，早有兩般兵器向她殺來。

女媧只顧探尋天晃緣由心無防備，陡見兩般兵器同時殺到，禁不住也是心中一驚。於是她先是急閃身躲過殺來兵器，接著舉目見到殺向她者竟然是旱魃二魔。旱魃二魔已經跟隨來到北方大地的女媧多時，他們見到女媧獨身一個來此，便決計先行殺死女媧，再向燭陰表功，便出手向女媧殺來。

女媧不睹此景還罷，眼見至此立即使她想到了他二魔連日來犯下的一連串罪惡。她早從黑龍口中聞知了他二魔之變，以及他二魔先是誅殺了魍魎，接著又施計使自己誅殺了鷲鳥，結果引起了如此神鼇之亂。進而他二魔又反叛於她，與燭陰聯手在了一起。

「孽魔，我待爾等不薄，爾等卻邪惡至此！爾等前番邪惡我未於講說，為何又在如此急難之時反叛於我？」想到這一連串的惡行，女媧頓時勃然大怒道：「我告訴你二魔並讓你二魔捎信給那燭陰，我再給爾等最後一次回頭之機。如果回頭轉意助我清除神鼇作亂遺痕，我當既往不咎！如若不然，我當對之格殺勿論！」

「你還給我等最後一次回頭之機，就怕我等不給你生還宛丘之機了！」旱魃二魔也是不聽女媧此言心中不惱，聽了此言他倆立刻大為氣惱地口中說著，手中又已一挺雙刃三尖刀一揮狼牙棒，齊向女媧打了過來。

女媧見之更惱，即出劍與旱魃二魔鬥在了一處。女媧這時心生必殺二魔之意，因而出手狠疾如電。旱魃二魔當然也不示弱，個個使惡鬥絕。然而就在女媧正與旱魃二魔打鬥酣烈之時，卻見燭陰從北方急

慌慌邊向鬥場趕來，邊開口大喊道：「二位魔王快快住手，切切不可傷害女媧娘娘！」燭陰如此口中喊著已是奔到了鬥場，隨著伸手一手拉起一魔向北便跑。

燭陰當然不讓旱魃二魔傷害女媧，這一是因為燭陰心懷對女媧之愛，二則因為燭陰深知女媧身為玉皇大帝御女。為此燭陰心中知道，如果他三神魔將女媧殺死，樸父與黑龍二神上告於玉皇大帝，玉皇大帝是絕對不會饒恕他三神魔不死的！

到了那時，不僅他燭陰爭做凡王之夢化作泡影，而且就連性命也是保不住的！旱魃二魔未作此想，只想誅殺女媧表功於他。但他豈敢讓旱魃二魔誅殺女媧，因而急領二魔向北逃去。

「回頭之機只有最後一次了，否則就莫怪我女媧心不仁慈！」女媧眼見燭陰三神魔逃去，即開口對之大喊道。女媧喊到這裏，又突然想到她三神所以遍尋不見高天晃動的緣由，也可能是邪惡的燭陰像那神鼇一樣行惡所致，便接著對之高喊道：「燭陰膽敢行惡晃動高天，娘娘我非誅殺於你不可！」

「小神不敢行此邪惡，乞娘娘明察！」燭陰三神魔對女媧前番喊話聞若未聞，對後番喊話燭陰卻聞聽即答道。但他口中答著卻沒有停下北逃的腳步，只見隨其話語落音，已不見了他三神魔的蹤影。

女媧眼見燭陰三神魔沒有誅殺自己，便又由此推斷出燭陰所言可能為實，同時她知道燭陰又在單相思地苦戀著自己，所以不會行此晃動高天之惡獲罪於自己。由此她又陷入了無奈，無奈中她只有在剩餘的未探尋的另一半北方大地之上，尋找起了天晃緣由。

然而隨後任憑女媧多麼仔細地尋遍剩餘北方大地，都仍是尋找不見天晃的緣由。女媧於是只好離開北方大地尋向東方，並對剩餘下來自己未作探尋的東方大地尋找得倍加仔細。因為這不僅是她眼下唯一

可以尋到天晃緣由的地方，而且她知道這是辦事草率的黑龍尋過的土地，天晃緣由可能就隱藏在這裏。但事實卻又是儘管女媧抱著極大的希望，仔細尋找遍了這片土地，仍然是對天晃緣由一無所獲！

至此，女媧已經親自尋找遍了下界四方，不得緣由心中更加焦急，因為她看到頭頂的高天晃動得更加劇烈起來。對於女媧自身來說，當然是不論高天晃動得多麼劇烈，即使其被晃得哪怕崩塌下來，都是無所謂好壞的事情，因為她可以一走返回天界而去。

但是女媧不忍心看到天塌下來的場景，因為她不忍心看到自己辛苦創造的凡人在天塌中全都死去，使得展示造化奇功的美妙凡間世界，重又返回到鴻蒙未開之時的渾沌之中。因而她要抗爭，要拯救凡間世界，要拯救自己創造的心愛的孩子們！

於是她又開始了細心思謀，她要弄清造成天晃究竟會有哪些可能的緣由。突然她想起了那緣由既然不在大地之上，說不定會在東方大海之上。為此她便即駕起雲頭離開大地，向東方大海探尋而去。

女媧一陣來到東方大海在海面上四處探尋，她探尋過一處處海面，先是來到了東方神山岱輿，接著又探尋來到了員嶠、方壺和瀛洲神山之上，但卻仍是探尋不到天晃的緣由。

這時，東方大海中只剩下最後一方海面，和最後一座神山蓬萊她未作探尋了，女媧的心情為此不由得陡然緊張起來，她擔心天晃緣由再不藏在這裏！然而擔心也得探尋，於是她懷著緊張得忐忑不安的心情離開瀛洲神山，飛越海面向蓬萊神山探尋而來。

女媧一陣飛行，當她正在瀛洲與蓬萊兩座神山之間的海面行進之時，突然看到腳下湛藍的海面之上，從水下凸兀兀地聳出一根長長的條石。那條石聳出水面高逾百丈，粗有數丈見方，有角有棱，顯出鬼斧神工鑿刻印痕。其色調透出藍寶石般晶瑩的湛藍，上面仿佛還有在

高處看不清楚的字跡。女媧眼見此景心覺奇異，便即按落雲頭來到水面條石跟前看視。女媧剛看一眼，便大驚失色愣怔在了條石跟前。

女媧當然看見條石心中驚怕萬分，因為那條石不是它石，正是上寫「鎮天石」三字的上天鎮天之石，所以它才那樣藍寶石般湛藍。看到本在高天之上的鎮天石，竟然落在了大海之中，女媧頓知這是神鼇作亂搖晃天地所致。同時她也知道了大地停止了晃動，而高天依舊晃動不止，並且愈晃愈烈的原因正在這裏。

當然女媧也知道了若要停止高天晃動，目前唯一的辦法，就是把這鎮天石重新送歸高天原先藏放之處。只有那樣這鎮天石發揮了作用，高天才能停止晃動平定下來。女媧於是為了停止高天晃動不敢怠慢，急忙抱定這鎮天之石，就要將其取出大海，重新送歸高天。然而她抱定鎮天石試取再三，那鎮天石硬是動也不動，女媧取出不得。

無奈之中，女媧只有立即返回宛丘搬來樸父與黑龍二神一試。但樸父與黑龍二神來到之後，不僅仍是誰也取出鎮天石不得，而且末了竟然是她三神一齊抱定鎮天石，也還是晃動不得毫釐。那鎮天石徑插海水之中，仿佛長在了海底之上一般。

女媧三神陷入了無奈，女媧想到去找燭陰三神魔前來，以共同奮力取出這鎮天之石。樸父聽了即說燭陰三神魔絕對不會前來，不若先將神鼇帶來讓其背馱一試，或者可以取出此石。女媧聽後應允，即讓黑龍返回宛丘，帶來了被捆綁著的神鼇。

女媧見到神鼇帶到，即向神鼇說明取石之意，並向她講說了如果她能馱出此石，就免其死罪。然後女媧親自為她松去綁縛，讓她馱背鎮天之石。但是神鼇馱背再三，那鎮天石卻仍是不動毫釐。

「瞧見了吧，這都是因你作惡所致！你一神作亂，凡界眾生靈慘遭塗炭，你罪當在不赦之列！」女媧睹之大惱，即讓黑龍重新綁縛住

神鼇厲喝道，「前時我念你萬年修行方纔成神不易沒有殺你，這時我就饒恕於你不得了！為了謝罪於凡界眾生靈，我讓你凌遲受死！」言畢，即抽出身佩長劍，「颯」一劍砍在了神鼇的左前肢上。

神鼇的左前肢隨著女媧砍下之劍倏然斷掉，立刻「啪」一聲落進了海水之中。這時才聽神鼇疼得「啊呀」一聲驚叫，看到其斷肢的傷口處滴下了殷紅的鮮血。隨著神鼇那斷肢落入海水之中，奇跡立即出現在女媧四神面前！

女媧四神看到，那斷肢一落入海水便見水即長，「吱吱吱」一陣春筍拔節般的聲響傳出，驀然間便長成了一座坐落海底、高擎藍天的玉筍般高山。將高天的東方天極撐了個結結實實，使得東方高天停止了劇烈的晃動。女媧三神心中大奇，口中禁不住齊聲叫起絕來！

一陣叫罷奇絕，女媧又心生奇想到，如果用神鼇的四肢將高天的四極全都如此撐住，高天不就會停止晃動了嗎！女媧這時舍此別無它法，隨之便將此想說給了樸父二神。

「好！實在是太好了！」樸父二神聽了齊聲叫好，卻把個身被縛束一肢殘斷的神鼇，立即嚇得連聲討饒不止。

「禍因你出，需由你收！為了拯救凡間世界，娘娘我也實在已經無奈，你也責怪娘娘不得了！」女媧見狀，心中氣惱地說著，即讓黑龍押起神鼇，他四神便一起向西南方馳來。

她四神須臾來到西南天極之地，女媧即又揮劍斬斷了神鼇的右前肢。那肢體又是落地生根，迅即生長成了一座玉筍般挺拔的高山，一直擎撐到了高天，使得正在晃動的高天停止了晃動。女媧三神見之更喜，即又押著神鼇來到西北天極之地，再斷神鼇之肢落地生成擎天之山，將西北高天擎撐牢固停止了晃動。

末了女媧三神又將神鼇押至東北天極之地，斷其最後一肢再生高

山擎起高天，終於將高天四極撐牢，終止了高天的晃動。作惡多端的神鼇則因四肢被斬失血不止劇疼難耐身死而去，得到了她應有的下場。

作惡多端的神鼇死去了，但她所作之惡終由其四肢長成的擎天巨柱，將高天四極撐牢而終止。她的四肢長成的高山赫赫有名，比如那生長在西北天極的擎天巨柱，便是後來人們稱之為的不周之山。在此不周山下，後來的共工還將演出世人盡知的一幕壯劇。

二三、神女做媒

　　女媧斬斷神鼇四足立定高天四極之後，晃動不止的高天頓然全部停止了晃動。雖然高天還一時恢復不到先前的模樣，但畢竟解去了高天崩塌之險。驚怕不已的凡人和眾獸們目睹高天停止了晃動，太陽固定了位置，一切恢復了平靜，全都驚怕頓消，齊又歡叫跳躍起來。

　　一時間，只見先前因驚怕圍聚在一起的眾獸們，全都歡叫著向四面八方奔散開去。先前因驚怕圍聚在一起的眾凡人，更是齊又吹起了笙簧奏起了音樂，高唱歡躍，慶祝女媧眾神為他們解去了天墜厄運。驟然間，那歡慶的氣氛真個是盛沖九霄，勝過歡慶誅殺鷙鳥之時的場面十分！

　　女媧則在立定天極之後，引領樸父二神返回宛丘而來。一路之上，他們目睹如此人獸擺脫厄境消去驚怕，歡慶平安的盛景，無不心喜萬分。須臾回到宛丘，女媧看到剛才因天晃驚怕圍聚而來，求取自己祐護的眾孩兒，都在盡情地吹奏笙簧歡歌跳躍，更是禁不住心中的狂喜。

　　女媧禁不住心中的狂喜付諸行動，只見她立刻加入到了歡慶的孩兒群中，與眾孩兒一起歡歌跳躍起來。女媧的這一加入，即刻間更把人們的歡慶氣氛推向高潮，使得歡慶氣氛更加濃烈起來。

　　然而，人們雖因解去天晃之險消去驚怕盡情狂歡起來，女媧也因之加入到了狂歡人群與之共歡起來，但她心中卻不像她的孩子們那樣無憂無慮。作為凡人的始母加入到孩子們的狂歡群中，女媧為的是給孩子們的狂歡推波助瀾，加濃孩子們的狂歡氣氛為孩子們助興，盡掃孩子們因遭前日厄難留在心上的陰影，使孩子們心中明亮起來！但在助興疼愛孩子之時，女媧目睹周圍歡慶唱跳活潑可愛的眾孩兒之狀，不由得倍覺自己作為凡人始母肩上擔子的沉重！

　　她知道，不僅北方還駐有反叛於她的燭陰三神魔未被征服，存在著可能再生神鰲所生般禍亂之因，而且她的孩子們又在這次禍亂中死傷及半，同時存活下來的眾孩兒中也大部分黑髮變蒼，並由蒼變白，歸天之日漸近。眾孩兒如此自己造著，他們被災害和群獸害死著，再加上病老死亡著，那將是不論自己如何辛勤創造，也是難使凡人充占凡間大地的。

　　怎樣才能解決這一難題，使凡人充占凡間大地呢？女媧心中一直在苦苦地思索著。她希望找到一種能夠使凡人自我繁衍的方法，使自己停止創造新人的工作，從繁忙的創造中解脫出來，並使凡人自我充占凡間大地。然而她心中雖在苦苦地思索著，但由於害怕自己的情緒影響了眾孩兒的歡快情緒，卻不敢把心中之苦絲毫流露上面頰。為此她與眾孩兒攜手歡慶一會兒，眼見將眾孩兒的歡慶情緒推向了高潮，便悄無聲息地離開了眾孩兒的歡慶隊伍。

　　「我剛才在北方地界，已對燭陰三神魔說過，再給他們最後一次回頭機會，」女媧離開眾孩兒歡慶隊伍，立即找到樸父與黑龍二神，悄悄對之道，「現在你二神同去北方地界，尋見燭陰三神魔傳我詔令：讓他們回頭之後即來宛丘見我，他們今後依舊稱王。如若不然，我就把他們全部誅除！」

樸父二神領命，便即離宛丘奔向北方地界傳令而去。望著樸父二神遠去的背影，女媧不敢再耽擱時光，因為她在沒有找到新的造人方法之前，還是必須抓緊一切時間快快造出更多的新人，以彌補因遭神鰲之亂和病老而死的孩子之數，使凡人數量增多起來充占凡間大地。為此她一邊心中想著有何造人新法，一邊向丘下河邊造人而去。

女媧走下宛丘前往河邊剛至半途，突聞前邊密林之中，陡地傳來了一聲緊過一聲的變了音的女聲疼叫。這叫聲頓然引起了女媧的注意，因為眾孩兒別個都在狂歡叫跳不止，此處為何有一女孩疼叫連聲？這女孩遇到了什麼急難？聽其疼叫之聲，又不像遇到了猛獸撲食。但不是猛獸撲食，她為何又在此處疼叫不止？心疼孩子的女媧於是不敢怠慢，急轉彎循聲向密林中看視而來。

女媧一陣疾行來到密林中疼叫女孩跟前，想不到那女孩看見女媧來到，驚怕得頓然止住疼叫之聲，連忙起身與待在其旁的一個男孩，雙方跪倒在其腳前，語無倫次求饒道：「孩兒不知娘親到來。娘親果然無處不在，無所不曉！孩兒做出什麼壞事，都休想瞞過娘親。因而敬祈娘親饒恕孩兒之罪！」

密林中因為樹木枝繁葉茂，遮住了太陽射下的光線，加之天上的太陽因為神鰲晃動，還未恢復先前的光亮，所以這雙男女孩兒所在之處樹蔭濃暗。女媧剛從外邊亮處進來，一時看不清楚暗處事物，因而不辨孩兒面容。聽了此言，方纔知道是小丘子與宛妹子兩個在此，即問道：「別個都在鬧處歡慶，宛妹子為何在此疼叫不止？你倆在此究竟生出了何事？娘親不知因而不知如何饒恕！」

「啊呀！」然而就在女媧話音未落之時，卻聽到跪在其面前的宛妹子又突然一聲疼叫，隨著便傳出了一陣幼嬰的「哇哇」歡叫之聲。伴著幼嬰的歡叫聲，剛才疼叫的宛妹子便猝然躺倒在了地上，發出了

一陣無力的呻吟。

到了這時，隨著女媧進入樹林時間延長瞳孔放大，才看清自己面前這突然發生的一切。她看到宛妹子剛才一聲疼叫躺倒在地，隨著那聲尖厲的疼叫，她的下身倏然湧出一股股紅的血水。伴著那股血水，便從她的下身之中，生出了一個「哇哇」歡叫的小小男孩。小丘子正在驚怕，不知道這究竟是發生了何等事情？因而一個勁地跪倒在女媧腳前，驚怕得不敢稍動一動，唯恐女媧不肯饒恕於他。

女媧看視至此，特別是在聽到剛生小男孩的「哇哇」叫聲之後，心情恰與小丘子相反地頓時「哈哈」大笑起來，並迅即舒展開了蹙著的眉頭。因為她立刻敏感地看到，自己心中正在苦思不得其解的讓凡人自我繁衍的問題解決了，她從此可以停下創造凡人的辛苦勞作了。為此她高興得一把抱起那剛剛降生的小孩兒，一陣狂吻歡笑起來。

正在不知道發生了何等事情，驚怕不已的小丘子和宛妹子目睹此景，頓然更被弄得摸不著了頭腦，一下子全都墜入了五里霧中，呆怔在那裏看著女媧歡笑不止。女媧大笑一陣過後，方纔低頭看見躺在地上的宛妹子，與跪在地上的小丘子，全都在驚怕不已。於是她想起了剛才他倆的求饒之語，不由得悔恨起了自己為何沒有想到讓凡人男女結合，像天神那樣繁衍後人，以早日解脫自己辛勤造人之苦。

「孩兒倆快起來，你倆為娘親解決了大難題！娘親沒有什麼不饒恕你倆的，有的只是娘親對自己的不可饒恕！」悔恨至此，女媧深為立功凡人啟迪了自己的宛妹子兩個驚嚇至此，心中甚是不忍，忙說道，「小丘子，你還呆著幹什麼！還不快去照料宛妹子，她身子弱啊！」

聽到這裏，小丘子方纔對女媧之言半信半疑著站起身來，前去照顧宛妹子，但卻心中仍是不解口中喃喃道：「這究竟是怎麼回事？」

是的，小丘子倆這時還實在不知道，發生在自己身上的這等事情

究竟是何事情。剛才，他二人正在丘頂隨同眾人歡叫狂跳，慶祝女媧止住高天晃動，為他們眾孩兒解除了災厄。但就在他們手拉著手正在狂跳不止之時，宛妹子卻突然止住了狂跳的腳步，抽回手去捂住了圓鼓鼓的大肚子道：「小丘子，快，你快扶我到僻靜處去！我的肚子疼得厲害，仿佛……仿佛……」

往後，宛妹子既好像找不到合適的言辭，來表達自己的身體之變，也仿佛羞於啟齒沒有再說下去。小丘子不解宛妹子之意，連連尋根究底詢問道：「仿佛，仿佛什麼？」

「還問，還問，都怪你！」宛妹子肚子疼痛難忍，聞問又氣又急道。小丘子這時眼見宛妹子好氣不多方纔不問，又見事情緊急，便扶宛妹子下丘來到了這片樹林之中。

他二人來到樹林中之後，宛妹子仍是肚子疼痛難忍，並且忍抑不住疼痛竟然變聲尖叫起來。小丘子見之心急，忙一邊給宛妹子揉摸著鼓起的大肚子，一邊心急地詢問道：「妹子，你肚子吃這麼胖大，為什麼還這麼疼痛？都怪剛才你蹦跳得太狂猛了吧。」

宛妹子這時與小丘子不同，她心中雖然不全知道，但卻有些知道這是怎麼回事兒。這事情若說起來，還要從那次女媧前去冀州幽會黑龍，恰巧碰上黑龍與宛妹子正在荷澤岸邊首次約會說起。

本來，女媧雖然造出了凡人，並造出了有別的男女，但由於她只是一個女兒家，為此並沒有想到去讓男女互相做愛，生兒育女繁衍自己，而只是想為凡人點綴一絲生活的情趣，因而宛妹子被女媧造出之後，頭腦中並沒有男女可以互相做愛的基因。

但是就是那場荷澤岸邊的約會，使得來自天界多情的黑龍將天神的做愛方式，教給了其心愛的天真活潑的宛妹子。使宛妹子從他那裏學到了做愛之法，並深切地體會到了男女做愛的無盡樂趣。由此她成

了第一個學會了做愛的凡人，因而也因與黑龍第一次做愛，恰被女媧碰上使她羞澀萬分。

對於宛妹子來說，由於她從黑龍身上體會到了情愛的幸福滋味，因此她曾想終生投入黑龍的懷抱，與他做愛一輩子。但正在她與黑龍做愛之時卻恰好碰上了女媧，羞澀之時女媧讓她去找小丘子。敏感的宛妹子聽了女媧之言錯解其意，她便即離荷澤尋到小丘子，便學著自己與黑龍的樣子做起愛來。以至使她在不知不覺之中，腆起了凸突的大肚子。

宛妹子在其肚子初腆之時，還以為是自己吃胖了肚子，但隨著肚子越腆越大，她才開始驚怕起來。她害怕女媧不允許自己學著天神的樣子做愛，更害怕眾人歧視自己，使得自己獲罪於女媧娘娘也有異於眾凡人。若到那時，她就走到無法存活下去的地步了。為此她不斷地責怪小丘子，但只是從未向小丘子講明過真情。

因為她疼愛小丘子，怕與小丘子講明真情讓他陪著自己害怕，她不忍心。她希望有朝一日自己悄悄卸下這個罪過的肚子，不讓女媧娘娘與眾凡人知道，以了事端。但她又不知道將來怎樣才能卸下這個大肚子，大肚子中有何事體？因而她日夕期盼著卸掉肚子的這一天早日到來，特別是在肚子越腆越大之時。

期盼的一天終於到來了，想不到正趕在剛才他們歡慶天晃停止之時。宛妹子肚子一陣剎疼，便急叫小丘子扶她到了這片樹林裡。在樹林中，宛妹子疼痛中聽了小丘子剛才一無所知之言，禁不住心中好笑故作氣惱道：「都是你做的好事，難道還想賴帳！」接著，便向小丘子盡數講說了真情。

小丘子聽了頓然大驚失色，忙勸宛妹子忍疼莫叫，以免被別個聽見惹出禍來。但就宛妹子肚子劇疼實在忍抑不住，叫得一聲尖過一

聲，恰好引來了路過林邊的女媧娘娘。小丘子與宛妹子突見女媧來到更是大驚失色，忙齊跪倒在地向女媧娘娘求饒。

不料恰在他二人跪倒在女媧腳前開口求饒之時，宛妹子突然一聲尖叫生下了一個小孩兒，卸下了她那沉重的大肚子。她二人頓覺奇異萬分，因為他們誰也不曾想到，在宛妹子的大肚子中，竟有一個這樣活蹦亂跳，和大人一模一樣的小孩兒！在此凡間世界上，過去從來無人這樣生過孩子，他們這是空前第一次。

所以他們沒有見過也沒有想到過，雙方萬分奇異！就在他們心中既奇異又驚怕之時，突聞女媧開言饒恕了他倆，他倆還不知道自己所作之事的重大意義，仍然只是難消心中的驚怕和害羞。就在這時，女媧又笑了起來道：「別愣著了，你倆快隨我到丘頂去！」

宛妹子倆聽了女媧此言，真個是驚怕的心中又一齊更驚起來。他們錯誤地以為，定是女媧娘娘要到丘頂當眾責罰他倆的罪過，以儆戒於眾孩兒。因而他倆眼見女媧娘娘抱著他們的孩兒將到丘頂了，才不得不無可奈何地向丘頂艱難地挪動起腳步。

小丘子倆挪動腳步實在艱難，因為他們心中這時仍不解女媧之意驚怕至極，都想像不到女媧娘娘在眾人面前究竟會如何懲戒於他們！所以，他們的腳步像邁向鬼門關一樣艱難，一樣遲慢，但又必須向前邁進。

然而他二人剛剛無可奈何地向前邁動兩步，小丘子便看到宛妹子下身，還在從羞處滴瀝著殷紅的血滴。他立刻指給心情沉重如鑄大錯的宛妹子看，宛妹子見之第一次感覺到了害羞不已。因為她從剛才的生育中，第一次認識到了自己下身羞處的用處，進而感受到了羞處的不可示人。

宛妹子的心思也影響到了小丘子，他也從宛妹子的生育中，第一

次認識到了自己下身羞處的作用，進而感受到了那羞處的不可示人。如今女媧娘娘要在丘頂將他倆展示在眾人面前，而且宛妹子的羞處還在不止地滴瀝著殷紅的血滴，他倆害羞不已。

小丘子無奈靈機一動即忙來到丘下湖邊，採摘兩片藕葉一人一片，分別遮住了自己下身的羞處。宛妹子才在小丘子的攙扶下，向丘頂走去。小丘子倆雖然只是採摘兩片藕葉，遮住了自己的下身羞處，但他們卻開創了凡人穿衣戴帽的先河，由此可見凡人穿衣戴帽是從遮蓋羞處起始的。

宛妹子在小丘子的攙扶下一陣來到丘頂，看見女媧娘娘已經止住了狂歡的眾人，讓眾人靜立在她的周圍等待他倆的到來。偌大的丘頂之上這時人聚雖眾，但卻一時靜得鴉雀無聲，都在靜待著聆聽女媧娘娘要說些什麼。目睹如此靜穆之景，小丘子二人真是更加害怕至極，仿佛雙方的末日已經來臨，不由得全都本能地用藕葉把羞處捂得更加嚴緊。

靜等在女媧身旁的眾凡人全都赤身裸體，因而他們誰也不曾見到過宛妹子二人這般使用藕葉捂蓋羞處的模樣。所以眼見他二人此狀，禁不住全都哄然一聲大笑起來。這突起的笑聲，頓使原已驚怕十分的小丘子二人，心中更加驚怕十分。因為他二人這時從心中形成的錯覺出發，仿佛從這笑聲中，聽出了他們最為害怕出現的眾人對他們的歧視，那歧視無疑是眾人對他二人的死刑判決！為此他二人在這笑聲中更加驚怕至極，這時全都愣在了那裏。

「孩兒們，你們這次真正可以盡情地笑了！」就在這時，卻聽女媧娘娘高興地一聲大叫道，「因為從此以後，你們可以離開我女媧娘親，自己創造自己的子孫後代，繁衍生息下去了！」

正笑的眾人聽到女媧說到這裏，禁不住全都戛然止住了笑聲，吃

驚得全都瞪大了眼睛，等待著女媧再說下去。因為他們全都不知女媧之言何意，也不知道女媧欲行何舉。女媧隨後則將手中抱著的宛妹子剛剛生下的小孩兒往上一舉，對眾人說道：「你們瞧，你們的大哥哥小丘子和大姐姐宛妹子，已經為你們做出了榜樣，他倆的愛情之花已經結出了豐碩之果，這就是他們的孩子！」

「啊！他們創造出了自己的孩子？」人們聽了女媧此言，又全都驚詫得瞪大了眼睛，愣在了那裏。他們不知道這是人的孩子，更不知道他們怎樣創造出了這個孩子！

「他倆為凡人自己繁衍生存下去，立下了不世之功。因此你們從今往後，要學著他倆的樣子，」女媧則繼續向下講說道，「男女結合，創造繁衍自己的子孫後代，解除娘親造人的辛勞！」

眾人這時方纔聽明白了一切，禁不住激動亢奮之情，「轟」一聲爆炸了似的歡叫起來。他們有的圍近女媧娘娘看視她手中的孩兒，有的圍向小丘子二人歡跳起來。小丘子二人這才解放了一般消去了心中的驚怕，眼中湧流出了幸福的熱淚。人啊，從一開始就是這樣，成功的幸福總是伴隨著痛苦的磨難，才能得以降生！

「從現在開始，娘親讓你們男女選擇自由結合，」在眾人的歡笑聲中，女媧娘娘隨著大聲道，「可以一男一女，也可以一男數女，但不可以一女數男。選擇好之後，娘親親自為你們做媒，以公認你們的結合！」

眾人聽了，又「轟」一聲炸了起來。一時間，但見他們你拉住我，我拉住你，或者幾個拉住一個，使得偌大的宛丘之上頓時亂作一團。然而很快混亂的場面便告結束，而代之以男女成雙或一男數女，待在一起的平靜場面。

「今日娘親為你們做媒做證，你們終生結為夫妻。」女媧目睹此

景，即又高興地大聲道，「願你們夫妻和睦相愛，白頭偕老。早生子女，繁衍後人。子子孫孫，永無窮盡！」

「謝過娘親為孩兒們做媒，孩兒定不負娘親之教！」女媧話音剛落，靜立在宛丘的眾男女們，便齊「颯」一聲跪倒在地，異口同聲高叫起來道。他們當然高興，因為這不僅是延續人類的需要，也是人們生活的需要，所以是人們期盼已久的大事情。為此，人們隨著便又「轟」一聲爆炸了般地唱叫狂歡起來。這狂歡之景，真個是更盛過了先前。

女媧這次為凡人做媒，是凡人婚姻的最早開始。所以它無論是群婚也好亂婚也罷，人們都不忘女媧娘娘為凡人做媒的功績，特意奉她為高媒。所謂高媒，也就是神媒，意即女媧娘娘為婚姻之神。後來人們推算，女媧這次做媒的時間，大概是在春日二三月間。因此人們每在一年的二月二至三月三之間，都隆重祭祀女媧娘娘這位高媒。

同時後人又賜給了女媧娘娘，這位凡人的始母「送子娘娘」的稱號。凡是結婚後沒有子嗣者，都可以求她賜給子女。因此在今日留存下來的女媧娘娘廟壇裡，都留有一塊不大的帶有一個孔眼的石頭，這石頭上的孔眼便是人們俗稱的「子孫窯」。沒有子嗣者只要摸摸那孔眼，就會降生女媧娘娘送去的子嗣。

就這樣女媧在丘頂為眾孩兒作罷神媒，眼見眾孩兒歡慶不已，自己心中也更是喜之無限。因為這樣不僅凡人可以自我繁衍了，從此免去了她造人的重負，而且她也不用再擔心凡人病災老死的無以彌補了。因此她決計從此停下甩泥造人的工作，去把媒做到凡界各處。使自己創造的流散到凡界各地的眾孩兒，全都結為夫妻，多多地繁衍後人充占凡間大地。

然而女媧剛剛想到這裏欲要離丘它去再做神媒，心中卻突然想起

北去傳詔燭陰三神魔的樸父二神，不知為何遲遲不見歸來。為此她急忙先向四方遠處巡視一遍，不見二神蹤影甚是掛心起來。她知道燭陰三神魔的邪惡，想到他們可能仍不歸心。若是那樣不僅樸父二神傳詔不成，反有被他三神魔所困歸回不得的事情發生。

想到這裏女媧心中焦急，因為她雖然受到宛妹子喜生孩子的啟迪，為眾孩兒做媒解決了凡人自我繁衍的難題，但如果燭陰三神魔仍不歸心又誅除不掉，凡人就仍將難有永遠安寧之日！為此她不再怠慢，急忙告別眾孩兒離開宛丘，徑向北方尋找樸父二神以作定奪而來。

女媧一口氣向北尋遍燕山不見樸父二神蹤影，便又向北前往陰山尋來。陰山由狼山和大青山二山組成，東西綿延千百里。山勢挺拔，高峻險惡。山上密林蔽日，到處鬱鬱蔥蔥。女媧尋過坐落在東邊的大青山不見樸父二神，便又向坐落在西方的狼山尋找而來。

女媧向西尋到狼山近處，遠遠地便看見在山頭雲霧之中，樸父二神正被燭陰三神魔圍在正中，交手打鬥正烈。女媧越往前行對鬥場情狀看得越加清楚，只見燭陰三神魔勢大威猛，越鬥越勇。樸父二神勢單力孤，漸露招架不住之態。

女媧目睹此景，心知這場惡鬥酣戰已久。樸父大神年已老邁，當然抵擋不住血氣方剛的燭陰惡神。心想至此她不敢怠慢，急忙上前殺向鬥場，幫助樸父二神惡鬥燭陰三神魔而來。

樸父二神剛才奉女媧娘娘之命離開宛丘，一路向北尋找燭陰三神魔傳達詔旨，但他二神尋遍冀州和幽燕東方大地，均未見到燭陰三神魔的蹤影。無奈他二神又只好向幽燕西方大地的陰山山中尋來，方纔在組成陰山山脈的狼山之上尋到了燭陰三神魔。

因為燭陰三神魔正躲在狼山之上，計議如何將樸父二神誘出誅殺，然後挾持女媧，以敕封燭陰做凡間之王之策。正在他三神魔百議

不得惡計之時，恰見他們正無計誘出的樸父二神，自己來到了陰山。這一見真個是令他三神魔大喜過望，因為他們竟然等來了他們夢寐以求的誅殺樸父二神時機。為此那旱魃二魔立即就要出手誅殺樸父二神，燭陰則立即開口止之道：「且慢，見我眼色行事！」

狡黠的燭陰胸有城府，這時他止住旱魃二魔，是因為他既想通過言說弄清樸父二神前來的根底，又想借此麻痹他二神使之無防，好借勢誅之。為此在止住旱魃二魔之後，即領他二魔起身迎住來到的樸父二神，半是詢問半是揶揄道：「二神此來有何貴幹？是不是來了就不想回去了？」

樸父聽到燭陰三神魔口出如此挑釁之言心中好惱，但他心知女媧之命在身不便立刻發作，即強抑怒火實言道：「我二神來此陰山不為別個，乃是向你三神魔傳頒女媧娘娘聖命！」

「噢，娘娘又傳聖命？」燭陰半帶譏嘲半是戲謔道，「老神快快說來，讓本王聽聽！」

「娘娘說，如果你三神魔回頭，便隨我二神一道歸回宛丘。娘娘既往不咎，安排諸位仍做各路神魔之王！」樸父即言傳頒女媧之命道。

燭陰聽了，心中甚是不滿道，「噢，那要是不回頭轉意，看來就……」

「如果不回頭轉意，」樸父不等燭陰說完，打斷其言道，「娘娘對你三神魔格殺勿論！」

「好，好！女媧娘娘果真不愧為玉皇大帝之女，肚量能容難容之事！」燭陰狡詐萬端，聽了樸父此言心中雖惱至極，但卻頭腦立刻連轉數轉，開口笑言道，「就憑這一條，我等也要回心轉意，永受娘娘指揮！走，我三神魔盡隨二位大神，歸回宛丘以求娘娘饒恕去。」

燭陰說著，即起身就要陪伴樸父二神歸回宛丘，頓時把旱魃二魔

弄得愣怔在了那裏。燭陰見之，忙一使眼色催促道：「愣著做什麼，快隨二神走啊！」旱魃二魔不敢怠慢，方纔起身隨同樸父三神欲離陰山而去。

然而，就在樸父與黑龍二神剛剛轉過身來，腳還沒有擡起之時，樸父就聽到背後「颯」地一聲風響。樸父心有防備急扭頭看視，已見燭陰揮鐧向其後心戳了過來。原來燭陰剛才不出手是假，真的則是為了弄清樸父兩個根底，並麻痺他們使之無防，好出手趁其無備誅殺他們。這時燭陰眼見目標實現，便出手殺了過來。樸父見之勃然大怒，立刻破口大罵道：「反覆無常的惡孽，不誅盡爾等，凡界豈有安寧之日！」說著躲過燭陰來鐧，即出劍與燭陰鬥在了一起。

黑龍剛才正在心中僥倖此次出師成功，免去了來時心懷的驚怕。這時突聞樸父之言乍然一驚，急扭頭見到旱魃二魔也齊出兵器向他打來。黑龍於是不敢怠慢，也忙出錘迎住旱魃二魔，與之鬥在了一處。

這是一場好打，一時間只見燭陰三神魔團團圍住樸父二神廝殺，招招殺往死處，式式不留情面，恨不得立刻殺死樸父二神。但是樸父二神也不相讓，奮力與燭陰三神魔拼搏，使得燭陰三神魔也硬是一時得手不成。然而轉眼打鬥多時，燭陰三神魔勢大力強，樸父二神勢單力孤，不由得漸漸抵擋不住起來。

「白毛老神，你還是快快過來束手就死，免得我等再費手腳了吧！」燭陰見之大喜，口中說著便出鐧更疾地殺向了樸父。樸父年已老邁，越鬥越弱，漸漸抵擋不住了燭陰，因而也更不能騰出手腳助戰黑龍。黑龍獨鬥旱魃二魔也是抵擋不住，他二神立刻陷入了險惡萬端之境。

就在這時，女媧娘娘倏然殺到鬥場，開口大叫道：「先前娘娘我已給過你等三神魔一次回頭之機，今日又遣樸父二神前來勸說你等回

頭。但不料你等仍不懸崖勒馬，轉意回頭，竟要誅殺樸父二神，這就容不得我娘娘不誅殺你等了！」說著，已仗劍殺向了燭陰。

燭陰這時仍是心懷求得女媧之愛以作凡間之王的夢想，和誅殺女媧會引來天兵天將擒殺之禍的驚怕，因而突見女媧殺到已是心中大驚。因為他害怕自己直接與女媧交手得罪了女媧，也害怕在其眼前誅殺了樸父二神得罪於她，鬧出仇恨後日求愛不得。

那樣不僅會使自己心中痛苦一輩子，而且也永遠難以做得凡間之王。加之他又知道他三神魔不可誅殺女媧，因為那樣定會引來天兵天將捉拿他們，因而他們便更沒有與女媧交手的必要。所以他一見女媧殺到，便手中不敢接戰，口中忙喊旱魃二魔就要逃遁它去。

女媧見之心中人惱，邊麾動樸父二神緊緊咬住欲逃的燭陰三神魔不放，邊口中怒罵道：「惡孽死期已至，看你們還往哪裏逃！今日不殺你等，怎示娘娘威嚴！」隨著，手中之劍則招招刺向只顧躲逃、不願還手的燭陰要害之處。刺得燭陰一時間躲逃不得，只有止住躲逃出手迎鬥女媧。

「娘娘且息雷霆之怒，容小神對娘娘講說！」燭陰手中戰著心中怕著，忙向女媧辯說道。

「我不聽你講說，你都殺向我了，」女媧打斷燭陰之言，不容其向下講說道，「還有什麼要說的！」

「不，小神絕對不敢妄殺娘娘，」燭陰這時急言道，「也無意與娘娘還手。同時也並非不遵娘娘之教，立刻回頭轉意。」

「那你為何這樣去做？」女媧厲聲喝問道，「言行不一的孽神，休想騙我！」

「而是小神三神魔心知，在娘娘身邊的黑龍與娘娘異心，」燭陰接著既是實言，又是為了實現其惡計道，「不除此惡娘娘必受其害。」

306

「這個不要你這惡孽費心，」女媧聞此更惱道「你就送死去行了！」

「娘娘不可如此！」燭陰這時又言道，「故而小神三神魔才與他二神交鬥，乞娘娘見諒，回避此戰，好讓我三神魔替娘娘誅除此惡！」

「惡神休再騙言於我，我女媧絕對不會鑽進你的邪惡圈套！惡神休得再作胡言，快快過來受死！」女媧聽了燭陰此言當然心中更惱，口中又立刻怒罵著燭陰，手中則一劍緊過一劍地向其殺了過去。

「既然娘娘不解小神美意，非置小神於死地不可，」燭陰被女媧殺得躲身不過，無奈只有開口再言道，「那麼娘娘就莫怪罪小神，為保活命只好出手攔擋了！」言畢，便與女媧鬥在了一處。

女媧三神如此與燭陰三神魔交起手來，此後全都不再搭言，只顧鬥在一處，轉眼她六神魔便已鬥過多時。女媧眼見雙方雖然鬥過多時仍是難分勝負，再鬥下去她三神也難以誅殺燭陰三神魔，便不由得心思急轉謀得一計，立即湊空對樸父附耳一語讓其暫且離去，以期引散燭陰三神魔再伺機進行誅殺。

樸父聞聽會意，立即虛晃一劍佯敗而去。與樸父正鬥的魑魅正欲追去，卻聽燭陰一語止住魑魅道：「窮寇莫追，以免中計！」魑魅不追樸父，隨之便助燭陰共鬥起了女媧。

女媧眼見僅走一個樸父不能引散燭陰三神魔，便又向黑龍使去一個眼色要其追隨樸父離去。黑龍會意又向旱魃虛晃一槍佯敗退去，旱魃見之正欲追去，又被燭陰一語止住。便也揮動手中狼牙惡棒，上來共鬥女媧。

心中本來不想與女媧交鬥的燭陰，在樸父二神去後本可引領旱魃二魔趁機遁去，但這時他卻不僅一反心中本意沒有遁去，相反卻引領旱魃二魔共鬥起了女媧。這是因為狡詐的燭陰這時心思急轉生出了新的謀略，即他看到自己因為躲避不掉已與女媧交過了手，就是自己再

行躲逃也是交過了手。

為此他決計既然已與女媧交過了手，就索性來它個一不做二不休，乾脆趁此時機他三神魔一舉擒住女媧。然後自己正好再行或者先行誅殺樸父二神之計，或者自己強行逼婚於女媧，以奪得女媧之愛，進一步謀奪凡王之位。為此他引領旱魃二魔圍鬥女媧毫不懈怠，頓然間鬥得酣烈十分。

好在樸父與黑龍二神這時並未去遠，他們眼見騙引不散燭陰三神魔，他三神魔圍住女媧惡鬥酣烈至極，心中唯恐女媧有失不敢怠慢，忙又返回共戰燭陰三神魔而來。就這樣，女媧三神又與燭陰三神魔惡鬥在了一起。

二四、燭陰逼婚

　　女媧三神與燭陰三神魔再次鬥在一處，轉眼又已鬥過多時。雙方仍是旗鼓相當，難決勝負。女媧目睹此景，心知這樣再鬥下去也難見到分曉，因為雙方實力相當。

　　為此，女媧心思再次急忙轉動，想到自己一方若要取勝對方，必須依舊使用剛才自己所想之法，即把燭陰三神魔引散開來。以變其三神魔合力與自己實力相當之勢，為分散開來的局部劣勢。使用自己的局部優勢擊其劣勢，把他三神魔分散消滅。如果不用此方，一時是別無它法可想的。

　　然而女媧雖然舍此方法另外一時沒有它法可想，但她又想到自己剛才使用此計，先後讓樸父與黑龍分別棄戰南去，以期把燭陰三神魔引散開來分而誅之，卻都仿佛被狡詐的燭陰識破。為此他兩次都不讓旱魃二魔前去追殺，反將自己之勢轉變成了劣勢。剛才施用此計不成，這時怎樣再施此計將燭陰三神魔引散開來，以奪分別誅殺之勝呢？

　　女媧如此久思不得良方，就這樣一邊手中與燭陰交鬥著，頭腦中一邊不停地思想著。末了，她想到既然前次讓樸父二神南去，引散旱魃二魔不得，這次就不能再施此法了。既然不能再次施用此法，就只

有改用它法來引散燭陰三神魔。而它法則就只有自己離去，以引散燭陰三神魔了。

想到這裏，女媧便即決計自己離去引散燭陰三神魔。但她臨行，又覺得如果自己像剛才樸父二神那般離去，狡詐的燭陰可能仍然不會讓旱魃二魔與他分散開來，使她仍舊達不到預期目的。

那麼，怎樣才能達到預期目的呢？無奈之時，女媧決計索性來它個一不做二不休，這時倏然大叫道：「燭陰惡孽，既然我等三神誅除不了你等三神魔，我就只有前去天宮搬來天兵天將了！樸父大神，你倆好好纏住他們，我去去就來！」說著，踏動雲頭便徑向北方高天飛去。

燭陰別個還不甚害怕，最為驚怕的就是女媧去搬天兵天將。因為他早吃過了天兵天將追拿之招，深知天兵天將的厲害。並深知自己如果再次被天兵天將拿住，累計前孽必被誅殺無異。正因此前次他阻止旱魃二魔誅殺女媧，害怕女媧被殺樸父二神上告於玉皇大帝，引來天兵天將誅殺自己。

燭陰料想不到在此雙方正鬥之時，女媧突然一聲講說，要做他最為害怕的事情，真個是嚇得他驟然一驚！隨著，不敢稍怠，急命旱魃二魔道：「快，隨我一起捉拿女媧去！」說著，即率先隨其口中話語之聲，騰雲追擊女媧而去。

女媧如此舉動也大出樸父二神所料，正鬥的樸父二神剛才聽到女媧之言雙方一怔，已見旱魃二魔皆遵燭陰之命，向北追擊女媧去了。目睹如此場景，閱歷深廣的樸父老神頓然明白了女媧的用心，忙對黑龍道：「燭陰狡詐，娘娘兩次用計都反被他所破。走，快圍攻他三神魔去！」說著，急催動正在呆怔中的黑龍，一路向北追殺燭陰三神魔而來。

　　女媧如此舉動只是想引燭陰一神獨個隨她離去，留下旱魃二魔與樸父二神交手，以讓樸父二神誅殺旱魃二魔。她知道，旱魃二魔遠不是樸父二神的對手。如果他二神鬥他二魔，要不了交手多久，旱魃二魔是必被誅殺無疑的。

　　然而，女媧實在沒有想到她如此舉動，恰又適得其反地牽動了燭陰頭腦中那根最為敏感的神經，使得他聽了女媧此言面對女媧之舉，必然死攔女媧而不可。即讓旱魃二魔停止與樸父二神交鬥，隨他一齊追拿女媧而來。

　　燭陰害怕自己單獨追拿女媧，萬一有什麼閃失，走掉了女媧引來了天兵天將，那就是他的末日來臨了呀！因而他認定粗心大意不得，不舍旱魃二魔一步，他三神魔一齊隨後緊追女媧。

　　其實，即使女媧不施此舉牽動燭陰頭腦中那根最敏感神經，她也是無法把燭陰三神魔引散開來的。因為，狡詐的燭陰也早像女媧一樣，在雙方久戰不見勝負之時，反覆思謀了奪勝之策。他也看到，在眼前雙方實力相當的情況下，若要取勝女媧三神，此後的唯一辦法便是設法將女媧三神分散開來。然後以己之強，擊其分散之弱以分而誅之，方可奪得全勝。

　　由於他與女媧心有同想，所以女媧剛才之計立刻被他識破。任憑女媧兩次誘引，他都硬是不讓旱魃二魔與自己分散開來，以防中了女媧引散他三神魔分而誅殺之計。這時女媧之計不僅正投燭陰所想，而且牽動了他的敏感神經，所以其所設之計當然不僅只能再次告吹，而且反被燭陰所乘。

　　女媧施此計謀僅是為了引散燭陰三神魔，燭陰卻對女媧搬動天兵天將之言信以為真，為此他這時緊追女媧絲毫不敢怠慢，唯恐女媧走脫真的搬來了天兵天將。女媧由於並不真的要去搬動天兵天將，回頭

見到燭陰三神魔並未被自己引散，相反卻一起緊緊追趕過來，奇計仍然不能實現，便放慢雲頭等待樸父二神追趕上來，她三神再合力圍鬥燭陰三神魔。此後即使她三神不勝也罷，她決計返回宛丘再思奪勝之策，伺機再戰以誅殺燭陰三神魔。

女媧心懷此想一陣慢行，片刻便遙遙看見樸父二神從後面迅疾追殺上來。女媧見之心中思想再稍待片刻等到樸父二神追近之後，自己再返身回戰燭陰三神魔。但不料正在女媧稍待之時，驚怕女媧走掉的燭陰回頭看見樸父二神追來，其頭腦中緊繃的那根敏感神經頓然繃得更緊起來，唯恐他三神魔被樸父二神纏住片刻，走脫了女媧娘娘。

因而燭陰心思急轉倏然使出邪惡之招，「呼」一口氣向後吹去，頓使身後的平靜空間大地之上，萬里長風驟起，沙石草木全都被捲上空中，一陣劈頭蓋腦向樸父二神砸了過去。正在追來的樸父二神頓時雙眼難睜不見光明，向前不進反退，一陣不知所向隨風飄了過去。

「燭陰，我叫你惡孽死無葬身之地！」女媧見之勃然大怒，口中厲喝著，手中即仗劍回身向燭陰殺了過來。燭陰眼見女媧不再飛去天宮搬動天兵天將，而返身向自己殺了過來，方纔放鬆頭腦中緊繃的那根敏感神經。

「娘娘還是快快息去雷霆之怒吧，盛怒會傷肝害脾的！」想到樸父二神已被那風颳得不知去向，剩下女媧一神將任憑他三神魔隨意宰割，他三神魔必然擒住女媧無異，燭陰遂迎住隨劍而來的女媧，禁不住一陣「嘎嘎」笑言道，「我燭陰絕對不傷娘娘一根毫毛，只是娘娘別太為難我燭陰小神，也就是了！」

燭陰這番言辭發自肺腑，因為他心中真誠地愛著女媧。然而燭陰的這番肺腑之言在女媧這時聽來，卻倍溢戲謔譏諷之味，使女媧更加氣惱十分道：「惡孽休得狂妄囂張，我這就給你送終！」說著，又「嗖」

地一劍向燭陰刺了過來。

「娘娘既不留情，就容不得小神不還手了！」燭陰急閃身躲過來劍，開口無奈道。說著，即出鐧與女媧鬥在了一處。在旁的旱魃二魔看見，也齊上前圍住女媧為燭陰助戰。一時間，只見他三神魔將女媧團團圍在正中，各個出招鬥狠，打得難分難解。

燭陰三神魔全都神功不弱，女媧神功雖強卻也抵擋不住。轉眼打鬥二十回合過去，燭陰趁著女媧劍刺魑魅之時，倏然突出一鐧到女媧劍下向上一挑，「嗖」地便將女媧手中之劍挑飛向了半空。女媧手中突失利劍驚得「啊呀」一聲大叫，剛一愣怔便見旱魃的狼牙惡棒又已「颯」地戳到了自己胸前。女媧這時躲避已來不及，又嚇得「啊呀」叫出聲來。

但是就在這時，卻突見燭陰手中之鐧倏然伸到，「噹」的一聲擋開了旱魃戳來的狼牙惡棒，救下了女媧性命。然而與此同時，那鐧卻游龍戲水般一擰，頂在了女媧的胸口之上。隨著燭陰開口道：「娘娘，你死已在小神翻手之間。有什麼話要說，小神給你留點時間！」

「不可妄殺娘娘！不可妄殺娘娘！」燭陰話剛落音，卻聽樸父在遠處喊叫著與黑龍一齊殺了過來。原來他二神被剛才燭陰呼出的那股惡風吹走之後，也不知道被那惡風颳出多遠方纔止住身子。他二神止住身子尋視不見女媧，頓然想起女媧被燭陰三神魔追趕，雙方齊叫「大事不好」，急忙踏雲返回陰山尋找女媧而來。

不料他二神剛到陰山地面，便見女媧被燭陰三神圍住，燭陰手中之鐧正頂在女媧胸口之上欲要行惡。樸父二神見之大驚，急叫著向前奔殺過來。燭陰見之則「嘎嘎」一笑道：「可惜你二位大神管不得這許多了，你們給我滾吧！」言畢即又向樸父二神呼一口氣吹去，陰山之上頓然又是一陣萬里長風倏然颳起，把剛剛奔來的樸父二神又颳得

不知去了何方。

「惡孽，我與你無話可說，你快殺了我吧！但我相信你如此繼續行惡，是絕對不會有好下場的！」女媧見之也無可奈何，只有開口怒喝道。隨著，則將胸膛往燭陰鐗上碰去，一時間反嚇得燭陰連連向後退鐗道：「娘娘不可如此，你無話與小神言說，小神倒有滿腹話語要對娘娘言講！」

「去，你兩個走遠點，先避一避。我與娘娘有話相商。」燭陰說到這裏，轉對旱魃二魔道。旱魃二魔先前只是想著早殺女媧早了事端，卻沒想到燭陰會剛才攔阻旱魃之棒，現在又讓他二魔遠避。他二魔不知燭陰這時施何詭計，心中全都怏怏不樂，但也無奈只好遠避去了。

其實，燭陰鐗逼女媧胸膛並聲言要殺女媧，皆是出於無奈。出於其一貫心思，他是絕對不會手刃女媧的。但如果他不使用此法，女媧又豈肯平靜下來聽他講說！為此，燭陰無奈施用了此舉。這時，燭陰眼見旱魃二魔避去已遠，方纔開口對女媧吐露真情道：「娘娘儘管放心，不僅我燭陰不會誅殺娘娘，就是別個誅殺娘娘，我燭陰也絕對不允！」

「少跟我胡說！」女媧這時更惱，打斷燭陰之言道，「你不殺我，鐗逼我胸膛要做什麼？」

「小神本不該鐗逼娘娘胸膛，並聲言要殺娘娘。但小神若不鐗逼娘娘胸膛，並聲言殺娘娘，」燭陰更是不敢怠慢，急接前言道，「娘娘豈肯聞聽小神講說？因而小神實是出於無奈，乞娘娘見諒小神的難處！」

女媧聽了燭陰此說，心中對燭陰不殺害她已經清楚，她想這可能是因為他不敢殺害她。但對燭陰趕開旱魃二魔要與自己單獨講說，而

且一開頭又這樣拐彎抹角，一時間卻沒有猜出他葫蘆裡要賣什麼藥，因而即不耐煩道：「惡孽快快殺死我吧，誰聽你這般講說！」

燭陰這時由於心懷它想，所以不僅對女媧之言不慍不怒，相反他雖然手執惡鐧威逼著女媧，轉手就可置女媧於死地，但卻頓然顯得顫顫驚驚，失去了先前的全部威風，口中支吾起來道：「娘娘，請您相信小神之言。小神所以不殺害你，是因為小神心中有一事乞求娘娘，乞娘娘見允！」

女媧聽到燭陰如此一語，方纔驟然明白邪惡的燭陰要對她講說什麼。他想起自己那次約會黑龍，燭陰為此刺傷了黑龍。黑龍遇刺後在宛丘養傷之時，全部對她講說了燭陰刺他的緣由。女媧聽後便知道了燭陰在相思著她，但她對燭陰卻沒有好感，因而早已忘記了此事。

這時，女媧實在想像不到邪惡的燭陰竟然愛心不泯，要用鐧逼著自己對他施愛，心中實在好惱！因而不等燭陰再開口往下講說，她便對燭陰屬言道：「我知道你要講說什麼，也知道你要求我什麼。你就是為了這個前次伏刺了黑龍，說明白了就是你要求我給你愛情！」

「娘娘說得對。」燭陰想不到女媧已經在他不言之前，全部知道了他的心機，一番言講說出了自己還有些羞於啟齒、不好意思講說出來的話語。為此他心中頓然大為激動，不等女媧把話說完，已誤認為女媧答應了自己之求，忙言道，「小神謝過娘娘賜愛大恩！」

「但是，愛情是心中自然萌生出來的東西，哪裏有你這樣用鐧逼出來的，你見到過用鐧逼出來的愛情嗎！」女媧對燭陰之言聞若未聞，繼續屬言道，「如果用鐧可以逼出愛情，那愛情就失去其自身的價值了！燭陰，你不覺得你如此行事，太可笑亦太可悲了嘛？」

「娘娘說得對！若可用鐧逼得愛情，愛情就失去了價值！」燭陰這時則不慍不怒，亦不心灰辯解道，「可是小神這不是用鐧逼取娘娘

315

的愛情，而是請娘娘聽小神訴說心曲！」

「你對我還有什麼心曲可訴？」女媧惱得質問起來道，「我不聽也已知道，惡孽是狗嘴裡吐不出象牙的！」

「娘娘不要只是辱罵小神！小神有話對娘娘講說。」燭陰仍是不惱，繼續道。

「好吧，我就聽你說完，」女媧心雖氣惱，卻也無奈道，「看你狗嘴裡能噴出什麼糞來！」

「不知娘娘想過沒有，如果娘娘愛小神，娘娘則就愛上了一個也真心誠意愛著您的情侶，而不是愛上了一個黑龍那樣僅僅為做凡間之王，而假戲真做奉迎娘娘的無情之侶，」燭陰這才開口道，「如果娘娘與小神結為同心，小神則既可以超過黑龍真誠地幫助娘娘除惡，又可以勝過樸父成為娘娘放心的凡間之王！娘娘，你要三思呀！」

「什麼？你說黑龍愛我是假意？他僅僅是為爭做凡間之王，才這樣對愛情假戲真做？」女媧聽了燭陰此言，真個是心中怒火陡騰萬丈道，「你說你可以勝過黑龍和樸父？這真是滿嘴噴糞！」

「娘娘不要只是發火，娘娘對小神之言要三思才對！」燭陰依舊不慍不怒道。

「你這是妄圖使用離間之計，你這個邪惡的孽神。可惜我現在不能就殺了你！」

女媧依舊氣惱不息，禁不住怒吼起來道，「你殺了我吧，我再也不能去聽你的胡說八道了！」

「娘娘，常言苦口良藥利於病，忠言逆耳利於行！」燭陰這番言辭確實發自肺腑，但他聽到自己這番誠言摯語反倒傷了女媧之心，真個是頓感心痛萬分道，「小神之言雖然不合娘娘心意，但沒有一字欺哄娘娘啊！」

　　然而女媧惱恨燭陰，因而此後任憑燭陰如何講說，她硬是再也不言一語，使得燭陰頓然無可奈何起來。燭陰雖為邪惡之徒，他對女媧的愛也夾雜有爭做凡間之王的邪念，但他對女媧的愛確實是真誠的執著的，他的前番言辭也多為事實多有道理。

　　但是邪惡的真誠當然不能打動女媧的善良之心，否則女媧娘娘豈不也就成了邪惡之徒！因而此後儘管燭陰千言萬語講說不盡，女媧則對之全都嗤之以鼻。燭陰無可奈何，末了為求女媧之愛竟然驀地棄鐧於地，「撲通」跪倒在女媧面前道：「娘娘，小神無奈，只有跪求娘娘賜給小神之愛了！」

　　「可笑，可悲。我這就送給孽神愛情！」女媧見之「嘿嘿」一笑道。隨著，但見她倏然俯身撿起地上燭陰棄下的利鐧，「颯」地便向跪倒在地的燭陰戳了過去，以誅除燭陰惡神。

　　然而燭陰對女媧下跪則是真誠的下跪，因而他跪倒在女媧腳下冷不防女媧拾鐧向他殺來，聽聞響聲那鐧已到面前躲避不及，燭陰無奈不敢怠慢，只有急施蟄地之功倏然潛入了地下，方纔躲過了女媧戳來之鐧。

　　女媧眼見自己不僅沒有戳住燭陰，而且倏然不見了燭陰，心中大惱開口厲叫道：「惡孽，你不是對我有真正的愛情嗎？真正的愛情是死而無憾的！然而我現在叫你死，你卻逃了，你的愛情真到哪裏去了？」

　　「娘娘此言就差了！真正的愛情當然是為對方死而無憾的，但是沒有得到愛情反為愛情而死，怎不令死者遺憾萬年呢！」燭陰蟄身地下耳聽女媧此言，隨之「嘎嘎」笑言道，「娘娘，小神只要得到了您的愛情，哪怕是一次。您再叫小神為您去死，小神也是絕對不生的。娘娘，您就答應小神吧！」

「妄想！」女媧氣憤得斬釘截鐵道。隨著，她眼見自己再殺燭陰也是不得，便起身就要誅殺避往遠處的旱魃二魔而去。燭陰見之心思急轉，想到如此再逼女媧，自己也一時難以得到其愛，而不如暫先除去樸父二神，然後再逼女媧賜愛於自己。

「娘娘既然堅決不應小神之求，那就怪不得小神要委屈娘娘一下了！」想到這裏，燭陰無奈對欲去誅殺旱魃二魔的女媧說著，立刻口中念動咒語，倏然使動法術便冷凍住了女媧周圍方圓半里的偌大空間，把正行的女媧凍在了冰凍之中。

被凍的空間又恰好連著狼山山頭，女媧就這樣被燭陰凍結了狼山山頭之上。燭陰見之既心疼又遺憾但也無奈，隨著他只有立即蟄上地面，喊回避去的旱魃二魔，與之一起計議起了誅除樸父二神之策。

樸父與黑龍二神剛才再次被燭陰用長風颳去，又是被颳出千百里方纔站住身子。身子站定之後他二神皆知女媧情急，不敢稍怠又急忙駕起雲頭返回陰山而來。一路之上，他們邊走邊議如何以弱勝強，打敗燭陰三神魔之策。然而他二神計議過來計議過去，全都苦無良謀。

因為剛才他三神合力，尚且取勝燭陰三神魔不得，如今他二神又不知道女媧身處何境，如果她身處險境出手不得，他二神對付燭陰三神魔就需要胸有良策了。然而現在他二神議無良策，又對付不了燭陰三神魔，怎麼辦呢？

沒有辦法之中，他二神無奈決計沒有良策也要設法取勝，對付不得也要設法對付。若不這樣去做，就無法救得女媧脫離險厄。為此，他二神就這樣心中無奈著，腳下卻仍舊向陰山急奔而來。

他二神須臾飛到陰山近處，便急忙放慢了正行的腳步。他們剛才兩次奔助女媧都被燭陰用長風颳去，心知如果這時再次直接上前，燭陰定然還會施法將他二神颳往遠處。那樣被颳開去他二神倒還事小，

如此徒勞無功耽誤時間，救不下女媧可就是大事一椿了！

為此他二神急作計議，隨著便決計採用隱蔽之法接近狼山，以伺時機靠近燭陰三神魔突出殺之救出女媧。這樣既可避開燭陰施法，還可防備如果女媧已被燭陰三神魔擒住或被殺害，他二神不再重蹈女媧的覆轍。計議既定，他二神遂立刻按落雲頭於陰山密林之中，鑽穿密林向狼山奔來。

樸父二神營救女媧心切，一陣鑽穿便來到了狼山之上密林之中。舉目見到山頭之上凍結著一塊晶瑩剔透的巨冰，女媧像是一隻蟲兒一樣被凍結在巨冰正中，一動也動彈不得，身僵若死般躺在冰中。他二神眼見此景心中大驚，因為這是他二神最害怕發生的事情！

他二神原來皆知燭陰不僅身懷呼風之能，而且身懷冷凍空間之功。燭陰的呼風之能他二神剛才已經兩次領教過了，最怕的就是燭陰再施冷凍空間之能把他二神冷凍起來，使他二神動身不得不能為女媧助戰，女媧就要身陷更加險惡之境了。

然而現在他二神被燭陰施風颮去沒有受害，想不到女媧則反被燭陰冷凍於狼山之上巨冰之中。對於樸父二神來說，女媧被凍還算是好。因為女媧若被燭陰殺死，他二神就連營救也不可能。

但是處此境地若要打開巨冰救出女媧，也決非易事。因為打開巨冰需要時間，而這時燭陰三神魔又必定會在冰旁守護。他二神之力對付燭陰三神魔尚且不夠，又怎能分出身來打開巨冰救出女媧呢？為此他二神走在狼山之上密林之中，真個是又遇上了更大的難題。

面對這更大的難題，樸父二神在密林中一邊窺探周圍的場景，一邊思謀著對付之策。對於打破冷凍女媧的那塊巨冰，他二神倒是還有辦法，因為黑龍手中之錘恰好有一枚具有破冰之能。雖然破此巨冰仍然艱難需費時間，但它畢竟可以用來打破堅冰救出冰中女媧。但問題

難就難在這時他二神已經窺見，燭陰三神魔正坐在山頂偏東地方在計議著什麼。

因此要給黑龍找到打開巨冰需要的時間，就必須把燭陰三神魔引誘開去。可又怎樣才能把他三神魔引誘開去呢？這難題便又必然地落到了樸父老神肩上，使他犯難不止。因為弄得不好，他樸父前去引開燭陰三神魔時，如果再為燭陰提供了施法之機，或者把他用長風颳去，或者將其與女媧一樣冷凍起來，此後僅剩黑龍一神，豈不就將更是營救女媧不成！

常言急能生智。就在樸父二神急得無奈之時，樸父心中驀地閃現一絲亮光，有了既可避開燭陰施法，又可引開燭陰三神魔之策。但聽他對黑龍道：「黑龍，你快細看那塊巨冰，從哪個角度打破進去，距離女媧最近而又隱蔽？我想你最好從巨冰底部打破，正好你可借助山林隱身靠近。」

「老神所言極是，」黑龍也已看清了營救女媧的最佳破冰之處，這時聽了樸父之言一邊肯定著，卻一邊犯起難來道，「但只是燭陰三神魔必須引開呀！」

「這個大神放心，」樸父這時即言道，「老神這就前去引開燭陰三神魔。」

「老神不可前去！」黑龍即言阻止道，「老神一神前去，他三神魔或者正好借機圍殺於老神，或者施風再將老神吹走，或者也把老神冷凍起來。到了那時，小神別說再救娘娘，恐怕自身也就難保了！」

「這些，老神都心想過了。」樸父這時接言，講說心中之想道。

「噢！老神快講有何妙法？」黑龍聽了急問道。

「老神心想，為了避開燭陰施法，老神打算悄悄潛到他三神魔堆中，」樸父隨之講說心中之想道，「然後從低處往遠處行進，以使燭

陰施風施凍不得。」

黑龍一時不解道：「那為什麼？」

「如果燭陰施風，那風碰上山石反颳過來，就會連同他們一起被颳走。如果燭陰施凍，老神靠他們極近，必將把他們自己也冷凍起來，」樸父具體講說自己之想道，「這樣老神把他們引開戰我，你要抓緊時機破冰救出女媧。」

「這太冒險了！」黑龍聽了樸父此言心中當然驚怕，他怕自己單獨行動被燭陰發現誅殺，為此口中急言道。

「該冒險時就只有冒險了！」樸父這時無奈道。黑龍聽了知道這時怕也無用，便只有硬著頭皮答應了樸父之言，與樸父分頭依計而行。樸父立刻離去，向燭陰三神魔在處潛去。

「惡孽看劍！」樸父之計果然實現，只見他須臾潛至燭陰三神魔坐處，直到近在他三神魔眼前方驟然厲喝道。隨著，便仗劍「颯颯颯」地向燭陰三神魔殺了過去。

說來也該燭陰失手女媧遇救，由於樸父殺來陡然打亂了燭陰的思緒，燭陰這時不僅沒有想到再施法術，而且心想女媧已被冷凍起來，剩下樸父二神正好分而誅之。加之這時又見只有樸父一神殺上前來，他三神魔正好圍而誅之，便只顧立刻麾動旱魃二魔，與自己一起圍殺起了樸父。

樸父這時與燭陰三神魔交鬥是假，把他們引開，以防他們阻擋黑龍破冰營救女媧是真。這時樸父目標實現心中大喜，便見他立即邊戰邊作佯敗之狀，徑向坐落在東方的大青山方向一路退了過去。

樸父如此邊戰邊退把燭陰三神魔引誘開去，黑龍等在山頂密林之中眼見此景急不稍怠，立刻潛到冰下出錘開破起了巨冰。那冰不僅厚巨而且堅過常冰，黑龍手中之錘開破此冰顯得軟弱無力。但是為了保

得自己活命，更為了早些救出女媧，他不敢稍微耽擱這樸父用生命換來的破冰之機。

為此只見黑龍手揮巨錘，奮力向巨冰揮砸開破。轉眼四分之一個時辰過去，在黑龍身乏力竭再也開破巨冰不得之時，方纔在巨冰之中打開一條冰道，來到了女媧被凍之處。隨著，把凍僵的女媧救到了冰外。

女媧被救出巨冰立刻蘇醒，睜眼看到只有黑龍一神待在自己身邊，忙驚問樸父現在何處。黑龍聞問即向女媧講明緣由，女媧聽了頓然大驚道：「快，快救樸父大神要緊！」言未說盡，便已起身拉起黑龍，急向樸父誘引燭陰三神魔前去方向追去。

女媧二神一陣飛奔來到樸父四神魔鬥處，正見到樸父因為獨鬥燭陰三神魔時間過久，神力已乏抵擋不住，一招防備不及，已被燭陰所乘出鐧打向了心口。樸父見鐧到來急閃身躲避，但燭陰來鐧迅疾躲避不掉，剛一扭身那鐧尖已經戳中其扭動的左臂，疼得樸父「啊呀」一聲大叫，眼見身死就在須臾。

「走，我們返回宛丘去。」女媧見狀大驚，話也顧不得講說，忙躍身上前倏然仗劍格開燭陰之鐧，救下了臂部受傷的樸父，隨著開口急叫道。樸父眼見女媧已被救出此戰已了，便與黑龍一起捂住傷口，隨同女媧向南奔去。

旱魃二魔見之，齊開口責怪燭陰心腸太軟不殺女媧之過，並讓燭陰再施法術凍住女媧三神以誅殺之。但是燭陰心懷它想，只是遺憾地呆站在那裏。眼望著女媧三神離去，既不答言也不施法，同時也不向南追殺。

牛頭熊身的魑魅目睹此景，急得頭上的牛角直抖，開口大叫道：「若如此，我等三神魔必被女媧誅殺無疑哩！」

二五、樸父建勳

　　女媧三神由於樸父負傷女媧剛被救出，加之他三神即使與燭陰三神魔再戰下去，也一時見不得分曉，便一路返回了宛丘。回到丘上，女媧一邊為樸父治療創口，一邊便與之計議起了誅殺燭陰三神魔之策。好在燭陰惡神心有它想，一直未領旱魃二魔殺上丘來，方使得女媧三神平靜下來。若依旱魃二魔之意，她三神待在宛丘之上豈有安靜之說！

　　女媧三神如此議起誅殺燭陰三神魔之策，開始皆無良謀緘口不語。因為他三神通過數次與燭陰三神魔交手，全都知道燭陰惡神不僅心機狡詐，而且神功高強。再加上他身邊有旱魃二魔為左右臂膀，實力恰與他三神旗鼓相當。因而如果繼續再像先前那樣直接攻殺，是誅殺燭陰三神魔不得的。而要奪得誅殺燭陰三神魔之勝，必須施用奇計。

　　然而說起奇計，設陷埋伏暗殺之類的計謀，也全都難以取勝燭陰。因為他眼睛有洞穿大地之能，所以無論你埋伏得多麼隱蔽，他遠遠的都可以看個一清二楚。除非他不往你埋伏的地方看去，方算罷了。而離間挑撥美女之類的計謀，則全都沒有因由可施。因為他三神魔同心相連，如同鐵板一塊離間不得。而施用美女之計，又無美女可送，也不是她們願用之招。

　　為此唯一的計謀，還是只有設法把他三神魔分散開來，分而誅之。但他三神魔也全都深知他們被分散開來的後果，因而須臾不相分離。對此，女媧在陰山兩次施計都告敗北，便是明證。思謀計議至此，他三神怎能不皆無良謀緘口不語！

　　然而沒有良謀也要思得良謀，因為只有這樣才能早日誅除燭陰三惡，使凡界從今往後平靜下來。不然燭陰三惡一旦行起惡來，是會比神鼇更加厲害三分的。到了那時，女媧創造的凡人就將倍受其害。所以燭陰三惡不除，女媧放心不下，也返回天界不得！為此他三神必須思得良謀，以除燭陰三惡。就這樣他三神雖然皆無良謀緘口不語，但卻心中都在竭盡心力地思謀著。

　　時間在他們的思謀中緩緩流過，一日，兩日，三日，如此一連七日過去，這日樸父創傷痊癒，女媧與黑龍二神見之心喜，齊向樸父祝賀。然而樸父聽了女媧二神祝賀之言心中並不高興，相反卻心情沉重道：「我等如此久思不得良謀，前去誅殺燭陰三惡不得，這可如何是好！」

　　「沒有良謀可以思得良謀，」女媧耳聽樸父出言沉重，即忙輕鬆道，「眼下大神創口痊癒，才是我三神最大的喜事！」

　　「是呀，若是老神傷口不愈，」黑龍見之接言道，「我等誅殺燭陰三惡就更是無期了。」

　　「好了，不說這些了。我們還是都把自己的想法傾囊倒出，」女媧講說自己之想道，「不管它有用無用，都聽聽來它個互相啟發，無用之計說不定反會變作良謀的！」

　　樸父與黑龍聽了女媧此言，禁不住頓又一起緘起了剛才張開的嘴巴，不發一語起來。女媧目睹此景，心中知道他二神心無良謀口無話說，便又開口講說道：「二神不說我先說了。你二神好好聽聽，我這

不叫良謀的想法如何？」

「娘娘思得奇計，快說快說！」樸父二神聽了女媧此言，全都頓然大喜道，「也讓我倆早伴娘娘高興片刻！」

「我想，我們若要奪得誅殺燭陰三神魔之勝，其他辦法皆不可能，」女媧隨之接著道，「唯一的辦法還是施計把他三惡分散開來，變其與我等平手之勢為弱勢。然後我等方可以優勢，分別把他們誅殺。」

「這不是還是老辦法嗎？」樸父聽了心中不解，疑問道。

「這當然還是我前日用過的辦法，結果兩次誘引他三神魔分開皆告敗北，同時反被惡孽所乘，造成我之被擒樸父受傷，」女媧聽了樸父此言，立即半是回答半是講說其想道，「可是這次我設想的誘引之法，我相信是定然可以成功無疑的！」

樸父二神聞聽女媧說到這裏，見其對所設計謀成功堅信不疑成竹在胸，遂抑制不住心中的高興，異口同聲詢問道：「娘娘是何妙法？快對我二神講說清楚！」

「我這次設想的妙法，黑龍全部知道，」女媧為了調動樸父二神用心思索，聽了此問故意藏而不露道，「樸父老神則可能一無所知。」

「噢，那是什麼法兒？」樸父二神聽了女媧此言，雙方心中全都大為奇詫。因為黑龍不知女媧說的是他知道的什麼事兒，樸父則又不知道女媧說的，是什麼自己一無所知的事兒，因而他二神異口同聲奇詫道，「娘娘快說！」

「說來這事情實在可笑，使我羞於啟齒！」女媧這才一笑道，「但如今事已至此，我就不得不對你二神講說清楚了。」

「我們洗耳恭聽！」樸父也不多言道。

「原來，燭陰惡神這個情種，還真的在一直癡心地愛著我。前些

時他為此事刺傷過黑龍，上次他擒住我之後不僅絲毫沒有傷害於我，而且反倒向我跪求情愛，」女媧講說起來道，「為此我心想，我等既然已經舍此沒有其他妙法可施，我就乾脆來它個將計就計！那燭陰不是向我求索愛情嘛，我就給他愛情……」

「啊！」黑龍聽到這裏，禁不住眉頭頓蹙不滿意地叫出聲來。

「怎麼，這也用得著大神如此心酸麼？你不用吃醋，那燭陰是不會真正得到我的愛情的！」女媧聞聽黑龍此聲目睹其狀，禁不住一陣「咯咯咯」地笑了起來，隨之言說道，「我用愛情把他引誘開去，然後我三神對他三惡再分而誅之。二位大神，你們覺得此計可行嗎？」

「黑龍大神，娘娘說得對，」樸父耳聞女媧此言目睹此景，也禁不住隨著一陣「哈哈」笑著，對黑龍道，「你就放心吧！」

「放心，這個我完全放心！」黑龍這時不好意思道。

「娘娘，老神覺得此計可行，你就定奪實施吧！」樸父這時轉對女媧道，「誅殺燭陰宜早不宜遲，若是娘娘決計實施此計，我們就早些出發的好！」

「好！我想率先單獨出發，從東面去尋燭陰三神魔交鬥。在交鬥中，伺機把燭陰引向東方大青山，」女媧聽到樸父贊同，便即開口道，「你二神則走西路，先繞到狼山西麓躲藏起來。等到我把燭陰引走之後，你倆則分別從山南山北突出誅殺旱魃二魔，然後即去東方大青山與我共誅燭陰！」

樸父二神聽了女媧此言，齊答依計而行。女媧於是立即行動，隨著她便踏動雲頭離開宛丘，從東線一路向北方陰山西峰狼山尋鬥燭陰三神魔而來。

女媧須臾來到狼山東麓，看見燭陰三神魔正坐在狼山之巔，談論著連日來他們在一直談論著的未盡話題，即如何誅殺樸父與黑龍二

神，挾持女媧擁戴燭陰為凡間之王。

連日來，旱魃二魔都深悔前日女媧被凍之時，不僅沒能誅殺樸父，反倒被黑龍救走了女媧。而且齊責燭陰不該不讓去追殺女媧三神，並且他自己也不再施法困住女媧三神。特別是魍魅，更是對燭陰嚴責不已。

這是因為，魍魅由於早想靠近燭陰求其愛情而不得，後來在神鼈作亂時被燭陰說動，他二魔與之結為同心便與燭陰朝夕相處在了一起。魍魅於是為了求得燭陰之愛，便對燭陰盡施起了風騷之能，以期把燭陰完全掌握在自己手中。

燭陰本為好色惡神，先前他所以盡知魍魅愛他之心而故意避開，並非因為他不想對自己不愛的魍魅施惡，而是害怕自己若與魍魅牽上了線，自己心中愛著的女媧後日若是知道了，就會為自己爭做凡間之王惹出麻煩。使自己不僅獲得女媧之愛而不得，而且難以登上凡間之王高位，壞其今後一旦位登凡王可得更多女性的好事，因而便一直迴避著魍魅。

這時魍魅與他朝夕相處，又對他盡施風騷，著實使他這個好色惡神心中忍抑不住起來。雖然他心中對魍魅並無絲毫情意，其真情全部繫在女媧身上，但他還是沒有放過風騷於他的魍魅，早與她玩在了一處。

正因為這樣，旱魃雖對燭陰與女媧和魍魅之事全部不知沒有感受，魍魅則在前次燭陰摒退她二魔單獨對女媧言講時，心生醋意十分，只是不好開口對旱魃言說罷了。後來又見他不對南去的女媧三神追殺和施法，心中著實更溢醋意，到了無可容忍的程度。

因為那時燭陰已經數次得到過她，她已經把自己女魔家的一切，全都真誠地獻給了燭陰。可是燭陰則對她仍是三心二意，相反卻對女

媧誠心虔意！正因為如此她心中好惱，對三心二意的燭陰嚴責不已，使得在旁的旱魃聽來莫明其妙十分！

燭陰對旱魃二魔的斥責推諉不掉，每當被魍魅斥責嚴急之時，只有推諉拖延道：「你知道個屁！女媧若有閃失，樸父二神就會上達天庭，我等的末日就要來到，還能做成個屁的凡王！只是心急不行，要好生計議！」

「還在好生計議如何誅殺於我？好你三個賊心不死的惡孽。看劍！」就在燭陰話未落音之時，由於他三神魔只顧凝心計議對策，不防女媧已經尋到他們跟前，聽了燭陰之言厲聲喝斥著，手中之劍已「颯」地刺向了燭陰後背。

魍魅心中正惱燭陰對她三心二意，這時突見自己的情敵女媧襲殺過來，而且只有單獨一神，心中更惱。因此不等燭陰言說，便「颯」地揮起手中雙刃三尖刀，向女媧殺了過去。女媧也不怠慢，即回劍擋住魍魅來刀，與之惡鬥在了一起。

女媧的乍然到來，也著實把正在計議的燭陰和旱魃驚得一愣。但隨著他二神魔看到女媧與魍魅打在了一起，而且來者只有女媧一神，燭陰便又想先擒住女媧然後再殺樸父二神，麾動旱魃與其一起出手向女媧圍鬥上來。

女媧前來目的不是打鬥，而是為了對燭陰言情施計，同時她也知道自己獨鬥燭陰三神魔凶多吉少。因此目睹此景不敢怠慢，忙瞅准空檔倏然躍出圈子跳到燭陰一邊，仗劍壓住燭陰之鐗急叫道：「神王住手！娘娘有話與你單獨言講，快快摒退他們二魔！」說著，向燭陰使去一個勾魂攝魄甜蜜蜜的眼色。

燭陰突見女媧送來如此眼色怦然心動，聯想到女媧之言頓解其意。雖然這好事來的過於突然使他始料不及，但他期盼已久的好事這

時乍然降臨，也實在使他頓然只覺心喜，而忘記了去想是否內含奇計。於是他禁不住心中的狂喜，立刻對旱魃二魔喝令道：「去，你們先到山上等待，我與娘娘單獨說說！」

女媧聽了燭陰此言，即又向他送去一個勾魂攝魄的甜蜜眼色，遂引燭陰一路向東方大青山而去。正鬥的旱魃二魔剛才聽到燭陰之言，即已奇詫得停下了手腳，這時眼見他二神東去之狀，更是奇異十分！旱魃隨之不解道：「這是怎麼回事？別讓燭陰惡孽出賣了我二魔呀！」

「出賣一時還不至於，」魑魅則愛得癡迷，為燭陰辯說道，「但是我瞧燭陰不是個好貨，定與女媧事不清頭。走，咱們瞧瞧去。」

「不，我們還是先等等再說吧。」旱魃聽了魑魅此言，頓然聯想起了自己連日來察覺到的魑魅與燭陰不正常關係的蛛絲馬跡，心知魑魅已被其心中的醋意沖得有所喪失理智，心有所想阻止道。隨著，則與魑魅坐在山頂東邊等待動靜。

女媧引領燭陰一路向大青山行來，行至半途心魂被女媧眼色勾去而迷醉不已的燭陰，眼見他二神距離旱魃二魔已遠，便禁不住急問女媧道：「娘娘，此距二魔已遠，娘娘有何言要單獨對小神講說，就儘管講說吧！」

「娘娘欲說之言，想必不言大神也已知曉！此言言重九鼎，豈可在此半途之上無名之地，輕言說之呢！」女媧眼見燭陰心中焦灼，則不緊不慢故用隱言晦語，吊起燭陰胃口道，「為此娘娘想讓大神到大青山上慎重言之，以讓大青山為我二神做證，豈不美哉！」

「如此實在是美！好，我們走！」魂魄已被女媧眼神勾去，只顧一心癡迷於女媧的燭陰，這時聽了女媧這番隱言晦語，禁不住更加喜溢心頭答應道。言畢，便也不再開口詢問，而心迷如癡地隨同女媧，向大青山一路奔去。

常言人到迷時心變癡。不僅人是如此，天神也是如此！狡黠的燭陰這時由於情迷於女媧，既不去想如果他到大青山上，樸父與黑龍二神會不會埋伏在那裏？也不去想他獨去大青山，樸父與黑龍會不會趁機在狼山誅殺旱魃二魔？更不去想女媧對他猝然言情，是否其中有詐？而癡迷迷地順從著女媧，徑到大青山受計而來。

「此刻，這裏有大青山為我二神做證，」女媧與燭陰須臾來到大青山巔，女媧在山頂一塊巨石上坐定，便開口對燭陰假言起來道，「大神就聽我講說真言吧！」

癡迷的燭陰早想聆聽女媧對他講說賜愛之言，這時聽到女媧真要開口講說了，心中真個是一時間激動至極也驚怕至極！他激動這激奮其心的時刻終於來到，他驚怕在這激奮其心的時刻，再生變故壞其好事。

因而他渾身熱血沸騰地把心提到了嗓子眼裡，一門心思地期望著女媧快快對他講說賜愛之語，呆站在女媧面前不敢稍動一動，唯恐自己一動打斷了女媧的話語。凝神恭聽著女媧之言，唯恐漏掉了一字。口中對女媧之言百依百順道：「小神洗耳恭聽娘娘講說！」

「上次交手之前，我尚且不知大神對我愛得如此刻骨銘心。回去之後，我坐在宛丘回想大神跪求情愛的淒切場景，」女媧目睹此景，這才開口假言道，「想到大神兩次不忍手刃於我的情愛，想到大神為求情愛大膽刺傷黑龍的豪邁之舉，我的心被大神的苦心追求折服了！」

女媧說到這裏，看到燭陰仿佛聽呆在了那裏，眼睛只顧癡呆呆地望著她，只有身子仿佛在微微地顫抖。女媧知道這是燭陰心動所致，心喜自己之計就要有成，於是她繼續假言道：「由此我有生以來第一次從大神身上，體會到了什麼叫做真正的愛情！真正的愛情就是不惜一切，哪怕是獻上自己的生命！」

「娘娘所言極是，」燭陰這時表白道，「小神願為娘娘獻出一切！」

「可那黑龍對我卻遠不是這樣，他正像大神告誡我的，他對我逢場作戲，虛情假做，心懷它想，絕無真情。因而我對他絕望了，斷情了！」女媧這時故把假言說得激奮起來道，「因而我把我的一腔真情，全部轉獻到了大神身上。這是我的一片真心，也是一片癡情！大神，你可不能辜負了我的一片癡心，你可要接受下我對你的一片癡情啊！」

女媧這番虛情假言，真個是說得聲動天地，情動鬼神，使得本已癡迷的燭陰聞之心顫，渾身熱血奔湧。沒等女媧把話說完，便已禁不住高興得「撲通」一聲跪倒在了女媧面前，指天誓地道：「娘娘儘管放心，我燭陰定然不負娘娘一片癡情！」

女媧既把燭陰引到了這裏，便欲與燭陰多廝磨一些時候，以便給樸父二神贏得更多的時間，誅殺旱魃二魔。女媧心懷此想，聽了燭陰如此表白之言，便即又與之虛言道：「大神既然不負娘娘之心，娘娘便請大神聽信娘娘此番言語！」

「娘娘儘管講說，只要娘娘賜愛於小神，」燭陰聞聽，立刻又作表白道，「別說一番言語，就是千番萬番言語，小神也定然字字聽信不疑！」

女媧聞聽心喜，隨著歷數起了燭陰之惡，要他改惡從善，久久講說不息。燭陰聽著連連認罪，決計痛改前非。

再說樸父與黑龍在女媧去後，便立即一齊離開宛丘向狼山隱蔽飛來。為了減小目標，半途他二神分頭行動，黑龍從西北方向繞道潛至狼山山頭北麓隱身，樸父則從西方潛到狼山山頭南麓隱身。雙方皆依女媧之計只待女媧引走燭陰，即一齊出手南北夾擊誅殺旱魃二魔。

樸父二神隱下身來等到燭陰跟隨女媧去遠之時，先見旱魃二魔被燭陰敕令在此山上等待，邊坐下身子邊不滿地埋怨起了燭陰。魃魅顯

然被醋意沖得喪失了理智，後來竟然不知羞恥地責罵起了燭陰道：「她女媧是個女的，我魖魅不也是個女的嘛！她女媧對他燭陰有什麼，我魖魅跟他燭陰好過多次了呀！他還不滿足，又去找女媧談什麼，把我倆拋在了這裏。老娘就不依他，走，我倆追他去！」

旱魃聽到魖魅言說至此，實在不知道自己往下應該怎樣講說，只有無奈勸說道：「好了，別再說了。你應該相信，燭陰是不會忘情於你的！」

「他當然會！他兩次不殺女媧，天知道他存的是什麼心。他還說我倆不懂屁，他懂屁！」魖魅聽了旱魃此言心中更惱，發瘋般地吼叫起來道，「他懂殺了女媧會引來天兵天將，他才不懂屁呢！他不是不懂屁，他這是別有用心！」說到這裏，魖魅竟然氣昏了頭般「嗚嗚嗚」失聲痛哭起來。哭得那樣傷心，那樣悲痛，令在旁的旱魃也禁不住直抹起了鼻涕。

目睹旱魃二魔此狀，躲在狼山山巔北麓密林中的黑龍，心中立刻飛速轉動起來。他想到，女媧此計真的給他與樸父創造了一個誅殺旱魃二魔的絕佳時機。但如果他二神須臾上前誅殺二魔成功，凡間就將只剩下一個燭陰與女媧他三神為敵，樸父的凡王之位從此就將固若金湯，輪不到了自己身上。因為到那時燭陰無論如何都不會是他三神的對手的！

為此邪惡的黑龍不由得心思急轉，想到不如趁此時機，借助旱魃二魔之手將樸父誅殺。那樣即使這次依舊除不去燭陰三神魔一個，但卻把樸父的凡王之位必然地卸到了自己肩上。到時候燭陰三神魔作亂他與女媧對付不過，女媧是會搬動天兵天將的。屆時天兵天將來到除去燭陰三神魔，自己的凡王之位就成了永固之位。

想到這裏，黑龍大為後悔自己險些因為一念之差永失凡王之位。

但也又因為自己這一念不差，就要巧妙奪得凡王之位，心中高興得禁不住一陣暗笑起來。為此他立即決計讓樸父前去獨鬥旱魃二魔，任憑旱魃二魔對樸父誅而殺之，自己則避而不出。等到或者樸父身死二魔身傷之時，或者樸父擊殺一魔之時，自己再出而誅殺樸父與不死魔怪。之後自己再去大青山與女媧共鬥燭陰，言報虛假戰況彰揚自己之功！

「二魔死時已到，快快過來受死！」黑龍剛剛想到這裏，就聽到樸父眼見女媧誘引燭陰離去已久，乍然一聲厲喝道，隨著已從無防的旱魃二魔近處，倏然揮劍殺向了二魔。正在哭天悲地的旱魃二魔見之大驚，齊叫燭陰害他二魔不輕，他們全都中了女媧之計！隨著不敢怠慢，急起身迎鬥起了樸父。

他二魔惡鬥樸父一陣，心中剛才還在驚怕樸父之後定然還會隨有黑龍一齊殺來。到那時，他二魔就將會不是對手被殺無疑。然而這時鬥過一陣不見黑龍到來，覺得他二魔虛驚一場，便禁不住氣惱得齊聲破口大罵起了樸父道：「老白毛，今日看看是你的死日，還是我二魔的死日！我二魔非叫你躺在這狼山之上，永世乘涼不可！」罵畢各揮利器使絕鬥狠，大有即置樸父於死地不可之勢。

樸父這時一邊惡鬥旱魃二魔，一邊心中則為黑龍遲遲不到而焦急。樸父焦急黑龍不來，不是因為自己鬥不過旱魃二魔，而是期盼黑龍來到早些誅除如此二魔。而他久戰不見黑龍來到，自己又一時誅除旱魃二魔不得，加之唯恐女媧引走燭陰時間有限，他心中當然焦急萬分！

樸父的性格像其名字一樣樸實誠直，心中絕無彎彎。這次來到凡界他只知道一心幫助女媧打造平安凡界，使出了自己能夠使出的身力。為此他實在想像不到，黑龍居然為爭凡王之位，這時竟然心黑手

毒至此。

樸父想不到黑龍會遲遲不來，因而心中只能為黑龍的遲遲不到焦急。他焦急女媧引走燭陰實為不易，而且時間不會久長，不速戰速決快速誅除旱魃二魔，就有可能錯過這次良機，下次再尋如此時機就會更難百倍！而黑龍這時若能來到，他旱魃二魔之死就在須臾。可是黑龍遲遲不來，他樸父只能與旱魃二魔交個平手。惡鬥下去當然可以，但惡鬥不是目的，誅殺他二魔才是女媧這次用計的目的。

然而不論樸父如何急得心如火焚，黑龍卻依舊遲遲不到。目睹如此境況，樸父心知再等也難有希望，或者是黑龍碰到了別的事情走脫不開，便乾脆不再指望黑龍的到來。即一邊惡鬥旱魃二魔，一邊思謀起了依靠自己之力，快速誅除旱魃二魔之策。

樸父思謀目前場景，心知自己同時惡鬥旱魃二魔需要既左防右擋，又前擊後掃，絕對誅殺二魔不得。如果要誅殺旱魃二魔，自己必須將他二魔一分為二，然後再伺機按一下一個，方可奪得誅除之勝。但是，怎樣才能分開他二魔呢？

樸父想到，誅他二魔並不需要把他二魔分開多長時間，只須分開須臾自己突出奇招，說不定就可把他二魔誅滅。於是他心思急轉想到，自己再鬥幾招突然佯裝敗逃，使旱魃二魔向前追擊。追擊必有先後，使他二魔拉開距離。然後自己猝然回身擊殺前者，餘下後者自己再去誅殺就容易了。

心思既定，樸父便猛然出手鬥狠，與旱魃二魔殺得更加酣烈難解起來。目睹此景樸父心知佯敗時機來到，便倏然故作失手抵擋不住，佯裝敗逃而去。旱魃二魔不知樸父敗逃是計，以為樸父敵不住他二魔，死期已至，隨後窮追不捨。

轉眼追出一段距離，魑魅身為女魔奔跑稍慢拉在後邊足有兩丈有

餘，旱魃在前將近樸父之身。樸父眼見誅殺旱魃的時機來到，便先放慢腳步等待旱魃一步，隨著向旁將身一閃讓過前跑的旱魃。旱魃前跑迅疾一時收腳不住，一步便越過了閃在旁邊的樸父。恰好將其左肋作為空擋，擺在了樸父面前。

樸父這時即不怠慢，從旁急出手突出利劍，「嗖」地刺向了正從其身旁越過的旱魃的左肋。樸父出手迅疾，旱魃無法躲避，因而只聽旱魃「啊呀」一聲驚叫，已被樸父刺死在地。後來的魑魅見之一驚，陡地停住了前追的腳步。樸父急趁此機又「颯」一劍刺到，不等驚愕的魑魅明白，已是劍穿其胸將其刺死在了地上。

樸父施用巧計疾殺旱魃二魔之後，心中方纔松下一口氣來。但只是這時仍然不見黑龍到來，心中唯恐女媧在大青山失手於燭陰，因而不敢在此停怠，便急忙高聲喊叫黑龍隨他前去大青山。但他喊叫一陣仍是不見黑龍應聲，遂又急去山巔北麓找尋起來。樸父找尋一通仍是不見黑龍之面，無奈他不敢再作耽擱，擔心女媧那邊出了事情，便忙踏動雲頭離開狼山，徑赴大青山依計幫助女媧誅殺燭陰而去。

黑龍剛才其實就一直躲在樸父與旱魃二魔鬥場近處，等待時機突出殺手誅殺樸父。但他實在想像不到樸父竟然出手如此快疾，眨眼間就誅殺了旱魃二魔，使他欲借旱魃二魔之手誅殺樸父之想成了泡影。因而此後他雖聞樸父喊叫又見樸父尋他，都是因他做賊心虛心思陡然轉換不及，不敢出來面見樸父，唯恐被樸父察出自己做賊的蛛絲馬跡。為此他不僅聞喊不答，而且見尋急忙躲藏進了一方幽深的山洞，使得樸父未能找見。

樸父依計潛到大青山山巔女媧與燭陰坐處，正聽到燭陰對女媧說教件件依從，字字不移，心生肺腑之言於內，口表諍言摯語於外，說得字字如鐵句句似釘。樸父眼見這時正是誅殺癡迷燭陰的絕好時機，

335

便悄然潛至燭陰身後倏然出劍向燭陰刺去，隨著厲聲大喝道：「燭陰惡孽，今日就是你的死時！」

沉醉於情愛的燭陰突聞樸父此喝心中大驚，來不及醒悟自己已中女媧之計，還以為是樸父前來阻遏誠心賜愛於自己的女媧而來，忙急閃身向前躲向了女媧近處。但不料他剛躲到女媧面前，剛才還眼溢情愛面綻笑靨的女媧，也突然換顏變態手執利劍大叫道：「大膽孽神，還想走麼！」隨其叫聲，也一劍向他刺了過來。

「都怪我不聽魒魅之言，方有今日之敗也！」燭陰目睹此景方纔醒悟自己中了女媧之計，開口悔叫道。說著不敢怠慢，急閃身躲過女媧來劍，即出鐧與女媧二神鬥在了一處。

「惡孽，老神對你說，魒魅二魔已被老神誅殺於狼山之上，」樸父聽到燭陰講說魒魅，為驚其膽立刻開口對之道，「你走不了啦，哈哈哈！」

燭陰這時聽到樸父此言心中已是大驚，又聞樸父笑聲更是渾身戰慄。因為事情如果真如樸父所言，自己就成了孤神一個。那樣若是再有黑龍殺來，自己沒有了旱魒二魔相助，就真的難以脫身了。為此他不敢再與女媧二神交鬥，急脫身逃往狼山看視真假而去。

「黑龍呢？」眼見燭陰離去，女媧沒有與樸父即去追殺，而是即問樸父道，「他怎麼沒有隨你一道殺來！」

「老神也沒見到。」樸父聞問即答道，「不知道他去了哪裏？」

「怎麼？你沒有見到他？」女媧聽了樸父此答，心中頓然大為驚異道，「他沒有與你一道前去狼山？旱魒二魔是你一神誅殺的？」

「是的。我與黑龍半途分頭前去狼山，但在狼山他不僅沒有出戰，」樸父如實道，「而且戰後我按約定地點找尋一遍，也找尋不見他。不知道他去了哪裏，為何不按約施行娘娘之計。」

「他做什麼去了？」女媧聽到這裏，心中甚為掛念也甚為不解道，「若是無事，他也該來了這裏呀！」

「是的，」樸父即言肯定著，遂又生出疑問道，「他不來這裏，又去了哪裏呢？」

「走，我們返回宛丘，先找黑龍去。」女媧無奈說著，即與樸父一道踏雲離開大青山，不追燭陰返回宛丘尋找黑龍而來。

二六、黑龍鑄罪

　　黑龍剛才眼見樸父找尋於他，嚇得連忙躲進幽洞好久不敢出來，唯恐樸父未去找見了他，自己與之不好講說。末了他躲身洞口窺聽一陣不見四處再有動靜，方纔走出洞來巡看樸父是否去了。尋視一遍不見樸父身在狼山之上，有的只是旱魃二魔的屍體，黑龍心中不由得頓然驚怕起來。

　　他驚怕這時若是燭陰驀然歸來，目睹旱魃二魔被殺之景必然歸罪於自己，拿自己抵償必殺自己而不可！為此他不敢再在狼山停待，想到樸父找不見自己既然離去，定是依約去了東方大青山女媧在處。為此他認定自己還是立即赴約，前去尋找女媧助其誅殺燭陰的好。因為自己只有待在女媧身邊，才能保得活命。以再伺時機借助女媧之力，除去燭陰與樸父二神，爭得凡王之位。

　　黑龍這時說走就走，但見他踏上雲頭就要離開狼山向東而去。然而就在這時，他卻突然看見他害怕的燭陰，滿臉殺氣地正從東方大青山方向風馳電掣般馳來，恰好與他撞了個迎面。黑龍看見燭陰，嚇得口中「啊」地叫了一聲，隨著便驚怔在了那裏。

　　黑龍知道，這次燭陰必殺自己無疑。這不僅是因為他與燭陰是一對情敵，前次燭陰就曾殺他不死，使他心中一直對燭陰害怕十分。而

且又因為從那之後，他就與燭陰成了勢不兩立的敵人。現在又明擺著旱魃二魔剛被誅殺的仇氣，燭陰豈能容他再活一日！為此這時的黑龍見到燭陰，就像耗子見到了貓一樣嚇得動亦不得，只有渾身癱軟般地呆在燭陰面前等死。

燭陰這時返回狼山，本為看視旱魃二魔是否果如樸父所言已被誅殺，行進途中他又想到黑龍一直沒有露面，樸父一神是誅除不了旱魃二魔的。想到這裏他不由得心生輕鬆，但想像不到自己剛到狼山，便恰好碰上了剛剛踏上雲頭的黑龍。而且黑龍又是獨自一神待在這裏，著實令他奇異十分！

隨著，他又立即想到，旱魃二魔可能果如樸父所言已經被誅，因為他二魔是敵不住樸父與黑龍二神的。因此見到了他認為一定參與了誅殺旱魃二魔的黑龍，他心中怒火陡地昇騰起來。

對於燭陰來說，即使沒有旱魃二魔被殺之事，他也是絕對不會放過黑龍的。更何況現在他又認定，旱魃二魔一定被黑龍二神誅殺了呢！同時他又對付黑龍易如反掌，真個是說叫他生他就生，說叫他死他就得死！

然而事情出乎預料的是，燭陰這時見到黑龍，不僅沒有立刻出手誅殺於他，相反卻立刻壓下了剛才陡騰萬丈的滿腔怒火，心思飛轉思謀起了是留還是誅殺黑龍的事兒。燭陰一陣心思飛轉過去，竟然拿出了不殺黑龍之策。

狡點的燭陰這時想的時間雖短，但想到的問題卻很多。他想到，如果旱魃二魔真如樸父所言已被誅殺，那麼凡間與女媧三神為敵者就只剩下了自己一個。自己一神對付女媧三神雖然還不至於不堪一擊，但要再去誅殺樸父和黑龍二神，卻就沒有了幫手，不如有旱魃二魔做幫手時容易。

　　而且在對付女媧三神誅殺樸父與黑龍二神之時，如果都是自己出手攻殺，勢必自己從此獲罪於女媧，使得自己為此追求女媧之愛而不得，進而難以謀得凡王之位。為此就不如暫且留下黑龍性命，讓他出手與女媧和樸父大戰，先借他之手除去樸父。若能借他之手除去樸父，到那時他燭陰就可以收得漁翁之利了。

　　這是因為，他想到黑龍在愛情上對女媧虛情假做，以及後來其與自己為敵的一切舉動，全都是為了爭做凡間之王。女媧敕封樸父身居凡王之位他心中也大為不滿，因此自己殺害了他就不如暫且饒他不死，試著說動其心以讓他幫助自己誅殺樸父。如果他能幫助自己殺掉樸父，女媧也必會誅殺於他。如果他誅殺樸父不能成功，女媧知道也會誅殺於他。到那時自己再殺掉樸父，也照樣可做凡間之王。

　　同時，旱魃二魔之死，對他燭陰來說也算不上什麼事情。他也沒有必要不顧眼前利益，去為他們報仇。再者以前他與黑龍的情敵之恨，以及黑龍盟攻自己之仇，也都應該服從眼前的利益。想到這裏，燭陰心中不殺黑龍的主意雖已拿定，但他對黑龍卻沒有立刻表現出絲毫的客氣。

　　倏然間，但見他來到呆愣的黑龍面前，「嗖」地便出鐧戳在了束手待斃的黑龍胸前，滿臉殺氣地開口厲喝道：「惡龍，你可知道，今日便是你的死期麼！」

　　驚呆的黑龍自知死期已至，聽了燭陰此喝麻木道：「知道，我該死。」

　　「我問你，」面對如此不敵等死之徒，燭陰倒也無奈得頓然失掉了幾分殺氣，詢問道，「是你殺死了旱魃二魔嗎？」

　　「不，我沒有誅殺他二魔，」黑龍聽聞此問，怕死的他心中不由得又油然泛起了一絲生的希望，連忙為自己辯解也是實言道，「那是

樸父老兒幹的。」

燭陰從黑龍此言中證實了旱魃二魔已死，雖然他二魔死活對他都無所謂，但他二魔畢竟與他合作過一場，特別是魑魅與他還有著那樣一種特殊的關係，因而他禁不住也是心中怒火陡又昇騰道：「惡神全是假言！不是惡神所殺惡神為何身在這裏，而那樸父卻不在這裏？」

黑龍聽了燭陰此問，真個是一時無言以對起來，支吾半天道：「這個，這個……」

燭陰目睹黑龍此狀心中又惱又笑，隨之將鐧又往其胸前一頂道：「走，帶我先看看旱魃二魔去！」

黑龍無奈，只好引領燭陰按落雲頭，去看旱魃二魔的屍體。心中卻在想著燭陰見到二魔死狀，必殺自己無疑。因而腳下走著腿都哆嗦起來，他覺得這是在往鬼門關邁進！

然而事情大出黑龍預料，黑龍把燭陰轉眼領到旱魃二魔屍體跟前，卻見到燭陰見之不僅不怒，反倒令其顫慄地一陣「嘎嘎」笑了起來。黑龍聽那笑聲不解其意，只知不會是好笑，說不定是殺他的前兆，因而心中更加驚怕十分。

「誅滅也好，這就省得本神日後再費手腳了！」但是燭陰一陣笑畢，卻竟然開口如釋重負道。說到這裏，他把話鋒一轉對黑龍道：「可是現在你，卻要勞動我費去揮鐧之勞了！」說著他又把握鐧的手腕一硬，使得頂在黑龍胸口的利鐧又倏然向前一進。黑龍覺得這次必死無疑，嚇得「啊呀」一聲大叫。

但是燭陰仍只是嚇他，這時燭陰眼見黑龍驚怕，方纔開口釋解道：「你不必害怕，我今日還不想費這揮鐧之勞。」

黑龍突聞燭陰說到這裏，雖不相信燭陰會不殺他，但也不願放棄這一線求生的時機，急忙「撲通」一聲跪倒在地道：「大神不殺小神，

341

就是給小神第二次性命的再造父母！」

燭陰眼見黑龍此狀耳聞黑龍此言，真個是心中又笑又氣。他笑黑龍竟然這般毫無骨氣，也氣其這般沒有骨氣。於是他話語一轉道：「但這並不是說，我後日不費這揮鐧之勞！這一切，都要看你自己的了。」

「後日小神全聽大神的。既然大神再造了小神的性命，小神的性命便是屬於大神的！」黑龍聽到燭陰此言，想對燭陰叩頭相謝。但因其鐧頂在自己胸口而不得，無奈只有雙手合十連連作揖道，「大神叫小神死，小神不敢不死。大神叫小神活，小神不敢不活！」

「那好。你若要想不死，我當然可以饒你不死，」燭陰眼見自己已經懾服黑龍之心，這才開口轉說正題道，「但不知我有一事要你去做，你可肯去做麼？」

「別說大神要小神去做一件事，就是一千件一萬件，小神也是義不容辭的！」黑龍聽了燭陰此言，雖然不知燭陰要他去做何事，但他終於見到了生的希望。為此他當然不會放過，隨之連忙鏗鏘表白道，「大神儘管吩咐，小神若是做得有一字走樣，大神就誅殺小神算了！」

「如果你再敢像對待神鱉那樣欺騙於我，」燭陰當然不敢就此全信黑龍，聽了黑龍此言故意恐嚇一句道，「就莫怪我燭陰不客氣！」

「小神絕對不敢，乞大神明察！」黑龍聽了燭陰此言，頓然大驚立即再作表白道，「如果再像對待神鱉那樣，大神對小神殺無赦，小神絕無怨言！」

這時，狡詐的燭陰又突然想到，既然黑龍剛才待在狼山，不知為何不出手與樸父共誅旱魃二魔，而且後來又為何不隨同樸父前去大青山計殺自己。想到這裏燭陰心中甚為奇異，隨之忙問黑龍其中緣由。黑龍聞問，忙把自己剛才所想和所做的一切，全都原原本本地對燭陰講說了一遍。

　　燭陰聽後對黑龍所講半信半疑，想到黑龍剛才所做如果真是如此，黑龍狡惡反覆無常至此，實在可惡萬分！但他也從中看到了狡惡無常的黑龍，為了達到其爭做凡間之王的目的，也可能會做出這一切。但由於失算卻使他陷入了目的沒有達到，又將見疑於女媧的險惡境地。

　　「那好，你站起來聽著，」燭陰由此認為，黑龍身處此境，也可能使他不會再像昔日對待神龜那樣對待自己。為此他方纔放心七分，對黑龍說道，「我不喜歡你這個跪著的孱頭樣子！」說著，他收起了頂在黑龍胸口的惡鐧。

　　「謝過大神！」黑龍見之，言謝之後方纔站起。燭陰見之，這才對黑龍詭言道：「這件事我不是只要你自己去做，而是我二神一起去做！」

　　狡詐的黑龍正不知燭陰要他去做何事，聽到這裏頓然猜知，燭陰要他做的事情定是去殺樸父，因為殺害女媧他是不會去做的！猜想到燭陰是要他去誅殺樸父，黑龍心中頓然暗喜十分，因為他心中也正在想著如何誅殺樸父。但與之不同的是他不想自己出手，而是想借助燭陰之手誅殺樸父，而再讓女媧誅殺燭陰。

　　可這時燭陰卻要他去誅殺樸父，他心中則著實翻騰不已起來。但是不管黑龍心中如何翻騰，身處此境他對燭陰之言都不敢不應，無奈只有抱著聽後再說的驚怕心情，急問燭陰道：「大神快說這事是何事體？」

　　「誅殺樸父！」正在用橄欖眼中的犀利目光窺伺著黑龍臉色之變的燭陰聽聞此問，立即話語簡潔回答道。

　　黑龍聽到燭陰此答果如其料，真個是頓然間驚怕盡消，心中大喜起來。因為他從燭陰要他誅殺樸父的話語中，已經確信燭陰真的不

再殺他。同時他也正要誅殺樸父，只不過是與燭陰相反他要借燭陰之手。這時燭陰要與他聯手共誅樸父，自己則正好再伺時機借助燭陰之手誅除樸父。為此黑龍聽罷燭陰之言，便高興得立即叫了起來道：「好。這次大神鍘下留存小神一命，可真是留下了一個赤心同道呀！大神，這都是你眼力深邃，把小神的心都看透了。」

燭陰眼見黑龍聽言心喜至此，雖然仍是不敢全信黑龍的誠意，並且擔心反覆無常的黑龍再像對待神鼇一樣對待自己，但他細想黑龍目前的處境，和他必借自己之手誅殺樸父的心機，同時想到他不與自己聯手，也無更好的誅殺樸父之法。因而堅信黑龍在誅殺樸父的問題上，一時還不至於反叛自己。所以他聽了黑龍之言，也禁不住心喜得又是一陣「嘎嘎」大笑道：「怎樣？不殺你不虧，叫你做的事情也不虧吧！」

黑龍聞聽忙答道：「不虧，全都不虧！」

「我再告訴你，你我誅除樸父之後，」燭陰聽了黑龍此言，為動其心繼續狡詐道，「我決計與你分稱南北凡王，共用凡界之樂！」

「不，不。大神做凡間之王，小神永遠俯首稱臣！」黑龍正擔心燭陰疑心於他，並由此生出不測，為此聽了此言急叫道。這時，他豈敢寸露心機呀！

然而，黑龍這時雖然不敢寸露心機，但他心中卻在緊張地思謀著如何在這次聯手中，借助燭陰之手誅殺樸父。他知道自己剛才未行女媧之計，女媧已會見疑於他。如今自己與燭陰聯手誅殺樸父之事，若是再被女媧知曉，女媧必會誅殺自己。因而他看到了自己處境的險惡，看到了只有誅殺樸父，才能使女媧別無依靠只有全心靠向自己，最終解除自己在女媧面前的險惡之境。

為此他剛才借助旱魃二魔誅除樸父不得，這時燭陰自己願意與

他聯手誅殺樸父，這一切便恰好正合自己心意，他決計全心與燭陰聯手誅殺樸父。只要自己能夠借助燭陰之手誅殺了樸父，女媧就一定會與自己同心，再去誅除自己面前邪惡的燭陰。如果他二神誅除不掉燭陰，女媧一定會搬動天兵天將前來誅除燭陰。

到了把燭陰除掉之時，凡王之位就必然地會落到他的頭上。因為到那時不由他做凡間之王，凡間已無他神去做。想到這裏，黑龍當然禁不住高興萬分。仿佛是他已經登上了凡王高位，成了凡間之王似的！為此，他又急問燭陰道：「大神快說，我二神如何共誅樸父？」

「這個我已心想過了，樸父昔日在天界為鑄劍之徒，生為火性，方得鑄造好劍無數。而克火者乃水也，我聽聞樸父最怕水攻，遇水一攻立刻神功盡除，無功可施，只能束手待斃，」燭陰聞問一笑，隨著詭秘回答道，「我倆若以水攻之，必獲誅殺之功。而大神身為龍體，懷有興雲播雨之能。大神盡施其功，豈不就將使樸父死無葬身之地！」

「好，還是大神高明！」黑龍聽了燭陰此答，頓然如同心中天窗洞開，高興得「啪」地一拍大腿道，「我怎麼就想不出如此妙計呢！」

「計雖然好，但還要實施得妙，」燭陰隨之接言道，「不然妙計就會失去妙字，做成蠢事。」

「大神既已胸有成竹，」黑龍接著忙問道，「就快說實施之妙吧！」

「我想，你還像上次神鼇從地下派你回到女媧身邊一樣，立刻返回宛丘，然後與女媧二神一道前來攻我，」燭陰這時和盤托出其想道，「在你三神共戰我時，我伺機幫你到南邊施法興雲播雨，使天降大雨如注，地上四處洪水漫溢，到那時樸父飛逃水阻地奔水攔，他就欲逃無能了。嘎嘎嘎！」

「妙！」黑龍聽了不禁贊叫道。但只是可憐他雖然生性狡詐至極，這時卻沒有狡詐過更為狡惡的燭陰。因為他只知一心誅殺樸父爭奪凡

王之位，卻沒有想到燭陰又是著棋勝他一籌，所施此計乃是既要誅除樸父，又要致他死無葬身之地的一箭雙雕的絕妙高招。

因為黑龍只顧一心去想，快借燭陰之手除掉樸父，免去自己的災厄，並使女媧一心依靠自己。而卻沒有去想，如果他為殺樸父興雲播雨，弄得天下洪水漫溢，將會淹死女媧的孩子無數，女媧會饒恕於他嘛！黑龍沒有去想這些，只顧心想自己躲得遠遠地興雲播雨，樸父逃身不掉必被燭陰出手殺死。

而狡惡的燭陰卻早想到了，自己既可借助黑龍興雲播雨殺死樸父，就當然又可借助女媧之手，殺死興播大雨淹死其孩子的黑龍。因而他聽到黑龍連叫「妙」字，禁不住又一陣高興得「嘎嘎嘎」大笑起來。

他當然大笑，他在等待著其惡計收到一箭雙雕之效。到了那時，樸父被誅，黑龍在劫難逃，凡間之王舍其去做，就沒有別個了！就在燭陰如此高興之時，黑龍則開口詢問自己何時離去，燭陰聞問連忙道：「現在就去，立刻就去。」

「那好，就請大神靜候勝利佳音。小神去也！」黑龍當然求不得立刻離開燭陰，因為他早離開一刻就早安全一分，而不論誅殺樸父會否成功。為此這時聽到燭陰要他離去，他便再對燭陰表白著，立即飛離狼山，一路向南返回宛丘而來。

黑龍騰雲行走迅疾，眨眼便已回到了宛丘。這時，回到宛丘仍然找不到黑龍的女媧二神正在著急，突見黑龍平安歸來，忙上前迎住詢問道：「你去了何處？難道你沒有去那狼山？」

女媧和樸父都做夢也想像不到，黑龍剛才竟然妄圖借助旱魃二魔之手誅殺樸父而不成，這時又與燭陰聯手妄圖施計誅殺樸父，因而仍都對黑龍關切十分，毫無埋怨責怪之跡，急切詢問緣由再三。

黑龍這時為與燭陰聯手施計誅殺樸父而來，同時又在前時妄圖

借助旱魃二魔之手誅除樸父不成心中害怕，所以他在剛才返回宛丘的路上心中緊張十分。因為他做賊心虛，擔心自己的作為被女媧二神察覺。若是那樣他返到宛丘，見到女媧二神就要迎來死期了。

然而這時回到宛丘，卻聞見女媧二神感情關切詢問真誠，不由得雖然心中泛上一股內疚之情，但其邪惡的爭做凡王之心則迅疾壓下了其內疚之情，在其心中佔據了上風。為此他心思急轉數圈，忙花言巧語騙說女媧二神道：「娘娘，小神有罪。小神未能按照娘娘之計行事，壞了娘娘妙計。小神乞娘娘恕罪！」

正不知黑龍去了何處的女媧聽罷黑龍此言，心中一驚忙問黑龍何罪之有，黑龍聽問，便裝得情真意切騙言道：「說來實在湊巧！前時我前赴狼山剛剛行至半途，就碰見一群惡獸在地上撲食三十多個凡人。小神心想娘娘領我誅除燭陰三神魔，也是為了保護凡人，這時凡人將被撲食耽擱不得。便想先營救出娘娘最為疼愛的這群孩兒不被猛獸吃食，然後再赴狼山誅殺旱魃二魔誤不了事兒。」

「噢！」女媧聽到這裏，心中疑問不解驚詫道，「為這等事兒？」

「是的。不料現在看來，我當時所為是犯了主次顛倒之誤。而且小神身剛落地，那藏在樹林中的惡獸，便竟像上次娘娘營救花蛇時一樣，漫山遍野向我圍咬上來。它們這個撕我的臂，那個咬我的腿，硬是擊打不退，騰雲不得！」黑龍這時當然唯恐說漏，因而邊說邊察顏觀色騙言道，「轉眼鬥過多時，我想到娘娘所設誅殺旱魃二魔之計，正等待我前去實施心中焦急，便拼出死命將圍在前邊的惡獸打退，急騰雲飛臨狼山尋助樸父大神，誅殺旱魃二魔。」

「噢，那我怎麼沒有見到大神？」樸父聽了心中不解，疑問道。

「我去晚了，」黑龍急作巧言道，「因為我飛至狼山山頂東麓一看，正見到燭陰惡神一個，跪在旱魃二魔屍身之前痛哭。」

「原來如此，」樸父這才心疑盡釋，信以為真道，「大神是去晚了，老神那時早已走了。」

「我尋找不見樸父大神的身影，自知不是燭陰的對手，想那燭陰既已身回狼山，娘娘可能已回宛丘，」黑龍說到這裏眼見沒出漏洞，方纔放下心來繼續騙言道，「便不敢稍怠，即返宛丘尋找娘娘二神而來。事情若此，請娘娘饒恕小神之罪！」

女媧二神聽了黑龍這番假言，因為雙方心無它想竟然全被黑龍輕易騙說過去，而且全都深信不疑。為此他們全都開口，對黑龍竟然連連勸慰起來道：「事情就是這般難以預料。大神既然平安回來了，就一切都好。哪有什麼罪與不罪的可說！」

黑龍聽了女媧二神此言，懸著的一顆心方纔最終放了下來。但他也不就此罷了，為了實現其與燭陰所定誅殺樸父惡計，即又故作姿態詢問道：「如此旱魃二魔既然已被樸父大神誅殺，就僅剩下了燭陰一神，我等下步如何行動？」

「剛才我二神就想一鼓作氣誅殺燭陰，但因為找尋不見了你放心不下，方纔回這宛丘找尋而來，」女媧聽了黑龍此言，隨之做出決斷道，「事既如此，我三神就一鼓作氣，前去誅殺燭陰！以免延俟時日，他再作出亂來。」

「娘娘所言甚是！」樸父與黑龍齊言贊同。當然樸父是真的贊同，黑龍則是依照燭陰之計而行。然而女媧與樸父沒有察知黑龍根底，他三神隨即一起離開宛丘，徑赴狼山尋殺燭陰而來。

女媧三神須臾來到狼山，正見到燭陰坐在旱魃二魔墳前沉思，直到女媧三神來到他的身後，他仿佛依舊沒有看見一般。燭陰當然不是沒有看見女媧三神到來，而是依照其與黑龍定下的惡計，故意在那裏等待他三神到來，以按照其計誅殺樸父。

　　燭陰這時心中也當然充滿著不安，因為他懷疑姦詐的黑龍在其鐧的威逼下，答應與自己結為同心，但是此去之後在女媧與樸父二神的威懾下，是否心生反悔，已將自己出賣給了女媧與樸父二神，他三神現在是否將計就計前來誅殺自己呢？

　　為此燭陰坐在旱魃二魔墳前貌似平靜十分，心中卻在激蕩著狂濤巨瀾，急切地等待著事態的發展，以隨機應變作出定奪。當然他也相信黑龍不會改變其言，因為誅殺樸父是與其利害直接相連的。雖然他知道黑龍在誅殺樸父之後，絕對不會與他真正同心，但在目前誅殺樸父的暫時利害上則是一致的，所以他等待著女媧與樸父二神中計而來。

　　「颯颯颯」，就在燭陰心翻巨瀾之時，女媧與樸父二神來到燭陰身後心想乘其不備，黑龍則也故作姿態與女媧二神一起，齊出劍舞錘向燭陰殺了過來。女媧與樸父欲要突襲燭陰以置其於死地，便不言聲悄然揮劍殺至。黑龍則心有它想，大喝一聲「殺」字，才隨後把錘砸向了燭陰。

　　燭陰早對她三神的到來心有防備，這時聞聽背後黑龍的喊聲和三般兵器一齊殺到之聲，不敢怠慢，隨著口中「啊呀」一聲大叫，坐著的身子已驀地騰到了半空，躲過了女媧三神殺來的兵器。接著開口大叫道：「我與你等無怨無仇，你等為何非要不讓我活在凡間，再三誅殺於我？」

　　「惡孽，好壞還用再說嗎！」樸父這時勃然大怒，口中厲喝起來道，「你受死吧！」

　　「好好好，今日看來我燭陰非與你等拼個你死我活，魚死網破不可了！」燭陰這時說著，即揮動手中惡鐧，「颯颯」生風地從高處向女媧三神殺了過來。女媧三神也不怠慢，即與燭陰鬥在了一處。

　　這是一場惡戰！一時間只見他四神鬥在一處，頓然間東翻西滾，

南旋北轉，快疾如同一團颶風旋轉一團沙石，只見風沙旋動，不見四神身影。那風團旋到哪裏，哪裏就樹折沙起，石飛風鳴，令睹者膽戰心驚！

他四神如此旋做一團轉瞬鬥過多時，燭陰神功高強，不僅毫無失閃，而且愈鬥愈加鬥興盎然。女媧與樸父二神也皆神功不弱，招招使絕式式鬥狠，越殺怒氣越聚心間。只有黑龍一神神功本來不高，這時參戰只是為了做做樣子，因而只在鬥團週邊周旋，既不使狠殺鬥，也不離開鬥團。只等燭陰看到時機成熟，將他打出鬥團。

燭陰看看打鬥多時，使計時機已經成熟，便倏然出鋼一邊擋開女媧與樸父之劍，一邊歪過頭去驟然向黑龍「呼」一口氣吹了過去。隨著便見一股長風即從燭陰口中驟然颳出，連同黑龍一道拔樹滾石一陣向南颳了過去，將黑龍颳得不見了蹤影。

女媧與樸父二神不知燭陰弄此法術是在施計，僅以為是燭陰鬥不過他男女三神唯恐自己有失，故而施法將黑龍颳到了遠處。為此心中好惱，開口大罵道：「惡孽有種就來個刀槍相見，鬥比高低，施法弄術算何能耐！」

女媧與樸父二神口中罵著，手中器械則向燭陰更惡地鬥了過去。燭陰則既不答言也不相讓，依如先前一樣左擋右旋，與他二神鬥在一起。他在等待黑龍收住身子，施法興雲播雨誅殺樸父。

黑龍果然沒有讓燭陰的懷疑變成現實，只見他剛被燭陰施風颳去片刻，南方本來明媚的萬里天幕之上，便倏然間騰起了烏黑的雨雲，「轟隆隆」響起了炸雷。接著如注的大雨便如同從天上倒下一般，傾瀉向了無垠的大地。

不一忽兒，大地之上便漫溢起了滔天的洪水，使得平地變成了汪洋，山丘變成了小島，凡間成了一個洪水滔天肆虐的世界。女媧見之

大驚失色，口中連連道：「這是為何？」樸父遇此洪水，果然身乏功失，昏昏然起來。燭陰則抑制不住心中的狂喜，一陣「嘎嘎嘎」地得意怪笑起來。

女媧聽出燭陰怪笑聲中隱有惡意，心知大事不好，定是這惡神興雲播雨，要麼這如注的大雨何來如此迅疾？遂不敢再戰，急欲上前扶攜昏然的樸父離去。然而就在女媧腳步剛邁之時，卻聽燭陰戛然止住笑聲，對女媧譏訕道：「娘娘，他走不脫了！」話一出口，便又「呼」地向樸父吐出一口氣去，使動長風一陣掀地滾石連同昏昏然的樸父，滾輪輪颺向了遠處！

女媧見之心知果然大事不好，連連斥罵燭陰道：「惡孽，我看你施計也活不過今日！」隨著，無奈的女媧又「嗖」一劍向燭陰刺了過去。

「娘娘，今日你殺不死我。殺死了我，誰個愛你呢！」燭陰見之立刻出鐗擋住，隨著一陣「嘎嘎」冷笑道。隨著，他向遠處故意一聲高喊道：「黑龍，快去誅殺樸父！」

燭陰實在狡惡十分，他在女媧面前故此一聲喊叫，為的是收到一舉兩得之效。即一，指派黑龍快去誅殺樸父。二則告知女媧，黑龍已經與自己結為同心。並告知她樸父為黑龍所誅，置黑龍於死地。

對黑龍信而不疑的女媧聽到燭陰此喊，方纔頓然驚奇萬分不敢相信地明白此番惡變，是黑龍在與燭陰一道施惡所致。為此她立刻驚呆在了狂風驟雨之中，任憑狂風向她吹擊，驟雨向她澆注。好在燭陰任其呆怔在那裏，只是在狂風驟雨中「嘎嘎」怪笑，不再施惡於她。

女媧當然驚奇萬分不敢相信眼前的惡變，因為黑龍近來一直待在她的身邊，她將黑龍一直視為知己。眼下他變了，變得這般驟然，這可能嗎？她覺得這不可能，因為她只知道癡愛黑龍，而沒有想到黑龍果如燭陰所言虛情假做於她，也不知道黑龍背著她所做的諸多搶做凡

間之王之事。因而沒能使她透過那些事情看到黑龍之心，使她一而再再而三地被黑龍所蒙蔽，致使她被黑龍利用，這時被置身在了如此難以置信的萬般險惡之境。

癡心的情愛，就這樣把聰明的女媧變得迷傻起來。本來，黑龍這時已經是第二次施惡於她，她還是覺得不可相信。他覺得燭陰剛才的喊叫之語是故弄玄虛，因為情仇而挑撥黑龍與自己的關係，使用離間之計妄圖借助自己之手，替他誅除情敵黑龍。想到這裏，女媧覺得自己聰明十分，明白十分，立刻開口對站在其面前邪笑的燭陰道：「惡孽，你的如意算盤是撥不動的，我女媧還不至於愚蠢到中你離間惡計的程度！」說著，又「颯」一劍向燭陰刺了過去。

燭陰眼見女媧之劍刺來，忙又出鋼擋開依舊不予還擊，只是在狂風驟雨中一個勁地「嘎嘎」狂笑不已。那笑聲如厲鬼怪嘯，若惡狼夜嗥，令女媧顫慄，使女媧猛然醒悟過來，即不可如此在此再待！不管他黑龍之變是真是假，自己都要快快離開這裏去救樸父。

如果黑龍未變，遇水昏然的樸父也需救助，那樣救起樸父更好。同時自己再在這裏與燭陰惡鬥，獨自一個也誅殺不了燭陰。如果黑龍果真生變，他聽到剛才燭陰的喊聲尋見昏然的樸父，那樣樸父就死在眼前了。

女媧想到這裏心知樸父情急如火，急欲離開去救樸父。但她又猛然想到，如果黑龍真的變了，面前的燭陰豈肯讓她去救樸父！如果自己一動燭陰出手相攔還倒好說，如果他不出手相攔，而再施法術把自己凍在冰中，樸父豈能保得活命不死！

想到這裏，女媧心中更是急如火焚，不敢怠慢又無可奈何，不由得心思連轉數轉，倏然間想起了樸妻在贈給自己手中這把神劍之時，曾對她說此劍具有障敵眼目之功。用時只要念動一番咒語，用神劍在

空中劃一半圓，一片煙狀薄幕就會隨劍生出，障蔽敵人眼目。

女媧從未用過如此法術，值此無奈之時為了防備萬一，她只有一用此術了。但她又不知道這一法術是否真的靈驗，心中也隨著擔驚十分。

樸父夫婦所鑄神劍身具各種奇功全都靈驗無疑，女媧擔驚完全多餘。倏然間，但見她依照樸妻之教施法完了，果然隨劍在自己面前驀然生出一片薄幕狀煙雲，神不知鬼不覺地向正在邪笑不已的燭陰飄了過去。使得正在邪笑不已的燭陰邪笑戛然而止，急得亂揉起了雙眼，口中大叫道：「這是怎麼回事？我怎麼突然什麼也看不見了！」

隨著，燭陰突然想起自己此番雙目被障，定是女媧要施法誅殺於他。遂不敢怠慢「颯」地舞動雙鐧，圍繞自己周圍風輪般護住身子，一刻也不敢停息起來。

女媧見之，禁不住心中好笑。欲要上前誅殺於他，但心中不知如此煙雲能障燭陰眼目幾時，擔心耽擱時久煙雲散失自己脫身不得，加之又怕再待黑龍誅殺了樸父，為此暫先拋下燭陰，南尋樸父而去。

二七、惡神作凶

　　女媧離開狼山向南尋救樸父去遠之後，遮障燭陰眼目的薄幕煙雲隨之自解。剛剛還什麼也看視不見的燭陰突然又見光明，急忙巡視周圍尋找女媧是否還在面前。但其面前這時卻哪裏也沒有了女媧的蹤影。

　　目睹此景，狡惡的燭陰這才認定剛才其雙目被障是女媧施法所為。女媧一定是趁此時機，向南尋救樸父而去。他雖然剛才曾經喊叫黑龍去殺樸父，但這時卻不知道黑龍是否尋到並誅殺了樸父，黑龍尋到並誅殺了樸父倒好，若是沒有尋到樸父而讓女媧尋到了樸父，或者黑龍尋到了樸父而未誅殺便碰上了趕去的女媧，黑龍尋誅樸父之舉豈不就要化為泡影！燭陰知道黑龍的本事遠不是女媧的對手，若是遇上女媧他是斷然誅殺樸父不得的。

　　燭陰為此大為後悔自己剛才沒有冷凍女媧，後悔自己中了女媧的法術，後悔如果這次誅殺樸父不得，再行誅殺就將更加困難。燭陰於是不敢稍怠，急忙順著剛才其吹向樸父之氣的方向，向南尋察實情而來。他想，如果自己能夠尋見被殺的樸父也就算了，如果他碰上女媧正在救走昏然的樸父，或者女媧正在與黑龍為保護和誅殺樸父相爭鬥，他便可以立即前去把樸父誅殺。

　　然而燭陰須臾把南方風到之處尋找了個一遍，卻只見到處都是滔

天的洪水茫茫一片，天傾如注大雨，不僅沒有見到樸父的屍體，而且也沒有見到女媧和黑龍與樸父的蹤影。燭陰為此禁不住心中一陣奇詫這是怎麼回事。想不出究竟是黑龍誅殺了樸父，女媧趕來攜走了樸父的屍體，還是黑龍沒有誅殺樸父，樸父已被女媧救去，或者是黑龍變了心腸，救走了樸父。

對於如此三種都可能發生的情況，燭陰在心中急速掂量再三，以推斷哪種情況最有可能發生。但他掂量數遍全都難做推斷，無奈只好決計先尋黑龍問明根由。為此他立刻向西繞道，一路向狼山方向黑龍可能會在的地方尋找而去。

燭陰尋啊找呀，他尋遍茫茫洪水，一路尋到了狼山跟前，卻仍是不見黑龍的身影。只見黑龍興起的雨雲越來越厚，播下的大雨越下越急，地上的洪水越聚越深。找尋不見與自己一起施計的黑龍，燭陰心中禁不住犯起了猜疑。他猜疑黑龍說不定又已變心，隨同女媧去了宛丘。

然而他又想到黑龍如果變心去了宛丘，他該為保護女媧孩子的生命收斂了淫雲大雨！可是這時雨雲大雨不僅不收，而且只見那雨雲更濃大雨下的更烈，則說明黑龍沒有前去宛丘。但他沒去宛丘又去了哪裏呢？為此他焦急氣惱得高聲屬叫起來道：「黑龍——黑龍——」燭陰的如此叫聲伴著如注的大雨，在無垠的洪水水面回蕩，在陰森肅殺的陰山之中發出著「嗡嗡」轟鳴，令聞者驚怕聽者顫恐。

邪惡的燭陰就這樣焦急惱怒地喊著尋找黑龍，越喊聲音越加尖屬，越叫越加焦怒，轉眼便喊叫著尋到了狼山南麓密林之中。燭陰正在繼續喊著向山頂尋去，卻突聞前方密林中驀地響起了黑龍的回答之聲道：「唉——我在這裏！」

燭陰聞聲心中著實更惱又喜，他惱黑龍為何待在這裏使自己久尋

不見，又喜自己終於找見了黑龍可以問清實情。於是他急忙趕到黑龍跟前，詢問道：「你叫我好找啊！怎樣，你誅殺了樸父嗎？」

黑龍突聞燭陰此問，真個是驚得瞪大了眼睛，口中急切反問燭陰道：「我到哪裏去殺樸父？」

「怎麼！」燭陰聽到黑龍此答，真個是也頓然驚詫地瞪圓了眼睛道，「我喊你你沒有聽見？」

「我只顧興雲播雨，」黑龍聽了燭陰此言，急答道，「從來沒有聽到過大神喊我！」

「什麼？你沒有聽見我的喊聲！」燭陰聽了黑龍此言，頓時勃然大怒起來道，「你是故意放走樸父。你要我，我殺了你！」說著，便又真的倏然出鍘，頂在了黑龍的胸口之上。

「你就知道殺我，殺我，說什麼我故意放走了樸父！」黑龍目睹此景，也即刻勃然大怒起來道，「那好，你殺吧！看你殺了我，還有誰會像我一樣幫你誅殺樸父！」

黑龍說到這裏，也不知道從哪裏驟然來的膽量，竟然戛然止住話語，硬挺起胸脯等待起了燭陰的誅殺。怕死的黑龍這時當然也會驟然變得膽大起來，處此境地即使最草雞的孬包，也會長出膽子的，因為那實在太令黑龍生氣了！

你想呀，燭陰先前並沒有說過要黑龍去殺樸父，也更沒有說過他要用長風把樸父颳去，要黑龍趁機前去尋殺樸父。黑龍只是知道燭陰把興雲播雨的任務交到了自己身上，因而他當時只管興雲播雨，心想那誅殺樸父的事兒由燭陰去完成。同時後來他只顧四處去興雲播雨，加之當時雨大風狂，他也確實沒有聽到燭陰喊他去殺樸父的聲音。

可是現在，燭陰隨心所欲地把他自己未說，因而應該自己去做，但自己沒有做成的誅殺樸父的事兒，硬是推到了黑龍身上，反說是黑

龍故意放走了樸父，並且要殺黑龍。黑龍為此心中那個惱啊，真個是到了要殺就殺，自己不再言說的境地！

「怎麼，看這樣子，你還是真心與我共誅樸父！是因為我沒有說清，弄成了褲襠裡放屁兩岔子，」黑龍如此真的來個一挺胸脯叫燭陰去殺，惱怒的燭陰反倒頓然泄去了氣兒道，「方使得樸父逃脫一條老命不死！那好，我就先不殺你，聽聽你怎麼個真心法兒！」

「你聽著燭陰，我若不是真心幫你誅殺樸父，我就不會興雲播雨！」黑龍聽了燭陰此言，心中著實更惱十分道，「你知不知道，我這樣興雲播雨，已弄得我欲要歸回宛丘，追隨女媧已無可能！」

「知道，知道，」燭陰也覺得黑龍言說有理，贊同道，「知道的都不用去說！」

「要不是真心與你共誅樸父，我又何必弄得自己從今往後欲歸宛丘而不得，反要天天在你要殺而且鐧頂在胸口上的威脅下，」黑龍這時更惱道，「與你呆在一起？燭陰大神，這一切你都想過嗎！」

燭陰當然比黑龍更早地想到了黑龍說的這一切，而且這也是他此舉得到的「一雕」。因為黑龍即使如此真的故意不殺樸父，自己的惡計也已經實現了一半。因為黑龍如此興雲播雨，鬧得洪水漫灌了冀州和幽燕大地，淹死了女媧的眾多孩兒，得罪了女媧，使他歸回宛丘不得了。由此他看到了黑龍誅殺樸父的真心，聽了黑龍此言忙收鐧急問黑龍道：「那麼，我喊你去殺樸父，你為何不去？」

「我只顧四處興雲播雨，誰個能夠聽到！再說，先前你也沒有對我講說，由我誅殺樸父呀！」黑龍聞問依舊理直氣壯，不讓釐毫道，「所以我想誅殺樸父的事兒由你去做，我只管興雲播雨。可你反把這關鍵的事兒，推在了我這未得安排又不知道的黑龍身上。」

「這個，你有道理。」燭陰這時已是無言以對起來，支吾道。

「先前，你正因為深知我會誅殺樸父，才留下我一命不死與你共誅樸父，你是知道我會必殺樸父而不可的！」黑龍這時言說不止道，「再說，我若趁那時機誅殺了樸父，女媧也不一定就說是我殺的。因此，我為何放著樸父可以誅殺，而不去誅殺呢！」

黑龍如此一番言辭，真把個燭陰說得無言以對起來。他剛才還不知道黑龍今天何以如此大膽，如今方纔知道他是誠心與其共誅樸父，心中不虛膽子壯！至此，他也方纔深悔起了由於他二神沒有說清職責，造成了互相依靠，又沒有直接見面，結果架空了大事，落空了惡計，至今沒能誅殺樸父。

「好了，快別說了，一切都怪我沒有安排妥當！」然而燭陰不殺樸父心中不死，這時他疾不怠慢急對黑龍道，「我想，女媧現在還難說已經找到了樸父，我們快去看看。若是她還沒有找到，我二神正好合力誅之！」說著，便與黑龍立刻離開狼山，向南尋殺樸父而來。

燭陰二神此去當然尋殺不到樸父，因為樸父剛才已被女媧尋到並救到了宛丘之上。燭陰二神一直尋到宛丘近處，看見女媧正與離水復原的樸父坐在丘頂，聆聽逃水而來的眾孩兒傾訴洪水氾濫給他們造成的苦難。聽得女媧二神眉頭緊鎖，聲言誓除燭陰二惡！

燭陰二神目睹此景，知道他們若被女媧看見又是一場惡戰，特別是黑龍則更怕開戰自己必死無異。因而他們不敢在此宛丘近處多待，急匆匆一起離開宛丘，返回陰山而去。

燭陰二神返歸陰山來到大青山上，雙方皆為這次施計之妙而未獲誅殺樸父之果追悔不已，但也無奈。看看誅殺樸父已經不成，而黑龍所佈大雨依舊如注傾瀉不止，地上漫溢的洪水已經把大青山越淹越小，燭陰便對黑龍道：「水已無用，大神就將雲雨收掉吧。」

然而黑龍聽了燭陰此言不是不遵，而是無可奈何起來。原來黑龍

僅僅身懷興雲播雨之能，而不具有收雲斂雨之功。這是因為其在天界為神之時，剛剛學會興雲播雨神功，便為戲謔天女興雲播雨結果收斂不住，使得洪水漫進了天宮。玉皇大帝為此震怒不已，遂下旨不得傳其收雲斂雨之能，以防後日其再行邪惡。

為此黑龍僅在天界學得興雲播雨之能，沒有學得收雲斂雨之功，因而收斂不住自己興播的雲雨。使得天上彤雲聚而不散，如注的大雨一個勁地狂瀉不停，地上的洪水越積越深起來。

燭陰知道黑龍收斂不住雲雨之後，也是無可奈何。只有與黑龍待在狼山之上，任憑雲聚雨瀉洪水漫溢。然而，燭陰眼見大雨連日不止，洪水漫淹四處大地，想到大雨洪水淹漫大地，必將給女媧的孩子們帶來巨大的滅頂之災，女媧為此必對這場大雨洪水氣惱萬分。

同時她又知道，這不止的大雨乃為自己和黑龍誅殺樸父所佈，因而若不儘早收住這場大雨除去凡人之災，必與女媧仇隙越加深重。到那時女媧必然設法止斂大雨，然後非誅除他與黑龍不可。自己若想在誅殺樸父之後再與女媧結為鴛鴦之好，並做凡間之王就將毫無希望可言。想到這裏，燭陰不由得連連怪罪黑龍無能至極，責令他快快設法收斂大雨。

身置此境黑龍也是無奈，他昔日未能學得收雲斂雨之功，這時又歸回天界不得，便無處討求收雲斂雨之功。然而一時找不到收雲斂雨之功，燭陰又連連責怪於他，真個是使他陷入了老鼠鑽進風箱兩頭受氣，欲退不可欲進不能的無奈困境。

因為，這時他若要不受燭陰的責怪，就必須離開燭陰它去。可他在凡間這時離去，就只能歸回宛丘女媧在處，再去別處他是躲避不掉燭陰的。而歸去宛丘，已因他隨同燭陰興雲播雨獲罪於女媧，女媧豈肯收留於他！並且怎能再容曾經為敵於她的自己，待在她的身邊！

但若不回去，燭陰天天責罵自己，說不定哪天歸罪於自己，他那陰毒邪惡的脾氣發作起來，就會一鐧結果掉自己的性命！黑龍因而伴陪燭陰待在狼山之上，真個是進入了險惡萬端之境。

黑龍當然也實在活該這樣，因為他正應了我國後日文學名著《紅樓夢》中的一句古訓：「機關算盡太聰明，反誤了卿卿性命。」不是麼，他為爭奪凡間之王機關算盡，朝和於你，暮叛於你。和叛都是為了一個我字。只要我能做上凡間之王，管他什麼友敵！因而末了竟然認敵為友，不惜借助惡敵之手，誅殺自己情侶的赤心臂膀樸父老神！如此聰明過分變為癡傻的惡徒，豈能會有不誤生命之理！

女媧施法佈霧障住燭陰雙目，尋到樸父回到宛丘之後，正看到從北方逃避大雨洪水而來的眾多孩兒們，把無水的宛丘擠成了再無插足之地。加之丘南由於天上無雲地上有黃河阻隔，所以無雨無水。北來逃難的凡人，便黑壓壓地站滿了那無水的宛丘近旁大地。

然而丘北無垠的洪水之中，仍有成群的凡人陸續泅渡黃河南逃而來，以到宛丘以南無水之地求保活命。但那泅水的凡人，有的終因泅渡時間過長，雖然將至河岸卻終因力氣不濟，發出淒厲地呼救之聲，並隨著沉入水底送掉性命，令聞者心悸。

「娘親，如此大雨不止洪水橫溢，究從何處而來？」女媧二神回到丘上，便被站在丘上的眾人團團圍了起來，齊問道，「若是我們外祖父玉皇大帝所為，娘親您就快對他說說叫他止住。如若不然，我等就無家可歸沒有性命了！」

「這大雨洪水不是你們外公所佈，而是惡神燭陰與黑龍所為。」女媧聽了忙對眾孩兒解說道，「娘親正在設法擒拿他們二惡，孩兒們耐心等待吧！」

眾人聽了女媧此言，方纔全都平靜下來，歎息起來道：「我們凡

人要活下去，可是真難呀！」

女媧與樸父如此安頓住圍來的眾孩兒，接著便再議起了誅殺燭陰二惡神之法。好在大雨只在宛丘以北傾瀉，洪水也只在宛丘以北地上漫溢，所以遇水即喪神功的樸父，離水又頓然恢復了先前的神功。這時他目睹眼前情狀，怒滿胸腔道：「娘娘，燭陰二惡不除，這凡間就難有寧日哩！」

「是呀！惡神不除淫雨不止，」女媧聽了樸父之言，不由得頓然口中「唉」地歎息一聲道，「凡人實在難活下去了！」

「因而我二神不能在此再待，因為我二神在此多待一刻，大雨如注洪水漫溢的冀州和幽燕兩方地界之上，就不知道會有多少人喪身水中！」樸父這時顯然只顧疼人，而忘記了自己的怕水生性，急言道，「娘娘，你快做出定奪，領我前去誅殺燭陰二惡，止住大雨吧！」

「樸父大神，現在只有這樣：你在宛丘保護眾孩兒，」女媧隨之講說道，「我即去幽燕之地陰山之上，再殺燭陰與黑龍二惡神！」

樸父只顧心疼凡人一時不解女媧之意，聞聽此言奇詫道：「噢，老神為何不去？」

「大神怎麼忘了，您身遇洪水反需我來救助，」女媧解說道，「前去誅殺惡神不能啊！」

「喔，我剛才只顧心疼凡人，竟然忘了這些！」樸父這才從心疼凡人的思緒中解脫出來，醒悟道，「若是這樣，娘娘就單獨前去不得了。不然您若再被燭陰二惡擒住，凡人就將更無指靠了！」

「是呀！」女媧聽了，無奈再次歎息道。往下，竟無言地緘默在了那裏。

「娘娘，我倆既已無奈，止斂大雨就只有上求天帝了，」樸父眼見女媧愁苦至此，頓然深悔自己害怕洪水無能至極，但也無可奈何！

361

末了為解女媧之苦，思慮半天道，「娘娘，以老神之見既然舍此別無它途，您就快去天界搬動天兵天將吧！」

「不，不能那樣。」女媧聽了樸父此言，則聲色不動道，「我們絕對不去搬動天兵天將！」

「為何？娘娘如此僅費舉手之勞，」樸父目睹女媧此狀聞聽女媧之言，大為不解道，「便可誅除燭陰二惡，止住洪水呀！」

「大神這就有所不知了！搬動天兵天將雖為我等舉手之勞，但卻從此就給孩兒們做出了做事依靠外力的樣子！這是壞樣子，這就將使他們在無奈時不借外力無可奈何，難以生存下去！」女媧聽到這裏，方纔動情地講說起了自己心中之想道，「我們要給孩兒們做出凡事依靠自己的榜樣，無論多麼困難的事情，只要自己開動腦筋，都是有辦法可以解決的！從而教育凡人，凡事都要自力更生，奮發圖強。才是保證自己立於凡間世界，永遠不敗的唯一途徑！」

「噢，」樸父聽到這裏，方纔大悟道，「娘娘果然說得有理！」

「再說，我若到天界搬動天兵天將，誰知道玉皇帝父是否會說我多管凡間之事，不僅不賜天兵天將，而且連我也不允再回凡間呢？」女媧則對樸父之言聞若未聞，接著道，「若到那時，不就使凡人更加無法存活，落到了依靠外力而不成的無奈境地嘛！」

「對，娘娘果然想得深想得細！好，我們就靠自己的力量誅除二惡，給凡人做出樣子！」樸父聽到這裏進一步大悟，眼中看到女媧心中比他更加焦急，隨著安慰道，「娘娘不必過於焦急，我想這淫雨一定不會久下不止。待到大雨一止，我即隨娘娘前去誅除二惡，以為凡界創造一個平安靜境！」

「看來，舍此也暫無它法了！」女媧無奈道。隨後，他二神便在宛丘等待起來，等待大雨止息再去誅殺燭陰二惡。

然而，女媧二神在宛丘之上等啊待呀，竟然一待月餘時間過去，不僅依舊不見大雨有止息的跡象，而且看見天上的雨雲聚而不散，大雨傾瀉不止。洪水不僅漫溢得早已淹沒了陸平的大地，而且正在迅疾地吞淹著聳出水面的小丘。只有喜水的蘆葦和眾多的遠古樹木，值此夏日隨水瘋長，將無垠的洪水全部遮蔽。

女媧二神目睹此景，心知大雨如果再這樣繼續傾瀉下去，雖然宛丘以南天碧如洗，大地之上依舊萬物蒼翠，凡人依舊生息繁衍。但那漫溢北國的淫洪水，必將隨其增多溢過黃河向南漫溢，把整個凡間大地全部淹沒於其中。

若到那時，凡人無處立足倒還事小，斷絕了吃食使凡人無以生存下去，則就是大事了。若是那樣，女媧辛勤創造出的凡人，就將全部化為烏有。剛剛熱鬧起來充滿勃勃生機的凡間大地，就將重新返回到那初始的寂寞和缺少生機的洪荒狀態之中了。

想到這裏女媧急了，樸父也急了。他們實在等待不下去，也不能再等待下去了。因為他們已經看到了那是無望的等待，再等大雨也不一定就會止息。然而不等待又有什麼辦法呢？前日他二神因為沒有辦法而等待，現在又要因為等待無望而停止等待拿出辦法。這正好轉了一個圓圓的圈兒，女媧與樸父整整等待月餘又回到了原地。因而他二神又陷入了無奈，又在無奈中思謀起了遏止洪水之策，一切又都要從頭開始。

女媧二神就這樣在大雨中又重頭開始，思謀起了遏止大雨和洪水之策。他們苦苦地思索著，一日，兩日，三日。如此又是一連數日過去，他二神一直沒有思得良謀。時間到了第十日上午，女媧正在對燭陰二神以水攻殺樸父的惡計氣惱不已，心中突然霍地一亮。

她想到，燭陰二惡所以要以水攻殺她與樸父，則是因為他們知

363

道樸父為火命之神，故而始成神界鑄劍名師。那麼既然如此，水可克火，火不也恰好可以反過來克水嘛！世界上的事物就是這樣奇妙，你可克我，我反過來可以克你。有矛就有盾，有生就有死。各個相互制約，到處都是圈圈。

想到這裏，女媧心中笑了臉上也笑了。樸父在旁突然看見女媧綻開了緊鎖的眉頭，知其心中定是思得了奇計，便忙開口詢問道：「娘娘思得了奇計麼？」

「有了，有了！我想燭陰二惡以水克老神之火，」女媧聞問，高興得連連叫出聲來道，「我們則以火去克其水。不就可以止住大雨洪水，然後再誅殺他二惡了嘛！」

「對了，對了！我老了，就是不行了，想不起來了！」樸父聽了女媧此言，也心中豁然開朗起來道，「若如此，我們下步如何行動呢？」

「我想，那洪水之中，全部長滿了稠密的蘆葦和耐水的樹木。我們來它個放火焚燒，」女媧聽到樸父贊同心中更加高興，隨後思忖片刻道，「讓焚燒的焰火燒乾天上的雨雲，讓燒剩的蘆灰吸乾地上的洪水，不就天干地淨一如往常了嘛！」

「妙，這辦法實在是妙！」樸父聽了，更是高興得禁不住連聲叫起絕來。隨後他二神立即行動，在廣闊的北方冀州和幽燕大地之上，點燃起了稠密的蘆葦樹木，燃起了燭天的大火。

那火燒啊燒呀，燒遍了冀州和幽燕大地，燒紅了天也燒紅了地，真個是大火熊熊而不滅，經月而不息。看著熊熊燃燒的大火，女媧高興了。她知道這大火定能烤乾天上的雨雲，燒剩的蘆灰定能吸乾地上的洪水，她充滿了必勝的信心！

樸父當然更是高興，他心中不僅盡如女媧所想，而且他的身體則遇火而精神陡漲，特別是遇此大火更是精神陡漲萬分，渾身精力不可

自抑道：「娘娘，先前燭陰二神用水攻我，今日我等以火克他正是時機！娘娘，我倆就借此火勢，前去擒拿燭陰二惡神吧！」

「好，擒拿二惡為大神報仇的時機到了，」女媧也正想到這裏，聽了樸父此言欣然應允道，「走，我們除那二惡去！」說著便與樸父乘火闖煙，一路向北方陰山尋擒燭陰二惡神而去。

燭陰二惡神呆在陰山止息大雨不住，燭陰既喜此大雨為黑龍所佈，其必因興播此雨為女媧所殺。又急這大雨不止女媧怪罪於自己，斷了自己向女媧求愛並謀做凡王之路，因而連連責怪黑龍不休。黑龍也為自己身陷如此絕境，而心灰意冷到了極點。他知道自己歸回宛丘，女媧也不會饒恕自己一死。待在陰山也早晚必被燭陰所殺，因而只顧心灰等死。

他二神如此各懷異想，轉眼等待月餘時間過去，因為二心不齊也沒有再議誅殺樸父之策。同時上次興雲播雨撲殺樸父不成，已使他二神失去了再殺的奇計。所以他二神只是待在山上觀雲望雨，既無聊至極，也無奈至極。

這日他二惡正在無聊之中，突見南天火光齊天，濃煙遮蔽大地。那火那煙乘風駕電，風馳電掣般向北捲燒過來，眨眼間便燒到了他們面前的陰山腳下。燭陰二神見之大驚，眼觀漫天遍野的煙火，心知定是女媧二神使用了火攻之計。

就在他二神驚愕之時，已見女媧二神從火煙中倏然突出，已是來到了山前，開口對他們厲喝起來道：「二孽行惡至此，不誅怎除其罪！」喝著，即齊挺手中利劍向他二惡殺了過來。

燭陰目睹此景，心中急轉數轉，想到這時如果自己再不在女媧面前洗清自己，後日自己就將更加罪孽難除。為此他決計將興播大雨之罪全都推到黑龍身上，自己不再與女媧二神接戰，而把對自己已經

毫無用處，那反覆無常的黑龍推給女媧作囚。這不僅一可盡洗自己之罪，而且二可巧借女媧之手除去自己的情敵。二者都不得罪女媧，實可謂一箭雙雕！

雖然燭陰接著又想到，黑龍為女媧的熱戀情侶，自己當面把興播大雨之罪全都推給黑龍，說不定會得罪女媧。為此有可能使女媧永遠怪罪於自己，使自己更加難得女媧之愛。但他隨著又想到，只要使女媧殺掉黑龍，到那時凡界就只剩下他燭陰一個年輕男神，就不怕女媧不將愛情給予自己。想到這裏燭陰心思不改，決計即把黑龍推給女媧作為囚徒。

黑龍突見女媧二神殺來，心中先是陡地一驚。但就在他驚怕之時，女媧來劍已經刺到，弄得他躲避已經不及，不戰已是不行。無奈黑龍這時心思急轉，想到自己所犯罪孽深重，再戰更是得罪女媧，不戰又已不行。處此境地他只好決計暫先迎鬥殺來的女媧，以在擋開女媧來劍之後，再向女媧騙說自己無罪，而把罪過全都推到燭陰身上。

然後再憑著自己與女媧昔日的情愛，以保自己一命不死，而與女媧和樸父再行聯手共誅燭陰。想到這裏，但見他大叫一聲道：「娘娘，小神無奈只有出手了！」說著，錘隨其聲已擋向了女媧來劍。

然而，就在黑龍剛剛用錘擋住女媧來劍之時，冷不防比他更為狡惡十分的燭陰，突然在他背後屬喝一聲道：「惡孽，你為爭做凡間之王，對娘娘的真情假意逢迎，你組織神魔聯盟攻殺於我……」

「你……」黑龍這時不知燭陰突然揭其老底心存何意，頓被說得大驚愕在那裏道，「說的都是什麼？」

「你欲借旱魃二魔之手誅殺樸父，」燭陰這時則口不停息，繼續揭其老底道，「你興雲播雨作害凡間，你欲殺樸父爭奪凡王之位。你死有餘辜，還敢對抗！」

燭陰如此口中歷數著黑龍之罪，嚇得黑龍心驚愣在那裏，其已借此時機「颯」地一鐗殺去，斷去了對燭陰毫無防備的黑龍使錘的右臂。黑龍做夢也想像不到燭陰竟會如此對他，疼得「啊呀」一聲大叫，已是摔倒在了地上。

燭陰給女媧留下半死的斷臂黑龍，隨即潛地而去消失了蹤影。女媧與樸父睹之又喜又惱，喜的是擒住了黑龍，惱的是再擒燭陰而不得。無奈他二神只好押著因斷去一臂而昏迷的黑龍，一路返歸宛丘而來。

二八、燭陰逞惡

　　女媧二神押著黑龍行至半途，黑龍便從昏迷中醒了過來。他睜眼看到幽燕和冀州大地之上到處是火的海洋煙的天地，真個是火在肆虐，煙在逞威，知道這般場景皆因自己興播大雨所致，心中大驚自己罪孽深重當在不赦之列。看到自己罪孽深重，怕死的黑龍又不願立即就死。為此他立刻想到，要把燭陰剛才推到自己身上的罪惡，通過辯解全都反推給燭陰。

　　「娘娘切莫聽信燭陰之言，說什麼興播大雨皆為小神所為！而實乃是小神被他擒獲，」黑龍為此顧不得斷臂傷疼，立即開口向女媧辯解道，「他又興播了如此大雨，造罪於娘娘二神和眾凡人，並以此來借娘娘之手誅殺小神！娘娘若信燭陰之言，就正中了燭陰的姦計呀！」

　　「好你個黑龍，想不到時至今日，」然而，女媧聽了黑龍此言，卻一陣「嘿嘿」冷笑起來道，「你還騙說於我！」

　　「小神絕對不敢騙說娘娘，」黑龍聽了，急又開口道，「請娘娘相信小神！」

　　「那好！既然你黑龍沒有欺騙於我，我現在問你，為什麼我與樸父惡鬥燭陰之時，」女媧這時當然不會再為黑龍妖言所動，聽了黑龍此言當即喝問道，「不見他興播大雨，那雨雲大雨卻驟然而至？那雨

雲大雨不為你黑龍興播，你黑龍如何講說！」

女媧如此一語，頓然一針見血地刺中了黑龍的疼處，使他妄圖蒙混過關不得起來。黑龍剛才還想女媧不會盡知他的根底，聽了此言方知自己不僅反誣燭陰不得，而且會越說自己罪孽越加深重。為此他不敢再作辯說，忙寄望於女媧昔日對他那番未了情緣，以期藉此自己只受懲罰而不被誅殺，保得一命不死。遂連連認罪求饒道：「小神原已罪在不赦，現在小神為保一命不死又欺哄了娘娘，小神乞娘娘饒恕小神一命不死！」

「小神興雲播雨，皆因被燭陰擒獲，」女媧對黑龍此言聞若未聞，絲毫不動聲色。黑龍見之更加驚怕不已，忙又認罪求饒道，「受其脅迫不得已而為之。乞娘娘饒恕小神之罪！」

然而黑龍講說完了，女媧仍舊聞若未聞，鐵面不動聲色，只顧押著他一路向宛丘行去。黑龍見之心中更加驚怕，求饒之聲更是叫得疾急。

在黑龍的如此求饒聲中，女媧二神押著黑龍轉瞬回到了宛丘近處。這時，擠擁在宛丘上下的眾凡人，看見了女媧二神押回的斷臂黑龍，齊猜知這場無止的大雨定為黑龍所佈，便一起揮起憤怒的拳頭叫喊道：「娘親，你可不能饒了他呀！這次饒了他，下次他再作起惡來，我們凡人就沒有活路了！娘親，殺了他吧，他的這場大雨害死了我們多少兄弟姐妹呀！」

「殺死他，他害死了我們獸類幾多兄弟姐妹啊！」與此同時，那逃水而來圍在宛丘上下的眾獸們，也都齊聲吼叫起來道，「娘娘，只要你除去了這惡龍，我們獸類從今往後一定聽從你的吩咐，與凡人和睦共處。」

聽到人獸共憤的怒吼之聲，黑龍進一步看到了自己罪在不赦之

列，知道了自己死與不死並不在於女媧饒恕與否，而在於凡界生靈皆不饒恕於他。為此他害怕到了極點，止住了求饒之聲，只有聽憑女媧對他處置。

女媧目睹這般場景，心中當然比黑龍心中更加波濤洶湧狂烈十分。她一直在誠心地愛著黑龍，所以她癡情地覺得，黑龍也一定會像自己忠誠於黑龍一樣，反過來忠誠於自己。因此，她對黑龍一直深信不疑。黑龍為爭凡王之位連橫眾神魔攻殺燭陰，後因聯盟崩潰引起了凡間神魔之亂。這些後來她知道了，但她沒有為此而責罰黑龍，也沒有為此而不信任於他。

她愛黑龍愛得太深了，愛的癡情使她把黑龍的毛病也都看成了優點，看得黑龍身上沒有了毛病。正因為女媧如此癡迷於黑龍，所以對黑龍後日在神鼇作亂時的作為，以及前次計殺旱魃二魔時的醜行，女媧都未作深究。她想像不到黑龍會那樣去做，也不相信他會那樣去做，因而就沒有去想他會那樣去做，全都信其所說。結果黑龍這次又做出了她做夢也想像不到的背叛於她之舉，她心中怎能不波濤洶湧啊！

如此心中波濤洶湧之時，女媧方纔看到了黑龍的卑鄙，感受到了自己的真誠情愛被黑龍褻瀆，發覺自己一直被騙在鼓中，心中充滿了切膚的傷疼！然而癡心的情愛又使女媧難以自拔，她仍對黑龍疼惜十分，仍不願意伸昭黑龍的罪行，仍想將其祐護下來，而不願將其殺死。

正因為心情矛盾若此，她剛才未在陰山之上立刻誅殺黑龍，同時見到燭陰斷其一臂心疼萬分。只是念及其罪惡深重方纔止住心疼，但仍然沒有對其就地誅除，而將其一路押歸宛丘而來。

一路之上黑龍求饒不止，女媧聽了當然動之於心，但豈奈她目睹腳下大地被洪水淹毀的慘狀，方纔鐵面未作回應。神秘的愛情就這樣

使聰明的女媧變得這般近乎癡傻，使她對黑龍陷入了無奈之境！

　　然而這時剛剛回到宛丘，便見受害至深的人獸群憤共怒，齊叫誅殺興播大雨的黑龍。女媧見之雖然猛醒過來，看到自己非殺黑龍不可，但她卻也心中更加疼惜起了黑龍，隨之舉目看向了無言的黑龍。

　　黑龍這時已經心知自己必死，陷入了麻木之境，只有那斷臂傷口向外湧滴著殷紅的血。目睹如此情狀，一直癡心愛著黑龍的女媧又禁不住怦然心動，疼惜呆愣在了那裏。是啊，如此巨大的感情反差誰個承受得了，更何況女媧心中充滿著真情！

　　樸父老神身歷過這疼心的一切，也對此情多有所見，同時他到下界之後也已聞知女媧之愛，因此目睹面前場景也實在為女媧心疼。他不是心疼女媧疼惜黑龍，而是心疼女媧的一片真情，得到的竟是如此報應！為此他理解女媧之苦，理解女媧之疼，所以他在陰山之上沒有上前誅殺黑龍，一路之上對黑龍毫無舉動。

　　到此宛丘，樸父看到人獸共怒仍是難遏女媧不已的心疼，站在女媧身旁他靜待著女媧心潮翻湧過後平靜下來，以再與其講說下步舉動。樸父就這樣等啊待呀，等待過去足足有四分之一個時辰，方纔見到呆愣的女媧在人獸的怒吼聲中清醒過來，轉對樸父道：「大神，為謝兒女，我們誅殺了黑龍這廝吧！」

　　樸父聞聽，僅對女媧無言地點了點滿是白髮的頭。樸父的贊同使女媧堅定了最終斬殺黑龍的信心，她立刻轉對宛丘上下的眾人獸道：「孩兒們，眾獸們，你們兩月來深受大雨之害，而這大雨則為這邪惡的黑龍逞惡所佈！你們要娘親誅殺黑龍，這是他黑龍應得之罪！娘親這就答應你們之言，誅殺黑龍惡神！」

　　聽到女媧此言，怒吼的人獸們頓然盡都換上了歡呼之聲。女媧目睹此景耳聽此聲誅殺黑龍之心欲堅，立即來到黑龍跟前出劍就要斬

371

殺黑龍。但無奈她劍還沒有仗起，卻禁不住情動心酸，隨著兩行熱淚潛然湧出了眼眶。使她心中不忍，下手不得起來！是呀，女媧心中一直在虔心誠意地愛著黑龍啊，她又怎能忍心親手誅殺自己心愛的情神呢！她不忍心下手，愣怔在了黑龍面前。

眾人獸一浪高過一浪的歡呼之聲，重又驚醒了呆愣中的女媧，她立刻看到了自己因徇私情，而失態在了待斃的黑龍和期待著的眾人獸面前。心中隨之由此生惱，並進一步想起了這黑龍辜負自己的誠心相愛之恨，決計立刻誅殺黑龍，口中即對黑龍道：「惡孽，罪由你出當由你收，這一切就由不得我女媧娘娘了！」

黑龍這時也很知趣，他看到了人獸的共怒和女媧的無奈，他悔恨自己為爭凡王之位，滿足私欲落得個如此下場，他無話可說。因而他對女媧灑淚道：「娘娘，我對不起你，我辜負了你的一片癡情！殺吧，我黑龍罪有應得，我不怪罪娘娘！」

就在黑龍剛剛說到這裏之時，女媧再也不能讓黑龍繼續講說下去，而倏然出劍「颯」地刺進了黑龍的胸膛。黑龍「啊呀」一聲疼叫，便死在了地上。

隨著黑龍的被殺，手刃黑龍的女媧則心疼得「嗚」一聲哭出聲來。她所以在黑龍正在言說之時突然誅殺了黑龍，是因為她不能再聽黑龍講說下去了，再聽她就要失去斬殺黑龍的勇氣了！

但她手刃黑龍之後又頓然心疼萬分，禁不住「嗚」一聲哭出了聲來，她對黑龍的情愛太深了！但那宛丘上下的眾人獸則都沒有聽到女媧的哭聲，因為他們看到女媧「颯」一劍誅殺了黑龍，便高興得齊「哇」一聲歡叫起來，這叫聲把女媧的哭聲淹沒在了其中。

樸父在旁聽見了女媧的哭聲並見其悲哭不止，但他沒有勸止女媧，他讓女媧盡情地哭泣，以哭出其心中對黑龍充滿矛盾的苦疼！

這時女媧與樸父點燃的北方大地上的大火，已經燃燒十餘日過去。大火如此熊熊燃燒不止，不僅燒盡了水面上茂密生長的蘆葦和樹林，而且烤乾了天上濃重的雨雲。使湛藍的天空，又終於在被雨雲遮蔽兩月之後露出了臉來。火紅的太陽，也隨著重又照射到了北方大地之上。

太陽的照射更助火勢燃燒不息，那燃燒剩下的蘆灰樹灰落入淫水之中，果然吸乾了地上的洪水。蘆葦和樹木焚燒淨盡了，那大火方纔熄滅下來，使天和地都恢復了大雨傾瀉之前的模樣。只是廣闊的北方大地之上，皆被一層厚厚的蘆灰所覆蓋，到處都是黑色，到處都是蘆灰樹灰。

止息了大雨，遏止了洪水，女媧的孩子們頓然間又高興了起來。他們全都歡呼著，向恢復了先前模樣的北方大地奔了回去，過起了先前的平安日子。使那被大雨洪水和燃燒的大火侵害數月之餘的北方大地，又到處充滿了勃勃生機！

這生機不僅是這片大地上歸來了人獸，而且那被大火燒過的大地上，不久又萬物破灰而出，在那灰肥中更加茁壯地生長起來。頓然間又用鮮嫩的翠綠，遮住了這片灰黑的大地。

女媧與樸父二神目睹深受洪水之害的冀州和幽燕北方大地又換綠裝，眾凡人歸回了去又使其恢復了先前的模樣，心中雖然解去了一塊心病，但那邪惡狡詐的燭陰未除仍使她二神放心不下，是她二神心中的一塊大病。因為她二神知道邪惡的燭陰如果作起亂來，由於其能力更大，將會比神鱉和黑龍給凡間帶來的災難深重十分！因而他二神目睹北方大地恢復了平靜，便隨著思謀起了如何除去燭陰，使北方大地永遠平靜下去的事兒。

怎樣才能除去邪惡狡詐且又神功法術高強的燭陰，確實是擺在女

373

媧二神面前的一大難題。因為如果弄將不好,她二神說不定會有反被他所害的可能!但如果不能儘快除去此惡,凡間就有重新遭受更大災難的可能,而這正是她二神所不願看到的。如此她二神思來謀去無計誅除燭陰,但又誅除此惡心切,無奈便仗著她二神勢眾,立刻離開宛丘向北尋誅燭陰而來。

女媧二神一路向北搜尋,尋遍燕山又尋遍陰山的大小峰頭和千溝萬壑,卻都沒有見到燭陰的蹤影。燭陰這次又躲到哪兒去了呢?她二神站在狼山之巔禁不住思索起來。她們想到可能是燭陰看到她二神尋誅他而來,故意躲到了別處,使他二神尋殺不得。

或者是他又施法蟄入了地下,靜觀著地上之變以伺機而動。如果他又真的蟄入了地下,她二神就一時真要尋誅於他而不得了!然而女媧二神雖然一時尋誅燭陰不得,但由於她二神除惡心切,一時找尋不到也都不願離開。商議一番決計在狼山之巔歇息等待一陣,看那燭陰是否會來。

女媧二神說著就在狼山之巔坐了下來,但她倆屁股剛一著地,便被地下突然傳出的一聲話語,驚得雙雙陡地站了起來!那話語聲響如雷,震得女媧二神心脾皆動,正是出自燭陰之口。燭陰在女媧二神擄走黑龍之後,便已猜定她二神誅殺黑龍之後,必會前來尋誅自己,因而便做好了對付女媧二神的準備。

燭陰有他的想法,即為了獲得女媧之愛並進而做上凡間之王,自己絕對不能再得罪女媧。因為若是得罪了女媧或者傷害了女媧,自己都絕對不會再得到女媧之愛,也做不成凡間之王。再退一步講說,就是即使把樸父與女媧全都殺掉,自己也是做不成凡間之王的。因為那樣被玉皇大帝知道了,自己是必被誅殺而無疑的!因此自己若要獲得女媧之愛並做上凡間之王,僅須設法把樸父誅殺或者趕走就行了。

　　為此他在等待著恰當的時機，決計在女媧二神前來尋誅於他之時，自己則不出與戰。正是基於此想，燭陰前時看到女媧二神果然尋誅他而來，他便即忙蟄入地下等待時機。恰在這時目睹女媧二神欲坐狼山之巔不再退去，便思謀一番決計再與女媧好生單獨言講，以求得女媧之愛，並使其答應自己做凡間之王。於是他便在女媧二神坐下之時，開口大叫起來道：「二位大神休得坐下，燭陰待在這裏！」

　　由於其恰在女媧二神腳下地底，所以驚得女媧二神霍地站了起來。女媧二神剛剛站定，即又聽燭陰在地下講說道：「娘娘，小神仍無別的乞求，此來只求娘娘遣開樸父，小神有話單獨與娘娘相商。乞娘娘見允，小神保證絕不施惡於娘娘！」

　　「燭陰，我知道你這狡詐卑鄙的惡神，要與我講說什麼，」女媧聽了燭陰此言，知道他單獨向自己講說，又是為了死皮賴臉地求愛。心中於是好惱道，「我不與你講說，你死了那份賊心，快快出來受死。整日蟄身地下，算哪門子英雄！」

　　「娘娘不要錯解了小神美意，如果這樣，娘娘與小神不就只有刀槍相見了嗎？」燭陰聽到女媧不答應與自己單獨言講，心知這樣自己的目的就難以實現，便心中焦急開口道，「但是刀槍相見是解決問題的法兒麼？」

　　「燭陰，你給我滾上地面來吧！」燭陰正在如此言說，樸父早在一旁氣惱地施法祭起了手中神劍，口中怒喝道。隨著樸父這聲怒喝，便見燭陰已被樸父之劍滴溜溜地旋出了地面。女媧見之也不怠慢，即出劍「颯」地向剛出地面的燭陰刺了過去。

　　燭陰不知樸父身懷此術，冷不防被樸父施法起出了地面，又見女媧趁機出劍向自己刺來，忙出鏢與女媧迎鬥在了一處。多虧他神功高強，倏然脫開了樸父神劍的綁縛，若不然他就會像神鼇那樣被綁縛著

動身不得，立刻被女媧誅殺。燭陰與女媧鬥在一處難分難解，樸父在旁當然不會袖手旁觀，但見他眼見此景立刻仗劍上前，與女媧一起和燭陰惡鬥在了一起。

他三神如此交上手來，個個神功高強，誰也不甘示弱，鬥得險惡萬端。女媧二神欲除惡孽，出手鬥狠，必置燭陰於死地。燭陰欲要誅殺樸父，只向樸父使絕。轉眼打鬥多時，燭陰眼見再鬥也難以誅殺樸父，反會加仇於女媧。遂靈機轉動決定退出此戰，再求與女媧單獨商談。

「娘娘，惡戰必有傷亡，小神不願再鑄罪過。乞娘娘善解小神誠意，娘娘賜予小神單獨一談！」燭陰於是倏地跳出圈子百丈之遙，站定腳步言說道，「小神若有不是之處，到那時娘娘再作討伐也是不遲！」

正鬥的女媧突見燭陰不敗而去心中正奇，耳聽燭陰此言心想再鬥也難以立即誅除燭陰，遂心思陡轉，決計來它個將計就計，即暫且假裝聽信燭陰之言，答應自己單獨與其談說。而讓樸父趁燭陰與自己談說之時，從背後襲殺之。心想至此，女媧即向樸父使個眼色讓其行計而去，她則單獨與燭陰言說而來。

「娘娘，小神乞求與您單獨言說，還是別無所求，只求娘娘賜給小神愛情和凡王之位。」燭陰眼見女媧聽信其言，遣開樸父單獨與他談說而來心中高興，立刻收起惡鑭等待女媧到其面前。口中則說道，「小神盡知娘娘昔日摯愛著黑龍反覆無常之輩，但黑龍今日已被娘娘誅殺，樸父年已老邁，娘娘您的愛情在凡間不賜給我燭陰，又能再賜給誰個？眼下在凡間不是只有我燭陰一個，能夠回報給娘娘以愛情嘛！」

「燭陰，你要得到我女媧之愛，要做凡間之王，這當然都並非過分之求，」女媧聽著燭陰之言，一直沒有開口。因為這不是她要對燭

陰講說，而是燭陰要對她講說。聽到這裏，她氣惱得實在聽不下去道，「也不是娘娘我不願將愛情和凡王之位賜給你，而是你也不撒泡尿照照自己的樣子……」

「娘娘，我燭陰一直在虔誠地愛著您，您就收下小神對您的這一片癡情吧！娘娘您想想，如果我倆相愛，您把凡王之位賜予小神，小神能不聽信您的言說，盡力保衛凡界太平嗎？」燭陰眼見女媧氣惱，擔心其再不讓自己言說去了，為此急忙打斷女媧之言，懇求起來道，「小神敢向娘娘保證，以小神之能，保衛凡間太平定比樸父大神有過之而無不及！娘娘，小神也不誅殺樸父大神，你就讓他歸回天界崦嵫神山去吧！娘娘，小神乞求於您了！」

「瞧瞧你那顆骯髒的心，看看你昔日走過的路！若是你能照一照，」女媧這時所以一直讓燭陰講說，是因為她要讓樸父趁燭陰講說入迷之時突出殺之。燭陰講到這裏講說完了，女媧見之立即接續其言道，「你就知道這兩樣東西你都是不配得到的，你就知道你只該受誅了！」

女媧話音剛落，恰值樸父趕到燭陰身後，口中向燭陰大喝一聲道：「惡孽，你死了那份心吧！」隨著，其手中之劍已「嗖」地刺向了燭陰後心。

「既如此，娘娘您非置我燭陰於死地而不可，就莫怪我燭陰不講情理，從此施惡於凡間了！」燭陰想不到自己對女媧如此滿腔真誠，得到的仍是女媧對自己的如此計殺，心中好惱怒吼起來道。隨著，但見他先閃身躲過樸父來劍，即出鐗向女媧殺了過來。就這樣他三神又立刻交起手來，鬥在了一處。

這是一場好殺，一時間只見他三神你來我往，我往你來，直殺得天昏地暗，日月無光起來。如此轉眼惡戰多時，燭陰眼見再鬥自己也

誅殺不了樸父，因為有女媧助他惡鬥自己使自己奪勝不得。為此他心思急轉，決計施法把女媧與樸父二神分割開來，自己再分而處之。

「娘娘，小神再說一遍，若此您就莫怪燭陰施惡於凡間了！」思謀既定，燭陰立刻開口大叫一聲道。叫畢，隨之口呼長氣向樸父猛地吹去，以期把樸父單獨吹走將其與女媧分開。隨著燭陰口中那股長氣呼出，只見一股長風倏然颼起，把樸父頓然滾輪輪颼了開去。

燭陰這時只想把樸父颼去留下女媧以把她二神分開，所以女媧這時並沒有被那長風颼住。但女媧反應機敏，她眼見樸父倏然被燭陰所施長風颼去，心中立刻想到她二神分開誰也敵不過燭陰，難免有分別身遭燭陰之害的危險，便疾不怠慢，急趁機順勢倒身長風之中，隨風追尋樸父而去。

燭陰想不到女媧如此機敏，竟然立刻看透了他的心機，使得他欲施惡計而不成。為此他想立刻收住長風改施它計，但無奈他剛才呼出的那股長風邪惡無比，它從陰山之上竟然把女媧二神倏然間便颼到宛丘之上，方纔風力減弱，使她二神站住了腳步。但那長風雖然由於距離風源已遠，減弱了其力，卻是仍然沒有止息。

只見它依舊攜土拔樹，鋪天蓋地向南颼去，直颼得漫天塵土飛揚，空中樹草漫捲，山石吹起響哨，炎陽頓然失色。長風中，人獸有的被風捲起在半空，又不時地被拋到地面，驚呼號叫不已。女媧與樸父見之，也奈何長風不得，只有任憑它隨意颼去。當然他二神也心中想到，燭陰也不能長期呼氣不停，他呼一會兒累了就會停呼，長風就會止息。

然而這一次女媧二神想錯了燭陰，由於燭陰剛才企圖使用長風颼開樸父而未能，看見女媧識破其計隨同樸父乘長風離去，他剛才呼出的長風又太惡，一時收斂不住，使其即改它計不成，心中氣惱便一連

呼氣不止，並且在頻頻增加著呼出之氣的功力，以使長風颳得更烈更猛，颳得女媧二神難以止身立足。因而只見那惡風愈颳愈烈，久颳不止，只颳得大有地動山搖天崩地塌之勢。

女媧二神目睹此景，不禁心中焦急起來。因為他們知道這風拔樹揚塵事小，如此狂颳下去小小的人獸就會盡被捲去，若被捲入空中人獸就將失去自主之能，在風中若是撞在山上樹上，或被拋入水中摔在地上，都會傷殘斃命。這風之害對於人獸來說，實在不亞於黑龍播佈的那場洪水。但是女媧二神也只有任憑其颳，除了惡罵燭陰該誅，別的也無止風奇能。

好在女媧二神惡罵一陣，惡風漸漸減弱了其力，緩緩地止息下來。然而惡風雖在減弱，但那燭陰卻未停止行惡，就在惡風轉弱之時，隨著剛才被風捲起的塵土雜物落了下來，露出臉來的藍天之上又倏然佈起了漫天彤雲。接著便在這百草豐茂的炎熱夏天，鵝毛般的雪片竟然紛紛揚揚地落上了翠綠的大地，眨眼間便將翠綠的凡界變成了一個銀裝素裹的世界。與此同時，空中的熱風也突然變成了冷冽的朔風，凍得人獸全都啼號起了嚴寒。

女媧二神目睹此景，頓知這又是燭陰施惡所為，但也無可奈何，只有等待邪惡的燭陰收起法術，使天氣回歸夏日。燭陰果然很快收起了這一法術，使天氣很快回歸到了夏日。但見突然間天上的炎陽好像猛增了千百倍的熱力，把一根根如箭的光線熱辣辣地射向了大地。

頃刻間，便使得地上正颳的朔風，變成了熱得令人窒息的熱風。大雪突然融化淨盡，被大雪冰傷的樹草綠葉猛地被炎日暴曬，全都枯槁乾死。使得剛才還翠如錦緞般的大地在脫去銀裝之後，一下子變成了荒草淒淒的冬日之景。被凍死的人獸屍體，也倏然間腐爛生出了遍地的臭氣。身強未被凍死的人獸抵擋不住如此炎熱，躲身進了剛剛化

凍開來的江河湖水之中。

　　女媧二神心知此惡仍為燭陰所施，對凡間受此大難心疼不已，對燭陰痛罵不休。但就在他們罵過一陣之後，正熱的夏天又驟然變冷，隨著空間倏然凝固，萬物仿佛被釘在了原處，全都一動不得起來。女媧二神頓覺各自渾身乍冷，隨後便雙雙失去了知覺。因為燭陰又施法冷凍住了凡界偌大的空間，將大地上的萬物，全都冷凍在了這空間的巨大冰砣之中。受盡冷熱乍變之苦的人獸們，也都像女媧二神一樣，被凍在了冰砣之中失去了知覺。

　　燭陰為了獲得女媧之愛和爭做凡間之王，讓女媧趕走樸父讓位於他，就這樣盡力施展著其惡，傷害著凡間萬物，以逼迫女媧就範於自己。這時他站在陰山之上，看著女媧二神伴陪著凡間萬物一起受難，禁不住心中的高興放聲「嘎嘎」怪笑起來。他決計如此連續施法不止，逞惡不休，直到把女媧折磨服氣，前來將其愛情賜予自己，並把凡王之冠戴在自己頭上，他才停下逞惡。

　　為此他看到冷凍止息了天下萬物，心想冷熱驟變生出的巨大反差，會給凡間萬物造成巨大的傷疼，便又念動咒語隨著倏然一口氣吹去，使得凡間那巨大的冰砣立即融化萬物復蘇，接著便熱得鎏金鑠石使得人們不堪忍受起來。未被冰凍而死的人獸又紛紛嘯叫著，奔進了江河湖水之中以避暑熱。不解之中，他們齊問茫茫高天這是何來的災難，怒詢蒼蒼厚地這是哪來的苦痛！

二九、樸父身死

　　女媧二神從冰凍中醒來眼見燭陰如此行惡不止，深恐其再繼續這樣行惡下去，鬧得凡界一忽兒惡風狂作，一忽兒大雪施威，一忽兒熱浪流火，一忽兒冰凍空間，如此周而復始要不了幾個反覆，就必將凡間萬物毀滅淨盡，使奇妙的凡界變成一片毫無生機的洪荒之境。到了那時，不僅女媧為給凡界增添熱鬧辛勤創造的凡人盡將化作烏有，女媧的創造辛勞也將全都付之東流。因而女媧二神身置此境不敢再怠，急忙計議起了對付燭陰惡神之策。

　　女媧二神計議一陣當然苦無良謀，但時間又一刻也不能再向後拖。因為向後拖延一刻燭陰就多一刻行惡時機，燭陰多行一次邪惡凡間萬物就將多遭受一次災難。為此值此無奈之時，女媧只有開口喟歎道：「看來，也只有繼續施用此計了！」

　　樸父聽聞，忙問女媧繼續施用何計。女媧聞問，即將其想法從頭到尾對他講說了一遍。樸父聽畢沉吟再三，最後才無奈贊同道：「好吧，我二神只有如此破釜沉舟，與燭陰背水一戰了！不過，娘娘要切實認識燭陰的險惡，時時事事多加小心啊！」

　　「我量他燭陰也不敢施惡於我，但我也會加倍防範於他的，」女媧聽了道，「請老神儘管放心，我二神依計而行吧！」

　　言畢女媧就要告辭而去，樸父這時仍是放心不下，心情沉重地戀戀不捨女媧離去。女媧見之再言讓老神放心，隨後言說時間緊迫不可再怠，立刻告辭樸父向北行去。

　　女媧這次誅除燭陰並無什麼妙計可施，因為硬鬥他二神誅殺不了燭陰，搬動天兵天將又為女媧所不取，所以她只有仍用將計就計之法，以投燭陰所好尋機誅殺燭陰。女媧剛才無奈中思謀，燭陰所以如此行惡，皆因其求自己的兩條全被自己回絕，方使其惱恨至此。為此若要計誅此惡，只有自己前去答應其所求，賜予他情愛和凡王之位。並假言自己剛才所以對他回絕，是因為自己思慮未定。此來則是因為自己思考已定，而盡應大神之求。

　　如此先籠絡住其心，使其停下作惡行徑，然後再將其騙到宛丘誅殺之。在把其騙上宛丘誅殺之前，自己再施樸妻所賜神劍的障眼法術，先把樸父障蔽在一旁，使燭陰看視不見，並說自己已說動樸父歸回峗嵯神山。而後在燭陰無防之時，由女媧將燭陰引到樸父跟前，由樸父聞聲突出利劍殺之。

　　此計的實施由於事關女媧單獨去見燭陰，同時女媧在燭陰面前如果稍有不慎，就會被燭陰察知其計，到那時女媧就將有生命之險。因而樸父聽罷女媧言說此計，沉吟再三方纔表態贊同，但一直心情沉重放不下來。因為樸父深知燭陰的狡惡陰毒，女媧稍有閃失，就將會出現難以預料的後果！

　　女媧離開宛丘，轉瞬便尋到了陰山狼山峰巔之上，正看見燭陰在狼山峰巔之上準備再施邪惡，以變流火炎天再降淫雪，使凡間萬物再遭劫難，以驅使女媧前來見他，並答應他的兩條要求。正欲行惡的燭陰也在女媧看到他的同時，看到了單獨來到狼山峰巔的女媧，使他心中一喜停下了欲行之惡。

　　燭陰知道女媧這時來到，正是出於對他所施之惡的無奈，眼見凡間萬物在巨大的災難中由生變死，心中忍疼不住方纔前來求助自己。燭陰心中當然高興，自己果然施用逞惡之術逼來了女媧。但他也十分清楚，女媧這次到來是出於無奈，而不是出於自願。不是自願就難有誠意，所以只有天才知道女媧此來，究竟是為真還是施假，是誠意還是鬥計。為此他不得不在高興中心設防備！

　　狡詐陰毒的燭陰心想至此，頓將心喜壓抑得一絲不見，對已到面前的女媧假裝視若未見，並又作出了欲行施惡的樣子。女媧當然看見了燭陰表情的蛛絲之變，目睹燭陰欲施邪惡之狀立刻不讓道：「惡神若再施惡，娘娘我就走了！」

　　女媧如此恰到好處一語，恰好觸動了燭陰的敏感神經。因為他雖然狡詐邪惡至極，卻也在心底裡真誠地愛著女媧，而且愛的是那樣熱切！愛情使他覺得，即使女媧哪怕是與他不共戴天誓拼一死的敵人，只要女媧能夠站在他的面前，他也會頓然覺得天變得從來沒有過的湛藍，周圍的氣氛從來沒有過的歡融，世界從來沒有過的美好！

　　所以這時女媧來到了他的面前，他心中著實高興萬分！雖然他將高興壓抑了下去，故意做出逞惡之態，其心中卻正在害怕著女媧為此離去。因而他聽了女媧此言，即忙收住逞惡之勢假言道：「噢，原來是娘娘來到了陰山！娘娘莫怪，小神剛才實在不知，方纔怠慢了娘娘！」

　　「剛才不知現在知道我娘娘到了，」女媧當然不會聽信燭陰的此番花言巧語，但她來此是為了施計，故而則裝作聽信之狀，順水推舟道，「你坐下，好好聽聽娘娘對你講說行嗎？」

　　「小神當然可以坐下，而且求不得坐下聆聽娘娘講說，」燭陰則不讓女媧，立刻針鋒相對語含譏諷道，「但只是擔心樸父大神待在一

旁，再從背後突給小神一劍！」

「喔，原來你這赫赫有名的燭陰大神，反被老神僕父嚇破了膽！」女媧聽了燭陰此言，更知燭陰狡詐邪惡至極果真名不虛傳。遂故作輕鬆「咯咯」一笑，隨著反譏燭陰道，「若你不敢坐下，我就不說了也成！」說著，又要返身離去。

「娘娘莫怪小神戲言！」燭陰眼見女媧又要離去，不禁急忙高叫道，「娘娘知道，小神是不會害怕僕父的。」

「若是如此，你赫赫燭陰大神就是有疑於我娘娘了！」女媧這才止住腳步，立刻寸步不讓臉色一沉道，「既如此，我何必言說！」

「娘娘莫怪，小神只不過是戲言於娘娘罷了。」女媧說著又要離去，燭陰看見更是心急起來道，「請娘娘有話好說便了！」

「好吧，若如此說，我就說了。」女媧剛才當然都是假意離去以激燭陰攔她，她知道燭陰摯愛著她必然攔她，耳聽此言方又回過身來道，「娘娘我經過審慎思考，已經決定答應你的兩條要求，並勸說僕父返歸崦嵫神山。故而特來對你講說，但想不到你燭陰竟然如此對待我娘娘！」女媧說到這裏戛然而止，以靜觀燭陰之變。

燭陰突聞女媧此言，知道自己通過施惡終於迫使女媧就範於自己，使自己得到了夢寐以求的一切，一時間真個是心中大喜過望。然而心喜之餘，他狡詐的心頭不由得陡地掠過一絲驚疑，使他驀然止住了狂喜，禁不住一陣急速思慮起來。他覺得，這一切都是他用作惡逼迫來的，它們來得太不情願也太不真誠了，他是不能不懷疑的。

他想到，女媧長時間以來一直嚴拒自己這兩條要求，同時這次前來也不是自願的，而是出於被迫的無奈的，她怎會在驟然之間被迫之中，全部給予自己所要得到的一切呢！所以這不可能，這絕對不可能。他狡詐的心頭給他做出了這樣的推斷，頓然使他陷入了深重的矛

盾之中。

　　燭陰當然矛盾，一方面他深深地愛著女媧，盼望著女媧哪怕是多在自己面前一刻時光！而現在若按其推斷，他則又要立即惡鐧出手，戳向面前的女媧！為此，他心中矛盾著，身子呆怔在了那裏。

　　敏感的女媧當然全部察知了燭陰的心思之變，她後悔自己說得太突然了，太簡練了。但她又覺得自己不這麼說也不行，因為這不是磨的事情和磨的時候。那邊樸父正在放心不下地焦急等待著自己的消息，如果自己在此耽擱久了，放心不下的樸父定會趕赴過來。因此她望著眼前心思疾變和呆怔的燭陰，即又開口講說道：「燭陰，既然你如此猜疑於娘娘，娘娘就只好告辭了。我想，你會後悔的！」

　　「啊！娘娘，你走不脫了。我識破了你的姦計，你看鐧吧！」呆怔中的燭陰突被女媧此言驚醒，隨著口中一陣喝叫，便真「嗖」一鐧向剛剛轉過身去的女媧殺了過來。

　　女媧本來只想再激燭陰，使其早早就範於自己，實現自己誅殺此惡之計，解除凡界後日災難之源。但她實在料想不到燭陰狡惡至此，一陣心思陡轉便已識出了自己之假，然出手向自己殺了過來，禁不住心中陡地一沉。

　　因為，如果自己之計這次再被燭陰識破，使其不能就範身遭誅殺，那麼不僅就會使她後日誅殺燭陰無計可施，而且一場激戰過後，邪惡的燭陰定會更加百倍地施惡於凡界。那樣，就會將現在生機勃勃的凡界，變為一片洪荒之境了。

　　然而女媧心中這時雖然沉重，表面上其卻沒有流露出絲毫軟弱之態。只見她眼見燭陰之鐧刺了過來，便立刻一邊仗劍迎了過去，一邊出言惡罵道：「不識好歹的惡神，我送你昇入天堂！」隨著，便與燭陰鬥在了一起。

　　不過，燭陰雖然率先出鐧惡鬥起了女媧，其心中卻也實在並不坦然！因為他剛才雖然懷疑起了女媧，而且過去的事實使他不得不對女媧猜疑至此，並進而唯恐自己中了女媧之計陷身死地，為此他禁不住向女媧揮起了惡鐧。但這時他真的與女媧惡鬥起來，心中卻又禁不住後悔起來。

　　因為他想到，世上萬事萬物都在時刻變化之中，更何況是女媧的心靈！同時，剛才自己怎麼就沒有再去想想黑龍已死，女媧身邊僅僅剩下一位老邁的樸父，失去了其施愛的對象！怎麼也沒有再去想想，這次女媧雖為被迫而來，但其若是不來，其辛勤創造的孩子，就將被自己所行之惡毀滅淨盡！

　　這樣，女媧身邊的現實全都變化了，她的心靈怎麼不會在變化的現實中發生變化呢！想到這裏，燭陰真個是後悔起了自己的多心，自己的魯莽，自己率先殺向女媧的大不應該！

　　但是，他轉而又覺得這樣殺殺也好，即使女媧真的為答覆自己的要求而來也無所謂！如果女媧不是施計於自己，惡鬥一陣樸父不來，自己再收住雙鐧，向女媧講說自己不得不防，則正可以贏得女媧對自己足智多謀的驗證，進而贏得女媧之心。

　　如果女媧此行為假，是像上次誅殺旱魃二魔時那樣施計於自己，假意答應自己之求騙說自己，那樸父一定會在附近不遠處躲藏。當那樸父看到女媧施計不成，又被自己殺得抵擋不住之時，定會趕上前來幫助女媧攻殺自己，到那時就會一切全都明白了！想到這裏，燭陰與女媧交手頓然邪惡起來。因為他心中不再猶疑，招招使狠，式式使絕地與女媧惡鬥在了一起。

　　這是一場惡鬥，但見他二神交手一處，雙方互不相讓，各揮手中劍鐧殺得天昏地暗，械閃寒光。燭陰為試女媧真假以引樸父殺上前

來，招招不讓女媧，式式殺向女媧要害。女媧以為燭陰識出其計必殺自己不可，心中大惱，招招狠刺燭陰，式式戳向燭陰險處，以置燭陰於死地。如此他二神轉瞬打鬥多時，雙方不分勝敗。

但隨著打鬥時間延長，燭陰心中卻不禁奇異起來。他奇異樸父為什麼還不殺上前來？是他仍在伺機沒有殺上前來，還是女媧講說為真，樸父真的壓根兒就沒有前來？再者或許是女媧設有奇計，讓樸父待在別處以誅殺自己而沒來？狡詐的燭陰就這樣一邊心中想著，一邊與女媧打著，依舊沒有停下手來。

他想，或許樸父就隱藏在近處。只是眼見女媧未陷危境，為了不壞奇計沒有殺上前來。若是再殺一陣，待到女媧身陷厄境之時，或許就可能引來躲藏的樸父。為此他向女媧出手更疾，打得更加險惡起來。

當然狡詐的燭陰這次沒有猜對，因為樸父這次真的沒來。但他放心不下，末了為了引出樸父，他見女媧由於打鬥時久，身為女流之輩氣力漸漸不支，便趁女媧一招防守不嚴之機，倏然出鐧把女媧點坐在了地上，隨著將手中惡鐧頂在了女媧胸口之上，眼觀四方只待樸父殺上前來。但是燭陰看視數遍，竟然仍是不見樸父到來，心中方纔相信女媧所言皆為真實。正要收鐧向女媧反賠不是，卻聽女媧開口道：「惡孽，你快殺了我呀！為何不動手呀！」

「娘娘請恕小神！不是小神有意傷害娘娘，不信娘娘，」燭陰這時豈敢怠慢，只見他「啪」地把手中惡鐧扔在了地上，忙「撲通」跪倒在地向女媧賠起不是道，「實乃是小神心想昔日之事，再也不敢失掉戒心了！小神乞娘娘理解，恕小神之罪！」

「你不需要我饒恕於你，你殺了我就一切都了結了！」女媧雖聽燭陰此言軟而有理，但她仍不讓步道，「殺吧，你快殺了我吧！」

女媧知道燭陰不捨得也不敢殺她，她把握他的心思。為此她故意

如此話激燭陰，並在說時又一挺胸膛要燭陰殺她。狡詐的燭陰這時又錯誤地僅從樸父沒來中，相信了女媧此來的真誠。眼見女媧力逼自己殺她，便也無奈地無意說道：「既然小神苦苦相求娘娘不允，非要小神誅殺娘娘不可，小神無奈就只有反求娘娘誅殺小神了！」

燭陰此言本來無意，因為他知道女媧即便動手也殺他不得，但不料女媧耳聞此言立刻當真道：「燭陰，這可是你叫我殺你的呀！你可不准動啊！」說著，她果真陡地站起身來，「颯」地出劍向跪在地上的燭陰脖頸砍了過去。

戲言的燭陰做夢也不會想到，自知殺他不死的女媧會來真的。剛才眼見女媧說著站起身來已是心驚萬分，因為他深知女媧早有殺他之心，這時那心也一定不會泯滅。他怕女媧來了真的，自己就將一命嗚呼了。但他又一時不敢失信於女媧，不敢立刻站起身來，因為那樣他就成了言而無信之輩。

他知道，那是他在女媧面前絕對不能去做的。再者，女媧此舉若是僅僅試他一試呢！然而這時他見女媧果然真的一劍向其脖頸砍了過來，那劍一到自己就將身死無疑，他當然不敢怠慢，竟然嚇得「啊呀」一聲大叫，倏然蟄入地下方纔躲過女媧砍來之劍。

女媧則真的想借此時機將燭陰巧妙殺掉，因為燭陰既然如此講說或許會真的不動，這樣自己一劍殺掉他，就會免去許多周折少費功夫。但不料狡詐的燭陰心有防備，倏然蟄地躲了開去。女媧欲殺燭陰一劍砍空，心中一驚，臉上大惱。

女媧擔心燭陰這次識破了其心機壞了其奇計，故而故作臉上大惱砰然擲劍於地，厲喝起了燭陰道：「燭陰，原來你是此等言而無信之徒！我叫你殺我是真，你叫我殺你為假，而且你又躲進了地下！你我真假不一，還有何言可以講說！」言畢，即憤然欲離狼山而去。

　　燭陰並沒有識破女媧真正殺他的動機，而只是以為女媧以此試其誠意。因而眼見女媧憤然之狀認為女媧該惱，自知理虧急忙潛出地面，跪攔在女媧面前道：「娘娘莫怪小神假意，小神只是一時緊張生出了如此怯弱！娘娘如果不信，就請娘娘再殺小神一次。小神若再那樣，請娘娘從今不再搭理小神便了！」

　　女媧聽了燭陰此言，立刻裝得臉上氣惱頓消，高興得一陣「咯咯咯」笑了起來。因為她剛才的惱怒，僅僅是為了蒙蔽燭陰不識破其計，故意做作出來的。這時她看到自己已經取信於燭陰，自己的奇計就要實現，她當然喜上心頭禁不住一陣笑了起來。

　　同時女媧的這笑，還有著另外一層含意。即剛才她已真殺燭陰一次而不成，這時燭陰又要其再殺於他，她害怕再殺不成反壞其計。便決計不再在此誅殺燭陰，而依計行事讓樸父誅殺燭陰。

　　「起來吧。剛才你驗試於我，現在我也驗試過了你，」女媧為此想通過笑聲產生戲意，使燭陰更加相信，她剛才不是真殺於他。為此笑過一陣，女媧方纔故作認真道，「你我皆為誠意。我倆可以直言了！」

　　「娘娘所言極是。小神從今往後誓與娘娘共結同心，以祐護凡間太平！」燭陰聽到女媧此言，立刻高興得霍地站起身來道，「娘娘吩咐小神，小神定然不敢有誤！」

　　「那好，你就聽我的吩咐吧！娘娘這次前來之時，」女媧聽了燭陰此言，立刻行計對之道，「已經與樸父言定讓他返歸崦嵫神山，以讓凡王之位給大神。」

　　「那太好了！」燭陰聽了，頓然高興萬分道，「他同意了嗎？」

　　「由於我來之前不知大神是否接受如此條件，害怕這邊大神不接受那邊我再放走了樸父，凡王的重任就又落在了我的肩上，故而暫時仍留樸父在宛丘，」女媧這時繼續依計言說道，「現在既然大神願意

接受娘娘之愛和凡王之位，大神可以在此稍待一個時辰，然後徑去宛丘見我。我則現在就回宛丘，以送樸父大神歸去。」

狡詐的燭陰聽了女媧此言，禁不住又心思急轉起來。他想到，女媧所言果真全是事實嗎？她會不會要把自己騙到宛丘，以與樸父合力誅殺自己呢！要麼，她為什麼要自己等待一個時辰方可前去呢？雖然女媧說的合情合理，但不正是因為說的合乎情理，方纔可以行騙嘛？如果不合情理，誰個又肯上當受騙呢！

「娘娘，既然樸父大神要走，我隨娘娘一起前去宛丘，」想到這裏，燭陰立刻決計來它個將計就計。即如果女媧果真是騙殺自己，就弄她個措手不及迴旋不得道，「送他一送不是也好嘛。娘娘為何反要留我在此等待呢？」

「好一個狡詐的燭陰！」女媧聽了燭陰此言，禁不住心中暗叫一聲道。一時間，實在是弄得她無法回答起來。因為，燭陰若是跟隨她立刻前去，就打破了她與樸父預設的計畫。而若改變計畫，燭陰在旁她又沒有機會說與樸父，從而弄得他二神將無法配合行動，應變不得。那樣施計不成，就又將誅殺燭陰難成了。

「這個，大神不必著急。只是樸父歸去並非誠心樂意，因而還需我再做勸慰。我恐怕大神在旁，話不好說。」但是，女媧如果這時拒絕，又怕燭陰再生變故。為此她便一邊心中急思應急之策，一邊口中應付燭陰說著，猛然想好了應急辦法，對燭陰隨機應變道：「不過大神既然願去，就隨我前去便了。」

「若無妨礙，小神就陪伴娘娘去也！」燭陰心懷狡詐，聽到女媧此言，則立刻來個順水推舟。他口中說著，即隨女媧離開狼山，一路向南奔向宛丘而來。

女媧二神須臾來到宛丘，頓然使放心不下，正在宛丘之上焦急等

待的樸父大吃一驚。因為女媧走時與他議定的誅殺燭陰之策，是在燭陰到來之前，由她施用障眼法術。這時燭陰跟隨女媧一齊乍然來到，自己該如何對付呢？如此情狀之變，真個是使經歷深廣的樸父老神，也一時沒有了應對之策。

「燭陰大神聞知你要歸回天界，特意隨我前來為你送行。大神應該謝謝燭陰大神的美意呀！」機警的女媧看出了樸父如此心急無奈之狀，知其皆為不知內情之變沒有對策所致，害怕狡詐的燭陰睹此情狀識破其所施奇計，忙對樸父暗示道。

「老神多謝大神相送之恩！」女媧如此一語，頓然點醒了樸父。但見樸父聽了女媧此言，立刻對燭陰拱手施禮道，「乞大神後日前去崤嵫小山遊玩。」

「大神美意小神已領，」燭陰眼見樸父態度誠懇，心中信以為真，這時急忙回敬道，「小神定然不忘大神相邀之恩！」

「大神，既然前時你已願回天界，現在燭陰大神又願意接受凡王之位，」女媧這時眼見他二神寒暄已了，便即開口假言勸說樸父道，「大神是否還有想不通的地方？若是沒有，我二神這就要送你離去了！」

「娘娘走時，老神還有些想不通的地方。但在娘娘走後，老神想到自己年已老邁，還是依娘娘所說歸回天界的好，一切都想通了！」樸父畢竟閱歷深廣，聽了女媧此言立即隨機應變道，「那好，老神現在就走，但不知娘娘對老神還有吩咐否？」

「大神就要走了，大神與我也在下界一場，」女媧這時已知樸父盡領自己之意，接下來立即道，「我深知大神所鑄之劍全都神異無限，不知娘娘乞求大神，將手中之劍留於娘娘若何？」

「老神之劍當然可以敬奉娘娘，只要娘娘心不嫌棄！」樸父立即領會女媧之意道，「但只是老神手中不可倏忽無劍，不知改日再將此

劍敬奉娘娘若何？」

樸父所答正合女媧之意，女媧於是即言道：「這倒無妨，娘娘將所佩之劍換給大神若何？」

「老神謹遵娘娘之命，那就換吧！」樸父聽了盡解女媧之意，表面上卻故作怏怏不快但又無奈道。說著，便取下自己身佩之劍遞給了女媧，女媧則即把身佩之劍交給了樸父。

「娘娘、燭陰大神，老神告辭了！我等後會有期！」樸父收劍之後，僅言一聲道。隨著立刻駕起雲頭，徑離宛丘向天界崦嵫神山方向飛去。

「我等後會有期！」女媧與燭陰聞聽樸父告辭之言，齊拱手相送道。隨後一直目送樸父的身影由大變小，由小變無，方纔雙方收回目光，相視一陣「哈哈哈」、「嘎嘎嘎」暢懷大笑起來。

女媧當然大笑，她笑樸父老神果然閱歷深廣盡解其意。站在自己面前的燭陰惡神，眨眼就將在無防中受死。燭陰當然也笑，他完全相信了女媧之誠，暢笑樸父離去，自己的目標就要實現在了眼前！然而就在他笑聲未落之時，突然間卻「啊呀」慘叫一聲，隨著猛地出鐗轉身「颯」地向身後掃了過去。

隨著燭陰手中之鐗掃向身後，則聽樸父老神在其身後也「啊呀」一聲慘叫，隨著即「撲通」摔倒在地一命亡斃。但就在樸父慘叫之聲未落之時，又聽燭陰「啊呀」一聲慘叫，則頓被一支長劍「颯」地斬去了頭顱。

原來，樸父走到身影消失之後，便立刻使用與女媧所換之劍的障眼法術，將自身遮障起來，迅即返回宛丘來到了正在暢笑的燭陰身後。趁著燭陰看不見自己且其身無防備之時，陡然出劍刺進了燭陰的後心。燭陰被刺急向前躲，並隨著迅疾出鐗回身，將樸父一鐗擊掃

而死。

女媧對此心有準備，聽到燭陰之叫也立刻揮劍向燭陰砍去，但不料燭陰受刺身疼出鐧迅疾，趕在其前面殺死了樸父，斷去了神界一代鑄劍名師的性命。女媧也未怠慢，則在燭陰掃殺樸父的同時，揮劍斬去了燭陰的頭顱。

燭陰中計被女媧一劍斬去了頭顱，但他身為龍體，且又身長數百里之巨，因而他被女媧斬去的頭顱一時不死，開口怒叫道：「女媧，我與你不共戴天！」與此同時，那頭顱被熱血沖得「颯」地一聲，徑向高天飛去。

燭陰的頭顱隨後越飛越高，颯然之間竟像離弦之箭一般，徑直射向了高高的藍天。驟然之間，只見燭陰那鋼猛的頭顱猛地撞上了藍天，直撞得那藍天被撞之處頓然火光四射，隨著傳出「轟隆」一聲巨響。那剛剛被盤古大神開闢不久，又因被神鼇搖晃得裂了紋兒的藍天之上，已被撞出了一個巨大的窟窿。

被撞塌成窟窿的那天的碎塊，隨著燭陰被撞死的頭顱，一齊「忽啦啦」落向了大地。天塌出的大窟窿黑洞洞的幽深無底，像一個巨大的深邃眼睛一樣看著無垠的大地，並向下界大地之上颳來了「嗖嗖」陰風，散發出濃重的烏黑煙雲，飄下了如絮的白雪和如注的大雨。陰風煙雲伴著惡雪大雨迅速在下界漫溢開來，一場巨大的天塌之災，就這樣又隨著驟然降臨到了凡間世界。

凡人害怕了，齊又驚叫起來！眾獸害怕了，齊又驚噪起來！他們驚叫著它們驚噪著，又一齊向宛丘擁來，以求女媧娘娘的祐護。

三十、煉石補天

　　女媧眼見高天被燭陰的頭顱猛攻地撞出了一個大窟窿，心中默契為斬殺燭陰之頭正感愜意的她，頓然被驚怔在了那裏。為此她頓然間忘掉了痛惜樸父之死，盡掃了充滿心中因為誅殺燭陰成功的喜悅。直到眾孩兒擁到了她的面前，搖動其腿喊叫「娘親」之時，方纔清醒過來。

　　女媧清醒過來之後，看見眾孩兒和眾獸們為躲避天塌巨洞之災，又潮水般向宛丘湧了上來，頓然感到了事情的沉重！因為她看到從那窟窿中颳出的陰風立刻吹遍了大地，天空中飄滿了從那窟窿中灑下的雨雪，溫暖的凡間世界驟然間變得陰暗冰冷起來，正在茁壯生長的地上萬物，也頓然改換了翠色的綠裝，變得慘澹欲枯。眾人獸的驚叫驚噪之聲震驚四野，一切都在驟然之間變換了模樣。一場巨大的災難，已經降到了這偌大的凡間世界。

　　眾人獸當然驚怕，他們剛剛親歷過神鰲晃地撼天，燭陰爭王施惡所造成的巨大災難！女媧為此立即痛惜起了眾人獸之苦，後悔起了自己不該只想到將燭陰揮為兩段即可，而沒有想到他可能會在死時再次施惡於凡間，立刻上前將其飛射上天的頭顱砍成碎瓣，免除這場天塌巨洞給凡間帶來的災難。

　　然而，世上的事情只要做過，就都是悔也無用的。女媧知道這一點，所以她在後悔之餘立即想起了樸父大神，她盼望樸父大神不死，好再與她一起找出消除這災難的良方。然而她低頭一看，老邁的樸父大神則被燭陰一鐧掃在了胸口，倒在地上早沒有了聲息。

　　女媧不見樸父如此情狀還可，目睹此狀更對燭陰惱恨萬分！特別是她再想到燭陰死後撞破高天的大惡之時，便更是抑制不住心中的氣惱。於是他立即俯身將樸父的屍體扶放端正，隨著便騰雲向西尋找燭陰的首級而去。她要尋回燭陰的首級，用其祭奠樸父大神的亡靈。

　　女媧一路向西尋去，因為她看到燭陰的頭顱撞破高天之後，立刻死亡摔在了宛丘西方。但她向西搜尋老遠，卻不見燭陰的頭顱摔在了何處。這一是因為地上樹草茂密，燭陰的頭顱落在其中會被遮蓋。二是因為陰雲慘澹雨雪紛飛能見度極低，不好搜尋。三是因為女媧看著那頭顱落在了近處，但由於高天渺遠，看著在近處實則落在了遠處。

　　女媧開始尋找不到燭陰頭顱摔落之處，是她心中只想著是因為前兩個原因，而只在近處搜尋。一陣尋找不到之後，女媧方纔向遠處尋來。結果在嵩山以西的荒野之上，尋到了燭陰的頭顱。

　　女媧尋到燭陰的頭顱更加氣惱，恨不得揮劍將其砍為肉泥，以泄其殺死樸父之恨，撞塌高天苦害凡人之仇。但她沒有那樣去做，而是一陣將其拖回到了宛丘，火焚祭奠在了樸父墳墓之前。

　　如此葬罷樸父之屍，女媧不見了樸父之面，頓然覺得心中又像自己先前獨留凡間時一樣，孤寂空虛起來。雖然這時有眾多的孩兒圍在她的身邊，但孩兒終為孩兒，同時他們又都是凡體肉胎，所以他們誰個也不能代替樸父，作為自己急難之時的依靠。

　　因此女媧不見了樸父更加思念樸父，站在樸父墳前心中更加孤寂空虛起來。是呀，這時凡界驟然間只剩下了女媧一個神靈，先前眾神

魔在時雖然打鬥不止為其所惡，但那總是充滿了熱鬧和充實。這時他們全都死了，只剩下了她一神。而且天又被燭陰撞了個大窟窿，給凡間降下了巨大的災難。她無處商議對策，沒有別個幫助，她心中一時也無良謀，眾孩兒又誰也幫不了她，她當然倍感孤寂和空虛。

巨大的孤寂空虛感覺，使女媧這時仿佛超脫了自我，超脫了眼前的現實，而到了另外一個一無所有的孤寂空虛的世界。使她久久地佇立在樸父的墓地，腦子仿佛停止了轉動似的久久不動一動，口中不發一語。

開始，圍在女媧近前的眾凡人目睹女媧此狀，都以為是她沉痛樸父之死過分傷悲所致。時間一久，大家方纔感到女媧娘娘如此情態，絕非僅是因為沉痛樸父之死所致，而是別有原因，全都驚怕地叫了起來。

眾凡人的驚叫聲，把女媧從孤寂和空虛的世界中喊醒過來，使她再次回到了眼前的現實之中。她看視一眼，見到天上的窟窿已隨著其中陰風陰雲和大雨惡雪的向外沖出，塌得越來越大。而隨著那窟窿塌得越來越大，陰風陰雲和大雨惡雪沖出的則就越來越多。

如此以來，便使得高天已經不見了天日，而全被陰雲遮蓋。大地已難以看往遠處，而全被大雨惡雪遮蔽。空間則被「嗖嗖」的陰風，颳得陰陰慘慘。聚在宛丘之上的眾凡人，由於僅用樹葉獸皮遮住羞處，也一個個被驟生的陰冷凍得皮青肉顫。只有全都你依偎著我，我依偎著你，靠著相互的皮肉溫熱互相溫暖，以禦陰寒。

女媧剛才超脫出去不睹此景還罷，這時睹見此景頓知不僅隨著時間的延徙，天上的巨洞會越塌越大，凡間的災難會愈鬧愈烈，她的眾孩兒也必將隨著更大災難的來臨承受不住，一批批慘死在這場巨大的災難之中。到那時如果自己還是不能想出法子除去此難，自己辛勤創

造的眾凡人，就會有被這場災難全部吞噬滅絕的危險！

那樣，自己的辛勤勞作就將付之東流，凡間世界就會從此失去先前之美，失去自己辛勤勞作添上的人間歡鬧。想到這裏，女媧禁不住自言自語起來道：「怎麼辦？怎樣才能快快拿出解救之法呢？」

「娘親，你若是再不能拿出法兒解去此難，我們就承受不住了！」站在女媧近前的小丘子聽到了女媧的自言之語，隨即接言道。但他剛剛說到這裏，便已凍得牙齒「咯咯」打起顫來，說不下去了。

「娘親，現在天塌了個大窟窿，若是娘娘無法解去此難，你為了救下孩兒性命，」站在一旁的宛妹子看見，隨著接言道，「就快去上天求求我們的玉皇大帝外祖父，讓他快快設法解救我們吧！」

女媧聽了小丘子與宛妹子此言目睹他二人情狀，半天沒有言語。她在心想這兩位孩兒之言，覺得事情果如他倆所說，自己若再不拿出法兒解去此難，眾孩兒是很快就要承受不住的。而解救此難的最輕易辦法，則當然是去求助於玉皇帝父，但這仍是她最不願意去做的。

她不僅一貫不願讓孩兒們看到自己依靠外力救助自己，同時也怕玉皇帝父從此將她留居天界。如果那樣，眾孩兒後日遇難就不會設法自救，而且玉皇帝父留住了自己，她從今往後就難以再見到，更不要說再救助眾孩兒了。想到這裏，她像是自語，又像是對眾孩兒道：「不，我們要依靠自己的力量，自己的法兒解救此難！」

小丘子聽了女媧此言，即又急叫道：「娘親，我們有什麼力量什麼法兒解救此難呀？」

女媧聽了也禁不住一愣！是呀，用自己的什麼力量，什麼法兒才能解救此難呢？隨著她又陷入了無盡的尋找解救法兒的沉思之中。女媧想啊想呀，她想了很久都沒有想出解救的法兒。這時，天上的窟窿塌得更大，陰風陰雲大雨惡雪從窟窿中湧出更猛更烈了。

「娘親，您要快快拿出解救之法呀！」小丘子和宛妹子等站在女媧面前的眾孩兒，開始眼見女媧陷入沉思知其是在思索解救之法，全都懂事地不去打擾。但這時眼見女媧久思不語，災難愈演愈烈，齊忍不住了道，「不然，這災難就要更大了！」

「好，有了，有了法子了！」正在無奈中沉思的女媧突聞此言，心中隨著陡地一明，頓然高興起來說著，卻又陷入了沉思之中。小丘子等眾凡人聞見，又都止住叫聲沉靜下來，不再打擾女媧娘娘的沉思，以使她早些想出解救之法。

女媧這時想出了什麼解救之法，使她那樣高興又陡然陷入了沉思呢？原來是她想到，常言兵來將擋，水來土堵。如今天塌了個窟窿，只有用補的方法把窟窿補住方成。但是若要補上天的窟窿，就要找到一種可以用來補天的物什。為此女媧的心思在廣闊的天地中遨遊，又心思起了使用何物作為補天物什的事兒。

女媧想到，天和地原本是連在一起的。只是被生在其中的盤古大神用大斧將其一分為二，方纔變作了天地。因此天與地想來絕不會有什麼不同，只要能夠將地上的東西補到天上，那窟窿就一定會被補上。然而，具體使用地上的什麼東西，去補天上的窟窿才是最好的呢？她苦苦地思索著。

她想到了使用石頭。但是她又想到石頭與天的顏色不一樣，又與天黏合不到一起，怎樣才能將其補上呢？無奈她又想到了用水，水的顏色與天的顏色最為一致。但水又怎去填塞上巨大的窟窿，它是流動的液體呀！於是她再想到了用樹草，樹草翠綠的顏色與天相一致。但那樹草柔弱無力，又怎去補上天的巨洞？……

女媧就這樣想啊想呀，她一口氣想過了地上的千百種物什，卻都覺得不是補天的好料，又一時無奈起來。就在這時，天上窟窿的西部

邊沿又發出「轟隆」一聲脆響，隨著「嘩啦啦」一陣落下來不少天的碎片。那碎片在下落地面的途程之中，不知道是由於受到天上的陽光照射之故，還是因為陰雲中水氣的折光之因，竟然呈現出五顏六色的豔麗色彩。在陰雲中劃出一道道璀璨的豔麗光跡，方繽紛紛落到了西方的地面之上。

天塌的響聲和天的碎片劃出的七彩光跡，頓然把女媧從沉思中驚醒過來。她後悔自己剛才怎麼沒有想到這裏，使自己多費了這許多思想的周折，因為天剛塌時塌下的天的碎片落向地面之時，也曾劃出了七彩的光跡。她心中由此一明，猛然想起了可用補天之物，即開口對眾孩兒道：「天塌出了窟窿我們設法補上，補天塌的窟窿我去尋找窟窿塌下的天的碎片！」

「噢呀，娘娘找到補天之法了！」小丘子等眾孩兒聽了，頓齊聲歡叫起來。

「孩兒們，你們稍作等待，娘親去去就回！」女媧在眾孩兒的歡叫聲中，一聲言說離開宛丘，即赴西方尋找高天塌下的碎塊而去。

女媧離開宛丘向西一路尋找，卻是又像剛才尋找燭陰的頭顱一樣，尋遍了剛才看見的天的碎塊落下之地，仍是不見高天落下的七彩的天的碎片。然而女媧為補天的窟窿，解救眾孩兒面臨的巨大災難毫不氣餒，繼續向西仔細搜尋起來。她找啊尋呀，一口氣尋到了巍巍昆侖山麓，來到一條從山上潺湲流下的明澈小溪跟前，才突然見到在那清澈見底的溪水之中，撒滿了五顏六色的七彩石子。

那石子有紅色的，有橙色的，有黃色的，有綠色的，有青色的，有藍色的，有紫色的。它們遍佈水底，重疊交錯。在碧水中交相輝映，閃耀出炫目耀眼的七彩光輝。女媧的眼睛被那七彩的光輝眩耀得半天看視不清，末了仔細看視方繽見到，那每一塊閃耀著七彩的石頭

都由五彩組成，即每一塊彩石都有五色。

「五色石，太美妙了！」女媧心覺奇異，不由得瞪大眼睛自語道。因為她在凡界天界都還沒有見到過這五色的美妙石頭，她奇異這石頭的奇妙！隨之她只顧心奇這奇異這石頭，忘記了再去尋找落下來的天的碎片，禁不住俯身溪邊彎腰伸手去撿水中的彩石看視。

小溪中潺潺流淌的溪水像一面碩大的鏡子，明亮地映現出了女媧飄逸的長髮和窈窕的身影，映現出了她那花兒般豔麗的俊美臉蛋。但是她的手剛往水中一伸，那大鏡子便破碎了開去。接著她的長髮、身影和臉蛋，也都隨著那大鏡子一起破碎了開去。這時隨著她伸進水中的手撿起兩塊彩石拿出水面，她則頓然更為奇異起來。

因為，那看來清澈如鏡的溪水竟然是黏的，黏得如同粘膠一般！倏然之間，它不僅把女媧拿出水來的兩塊彩石粘和在了一起，而且把她的五個纖纖手指也黏和得難以分開了。女媧為此奇異得禁不住叫出了聲來道：「啊，這溪水竟然是黏的！」

女媧一聲驚叫之後，望著自己難以伸張的手指和那黏和在一起的兩塊彩石，聰明的她頓然心中解頤開來，這溪水如同粘膠不是恰好可以用來補天嘛！自己剛才想到使用地上的千百種物什補天時，不是都苦於找不到使用何種物什，方能把它們與藍天粘和在一起嗎？使用這溪中奇妙的粘膠般溪水，就正可以把它們與藍天粘和在一起呀！

想到這裏，女媧又解頤到自己所以會在這時找到此水，可能正是玉皇帝父對自己的救助。這水中的五彩之石所以如此美妙，又豈不是玉皇帝父故意作為，以其美色誘使自己發現它們，而用它們作為補天的物什呢！是的，她想到正應該是這樣。

「不，這些五彩之石不是玉皇帝父之作，而是天上窟窿塌落下來的天的碎片！」但是，女媧想到這裏又頓然解頤開來道。正因為如此，

它們才如此美妙，如此奇異，如此多彩！解頤至此，女媧心中高興極了，因為她知道自己找到了自己要找的天的碎片，找到了補天援救孩兒的物料。為此她立刻大喊起來道：「找到了，我找到了！天塌石，五彩石！」

一番喊叫完了，女媧高興若狂的心情方纔平靜下來，接著心想起了使用這石這水去補天的窟窿的方法。她想到，只要把這石用這溪水與天粘和在一起，巨大的天的窟窿就可以被補上了！為此她決計自己撿起一塊塊彩石，去飛補天洞。然而那天洞卻塌得巨大，僅靠她一神之力是粘補不住的。因為她這邊補著那洞周圍塌著，補的還沒有塌掉的快，是完不成補天重任的。

怎麼辦呢？除了自己，凡間已無他神別魔可以攜石飛臨天洞。無奈之時，女媧突然想出了辦法。即修築補天臺，調動凡間眾人獸共運彩石，共運粘水，共補天洞！這項工程雖然浩大，但這樣不僅可以迅疾補上塌下的天洞，而且可以磨礪眾孩兒人可勝天的意志！

想到就做，女媧隨之離開這彩石小溪，迅疾來到天洞之下，選定好欲修補天臺的修築位置，便立刻號令起凡界人獸銜石搬泥，一起修築起了補天高臺。好在那時天地剛剛分開不久，天地之間的距離遠沒有今天這般高遠，而且又是女媧集起了凡間所有人獸之力。一時間，但見眾人如潮水般從四周搬泥，眾獸若螞蟻般從八方銜石，在女媧的指揮下共同開始了修築補天高臺。人獸們搬啊銜呀，因為他們都想著早日補上天洞，解除面前的災厄，所以全都奮力不息。如此一連數十日過去，一個從地面直達天洞的補天高臺便修築竣工了。

補天臺修好了，女媧則片刻也不歇息，即又敕令眾人獸來到昆侖山下彩石溪畔，從溪中搬石銜水送上補天臺頂。她則在臺頂之上，把運來的五彩石子一顆顆鑲嵌上天洞，然後再用銜來的溪水把一顆顆鑲

嵌上去的彩石塊塊粘牢，一點點地補起了天洞。就這樣眾人獸搬銜著不息的石水，女媧在臺頂日復一日片刻不停地嵌補著天洞。如此整整勞作過去九九八十一日，碩大的天洞終於被女媧用五彩石粘補起來。

天洞被補上了，陰風隨之沒有了，陰雲也消散了，淫雨淫雪停息了。無垠的高天重又恢復了先前的模樣，廣袤的大地也又換上了前日的容顏，天空中颳起了融融的暖風。人獸們就這樣在女媧始母的率領下，用自己的艱辛勞作，消去了自己的一場巨大災難！女媧高興了，眾人獸也高興了，他們又一齊歡呼跳躍起來，以慶祝這場補天奪勝的偉大壯舉！

人們唱啊跳呀，獸們叫呀躍啊，女媧也奏啊舞呀，他們全都忘記了長期築臺補天不息勞作的辛苦。但隨著他們不息地唱跳轉眼數日過去，隨著天洞溢出的陰風陰雲進一步散去，無垠的高天變得越加湛藍如洗起來。宛妹子這時在唱跳中舉目向天上一看，卻見到在那變得藍如錦緞般的無垠寶藍色天幕之上，剛剛補好的天洞之處好像嶄新錦緞上的一塊補丁，呈現出雜亂無章的七彩，顯得格外難看格外刺眼。

「娘親，您瞧那天洞被補之處的色彩多不諧調，多麼難看！」宛妹子看到這裏忍抑不住自己所見，立刻開口對女媧道，「您快想法給它變變，使它與周圍變得諧調一致起來，多好呀！」

女媧心中高興剛才只顧一個勁地奏樂躍舞，至此一直沒有擡頭去看天上的情景，因而不知天洞補處顏色的缺憾。這時聽了宛妹子此言，她立即停下正奏的笙簧，舉目向天洞補處看去，果見天洞補處正如宛妹子所言。眼見至此，女媧心中禁不住又陡地沉重起來。

女媧是一位講究完美的女神，她不能讓眾孩兒頭頂補有補丁的不諧調藍天！她要改變那補丁的顏色使之變成寶藍，使其與無垠的藍天諧調無二。為此她在眾人獸的歡慶聲中，即又沉思起了改變天洞補處

顏色的方法。

女媧又是想啊想呀，她當然仍是久久想不出好的方法。末了她想得累了，擡頭眺望向了遠處。遠山之上一片正在熊熊燃燒的森林之火，驀地映入了她的眼簾。隨著她心靈的門窗，就此又陡地洞開了。

她想到了火可以改變一切，如此用可以改變一切的火來燒煉彩石，就一定可以改變天洞補處的顏色，使其變得與別處的藍天一樣湛藍碧透。女媧於是決計帶領眾人獸向補天臺頂搬運薪柴，然後在臺頂燃起熊熊大火，以燒煉彩石變為藍色。

思謀定了，女媧蹙眉的臉上方纔換上了笑顏。她把自己的想法告知正在歡跳的眾人獸，眾人獸聽後齊聲贊同，並立即停止了歡跳要求女媧指揮他們行動。女媧聽了心喜，便立即帶領眾人獸向補天臺頂搬運起了薪柴。一時間，只見眾人單背雙擡，眾獸你銜它拉，從四面八方潮水般將薪柴搬運上了臺頂。

眾人獸就這樣在女媧的帶領下搬啊運呀，又整整搬運了九九八十一日，方纔在補天臺頂上堆滿了接天的薪柴。女媧眼見堆柴任務完成心中高興，便即令眾人獸停止搬運薪柴退向補天臺遠處。

待到眾人獸退去之後，女媧則立即飛赴西方遠山森林火場之中，奮力拔起一棵正在熊熊燃燒的火樹，手擎其未燃的根部像擎舉一枚巨大的火把一樣，徑直擎到補天臺頂點燃了那堆得高接雲天的薪柴。薪柴被點立刻「劈劈啪啪」一陣燃起了燭天的熊熊烈焰，燒煉起了天洞補處的彩石。避到遠處的眾人獸看著，齊贊女媧娘娘神功無限，齊又歡呼起來。

然而，就在眾人獸歡呼之聲剛起之時，點燃薪柴的女媧娘娘由於常年勞作不息，加之為眾孩兒日夜操心費神，特別是近日來補天煉石勞作更是晝夜不停，早已心力交瘁至極。剛才只因陶醉在補天功成的

狂喜之中方纔忘記了勞累，這時她點燃薪柴燃起了燭天的大火，大火射出的灼熱烈焰，頓然燒烤得勞累至極的她一陣頭暈目眩。隨著身子站立不住，竟然「撲通」摔倒在了熊熊燃燒的烈焰之中。

「娘親——」避在遠處正在歡呼的眾人獸突睹此景，心中大驚，同聲高喊起來，腳下則齊向補天臺狂奔過來，以期奔赴臺頂從烈焰中把女媧娘娘營救出來。但不料就在他們剛剛邁開腳步之時，陡見補天臺頂火光倏然一閃，隨著「轟隆」一聲天塌地陷般的巨響傳來，已見那高聳雲天的補天臺連同其上的烈焰，全被炸得飛散開來，紛飛著落向了大地四處。

正在奔向前去的眾人獸，頓被這場劇烈的爆炸驚止在了原地。直到那被炸得彌漫在空中的煙霧飄散開去，他們才清醒過來看到天洞補處已與別處天空無異，變成了與別處天空一模一樣的寶藍色。但只是不見了高高的補天臺，也不見了女媧娘娘！

天色變好了，娘娘不見了，眾人獸一時間真個是不知道自己心中是該去歡喜還是該去痛哭！當然是女媧的消失，對眾人獸的打擊巨大。他們齊都狂喊著「娘親——娘親——」以期找回女媧娘娘來！

但是，他們從那時往後，卻再也沒有能夠找見女媧娘娘。因為剛才正是女媧娘娘因累身倒烈焰之中，引起了火閃臺炸，用自己的身燃之火，煉變了天洞補處的顏色。就這樣，女媧作為凡人的始母，為凡人掏盡了心力，獻出了膏脂。在煉石的烈焰中化為了烏有，圍來的眾人獸再也找不見了她！

眾凡人這時找不見了女媧，他們由於盼母心切，久喊不聞女媧應聲，久尋不見女媧之面，一時間齊急得全都與眾獸類一齊放聲悲哭起來。那哭聲真個是如朔風悲鳴，似驚濤裂岸，動天地驚鬼神，令聞者心碎萬般！

　　後來有人心中思念女媧始母，不忍心說女媧就此去了。講說她在造人補天之後返回了天宮，在向玉皇帝父稟報完自己在下界的作為之後，便從此隱居在了後宮，並從不向別個講說自己在下界之舉，以盡隱其功名！

　　然而，我們還是說她就此死去了，因為她實實在在地如此死去了！不過，不論是女媧如此死去了也罷活在天宮也成，她作為我們凡人的始母，都對凡人做出了母親的無私的全部的奉獻，她無愧為我們凡人的始母！

　　一稿於 1990 年 7 月 8 日—1990 年 9 月 30 日
　　二稿於 1990 年 10 月 9 日—1991 年 1 月 16 日
　　一版於 1992 年 8 月
　　修訂於 2015 年 5 月

參考資料集萃

女媧，古神女而帝者，人面蛇身，一日中七十變，其腹化為此神。

——《山海經·郭璞注》

俗說天地開闢，未有人民。女媧摶黃土作人，劇務，力不暇供，乃引繩於絙。

泥中，舉以為人。故富貴者，黃土人也；貧賤凡庸者，絙人也。

——《太平御覽·風俗通》

女媧戲黃土，團作愚下人；散在六合間，濛濛如沙塵。

——李白《上雲樂》

往古之時，四極廢，九州裂；天不兼覆，地不周載；火爁炎而不滅，水浩洋而不息；猛獸食顓民，鷙鳥攫老弱。於是女媧煉五色石以補蒼天，斷鼇足以立四極，殺黑龍以濟冀州，積蘆灰以止淫水。蒼天補，四極正，淫水涸，冀州平，狡蟲死，顓民生，背方州，抱圓天。

——《淮南子·覽冥篇》

往古之時，四極廢，九州裂，於是女媧殺黑龍以濟冀州。

——《尚書大傳續補遺》

女媧銷煉五色石以補蒼天，斷鼇足以立四極。

——《論衡·談天篇》

天地亦物也。物有不足，故昔者女媧氏煉五色石以補其闕；斷鼇足以立四極。

——《列子·湯問》

女媧乃煉五色石以補天，斷鼇足以立四極，積蘆灰以止淫水，以濟冀州，於是地平天成，不改舊物。

——《史記·補三皇本紀》

女媧氏亦風姓，蛇身人首，有神聖之德，代宓犧立，號曰女希氏。無革造，惟作笙簧，故《易》不載，不承五運。

——《史記·補三皇本紀》

女媧作笙簧。

——《世本·作篇》

女媧禱祠神，祈而為女媒，因置昏姻。

——《路史·後紀二》

以其（女媧）載媒，是以後世有國，是祀為皋禖之神。

——《路史·後紀二》

是月也（仲春之月），玄鳥至。至之日，乙太牢祀於高謀。

——《呂氏春秋·仲春紀》

昌明文庫・悅讀歷史　A0604014

女媧大傳

作　　者　李亞東
版權策劃　李換芹

發 行 人　林慶彰
總 經 理　梁錦興
總 編 輯　張晏瑞
編 輯 所　萬卷樓圖書（股）公司
排　　版　小漁
封面設計　小漁
印　　刷　百通科技（股）公司

出　　版　昌明文化有限公司
　　　　　桃園市龜山區中原街 32 號
電　　話　(02)23216565
發　　行　萬卷樓圖書（股）公司
　　　　　臺北市羅斯福路二段 41 號 6 樓之 3
電　　話　(02)23216565
傳　　真　(02)23218698
電　　郵　SERVICE@WANJUAN.COM.TW
大陸經銷
廈門外圖臺灣書店有限公司
電郵 JKB188@188.COM

ISBN 978-986-496-568-7（平裝）
2020 年 4 月初版一刷
定價：新臺幣 600 元

如何購買本書：
1. 劃撥購書，請透過以下帳號
　　帳號：15624015
　　戶名：萬卷樓圖書股份有限公司
2. 轉帳購書，請透過以下帳戶
　　合作金庫銀行古亭分行
　　戶名：萬卷樓圖書股份有限公司
　　帳號：0877717092596
3. 網路購書，請透過萬卷樓網站
　　網址 WWW.WANJUAN.COM.TW
　　大量購書，請直接聯繫，將有專人
　　為您服務。(02)23216565 分機 610

如有缺頁、破損或裝訂錯誤，請寄回
更換

國家圖書館出版品預行編目資料

女媧大傳 / 李亞東著 . -- 初版 . -- 桃
園市：昌明文化出版；臺北市：萬卷
樓發行 , 2020.04
面；　公分
ISBN 978-986-496-568-7（平裝）
1. 中國神話

282　　　　　　　　　　109004522